W9-CPC-104

Les frères Le Nain

DATE DUE

JAN 7 1995			
JAN 4 '86			
FEB 23 1998			
FEB 1			

Les frères Le Nain

Grand Palais
3 octobre 1978 - 8 janvier 1979

Ministère de la Culture et de la Communication

Éditions de la
Réunion des musées nationaux

En couverture:
La forge (détail)
Cat. 30

En frontispice:
Bacchus et Ariane (détail)
Cat. 1

Cette exposition a été organisée par la Réunion des musées nationaux
avec le concours des services techniques
du musée du Louvre et des galeries nationales d'exposition du Grand Palais

ISBN 2.7118.0094.6

Commissaires généraux :

Jacques Thuillier
professeur au Collège de France

et

Michel Laclotte
conservateur en chef du département des peintures du musée du Louvre

avec le concours d'Henri Loyrette, conservateur des musées

Conservateur en chef des Galeries nationales d'exposition du Grand Palais :
Reynold Arnould

Que toutes les personnalités qui ont permis par leur généreux concours la réalisation de cette exposition trouvent ici l'expression de notre gratitude et tout particulièrement :

S.M. La Reine Élizabeth

ainsi que la Farkas Foundation de New York, M. Pierre Landry et tous les prêteurs qui ont préféré garder l'anonymat.

Nos remerciements vont également aux responsables des collections publiques étrangères et françaises :

MM. et Mmes les Trustees, directeurs et conservateurs des collections étrangères :

Grande-Bretagne
The Barber Institute of Fine Art, Birmingham
Hunterian Art Gallery, Glasgow
Buckingham Palace, Londres
The National Gallery, Londres
Victoria and Albert Museum, Londres
H.M. Treasury and the National Trust, Egremont Collection, Petworth

Italie
Galleria Nazionale d'Arte Antica, Rome

Pays-Bas
Rijksmuseum, Amsterdam

R.F.A.
Wallraf - Richartz Museum, Cologne
Hessisches Landesmuseum, Darmstadt
Staatliche Kunsthalle, Karlsruhe

Suède
Nationalmuseum, Stockholm

Suisse
Collection Thyssen-Bornemisza, Castagnola

U.R.S.S.
Musée de l'Ermitage, Leningrad
Musée des Beaux-Arts Pouchkine, Moscou

U.S.A.
Museum of Fine Arts, Boston
The Art Institute of Chicago, Chicago
The Cleveland Museum of Art, Cleveland
The Detroit Institute of Arts, Detroit
Wadsworth Atheneum, Hartford
Los Angeles County Museum of Art, Los Angeles
The Minneapolis Institute of Arts, Minneapolis
The Metropolitan Museum of Art, New York
Philadelphia Museum of Art, Philadelphie
North Carolina Museum of Art, Raleigh
The Fine Arts Museums of San Francisco, California Palace of the Legion of Honor, San Francisco
The Toledo Museum of Art, Toledo
The National Gallery of Art, Washington

M. l'Archiprêtre de la cathédrale Notre-Dame de Paris
M. le Directeur des Affaires culturelles de la ville de Paris
M. le Directeur de l'Architecture

MM. les Maires des villes d'Abbeville, Aix-en-Provence, Avignon, Laon, Lille, Nevers, Orléans, Le Puy, Reims, Rennes, Saint-Denis-de-Pile, Tarbes

MM. les Inspecteurs généraux des Monuments historiques
M. le Conservateur des Églises de la ville de Paris

MM. les Curés des paroisses Saint-Pierre à Nevers ; Saint-Jacques du Haut Pas à Paris ; Saint-Denis-de-Pile

MM. et Mmes les Directeurs et Conservateurs des Collections publiques françaises :

Musée Boucher de Perthes, Abbeville
Musée Granet, Aix-en-Provence
Musée Calvet, Avignon
Musée municipal, Laon
Musée des Beaux-Arts, Lille
Musée des Beaux-Arts, Orléans
Musée Crozatier, Le Puy
Musée des Beaux-Arts, Reims
Musée des Beaux-Arts, Rennes
Musée Massey, Tarbes

La charret
(détail agrand
Cat. 3

Le catalogue a été rédigé par Jacques Thuillier

à l'exception de la section « Études de laboratoire »
(textes dus à Madeleine Hours, Lola Faillant-Dumas,
Suzy Delbourgo et Joyce Plesters)

Sommaire

11   Préface

37   Biographie et fortune critique

73   Note sur la distinction des trois frères Le Nain

89   Catalogue

91   Les frères Le Nain, peintres d'« histoires »

134   Les frères Le Nain, peintres de genre

212   Les frères Le Nain, portraitistes

275   Section d'étude

277   Problèmes Le Nain

302   Études de laboratoire

Autour des Le Nain
318   Le Maître aux béguins
330   Le Maître des cortèges
339   Jean Michelin
349   Montallier

353   Bibliographie

Préface

A BENEDICT NICOLSON
† 1978

en souhaitant que cette exposition soit dédiée à sa mémoire
comme un témoignage de la reconnaissance que lui doit l'art français
et de la fidélité que lui conserveront ses amis.

D'emblée, il faut aller au chef-d'œuvre : la « Famille de paysans » du Louvre. Tout conduit là, s'ordonne autour de là, se justifie par là.

C'est un tableau célèbre. On a quelque mal à se représenter qu'il apparut discrètement, le 14 mars 1914, à l'Hôtel Drouot, et que personne jusqu'à ce jour n'avait eu vent de son existence ; peint il y a plus de trois siècles, ce tableau a soixante-quatre ans d'âge pour l'histoire de l'art. On imagine difficilement le Louvre sans ce morceau capital : or il ne put être acheté à cette vente, faute de crédits, et n'entra dans les collections nationales que de raccroc, un an plus tard, grâce à des fonds procurés par un legs d'Arthur Pernolet, lequel ne s'était pas douté que sa générosité allait associer son nom à pareil chef-d'œuvre. Il en coûta cinquante mille francs, alors que les enchères n'étaient montées qu'à treize mille cinq cents. En pleine guerre, pareil achat dut paraître insensé. Il fut sans doute le plus beau geste de confiance dans le destin du pays.

C'est un tableau reproduit mainte et mainte fois : si connu, qu'il est malaisé de le voir d'un œil neuf. Si simple, qu'on croit l'avoir bientôt épuisé.

Un homme, deux femmes et six enfants sont réunis dans la pièce commune de la maison. Intérieur pauvre, mais non pas misérable ; tout fait penser à des paysans, mais nul détail ne le précise. Point d'instrument de travail, aucune indication, à première vue, sur le lieu ni la région. Il ne s'agit pas de portraits : et pourtant on sent l'étude directe devant le modèle. Les principaux personnages sont rangés sur une mince bande d'espace parallèle au plan du tableau, leur tête à la même hauteur, à la même distance, comme pour former une sorte de bas-relief que les plis des vêtements creusent de rythmes sévères. Toutefois l'enfant assis à terre, le chien, le chat attentif derrière la marmite, viennent distraire le regard et rompre la monotonie ; la flamme du foyer et trois silhouettes esquissées au second plan suggèrent la profondeur ; une tache froide de bleu, et sur le verre de vin une note de rubis, animent la trame des gris et des bruns couleur de vieille bure. Un tableau s'organise. Mais si sobre de moyens qu'en regard un Chardin lui-même apparaît léger et prodigue.

Le trait le plus singulier est l'absence de tout sujet. On a baptisé le tableau « Famille de paysans » faute de lui trouver un autre titre. La femme tient un cruchon de vin et l'homme entaille une miche : mais il ne s'agit pas vraiment d'une famille attablée. L'enfant joue du flageolet : mais ce n'est pas un concert. Toute anecdote est supprimée : et non seulement l'anecdote, mais le récit, et le simple prétexte.

Il reste quelques présences très simples : le pain, le vin et le sel ; le foyer ; la musique. Quelques êtres, et cette confrontation de la vieillesse, de l'âge adulte et de l'enfance, qui toujours fait surgir l'angoisse du temps qui passe. Il reste ce qui ne peut se raconter : les certitudes de la vie paysanne. Car le calme des champs rend leur pleine évidence à ce que font oublier la ville et ses tracas : les êtres familiers, les gestes quotidiens, les années qui s'écoulent, et l'inéluctable isolement de toute destinée. D'où naît ici, comme le chant de la flûte rustique, cette sorte de beauté qui n'est pas faite du prestigieux enchaînement des métamorphoses, mais du retour à l'accord élémentaire.

Allégorie de la victoire
Cat. 2

Femme avec cinq enfants
Cat. 18

Les fines paysannes des Limbourg, les compères de Bourdichon, les danses de bergers de la Renaissance, n'offraient de cette poésie que de timides prémices. Et par la suite Millet seul, le grand Millet, en recueillera l'écho. Mais le peintre des « Glaneuses » ne veut pas s'attacher à la vie intérieure de ses personnages ; il ne cherche pas à éveiller au fond des regards l'incommunicable expérience de chaque être : il lui suffit d'illustrer de quelques figures anonymes sa méditation sur la nature et la condition paysanne. La « Famille » du Louvre réunit des personnages qui, avant d'être des paysans, sont tout simplement des hommes et des femmes, avec leur corps différent et leur âme singulière, avec leur histoire. Dans notre peinture, et dans la peinture étrangère, rien ne surpasse une figure comme la vieille au verre de vin. Une vie d'épreuves, de labeurs et de joies, de fiertés et de deuils, toute une vie humaine se lit dans ce regard grand ouvert et pourtant refermé sur un passé. Le profil charmant et insignifiant de la fillette éclairée par le foyer, la jeune femme assise en pendant, avec son visage rond, ses lèvres lourdes, son corsage un peu trop entrouvert, soulignent par un contraste discret les traits durcis, les rides soucieuses, et cette dignité faite d'expérience et de distance que donne l'âge et l'habitude de la douleur. Un savoir, qui est peut-être une sagesse, habite cette Parque rustique : savoir qui n'est pas fait des tourments métaphysiques de la Parque du poète, savoir accumulé par le lent déroulement des travaux et des jours.

Or tout ce qui est français pousse des racines si profondes dans la paysannerie, reste (même de nos jours) si étroitement lié aux longues générations terriennes, que ce tableau prend pour nous valeur de vérité. Une vérité que nous pouvons encore entendre. Celle qui n'a pas cessé de nous toucher dans les vers du vieil Hésiode, lorsque, enchaînant ses brèves sentences, il évoque les mauvaises gelées, le bien-être du foyer clos, et le solide laboureur de quarante ans qui a dîné d'une miche à quatre entailles,
« ἄρτον δειπνήσας τετράτρυφον » ;
ou celle qui nous atteint soudain chez Virgile, lorsqu'il parle de la vendange qui finit de mûrir sur le coteau,
« ... et alte
Mitis in apricis coquitur vindemia saxis... »,
lorsqu'il décrit le labeur quotidien et le repos mesuré par les saisons. Sens et contenu sont différents : mais le ton égal en simplicité, égal en noblesse. Cette toile, qui n'est pas bien grande, et qui ne sollicite guère le regard, apparaît, au même titre que la « Pietà d'Avignon » ou la « Mort de Sardanapale », l'une des quelques œuvres majeures de l'art français. Toutes choses égales, c'est un peu nos « Ménines ». Mais dans la toile fameuse du Prado, un Velazquez parle de rois, de palais, d'enfants, de monstres, de lui-même, et en fin de compte du peintre et de son art. Le Nain, par-delà toutes les exceptions et tous les prestiges, inscrit ici le poème essentiel de la terre et du temps.

***

Or Le Nain n'existe pas. Il existe trois frères Le Nain. Et personne ne saurait en conscience dire quelle main peignit ce tableau.

On s'en étonnera sans doute. Tous les manuels savent qu'il est l'œuvre de Louis Le Nain, né à Laon en 1593, et mort à Paris en 1648. Ils déclarent que ce peintre avait en effet deux frères de quelque talent, Antoine, l'aîné de la famille, né en 1588, petit maître attardé qui se reconnaît à son charme un peu naïf, et Mathieu le benjamin, né en 1607, mondain de goût et superficiel de manière. Entre ces deux talents, Louis était le génie inspiré, un génie isolé dans son siècle et longtemps méconnu. — Le propre et la vertu des manuels est en effet de tout savoir, et de rassurer sur la science. En réalité, de tout cela, on ne saurait affirmer grand chose, sinon qu'une partie en est fausse, et une autre incertaine.

L'histoire de l'art n'est pas faite. Elle se fait, elle s'écrit tous les jours, envers et contre le temps qui a détruit et ne cesse de détruire les œuvres et les documents. Elle ne consiste pas à mettre au jour une donnée brute, qu'il suffirait de recueillir et d'exposer : à la recherche des faits, elle mêle, de façon étroite et toujours mouvante, l'hypothèse et le jugement. Sa vérité n'est jamais qu'une approche plus complexe, plus élaborée, et qui demande à être compliquée sans cesse et retravaillée. Certains s'en irritent, qui voudraient qu'on fournît un support solide à leurs commentaires, et craignent de voir s'effondrer, à la prochaine remise en cause, l'édifice d'un discours toujours péremptoire et souvent ingénieux. Mais telle est la loi du discours et telle est la loi de l'histoire. A la question : « qui étaient les frères Le Nain ? », il n'y a pas de réponse simple. Il n'y en aura jamais. Trois siècles ont passé, et leurs ravages sont allés trop loin. La vérité historique des Le Nain ne peut plus être que le mélange instable d'un petit nombre de faits prudemment établis et du jeu changeant des interprétations et des suppositions. La tâche de l'historien consiste à enrichir la liste de ces faits, affiner ces interprétations, ajuster toujours plus étroitement les hypothèses, ou les remplacer par d'autres.

Les frères Le Nain ne sont pas venus à nous du XVIIe siècle avec une biographie claire et un visage connu, comme un Rubens, un Poussin, dont les contemporains furent soucieux de nous conserver l'image. Ils n'ont pas non plus sombré dans l'effacement quasi total d'un Georges de La Tour. Ils ont été repris à cette négligence guère moins dommageable qui est celle de la tradition quand n'intervient pas l'histoire. Car le nom des Le Nain, fort connu de leur vivant, est constamment resté familier aux marchands et aux amateurs, et leur cote n'a pas cessé d'être élevée. En 1740, l'« Intérieur paysan au jeune joueur de flageolet », de nos jours à l'Ermitage, est estimé le même prix que la « Servante au balai » de Rembrandt. Mais on avait déjà plus ou moins oublié qui était ce, ou ces Le Nain. Il ne faut pas trop s'en scandaliser. Aujourd'hui même, on ne trouverait guère, de l'Hôtel des ventes au marché aux puces, un brocanteur ou un « chineur » qui ignorât ce qu'est un Lépine, et qu'un Lépine vaut très cher. Mais demandez-lui le temps, le lieu où le peintre vivait, et quelques traits de sa biographie... La tradition se contente volontiers d'une connaissance vague, et qui finit par devenir générique. Certain commerce y trouve même son profit. Si l'écrit et le souci d'érudition n'interviennent pas à temps, il ne reste bientôt qu'un nom allié à une image. En 1777, la « Forge » est poussée en enchères publiques à 2 460 livres, somme fort considérable ; mais, en 1783, Pahin de La Blancherie peut écrire : « On ne sait rien de la vie et des

Le vieux joueur de flageolet
Cat. 20

Intérieur paysan (détail)
Cat. 24

ouvrages de cet artiste ». Et il donne aussitôt une preuve de cette ignorance en ajoutant : « (Il) ne fut pas goûté de son temps et mourut dans la misère ».

Durant deux siècles les frères Le Nain ont offert le type même de cette survie de l'artiste par la seule tradition, dont le jeu ambigu et l'importance dans l'histoire de l'art devront être un jour étudiés plus attentivement. De longues recherches et le travail ingrat de l'érudition la plus austère (qu'on songe aux années passées par Grandin à fouiller dans les archives des notaires de Laon...) ont permis de retrouver peu à peu des bribes de faits, et de rendre à ce nom abstrait de Le Nain une cohérence historique. Il s'en faut de beaucoup qu'ils nous aient restitué la figure précise des trois frères, et nous ignorons encore jusqu'à la date de leur naissance, trop hâtivement déduite de sources incertaines. Cette reconstitution, entreprise avec enthousiasme par Champfleury au milieu du siècle passé, a servi de base à une série d'hypothèses, qui à leur tour étaient nécessaires au progrès de la recherche, et qui apparaissent souvent, avec le recul du temps, intelligentes et sensibles. Mais elles ne sauraient passer pour des démonstrations. Leur succès auprès du public ne leur ajoute aucun crédit. Le public veut des vérités simples. La séparation doit être nette entre le tableau de Rubens et le tableau de l'atelier de Rubens, et claire la délimitation entre Lievens et Rembrandt. Le commerce d'art l'exige, et le discours en a besoin. Ainsi, puisque trois frères il y avait, il fallait un peintre paysan et deux mondains, un génie et deux talents. Le partage entre Antoine, Louis et Mathieu, esquissé par Robert Witt, précisé et exposé avec une conviction élégante par Paul Jamot, fut très vite universellement admis. On oublie aujourd'hui qu'il ne remonte qu'à 1910, et qu'on en chercherait vainement trace auparavant. On oublie surtout qu'une recherche plus poussée a fait s'effondrer les quelques données qui l'étayaient, et qu'on avait un peu facilement tenues pour certitudes.

Il faut désormais — et non sans regrets — remettre en cause cette hypothèse, et les trois physionomies si clairement distinctes auxquelles on s'était habitué. Nous n'avons guère plus de raisons de l'accepter, que celle, toute inverse, que Jens Thiis proposa en 1924, mais qui, formulée en langue danoise, ne rencontra nulle audience. Il y a certes dans l'œuvre des Le Nain plusieurs mains et plusieurs inspirations : mais le lot qu'on donne à Louis pourrait tout aussi bien, par exemple, revenir à Antoine ; et il est probable que le partage est beaucoup plus complexe qu'on n'avait pu le croire. Le jour n'est pas encore venu où l'on pourra définir avec précision la genèse d'un tableau comme la « Famille de paysans ». Une étude attentive, aidée par les moyens scientifiques, permettra sans doute de séparer les trois mains : et nous espérons que la présente exposition hâtera grandement ce résultat. Encore restera-t-il à distinguer les inspirations : soit l'essentiel. Et si, comme il est à croire, les trois frères ont été aussi profondément liés que différents de caractère, aussi appliqués à confondre leur travail qu'à exprimer leur personnalité, la clef de cette triple création pourrait bien nous échapper à jamais.

***

Reste l'œuvre et son évidente singularité. Ici encore, nous nous apercevons mieux aujourd'hui de notre ignorance, et de la prudence qu'il faut apporter au commentaire. Pour trois peintres, qui travaillèrent durant vingt ans et durent produire à tout le moins quelque deux mille tableaux (en 1677, il en restera encore plus de deux cents dans l'atelier...), nous connaissons environ soixante-quinze œuvres. Aucune affirmation définitive ne saurait être fondée sur une proportion aussi faible : et le hasard des dernières découvertes, comme le « Bacchus et Ariane » ou la « Victoire », s'est chargé de le rappeler, en ruinant soudain des jugements trop précipités et trop facilement reçus. Nous sommes seulement sûrs — car il suffirait pour cela d'un tableau comme la « Famille de paysans » — de la noblesse de l'inspiration, et de son originalité.

On y a longtemps vu l'indépendance de petits peintres provinciaux capables de résister aux modes parisiennes, et proposant avec constance à une clientèle méprisante des œuvres dont elle ne pouvait sentir le sens ni l'audace. Les exigences du génie suffisaient à expliquer ce paradoxe. On entrevoit désormais qu'il pourrait bien se poser en termes inverses : comment des peintres à la mode ont-ils pu atteindre à une création aussi profondément neuve et sincère ?

Car il ne fait plus de doute que les trois frères n'aient fait dans le Paris de Louis XIII et de Mazarin une brillante carrière. A peine y sont-ils installés, en 1629, qu'on les voit obtenir des commandes aussi prestigieuses que le portrait collectif de la municipalité, ou le décor d'une chapelle pour l'ambassadeur d'Espagne. On trouvera plus tard quatre de leurs tableaux sur les autels de Notre-Dame, et à Saint-Germain-des-Prés la chapelle de la Vierge elle-même sera décorée de leurs mains. Leur succès a vite gagné la Cour. Mathieu fait le portrait de la reine Anne d'Autriche avant 1643, du Cardinal Mazarin avant 1649. Le milieu littéraire les apprécie et les soutient : témoin les éloges de Du Bail, romancier à la mode, et de Scudéry, l'un des poètes en réputation. Quand se forme l'Académie Royale, en 1648, ils participent à la première séance. La mort subite de Louis et d'Antoine interrompit brutalement cette réussite : mais elle précipita l'ascension sociale de Mathieu, qui, en 1663, sera nommé chevalier de l'ordre de Saint-Michel : distinction toute exceptionnelle, supérieure en fait au simple anoblissement, et dont aucun artiste à cette date, fût-ce le tout-puissant Le Brun, ne pouvait se vanter.

Dans cette carrière qui se distingue à peine des plus officielles, que viennent faire les « petits musiciens », les « intérieurs paysans », les « paysans dans un paysage » ? Simples divertissements passagers ? Refus de l'un des frères qui se replie vers une création solitaire ? — Rien de tout cela, semble-t-il, mais au contraire le parti avisé d'artistes qui savent s'accorder aux goûts de leur époque.

Les tableaux de genre, et notamment les « gueuseries », n'avaient jamais cessé d'être recherchés à Paris, tant de la clientèle bourgeoise que des amateurs les plus difficiles. Aux alentours de 1640, la mode du burlesque, qui va de pair avec la préciosité et s'affirme si nettement dans la littérature, semble leur

La forge
Cat. 30

L'âne
Cat. 33

valoir un regain de ferveur. La peinture flamande, au même moment, y trouve une de ses expressions majeures : c'est dans les années trente qu'un Teniers, né en 1610, forme son style, c'est des années quarante que datent ses chefs-d'œuvre, parallèles de sujets et de date (sinon d'inspiration) à ceux des Le Nain. De son côté le succès de Van Laer, le «Bamboche», s'étend de Rome à toute l'Europe, et Paris lui-même y est sensible. Un Sébastien Bourdon, qui revient en 1637 d'Italie, où il a gagné sa vie en pastichant le Flamand, comprend vite le parti à tirer de cette vogue, et se fait connaître des amateurs parisiens par des corps de garde, des mendiants, des scènes de cabaret, qui, nous dit-on, furent aussitôt «fort recherchés». Les frères Le Nain, au cœur de ce milieu très vivant, en contact avec les marchands et les collectionneurs, attentifs certainement à toute cette production étrangère qui déferlait saisonnièrement à la foire de Saint-Germain-des-Prés (pour la fureur croissante des maîtres-peintres parisiens), durent eux aussi sentir l'existence d'une clientèle et la place à prendre. D'autant que la concurrence devenait toujours plus vive pour les tableaux d'église. Et ils ne devaient pas entièrement méconnaître les lacunes de leur formation (notamment leur ignorance de l'architecture) qui leur interdisaient les derniers efforts du grand style et les vastes ensembles décoratifs. Plutôt qu'une exigence intime et une originalité de goût, les «gueuseries» des Le Nain pourraient bien désigner le souci de plaire aux amateurs parisiens, et la sage et profitable gestion d'intérêts bien compris.

Reste que les Le Nain peignent des «bamboches à la française», comme dira plus tard Mariette, au lieu de suivre simplement la tradition flamande ou la mode italienne. Et qu'ils ne se contentent pas d'habiller à la parisienne des souvenirs d'enfance. Leurs paysans, il semble bien que les Le Nain vont les emprunter à Laon même, les peindre à Laon.

Ils n'avaient jamais rompu avec leur pays natal. A Paris, on connaît leur origine, dont ils doivent volontiers faire état. Pour l'abbé de Marolles, ils sont «les Naims de Picardie», et Florent Le Comte, qui savait certainement beaucoup et nous dit si peu, s'empresse à les déclarer «de Laon». Tout semble indiquer qu'ils retournent parfois dans leur pays. Lorsque leur père meurt, ils louent sagement l'essentiel de l'héritage provincial : mais ils en exceptent la petite maison de Bourguignon, à une lieue de la ville, près de cette ferme de La Jumelle dont Mathieu prendra plus tard le nom. Ces deux pièces, «grenier au-dessus, cellier voûté au-dessous (...), cour fermée de murailles, jardin derrière la maison», semblent leur servir de pied-à-terre. Ils doivent à l'occasion s'y retirer et y peindre. Le tableau de Petworth (n° 26) ne s'explique que si l'on y reconnaît les habitants d'une des «creuttes», ces demeures troglodytes situées à quelques centaines de mètres de Bourguignon, et qui sont l'une des curiosités du pays. Supposer qu'ils peignirent les paysans du tableau de San Francisco (n° 35) ou de Washington (n° 24) devant le modèle, ce n'est pas transposer indûment au XVIIe siècle le goût du motif cher au XIXe : mais céder à l'évidence. Les maisons de pierre, avec l'escalier droit, sont celles de la région. Le verre de vin que tiennent à la main toutes ces petites gens rappelle que le Laonnois est alors une grande région de vignobles, et que Saint-Gobain est tout proche...

Pays prospère, mais qu'avaient ruiné une première fois les guerres de religion. Les Le Nain durent connaître dans leur jeunesse une de ces périodes de reconstruction où sont appréciées à leur juste valeur l'effort, l'argent et la réussite. La guerre de Trente ans vint à nouveau ravager le pays. Les troupes passaient, repassaient, prenaient quartier, vivaient sur l'habitant et pillaient sans scrupule. La peste s'en mêla à plusieurs reprises, notamment vers 1636. Le Laonnois garde ses belles propriétés, ses châteaux soignés, ses bourgs construits de pierre : mais le bétail est décimé, les paysans sans argent et souvent forcés de laisser les terres en friches, les fermes sont mal entretenues. Jean de Saint-Pérès, qui se rendit en pèlerinage à Notre-Dame de Liesse en 1644 (et nous a laissé de son voyage une relation en vers parue dès 1647), sitôt passé Soissons, est saisi par le contraste, et déplore « la maudite rage des soldats » :

> « Nous dismes tous pourtant, d'une commune voix,
> « Que ce païs n'est plus ce qu'il fut autrefois.
> « Comme on void en esté l'impitoyable gresle,
> « Fondant sur les espics, les coucher pesle-mesle,
> « Ainsy les escadrons, sous le drapeau de Mars,
> « Ont inhumainement pillé de toutes parts
> « Les biens des pauvres gens, désolé la campagne,
> « Massacré le mary, violé sa compagne,
> « Et de tous leurs hameaux faict un lieu déserté,
> « Où ce n'est que dégast, qu'horreur, que pauvreté... »

Les abords de Laon ne furent pas épargnés : et il est fort possible que les biens mêmes des Le Nain aient souffert. Mais de toute manière il est à croire que les fils du sergent royal ne furent pas moins sensibles que le parisien Saint-Pérès aux malheurs de leur pays. On a si faussement voulu faire des Le Nain des révolutionnaires avant la lettre, protestant contre l'oppression monarchique et revendiquant au nom du tiers-état, que les auteurs sérieux ont préféré insister sur le confort de ces paysans buvant « du vin dans des verres à pied qui sont fragiles et minces, et pourraient figurer sur la table d'un chatelain ». Il faut pourtant reconnaître qu'on ne trouverait pas chez Teniers, à la même date, les murs de ferme à demi écroulés de la « Charrette » (n° 34), la chapelle aux fenêtres bouchées du « Paysage » de Hartford (n° 32), et ces vêtements rapiécés par tous les bouts qu'on voit dans la moitié des toiles. Les Le Nain n'ont assurément pas voulu dénoncer la misère d'une classe : mais ils ont vu la misère, et ils l'ont peinte. Ils ont montré ces laboureurs-vignerons avec leurs traditions de mœurs polies et de vie aisée : et il les ont montrés dans le dénuement où les a laissés le pillage répété des troupes.

> « Ils sont pasles, défaits, descharnez, transparens... »

s'effrayait Saint-Pérès : n'est-ce pas le spectacle des « Paysans dans une creutte » (n° 26) ?

> « Leurs enfans, dont la faim ne peut estre assouvie,
> « A chanter et danser, gueusent leur pauvre vie... »

L'académie
Cat. 44

Portrait de trois hommes
Cat. 46

Comment ne pas songer à ces bandes d'enfants nu-pieds, enveloppés de haillons, jouant du flageolet et de la pochette (n° 19)? Leur mine est gaie, et l'on ne sent ici ni insistance ni plaidoyer. Ne confondons pas les miséreux des Le Nain et ceux de Steinlen. Mais enfin, ces enfants sont pauvres, et pauvres les trois paysans de Washington (n° 24), vêtus de loques et privés de meubles. Pareils signes d'indigence, qui tranchaient avec l'aisance des campagnes épargnées par la guerre, devaient être sensibles aux contemporains, trop bien avertis de ces drames par les mendiants qui refluaient sur la capitale. Ces tableaux furent peints dans les années qui virent les grands efforts de charité d'un saint Vincent de Paul...

Le fait qui mérite réflexion, c'est que les Le Nain introduisent dans leurs scènes de genre toute cette réalité. Non pour en exploiter le pittoresque, répétons-le : mais en représentant les gens de leur pays dans l'état où ils les voyaient. Si dans le moindre de leurs tableaux paraît une poésie qui dépasse toute tradition et toute convention, et qui donne au sujet de genre une dignité insolite, n'est-ce pas que ces peintres parisiens, au cœur même de leur succès, demeurent des provinciaux attachés à leur terroir? Le premier secret de leur génie pourrait bien être la vertu de fidélité.

* * *

De là vient cette distance surprenante qui sépare leurs paysans de ceux qu'on peint dans les mêmes années, en France comme à l'étranger. Il suffira de regarder les toiles du Maître aux béguins, si longtemps confondues avec les leurs : lui n'a qu'un type de vieux paysan à barbiche, de vieille paysanne ridée, de jeune commère et de gros marmot, de paysage avec chaumière et de nature morte avec choux. Répertoire commode, qu'il combine de cent façons. Mais ces figures de pratique ennuient, et tout l'intérêt passe à la mise en scène. Au contraire, il n'y a pas un paysan des Le Nain qui ressemble à un autre paysan. De la fileuse de Washington (n° 24) à la vieille des «Trois âges» (n° 23), du jeune joueur de pochette de Petworth (n° 26) aux trois buveurs du Louvre (n° 28), pas un visage dont les traits ne s'impriment dans la mémoire comme ceux d'une personne rencontrée un jour, et qu'on reconnaîtrait dans la rue.

Or ce sentiment de la vie intérieure ne procède nullement de la scène de genre et de ses traditions. Le mot de réalisme, qu'on applique à bon droit à cette peinture, dissimule trop facilement qu'elle est indifférente à la psychologie, et que ce réalisme-là s'arrête au niveau de l'individu. On ne se souvient pas d'un paysan de Brouwer, de Teniers ou de Van Ostade : simple marionnette d'un théâtre. En Italie, les tableaux de Van Laer montrent la même indifférence : le souci de vérité, là encore, ne conduit pas au-delà de la mise en scène. Paradoxe, mais en apparence seulement : entre un tableau de Teniers et un tableau de Poussin, il n'y a sur ce point aucune différence essentielle. Le souci du pittoresque réclame une figuration tout aussi abstraite que la quête de l'idée. Le personnage ne compte que pour autant qu'il sert au récit : il n'existe pas hors du tableau.

Est-ce leur vocation de portraitiste, qui attache les Le Nain à leur modèle, et qui leur fait à chaque fois, avec une incroyable curiosité des êtres, scruter et peindre un visage nouveau ? On le croirait volontiers. Mais il faut bien admettre aussi que par là ils rejoignaient la grande tradition du caravagisme. S'il est un trait fondamental de ce courant, c'est d'avoir élaboré une peinture qui enlève la primauté d'intérêt à l'histoire, pour la reporter sur la vie intérieure des personnages. Le réalisme caravagesque est moins dans le sujet choisi que dans les acteurs, qui soudain refusent de remplir simplement leur rôle, qui reprennent leur vrai poids humain, leur peau hâlée, leurs rides, les petites misères du corps et les meurtrissures de l'existence, qui retrouvent leur moi. Par quelle voie les Le Nain ont-ils rejoint cette conception, qui touche à l'une des attitudes fondamentales du peintre ? Est-ce la grande leçon transmise par ce maître qui, nous dit-on, les instruisit à Laon durant une année entière, et dont l'identité n'a jamais été percée ? Les collections parisiennes leur ont-elles offert des exemples du Valentin ou d'autres caravagesques, qui suffirent à ces portraitistes pour pressentir la formule qui convenait à leur génie ? On discutera sans doute longtemps de ce lien ténu, mais évident, qui fait d'eux les héritiers tardifs et tout originaux d'une tradition que la peinture parisienne n'avait jamais adoptée.

Ce parti va bien plus loin que le simple souci de réalisme. Il finit par subordonner tout l'essentiel du tableau à l'intuition psychologique : et par en chasser l'action. Car l'action dissimule l'homme. La vie profonde d'un être ne se saisit que dans le silence, ou du moins dans le dialogue. Il faut que soit livré le visage entier, et le regard. Si la femme au verre de vin se lève, et menace du bâton un enfant désobéissant, elle n'est plus qu'une vieille mégère ; que la fileuse de Washington crie « le roi boit ! » ou se laisse entraîner à la kermesse, comme ses sœurs flamandes, et l'on ne trouvera plus qu'une maritorne. Mais il n'en est pas question. Du corps de garde à la forge rustique, les Le Nain traitent les mêmes sujets que les autres peintres de genre : mais toute agitation disparaît. L'image se ralentit — que l'on songe aux calmes querelles des « Joueurs » d'Aix (n° 21), de la « Rixe » de Cardiff (n° 22) —, et finit, avec la « Forge » du Louvre (n° 30) ou les « Paysans devant leur maison » de San Francisco (n° 35), par s'arrêter tout-à-fait. Les gestes retombent, les personnages s'isolent ; le silence laisse s'établir entre les êtres et les objets mêmes des relations qui ne sont plus de l'ordre du récit, mais de l'ordre du poème. Et tout le sentiment du tableau vient se concentrer sur les regards.

Les frères Le Nain sont les peintres des regards. « Amateurs de regards humains », écrivait Paul Jamot dans une de ses plus belles pages. On dirait que certains de leurs tableaux sont imaginés, construits autour de ces attaches presque immatérielles et qui pourtant s'emparent d'emblée de l'attention. Regard placide de la paysanne dans la « Charrette » (n° 34), soucieux de la vieille dans les « Trois âges » (n° 23), distant du paysan de San Francisco (n° 35), regard fier et clair de l'adolescent en rouge dans l'« Intérieur » de l'Ermitage (n° 25), regard rieur et provoquant sans vulgarité de la « Laitière » de Londres. Il n'est pas jusqu'au serviteur noir de la « Tabagie » (n° 45), soulignait Jamot, « qui ne roule dans sa face aussi noire que l'ombre qui l'enveloppe deux gros yeux blancs, et ces yeux blancs ont un regard, et ce

Soldats jouant aux cartes
Cat. 47

La danse d'enfants
Cat. 52

regard parle de mille choses ignorées des hommes qui n'ont pas la peau d'ébène ». Les bêtes elles-mêmes ont leur regard propre, toujours différent, et qui n'est pas faussement copié sur celui des humains. Une vie étrangement attentive veille au fond des yeux du chien, des volailles inquiètes de la « Charrette » (n° 34), du coq apprivoisé des « Paysans devant leur maison » (n° 35), des chats, tous divers, et que les Le Nain évoquent avec tant de justesse.

A ce qui n'est chez d'autres qu'un détail, ils apportent tous leurs soins. On peut observer l'habileté merveilleuse de leur pinceau lorsqu'il s'agit de rendre la transparence d'une prunelle, de poser un reflet sur une pupille. Mais beaucoup de peintres, et des plus médiocres, ont eu la main non moins subtile. Leur secret est bien plutôt dans cette juste intuition des êtres, qui refuse les airs dolents ou rêveurs et les sourires de convention, qui propose les visages tendus dans un instant d'attente ou de surprise, et choisit le moment où le regard vient se poser sur autrui : insistant, mais du même coup se livrant à découvert.

On n'a pas suffisamment souligné que s'établit ainsi une nouvelle relation entre le tableau et le spectateur. La peinture (et plus que tout autre genre la bamboche) propose à l'ordinaire un spectacle. Qu'il s'agisse de Poussin ou de Rubens, comme de Van Laer ou de Teniers, le tableau est une scène où les acteurs remplissent leur rôle sans se soucier de qui regarde : monde séparé, proposé comme objet à la contemplation. Avec les frères Le Nain, le jeu des regards, rompant cet isolement, ouvre le tableau sur le spectateur. Sainte-Beuve avait très bien senti, devant la « Forge » du Louvre (n° 30), que les personnages paraissent dérangés dans leurs occupations par l'arrivée d'un visiteur. « (Ils) ne posent pas, mais ils vous regardent. Il semble que vous entriez brusquement dans la maison, et que toutes ces bonnes gens, sans sortir de leur quiétude ni de leur caractère, tiennent les yeux fixés vers vous ». Car ce visiteur, c'est le spectateur même. C'est lui sur qui se posent les regards. C'est lui qui interrompt le travail du forgeron, ou dans la « Charrette » (n° 34) la torpeur silencieuse des enfants, de la femme et des bêtes, ou dans les « Paysans » de San Francisco (n° 35) l'isolement de la petite ferme. Au moment où il regarde, il est lui-même regardé. Il fait partie du tableau.

Lorsque, dans le « Mars et Vénus » de Modène, le Guerchin dirige la flèche de l'Amour droit sur le spectateur, il s'agit d'un jeu doublé d'une prouesse technique. Lorsqu'un peintre glisse dans quelque composition son autoportrait tourné vers ce même spectateur, il sait qu'il s'adresse à lui, mais pour signer son tableau, et comme en hors-d'œuvre. Et certes, on trouverait bien d'autres précédents à cet effort pour nier la discontinuité entre le monde du tableau et celui qui regarde, pour établir, plaisante ou profonde, une sorte de connivence. A commencer par certaines figures caravagesques, et par le Caravage lui-même, avec l'« Amour victorieux » de Berlin ou la « Salomé » de l'Escorial. Mais à l'ordinaire il s'agit de figures isolées. Les portraitistes usent couramment du procédé, sachant d'expérience quelle intensité donne à l'expression un regard fixé sur le peintre, qui cesse de faire du modèle un objet et le transforme en interlocuteur. L'intuition des Le Nain fut d'introduire la même relation dans la scène de genre, où elle pouvait paraître déplacée. Où, en effet, *elle déplace le sens et l'intérêt. Car si le maréchal-ferrant me regarde, ce n'est plus le pittoresque de la forge qui peut me retenir, mais la personne du forgeron. Le regard ne conduit pas à un spectacle ou à une idée : mais à un être.*

***

La peinture parisienne, dans les années 1630 à 1650, traverse un de ses moments les plus riches, et l'on voit s'y croiser des tendances fort diverses. Il semble pourtant que s'y dessine un courant majeur qui, par-delà le grand lyrisme de Vouet, cherche à renouer avec les prestiges jamais oubliés de Fontainebleau, et les « belles histoires » du Rosso et du Primatice. Art très intellectuel, qui se refuse à représenter le spectacle quotidien, qui veut atteindre à l'idée par une forme volontairement éloignée de la réalité. Le Valentin venait de mourir à Rome en 1632, au moment même où, dépassant les formules usées du caravagisme, il réalisait enfin cette aspiration de toute une époque : une grande peinture qui alliât l'action dramatique et l'analyse psychologique au réalisme du langage. Des tableaux comme le « Jugement de Salomon » ou l'« Innocence de Suzanne » du Louvre auraient pu avoir une influence décisive sur le cours de la peinture française. Une disparition prématurée laissait le champ libre aux exemples inverses des grands Italiens, de Poussin, de Stella. Autour de 1645 va triompher cet « atticisme » français dont la plus parfaite expression reste Le Sueur. Mais dès 1634, à Paris, lors d'une conférence à l'Académie Renaudot, on voit l'un des orateurs attaquer le Caravage et ses héritiers, et affirmer hautement l'importance primordiale dans la peinture de la « proportion », laquelle « pour estre exacte ne doit pas seulement imiter les sujets particuliers, mais l'espèce de chaque chose en général ».

Nous ignorons si les frères Le Nain assistaient à cette séance : mais il est à croire qu'ils n'eussent pas souscrit à pareille phrase. Leur recherche reste tout entière tournée vers les « sujets particuliers », et c'est à travers l'individu qu'ils rejoignent l'universel. Ils appartiennent à leur époque par leur quête essentielle : l'analyse du cœur humain ; mais ils refusent de conduire cette analyse au niveau de l'abstraction. Et il suffit de comparer à leurs tableaux paysans les « Plaisirs champêtres » d'un Jacques Stella, connus par la gravure, pour mesurer l'importance de cette option fondamentale.

Ce choix s'affirme avec tant de simplicité qu'on y voit d'abord une démarche spontanée, et comme naïve. Or la naïveté des Le Nain apparaît fort suspecte. La naïveté dans le domaine de la création ne conduit qu'au lieu commun. Le peintre ne peut briser la vision de son temps et s'évader des exemples antérieurs que par un immense effort. Il lui faut beaucoup de génie pour être ingénu. Nous le savons mieux que jamais aujourd'hui, où la peinture se meurt sous nos yeux, faute de peintres capables de se débarrasser de l'histoire de la peinture.

Les Le Nain semblent avoir mis longtemps avant d'atteindre à cette « naïveté ». C'est à peine si nous commençons à entrevoir leurs débuts : mais nous sommes déjà assurés qu'on n'y trouve pas cette vision franche des êtres et des choses de la campagne qu'on leur croyait donnée par quelque grâce provinciale. De la « Visitation » (n° 6) et même de la « Nativité » (n° 7), qui doivent dater de 1630-1632, au « Repas des paysans » de 1642 (n° 28), l'évolution est manifeste. Or on n'y découvre nullement le passage d'une inspiration directe à un langage savant : mais à l'inverse le rejet progressif des motifs communs à la rhétorique du temps, qui cachaient d'abord les traits personnels. Seules les œuvres de la maturité montrent les Le Nain capables de se saisir du thème le plus banal et de le repenser de l'intérieur en oubliant toutes les traditions précédentes, capables d'en retrouver la donnée humaine immédiate. Leur indépendance, et cette alliance du réalisme et de la vérité psychologique propre à leur art, tiennent moins du don que de la conquête, et de ce mélange de lucidité et d'effort qu'on nomme alors la générosité. Nous sommes au temps de Descartes et de Corneille : et l'ambition de l'artiste, comme celle du penseur, n'est pas encore de multiplier de faciles prestiges, mais de fonder, par l'audacieuse remise en cause des principes, les moyens originaux de sa création.

Jacques Thuillier

La famille de paysans (dét.
Cat.

Nous voudrions remercier de leur aide amicale tous ceux qui, spontanément, à l'occasion de ce catalogue, nous ont apporté des indications sur les frères Le Nain ou leurs œuvres : tout particulièrement Mlle Louise d'Argencourt, Mlle Ségolène Berjon, Mlle Nicole Boisclair, Mme André Cabanel, Mlle Odile Cortet, M. Patrick Descourtieux, M. Philippe Durey, M. Robert Fohr, Mlle Diane Jegou Du Laz, Mme Geneviève Lacambre, M. François Macé de Lépinay, Mlle Monique Mosser, M. Paul Prouté, M. et Mme Hubert Prouté, Mlle Mireille Rambaud, M. Alain Roy, Mlle Marie-Catherine Sahut, Mme Sylvie Savina et M. John Schloder.

Il nous faut souligner tout ce que notre travail doit à M. Jacques Foucart et au Service d'Étude et de Documentation du Département des peintures du Louvre, devenu pour tous les historiens d'art un instrument indispensable. Mais nous ne saurions non plus oublier l'accueil libéral que nous avions trouvé naguère à la Witt Library de Londres comme à la Frick Library de New York. Et l'on s'apercevra sans peine des documents incomparables dont nous ont fait bénéficier Mme Madeleine Hours et le Laboratoire de recherche des musées de France.

M. Pierre Rosenberg nous a librement ouvert ses prestigieux dossiers et fait profiter de ses avis ; M. David Carritt a bien voulu nous signaler un important original resté jusqu'ici ignoré ; Mme Hélène Kojina, conservateur de la peinture française à l'Ermitage, nous a communiqué sur les tableaux de son musée des indications très complètes ; M. Michael Wilson nous a généreusement permis de profiter des découvertes faites par la National Gallery de Londres et son Laboratoire. Mme Annie Gallais a rédigé, à l'Institut d'Art et d'Archéologie de la Sorbonne, un mémoire de maîtrise sur la musique dans l'œuvre des Le Nain : son travail, et la précieuse documentation du Centre d'organologie et d'iconographie musicale du CNRS, nous ont beaucoup éclairé sur ce point.

Au cours de nos recherches dans les archives, M. Georges Dumas, alors directeur du service des archives de l'Aisne, avait grandement facilité notre enquête à Laon ; à Paris, Mme Louis Grodecki et Mlle Martine Constans nous ont prêté leur assistance avec une obligeance amicale, et Mme Simone Velter nous a spontanément apporté un concours enthousiaste.

Pour la préparation même de ce catalogue, nous avons mis à contribution le dévouement et le savoir de Mme Marie-Thérèse Forest, collaboratrice technique à l'Institut d'Art de la Sorbonne, et de Mlle Michelle Cuby, assistante au Collège de France ; Mme Simone Lacarrière, au Collège de France, s'est chargée de bien des tâches délicates avec autant de zèle que d'exactitude.

Enfin, M. Essayan a bien voulu appliquer son érudition précise à la lecture des épreuves, et il y a relevé quantité de fautes qui nous avaient échappé : les lecteurs ne lui en auront pas moins de reconnaissance que nous-même.

Biographie et fortune critique

I
La vie des frères Le Nain

1
Famille, jeunesse et formation
2
La carrière parisienne des trois frères
3
Le chevalier Mathieu Le Nain, sieur de La Jumelle

II
Les Le Nain et la postérité

1
La tradition et ses négligences
2
Le travail des historiens d'art

Avertissement

Nous avons cru devoir maintenir dans ce catalogue, pour le nom des trois peintres, la forme *Le Nain* en deux mots, qui est utilisée par la plupart des auteurs récents.

La graphie *Lenain* apparaît plus fréquemment dans les textes anciens, et Champfleury lui-même l'avait adoptée pour son premier ouvrage, en 1850. Pourtant nous ne croyons pas utile d'y revenir.

On ne peut se fonder sur l'usage du temps, qui apparaît fort variable. La famille semble elle-même assez indifférente à la graphie de son nom. Dans sa signature le père, Isaac, lie les deux parties ; Mathieu fait de même ; Antoine préfère les séparer (par ex. dans les actes d'apprentissage du 18 octobre 1629, du 3 janvier 1630, etc.), ou se contente de privilégier nettement le *N* ; mais il lui arrive aussi de revenir à la forme simple. Dans ces mêmes actes, les notaires choisissent le plus souvent la forme double...

D'autre part, si la liaison est fréquente, il semble que le nom soit toujours senti comme composé : l'article se décline, et Marolles, Sauval, Félibien parlent *des Nains frères,* les amateurs du XVIIIe siècle mentionnent des œuvres *du Nain.*

L'usage s'étant établi d'écrire *La Tour, Le Sueur, Le Brun,* nous croyons n'avoir aucun motif suffisant pour rompre une commode symétrie.

La vie des frères Le Nain

I
Famille, jeunesse et formation

Trop d'imagination et trop de crédulité à l'égard des sources de seconde main ont rendu fort obscurs les débuts de la vie des Le Nain. Une étude plus attentive des documents permet une interprétation plus cohérente et plus simple.

Les Le Nain ne sont pas de petits paysans devenus de petits peintres provinciaux soudain touchés par le génie. Certes, d'un côté, ils tiennent à la paysannerie, aux laboureurs et vignerons du pays de Laon ; et ils resteront directement liés à la campagne. Mais ils appartiennent par leur naissance à la bourgeoisie de la ville et sont apparentés aux meilleures familles. Un de leurs cousins en a même été gouverneur.

Les Le Nain ne sont pas nés en 1588, 1593 et 1607. Ces trois frères, que la mort seule a séparés, n'appartiennent pas à des générations différentes. Antoine, Louis et Mathieu sont les cadets d'une famille d'au moins cinq enfants, et leur naissance doit se situer entre 1600 et 1610 environ. On s'explique dès lors sans peine leur affection, leur vocation commune, leur formation si-multanée, et ce « Le Nain » en trois personnes qu'accepte et consacre Paris.

Le génie des Le Nain n'a pas surgi du contact soudain d'hommes déjà mûrs avec quelque « peintre de bambochades » de passage à Laon. Leur vocation fut certainement confirmée par le séjour dans leur ville d'un « peintre étranger », apparemment attiré par quelque grosse commande religieuse ou quelque décor de château. Mais l'apprentissage semble se situer à l'âge normal, et la formation ressembler à celle d'autres jeunes artistes du temps plus soucieux de se perfectionner dans leur art que de suivre la tranquille filière corporative. Que l'on songe à Poussin lui-même : de bonnes études malgré la vocation précoce, le passage décisif de Varin aux Andelys (1612), plusieurs années de formation en province, à Paris, à Fontainebleau, et même à Florence, la première grande commande pour les jésuites (1622) et pour Notre-Dame (1623). Avec une dizaine d'années de décalage, les Le Nain pourraient bien avoir suivi des étapes analogues, d'un premier apprentissage vers 1620-1622 à l'établissement à Paris en 1629 et à la commande des échevins de 1632.

1592-1595 **Parmi les habitants de Laon payant l'impôt figure paroisse Sainte-Benoîte un certain Isaac Le Nain ;** Grandin (1900, p. 483) semble l'avoir découvert dès 1592 ; nous n'avons personnellement retrouvé son nom sur les rôles des frais et taillons de la ville qu'à partir de 1594. Né sans doute vers 1567-1570, il appartient à une famille de laboureurs et vignerons dont le nom se rencontre fréquemment, à la fin du XVIe siècle, dans les villages de Mons, Bourguignon et Royaucourt, à moins d'une lieue et demie de la ville.

Signature du père, Isaac
1598

Selon Grandin, qui avait dépouillé des documents disparus, semble-t-il, lors de la dernière guerre, Isaac Le Nain est alors praticien chez Gabriel Rouen, sergent royal à Laon et messager de la ville, et dès 1593 on le voit chargé de porter à Paris, à la Chambre des Comptes, malgré «le danger des chemins», les acquits de la comptabilité de l'octroi (*ibidem*, p. 484). **En 1595, il rachète à Gabriel Rouen sa charge de sergent royal au grenier à sel,** moyennant 350 livres, dont cent payées comptant, et il reçoit des lettres de provision accordées par Henri IV et datées de Lyon, le 22 septembre 1595, qui lui permettent d'exploiter par tout le royaume (Arch. Dép. Aisne, Baillage de Vermandois 11).

C'est vers le même temps qu'il doit se marier avec **Jeanne Prevost, fille d'un autre sergent royal de Laon,** Hélie Prevost, lequel appartient à une bonne famille de la ville, où se rencontrent des magistrats et des membres du clergé. Une aieule avait épousé Zacharie de Juvigny, gouverneur de la ville de Laon. Les Prevost semblent aussi apparentés aux Mydelet et aux Bataille, famille de Laon qui avait compté au XVe et au XVIe siècle des artistes réputés — notamment, au milieu du XVIe siècle, Jehan et Pierre Bataille. La vocation des fils put avoir des racines profondes.

De ce mariage nous savons que naquirent (ou du moins survécurent à la petite enfance) **cinq fils : Isaac II, Nicolas, Antoine, Louis et Mathieu.** L'état-civil de Laon est malheureusement perdu pour cette période. Il est raisonnable de placer ces naissances entre 1595 et 1610.

Rappelons que **Laon traverse à ce moment une période difficile.** Elle est devenue une des places fortes de la Ligue, qui y commet toutes sortes d'excès, et les «zélés», sous la direction du Toulousain Antoine, *«advocat en Parlement, soy-disant docteur en théologie de la Compagnie de Jésus»,* y pourchassent la moindre apparence de calvinisme. Le duc de Mayenne en fait son quartier général, et en mai 1594 Henri IV doit venir l'assiéger. La ville ne se rend qu'après deux mois. Elle est taxée à trente mille écus pour frais de guerre. Le clergé, qui doit payer dix mille écus, sacrifie plusieurs pièces importantes du trésor des églises ; la population fournit les vingt mille écus restants. *«La levée en fut fascheuse et difficile»,* note un habitant, Antoine Richard, dans ses *Mémoires sur la Ligue* (ms. à la bibliothèque de Laon, publié à Laon en 1869). Le pays est en effet ruiné par la guerre, les dévastations sont nombreuses, les terres souvent abandonnées. *« Si les riches estoient nécessiteux et malaisez pour ne rien recepvoir de leur bien, je vous laisse à penser comme pouvoit estre le commun peuple, la plupart duquel estoit sans argent pour l'avoir emploié au paiement de leur cottité de ceste grande levée extraordinaire de XXX mil escus »* (éd. cit., p. 485). L'enfance des peintres doit se dérouler dans un climat de reconstruction où chacun sait le prix de l'économie et de l'effort.

1607   Isaac Le Nain acquiert à Laon la maison qu'il habite certainement depuis plusieurs années, moyennant une rente annuelle de 32 livres (contrat passé le 10 février par devant les notaires Cotte et Monacle ; perdu, connu par des actes postérieurs). Cette maison, sise rue des Prêtres, « devant la porte à la Voulte », appartenait en fait à Jeanne Bataille, veuve de Zacharie de Juvigny et grand-mère de Jeanne Prevost, et à son fils Jean de Juvigny ; comportant trois étages, avec cellier et écurie, elle sera estimée 1 800 livres en 1662. Elle demeura longtemps la propriété des descendants, et subsista presque intacte jusqu'à la dernière guerre. Les bombardements qui ont endommagé le quartier l'ont entièrement détruite, et nous n'avons pu jusqu'ici en identifier aucune vue ancienne.

1615   Le 30 juillet, Isaac Le Nain, « sergent royal demeurant à Laon », signe au contrat de mariage de son cousin Claude Le Nain le jeune, fils de Claude Le Nain l'aîné, laboureur à Saint-Julien-de-Royaucourt, qui épouse Magdeleine Turpin, fille de Jean Turpin, laboureur, demeurant au village de Cambry (inédit ; Arch. Dép. Aisne, minutes du notaire Jean Cotte, E 514). Cet acte renseigne sans ambiguïté sur la parenté du sergent royal, un Arnoulet Le Nain, un troisième Claude Le Nain, etc., tous plus ou moins « laboureurs » de l'endroit, mais pourvus de « maison, jardins, terres labourables » et de condition assez élevée pour que les hommes sachent signer, tous manifestement de religion catholique. Et il confirme que les Le Nain gardent des attaches étroites avec cette parenté. Les enfants du sergent royal ont certainement fréquenté les fils des meilleures familles de Laon ; mais d'autre part ils ont dû vivre en contact direct avec les laboureurs et vignerons du pays d'alentour. On se souviendra que jusqu'au début du XIXe siècle la côte de Laon était plantée de vignes, et le vin, fort réputé, et en grande partie vendu à Paris, constituait l'une des ressources essentielles de la région.

1618   En dépit d'une famille relativement nombreuse (au moins cinq garçons vivants à cette date), **Isaac Le Nain semble à son aise.** On le voit cette année-là acheter 24 verges de vigne pour une somme de 30 livres (Grandin, 1900, p. 397), et le 5 juillet, vendre trois petites pièces de pré moyennant 18 livres, plus un denier-à-Dieu et douze deniers aux vins bus. Jeanne Prevost assiste à la vente, mais, ne sachant écrire, signe d'une simple croix (Arch. Dép. Aisne, Minutes Lambin, E 562 ; inédit). Il doit dès ce temps louer 20 livres par an **la ferme de La Jumelle,** sise à Mons-en-Laonnois, jouxtant les propriétés de *« Monseigneur le Marquis de La Vieuville »* (celui-là même qui fut le célèbre ministre de Louis XIII), et qui comprend *« une maison couverte de chaulme, consistante en une cuisine basse, chambre attenant, estable, grangette, hallier, cour devant, jardin et enclos derrière »,* deux pièces de pré et deux pièces de bois (Notons cependant que le premier bail que nous ayons retrouvé date de 1628 ; cf. Arch. Dép. Aisne, Minutes d'Antoine Lambin, E 517 ; 25 septembre 1628 ; inédit). D'autre part Isaac semble déjà posséder, dans les alentours de Laon, tant par sa femme que de son propre chef, bon nombre de pièces de bois, prés, vignes, et terres labourables.

1623   **L'aîné des enfants, prénommé Isaac comme son père, quitte la ville. La**

famille n'aura plus jamais de ses nouvelles et sept ans plus tard ignore s'il est toujours vivant (cf. l'acte de partage de 1630, Arch. Nat., Minutier Central, XCVIII, 106, dernier feuillet). Il doit être encore assez jeune, peut-être même n'avoir pas encore atteint sa majorité, car à cette date il ne semble ni marié ni établi, et nous n'avons retrouvé aucune trace de lui dans les listes d'impôts ni dans les autres archives.

Toutefois Grandin (1900, p. 488-489) a signalé comme se rapportant au fils du sergent royal un acte conservé dans les archives de Laon et daté précisément du dernier jour de mars 1623 (Arch. Dép. Aisne, Minutes Marteau, 98 E 3 ; inédit). Le contenu en est fort banal : « *Pierre Rigault, boullanger paticier et Isaaq Le Nain praticien demeurant à Laon* » promettent de payer à « *honneste homme Adam Vignart marchand orphevre demeurant à Laon (...) la somme de trente six livres tournois pour trois bagues d'or et deux esguilles (aiguillettes?) d'argentz à eux ce jourd'huy vendues...* » Au milieu de la page s'étale une large est belle signature *Lenain*. On constate que le nom d'Isaac n'est pas suivi du titre de sergent royal et que la signature est légèrement différente de celle que nous trouvons dans les autres actes (mais qui, à dire vrai, ne laisse pas de varier quelque peu). Si la graphologie devait confirmer qu'il ne s'agit pas d'Isaac le vieux, il faudrait conclure que le fils aîné, selon la vieille coutume française, avait suivi les traces de son père, et qu'il était devenu praticien. Son départ de Laon pourrait s'expliquer par le souci d'aller se former à Paris, ou acquérir ses titres dans quelque Université plus ou moins lointaine, avant d'acheter un office.

1620-1628   **Vers ce moment disparaît aussi la mère des trois peintres, Jeanne Prevost.** On ignore la date exacte de son décès. Rappelons seulement que la mortalité fut grande dans les années 1625-1629, où la peste sévit à Laon de la manière la plus cruelle.

Les trois plus jeunes frères, Antoine, Louis et Mathieu, qui doivent être d'âge très voisin, se sont tournés vers le métier de peintre et en ont sans doute appris les rudiments à Laon même.

Ils devaient avoir commencé l'apprentissage obligatoire quand, selon Leleu, dont l'information s'est toujours révélée exacte, **« un peintre estranger... les instruisit, et leur monstra les règles de cet art à Laon, pendant l'espace d'un an ».** (*Histoire de Laon...*, t. II, p. 592). Peintre étranger à la ville, ou peintre originaire des Flandres ou d'Italie ? Peintre traversant la France, ou bien plutôt appelé par une importante commande pour un couvent, ou la cathédrale, ou l'un des nombreux châteaux des environs, qui devaient s'orner alors de galeries et de cabinets peints ? De toutes les hypothèses faites, aucune n'apparaît entièrement satisfaisante, et il semble préférable de ne prononcer aucun nom. Mais on aurait certainement tort d'imaginer, comme on l'a fait, quelque « peintre de bambochades », ou quelque petit maître flamand : tout indique au contraire que le premier maître des Le Nain fut un « peintre d'histoires », et sans doute aussi un portraitiste.

Leleu ajoute que **« de là ils passèrent à Paris où ils se perfectionnèrent »** *(ibidem).* On croirait volontiers, comme dans le cas d'un Champaigne ou d'un Poussin, à une formation libre plutôt qu'à un apprentissage régulier selon les règles corporatives : fréquentation d'ateliers plus ou moins à la mode, études à Fontainebleau, participation à de grandes entreprises décoratives. En constatant que dès le départ les Le Nain se sont fixés à Saint-Germain-des-Prés, qu'ils ne devaient plus quitter de leur vie, on se demande s'ils n'ont pas dès ce moment subi l'attrait du grand chantier du Luxembourg, et fait partie des équipes de décorateurs qui y travaillaient — ici encore, comme Poussin un peu plus tôt, et comme Champaigne.

La parenté entre le premier style de ce dernier (par exemple l'*Annonciation,* musée des Beaux-Arts de Caen, et surtout le *Concert d'anges avec Dieu le Père* musée des Beaux-Arts de Rouen, datés par Bernard Dorival de 1633 environ) et le premier style des Le Nain (décor de la chapelle des Petits-Augustins (*cf.* nos 4-7, vers 1630-1632) s'éclairerait par une formation voisine ; et d'autre part on s'expliquerait mieux l'affinité remarquée plusieurs fois — notamment par Charles Sterling — avec l'art de Gentileschi, lequel avait précisément travaillé pour Marie de Médicis vers 1623-1625.

On notera que durant ces années aucun acte retrouvé ne mentionne les trois frères, ni à Laon ni à Paris. Rappelons pourtant que Grandin (1900, p. 487) parle d'un exploit d'Isaac, en date du 25 juillet 1625, où Louis Le Nain aurait signé en qualité de témoin. Sa présence à Laon donnerait à penser qu'à cette date les trois frères n'avaient pas encore fini leur formation sous ce « peintre étranger » mentionné par Leleu. Malheureusement il nous a été impossible de retrouver ce document (qui semble avoir disparu dans les bombardements de la dernière guerre), et de vérifier cette assertion.

II
La carrière parisienne des trois frères 1629-1648

Cette carrière s'arrête l'année même de la fondation de l'Académie Royale de Peinture et de Sculpture : c'est-à-dire au moment où les artistes vont prendre une importance sociale nouvelle et laisser des traces dans les chroniques du temps. Jusque-là, en France, ils restent ignorés des historiographes. On ne s'étonnera donc pas que nous soyons fort mal renseignés sur les Le Nain : pour la plupart des peintres parisiens, nous n'avons pas de témoignages imprimés antérieurs à 1650. Peu même ont, comme eux, le privilège d'avoir été loués de leur vivant dans deux textes littéraires.

Il faut donc recourir aux archives. On sait que pour cette époque les sources principales, à Paris, ont été détruites. Restent les minutes notariales. Elles ont livré des contrats d'apprentissage et des renseignements nombreux sur la gestion de la fortune : mais jusqu'ici, un seul marché. Il ne nous reste aucune correspondance, aucun texte un peu personnel, aucun jugement contemporain.

De cette documentation avare, nous sommes contraints de tirer des conclusions qui, nécessairement, demeurent des hypothèses. Il semble pourtant que la carrière des trois frères ait été brillante, et très vite appuyée sur des protections officielles qui vont de l'échevinage parisien à la Cour de Louis XIII. Le succès paraît consacré à la fois par le milieu littéraire et par le milieu mondain. De la réception d'Antoine comme maître à Saint-Germain-des-Prés jusqu'à l'entrée commune à l'Académie, l'activité de l'atelier ne dut pas cesser de croître, avec, aux alentours de 1640 sans doute, une adaptation intelligente aux conditions nouvelles du marché parisien, dont pourraient témoigner la multiplication des scènes de genre et l'apparition des signatures et des dates.

1629   Le 16 mai, « **Antoine Le Nain compagnon peintre** » est reçu, à sa demande, « **maistre audit art et mestier en vertu de lettres de don par luy obtenues du Roy** », non pas dans la corporation parisienne, mais à **Saint-Germain-des-Prés**. Le procès-verbal manuscrit porte toutefois en marge l'addition : «*et fera...* », reprise en «*et de son consentement fera...* », puis en «*et ordonnons que de son consentement fera une légère expérience sans frais* » (Arch. Nat., Z² 3387).

On sait que l'abbaye de Saint-Germain-des-Prés, alors dans les faubourgs de Paris, était l'un de ces «lieux privilégiés» où les jurandes de la ville ne pouvaient exercer leur contrôle. Il s'y était formé une communauté de peintres plus facile d'accès que la confrérie parisienne, qui, jalouse de ses privilèges et, vers cette date, effrayée par l'afflux des peintres vers la capitale, se fermait de plus en plus aux peintres «étrangers», provinciaux comme Flamands. D'où la solution adoptée par les frères Le Nain comme par beaucoup d'autres jeunes artistes. La maîtrise accordée à Antoine permettait en même temps aux deux autres frères de travailler dans l'atelier commun, à titre de «compagnons», sans être inquiétés. Tous trois s'installent donc à l'ombre de l'abbaye, dans une maison de la rue Princesse.

L'atelier s'organise rapidement. **Dès le 18 octobre on voit les Le Nain prendre un apprenti :** Pierre Minguet, fils de «*deffunct Isaac Minguet, vivant capitaine du chasteau de Beausault en Normandye* », que leur confie sa mère, Magdelaine Audent, «*demeurant à présent à Gallefontaine en Normandye* ». La durée de l'apprentissage est fixée à six ans, et le montant à verser par la mère, à la somme de cent livres, dont cinquante payées le jour même (Arch. Nat., Minutier Central CV. 578 ; acte inédit).

1630   Dès le 3 janvier, soit que Pierre Minguet ait renoncé, soit que les Le Nain aient besoin d'un second apprenti, un marchand mercier de Croissy-sur-Serre, près de Laon, **Pierre Létoffé, leur confie son fils Antoine**, «*aagé de treize a quatorze ans ou environ* », pour les «*cinq ans prochains ensuivans* ». Mais cette fois il doit s'agir d'un compatriote ami ou même parent, car le contrat est

Signatures des trois frères
sur le même acte :
Antoine
Louis
Mathieu.
1630

conclu « *sans aucune somme bailler ni payer par l'une des partyes à l'autre* » (Arch. Nat., Minutier Central, XCVIII, 105).

Nicolas Le Nain, devenu l'aîné depuis la disparition d'Isaac, a repris la profession du père, et il est lui-même venu à Paris ; on l'y rencontre à cette date commis du sieur Gaucher, président en l'élection de Verneuil, et demeurant chez lui, rue des Escouffes, paroisse Saint-Gervais.

Un ou plusieurs des quatre fils survivants d'Isaac Le Nain ont atteint leur majorité (soit alors vingt-cinq ans). Plutôt que de leur rendre des comptes de tutelle, Isaac préfère, à la partie des biens familiaux qui leur revient par héritage de leur mère, ajouter la moitié qui lui appartient en propre. **Les quatre frères reçoivent l'ensemble du patrimoine familial** « *pour en jouir... par indivis en attendant que chacun d'eulx ait atteint l'aage de majoritté* » : soit la maison de la rue des Prêtres à Laon, la ferme de La Jumelle à Saint-Julien-de-Royaucourt, et quelque 470 verges de vignes, bois, prés et terres labourables. Les enfants promettent seulement, en échange, « *de loger, nourir et entretenir leurdit père sa vie durant en ladite ville de Laon et luy fournir toutes ses nécessitez bien et honnestement au mieux qu'il leur sera possible...* ». Il est spécifié que « *d'aultant que du mariage dudit Le Nain père et de ladite feue Jehanne Prevost sa femme y a eu Ysaac Le Nain aisné desdits enfans absent de ceste ville depuis plus de sept ans et que les partyes ne sçavent s'il est vivant, il est convenu qu'en cas de retour dudit Ysaac Le Nain il jouira pour sa cinquiesme partye, comme esgalle portion, du bénéfice du présent contrat, ainsy que de raison* ». L'acte est passé devant notaire le 8 août 1630, à Paris, où le père est descendu rue Princesse, chez ses enfants, et en présence de tous les intéressés : avec l'acte de donation mutuelle de 1646 (*cf.* à cette date) c'est la seule fois où se trouvent réunies les signatures des trois peintres, car dans tous les autres cas repérés Antoine seul agit pour la communauté et signe (Arch. Nat., Minutier Central, XCVIII, 106).

En fait cette donation, qui évite tout partage du patrimoine familial, prouve la parfaite entente de la famille. Les frères gardent l'héritage indivis. **Le père continue à gérer les biens à Laon,** tout comme par devant. C'est ainsi qu'on le verra, le 2 mai 1634, acquérir moyennant treize livres tournois, « *pour luy, ses hoirs et ayant causes, une pièce de vigne partie gris et Sancerre, assise au terroir de Bourguignon, lieudit aux Moliers, contenant treize verges ou environ* » (inédit ; Arch. Dép. Aisne, Minutes d'Antoine Lambin, E 517). Ou le 3 mai 1635, vendre moyennant trente livres tournois une autre pièce de vigne « *assise au terroir de Bourguignon, lieudit aux Moliers, contenant vingt-quatre verges* » (inédit ; *ibidem*). Ou encore le 14 juin 1635 acheter à Damoiselle Estiennette Monacle, veuve d'un marchand potier d'étain, « *deux pièces de vignes, gris et Sancerre, assises au terroir de Bourguignon, lieudit aux Noisettes, l'une contenant vingt verges ou environ (...) et l'autre contenant quinze verges ou environ* » : et cette fois moyennant soixante sols, plus vingt sols pour les vins bus... (inédit ; *ibidem*). Toutes ces tractations, dont le détail, et souvent le sens nous échappent, semblent bien témoigner du souci tenace d'arrondir et d'améliorer ce même patrimoine familial.

1632   **Dès cette date les Le Nain doivent être en réputation dans Paris.** C'est l'année que Leleu choisit pour rattacher à son *Histoire de Laon* la notice consacrée aux trois peintres, déclarant : *«Dans ce temps commencèrent à fleurir 3 habiles peintres natifs de la ville de Laon, qui estoient frères, et vivoient dans une parfoitte union...»*

De fait, le 11 février, les Le Nain prennent **un nouvel apprenti,** Jean Gervais, *«âgé de dix-sept ans ou environ»*, que leur confie pour quatre ans son père, Pierre Gervais, *«domestique de Monsieur de Metz, demeurant à Saint-Germain-des-Prés lez Paris»* (inédit ; Arch. Nat., Minutier Central, CV 591). Rappelons que M. de Metz (c'est-à-dire l'évêque de Metz, Henri de Bourbon, fils d'Henri IV) était abbé de Saint-Germain-des-Prés depuis 1623.

Le 11 mai, Antoine passe **marché avec «Messieurs les Prevost des Marchands et Eschevins de la ville de Paris» pour faire le portrait collectif de la Municipalité** destiné à la grande salle de l'Hôtel-de-Ville, accompagné des huit portraits en buste remis selon l'usage à chacun des personnages représentés ; le tout devait être rendu *«bien et deuement faict et parfaict, dedans le dernier jour de juillet»* (Arch. Nat., H² 1803 et H² 1897). Commande prestigieuse : et qui indique une belle réputation et des protections puissantes. Commande profitable : le marché est conclu moyennant la somme de cinq cents livres tournois, payables à la livraison par le receveur de la ville (soit vingt-cinq années de location de la ferme de La Jumelle...). Rappelons que l'acte est passé avec Antoine, seul «maître peintre», et donc seul habilité à signer pareil document : mais rien n'indique que ses frères n'eurent pas une part importante dans l'obtention comme dans l'exécution.

C'est apparemment cette même année (ou l'année précédente) que les Le Nain obtiennent une autre commande importante : **le décor de la chapelle de la Vierge à l'église du couvent des Petits-Augustins.** On sait en effet que les armes retrouvées sur l'*Annonciation* (n° 5) ont été identifiées comme celles du marquis de Mirabel, ambassadeur d'Espagne à Paris de 1630 à 1632.

1633   **Mathieu,** qui doit juste atteindre sa majorité, semble jouir de protections efficaces dans la municipalité parisienne.

Le 22 août, selon Leleu, il est reçu **«peintre ordinaire de la ville de Paris par le prevost des marchands** (c'est-à-dire Christophe Sanguin, marquis de Livry) *et les eschevins en l'hostel de ladite ville»* : titre qui ne doit pas être la simple récompense de la commande exécutée l'année précédente. Il s'agit, semble-t-il, de fonctions réelles, peut-être assez peu glorieuses, mais comportant des gages non négligeables. Un versement retrouvé pour 1635 (Arch. Nat., KK 436, fol. 562 v°-563) prouve que Mathieu se chargea notamment *«de l'entretiennement et nettoyement des tableaux de la grande salle, grand et petit bureau de ladite ville».*

Le 29 août, toujours selon Leleu, Mathieu est reçu **«lieutenant de la compagnie bourgeoise du sieur du Ry, capitaine en la colonelle du sieur de Sève»,** soit Alexandre de Sève, seigneur de Chassignonville, secrétaire du Cabinet du roi Louis XIII et amateur d'art réputé (cet important personnage, lui-même reçu quelques jours plus tard Maître des requêtes, deviendra Intendant en Dauphiné, et Prévôt des marchands de Paris en 1659). On notera que Leleu, certainement renseigné par des pièces authentiques, précise que la réception de Mathieu eut lieu «*en présence du prevost des marchands et des eschevins de la ville de Paris*». Tout semble indiquer que le talent de Mathieu, joint à son goût de la chose militaire, et sans nul doute à des manières d'honnête homme et un entretien agréable, lui ouvrent une société jeune, brillante et ambitieuse.

1636   Le 3 mars, le père des Le Nain, **Isaac, vend son office de sergent royal** au grenier à sel de Laon à un certain Charles Dehis, praticien, demeurant à Laon et marié à Marie de Boussaye, moyennant 300 livres tournois payables en trois fois sur trois ans (inédit ; Arch. Dép. Aisne, minutes d'Antoine Lambin, E 518). La signature, large et ferme, ne trahit pas un homme diminué. Le 4 avril, on le trouve encore vendant un jardin de neuf verges ou environ, sis au terroir de Saint-Julien-de-Royaucourt, moyennant onze livres, dix-sept sols et six deniers, sans compter le denier-à-Dieu et douze deniers aux vins bus (inédit ; *ibidem*). **Il meurt avant la fin de l'année.** On notera, sans en tirer de conclusions hâtives, que la peste est justement réapparue à Laon durant cette année 1636 et y fait de grands ravages.

Ses fils, qui n'ont toujours pas partagé l'héritage qui leur a été remis en 1630, le maintiennent en indivis. Ils louent l'essentiel des immeubles et des terres, mais, outre un pied-à-terre à Laon, **se réservent la maison de Bourguignon**, située sur la route de Laon à Chailvet, «*vis-à-vis la chapelle, concistante en deux chambres, grenier au dessus, cellier voulté au dessous, foulerie devant ladite maison, le tout couvert de thuiles, deux cuves, une grande et une petite, et autres ustensiles de vendanges (...) cour fermée de murailles, jardin derrière la maison*» (description de l'acte du 6 mars 1678 ; inédit ; Arch. Dép. Aisne, 173 E 9). On s'expliquerait mal cette exception si les peintres n'y venaient faire d'importants séjours.

Dès le 24 novembre on voit «*Nicolas Le Nain, praticien, demeurant à Paris, tant en son nom que comme soy portant fort de Isaacq, Antoine, Louis et Mathieu ses frères, demeurant à Paris*» louer une pièce de vigne, sise à Beffecourt, à Daniel de Villers, vigneron audit lieu, à raison de 4 sols la verge par an (acte non retrouvé ; cité d'après Grandin, 1900, p. 497-498). Nicolas s'occupe pareillement de faire réparer et de louer **la maison de Laon** (bail du 7 janvier 1637 ; inédit ; Arch. Dép. Aisne, Minutes Lambin, E 518 ; remplacé par le bail du 15 avril avec un autre locataire ; inédit ; *ibidem*), se réservant ensuite la chambre haute moyennant un abattement de 12 livres sur les 60 de location annuelle (contrat du 8 mai ; inédit ; *ibidem*).

A la ferme de La Jumelle, qui rapporte 22 livres par an, ils conservent le même locataire, la famille Douay, et son bail sera constamment renouvelé (après Charles Douay et sa femme Marie Loget, avec Elisabeth Douay, apparemment leur fille, et ses deux maris successifs, Regnault Doinet puis — après une brève interruption — Etienne Genouille ; *cf.* bails du 12 juillet 1644, Arch.

Dép. Aisne, E 519 [2] ; bail du 18 janvier 1651 ; bail du 30 juin 1652, etc.). La mort du père ne rompt aucunement les solides attaches provinciales.

1637   On constate que les Le Nain ont quitté la maison de la rue Princesse et habitent désormais rue de Taranne, tout près des bâtiments de l'abbaye. Le 15 janvier, ils prennent **un nouvel apprenti, Antoine Bonnemain,** fils d'un marchand de Paris (Arch. Nat., Minutier Central, XLVI, 147). Orphelin, l'enfant, âgé de *« quatorze ans ou environ »* est confié à Antoine Le Nain pour cinq années et moyennant *« la somme de six vingt livres tournois »* payable par moitié, par *« noble homme Me Jean Germain, sieur de Saint-Aubin, Conseiller du Roy, substitut des procureur et advocat generaux de la cour des monnoyes, advocat en Parlement et procureur fiscal à Saint-Germain des près, y demeurant rue de Bussy »*, et par *« Maistre François Estienne de Collet, abbé de Foix, demeurant à Paris aux Bernardins »*, soit le futur supérieur du Séminaire de Saint-Sulpice et l'un des amis de M. Olier. Il est difficile de ne pas penser que ce pieux personnage, présent à la signature du contrat, a choisi les Le Nain parmi les autres peintres du quartier, non seulement pour la renommée de l'atelier, mais en raison de relations personnelles. Tout indique que les Le Nain se recommandent à la fois par leur talent, par leur moralité, et par leurs excellents rapports avec le milieu « dévot ».

1638   Malgré sa vogue probable, l'atelier n'a pas dû changer sensiblement d'organisation, et continue à fonctionner sous le couvert de la maîtrise d'Antoine. Un acte de baptême en date du 18 juillet, où Mathieu est parrain d'un *« Mathieu, fils de Claude Plaqué et de Marie Bourgeois »*, à l'église Saint-Hippolyte, qualifie toujours le troisième frère d'*honorable homme Mathieu Le-Nain, peintre :* ni maître peintre, ni peintre du roi, ni même « peintre ordinaire de la ville de Paris ».

Signature d'Antoine
1638

      Laon, durant ces années (mais surtout de 1638 à 1643) se trouve proche du théâtre de la guerre : les troupes passent et repassent dans le pays, y prennent quartier. Leur présence entrave le travail des champs et ruine la région. Dans les alentours mêmes de Laon plusieurs compagnies de cavalerie française logent, *« exerçant une licence extraordinaire, pillant tout, rançonnant leurs hostes, emmenant les chevaulx servant au labourage, ce qu'ils ont faict jusques à deux ou trois fois »*. Les Le Nain ont sûrement craint et peut-être subi les conséquences de ce drame.

1641   Date clairement portée sur la *Vénus dans la Forge de Vulcain* (Musée de Reims, n° 3) et sur la *Charrette* (Louvre, n° 34).
      Les signatures accompagnées de date, jusque-là sans exemple chez les Le Nain, se multiplient soudainement. Il est difficile d'en concevoir le motif. La seule explication plausible est un changement dans le type de production et le mode de vente. On peut croire qu'aux commandes importantes — tableaux religieux, décors de cabinets — traitées par marché, et aux portraits, rarement signés au XVIIe siècle, s'étaient toujours joints de petits tableaux vendus

dans l'atelier. Il est possible que vers ce moment les Le Nain se tournent davantage vers les tableaux destinés aux amateurs, de plus en plus nombreux dans Paris. Il est possible aussi qu'accaparés par leur métier et n'ayant pas d'épouse ou de parents à qui confier le soin de la vente, comme il était d'usage fréquent, soucieux par ailleurs d'élévation sociale, ils cessent plus ou moins de tenir boutique et passent davantage par des intermédiaires. On ne sait exactement à quel moment ils quittent la rue de Taranne pour la rue du Vieux-Colombier. Mais il semble bien que la *maison de M. Bobière,* où ils se trouveront encore tous trois en 1648 (soit un grand immeuble de rapport à porte cochère tout récemment élevé par le marchand Frémin Bobière, à l'emplacement du 4 actuel de la rue du Vieux-Colombier) corresponde justement à un statut plus distingué. Une taxe de 1643 y signale comme locataire l'abbé de Senlis, et la maison tenait d'un côté à celle du « *sieur de Mesmont, où il faict l'Académie du Roy »,* de l'autre à celle de Gilles Du Ry, avocat, peut-être le capitaine de Mathieu.

1642   Date portée sur plusieurs tableaux : toiles capitales comme le *Repas des paysans* de la donation Lacaze, au Louvre (n° 28), la *Famille heureuse,* dite le « Retour du baptême », de la donation Paul Jamot, *ibidem* (n° 27), les *Paysans dans une creutte* de Petworth House (n° 26), ou composition « en petit », comme la *Réunion musicale* également au Louvre (n° 41) ou la *Femme avec cinq enfants* de la National Gallery de Londres (n° 18).

1643   Date portée sur plusieurs autres œuvres : la *Madeleine repentante* (perdue ; voir n° 13), la *Tabagie,* dite « Le corps de garde » (au Louvre, n° 45), en même temps que des tableaux d'enfants comme les *Petits danseurs* (ancienne collection Cognacq ; localisation actuelle inconnue) ou les *Petits joueurs de cartes* actuellement au Sterling and Clark Institute de Williamstown.

Laon voit le théâtre de la guerre s'éloigner et le pays entre dans une période moins dure. Mais il a cruellement souffert de l'épreuve. Une enquête de 1647 constatera que « *le dyocèse de Laon est réduict à une si extrême misère que partye des villages sont abandonnez, partye réduicts à moitié. Partye aussi des terres sont devenues incultes ».*

1644   Un auteur de romans à la mode (et à clefs), **Du Bail, publie à Paris les « Galanteries de la Cour »** (le privilège remonte au 6 juin 1643, mais le roman pourrait avoir été rédigé un peu plus tôt). Au milieu d'une intrigue sentimentale complexe il introduit épisodiquement l'éloge de trois peintres, Florange, Silidas et Polidon. Ils sont présentés comme des artistes de grande réputation, de dons très divers, et recherchés par toutes les « *personnes qualifiées de la Cour »* tant pour leur talent que pour leur distinction et l'agrément de leur compagnie. On voit même le second des frères, Silidas, invité par un grand seigneur à l'accompagner pour un séjour dans un château de province, se mêlant aux divertissements de la compagnie, profitant des jours de pluie pour faire le portrait de ses hôtes, et courtisant Lisante, jeune parente d'une des héroïnes du roman. Il est difficile d'imaginer réclame plus galante auprès de la belle société, et propagande plus profitable aux trois frères.

C'est l'une des années pour lesquelles nous connaissons le plus de tableaux datés : la *Tabagie* du Cabinet Morel (disparu), le *Portrait du marquis de Trévilles* (anc. collection Mont-Réal), le *Portrait de vieille dame* (perdu, connu par la copie du musée d'Avignon, n° 65) ; le *Vieux joueur de flageolet* (Musée de Detroit ; n° 20) ; l'*Adoration des bergers,* dite « Nativité Mary », sans doute copie d'une composition plus importante.

A Laon s'est réinstallé Nicolas Le Nain, marié à Françoise Romanet et père de plusieurs enfants. En janvier de cette année il s'y fait recevoir sergent royal. C'est lui qui y gère les propriétés familiales. C'est ainsi que le 12 juillet on le voit renouveler le bail de la ferme de la Jumelle *« en son nom et comme s'en faisant et portant fort de honnestes hommes Mathieu, Louis et Antoine Le Nain ses frères demeurant à Paris... »* (Arch. Dép. Aisne, Minutes Lambin, E 519).

1645   On constate que Mathieu porte toujours le simple titre de *peintre* dans l'acte de baptême, paroisse Saint-Sulpice, de *« Mathieu, fils de Louys du Doibt, portefaix, demeurant rue du Gindre, et de Marie Buisson sa femme ».* Son « humeur martiale » et ses belles relations ne semblent nullement l'empêcher de frayer avec les petites gens du quartier (détruit ; relevé dans le Fichier Laborde, n° 41989).

1646   La *Crucifixion* qui se trouvait avant la Révolution sur l'autel de la chapelle Saint-Jacques et Saint-Philippe, à Notre-Dame, est mentionnée par Gueffier (1763) comme peinte dans cette année 1646.

Cette même année paraît le **Cabinet de Mr de Scudéry, Gouverneur de Nostre Dame de la Garde,** recueil de délicats poèmes formant la description en vers d'une collection imaginaire, et dus à l'un des écrivains les plus en vue du temps. Le nom de Le Nain figure parmi la brève liste des peintres contemporains à qui sont attribuées des œuvres. On remarque qu'il n'est accompagné d'aucun prénom. On remarque aussi que le tableau qui sert de prétexte au sizain (assez banal) est un portrait du Cardinal Mazarin. Or c'est un portrait du Cardinal que Mathieu offrira en 1649 à l'Académie Royale. Il est probable qu'on savait que les Le Nain avaient fait son portrait (tout comme celui d'Anne d'Autriche, exécuté par Mathieu, selon Leleu, avant 1643) et qu'ils avaient quelque crédit auprès du ministre — voire qu'ils étaient de son « parti ».

La succession d'Isaac est toujours en indivis. Or Nicolas est marié, chargé de famille. La situation ne peut guère se prolonger. Il semble que sa part lui est remise en 1646 (Grandin (1900, p. 498) cite un bail accordé par Nicolas en février 1647 pour une pièce de vigne située à Montarcène *« qui luy est venue et escheue par la succession de feu son père et par partage fait avec ses cohéritiers »*). C'est pourquoi, **le 4 décembre 1646, les trois peintres passent un acte de donation réciproque au dernier vivant, qui leur permet de rester en** communauté (Arch. Nat. Y 185, fol. 287). Le texte prouve qu'ils continuent à vivre ensemble (rue du Vieux-Colombier), à travailler ensemble, et, même si l'on tient compte des formules propres au style juridique, il témoigne de l'étroite communion qui règne entre eux. On ne peut entièrement attribuer aux conventions de la rhétorique notariale le passage qui insiste sur *« le long temps qu'il y a qu'ilz demeurent et travaillent ensemble sans s'estre séparez, et les paynes que chacun d'eux a prins de sa part pour acquérir et conserver sy peu de bien qu'il a pleu à dieu leur déppartir... »*.

1647   Dernier tableau signé et daté que nous connaissions : le petit cuivre du Louvre, *Portraits dans un intérieur* (n° 43).

1648   Mars : sur l'initiative de quelques peintres, jeunes et appartenant au milieu le plus brillant de l'art parisien, s'organise **l'Académie royale de peinture et sculpture.** Les Le Nain, qui n'ont pas fait partie, semble-t-il, des réunions préparatoires tenues chez M. de Charmois, rejoignent aussitôt le groupe. Contrairement à ce qui a été souvent dit, à partir d'une mention erronée du XVIIIe siècle (Hulst, vers 1753), ils ne sont pas reçus à la seconde assemblée de l'Académie, le 7 mars, mais ils participent à la première assemblée, le 1er, et sont admis le même jour que Gilbert de Sève, Henri Testelin ou Philippe de Champaigne.

Mai : brutalement, **à la fin de mai, les deux premiers frères meurent.** Louis est enterré le 24, Antoine le 26. L'hypothèse la plus simple est quelque maladie contagieuse. Le nom des deux frères est accompagné, sur les registres de Saint-Sulpice (299 ; détruit, mention relevée par Jal et par le fichier Laborde) comme sur les billets d'enterrement (conservés), du titre de *« peintre du Roy en l'académie »*. La cérémonie d'enterrement est faite avec apparat (celle de Louis coûte 45 livres 15 sols).

III
Le chevalier Mathieu Le Nain, sieur de La Jumelle 1648-1677

Longtemps chacun a reconstruit ces trente années de la vie de Mathieu à sa fantaisie, et à faux. Champfleury les avait rêvées bucoliques : *« Le dernier des Le Nain s'était fait paysan ; sa femme aussi était une paysanne, ses enfants de vrais petits paysans, tout ce monde vivant dans une sorte de ferme et portant sous des habits communs la distinction particulière aux gens réfléchis. Le père était une nature grave, aimant cependant se mêler aux jeux de ses enfants et les divertissant le soir par quelque air naïf de musette (...) Les enfants pleuvaient dans la maison; la ménagère ne les épargnait pas. C'était une douce créature travailleuse, active, aimant son mari, indulgente pour son petit troupeau sans cesse rôdant dans la cuisine et se roulant au milieu des pots et des vaisselles...»* (1862, p. 136). Soixante-dix ans plus tard Fiérens, qui se refuse à romancer, n'est pas moins péremptoire sur le destin de Mathieu : *«Après la mort des deux aînés, il perd pied progressivement, se bat les flancs, se désunit. La déchéance est lente, mais irrémédiable»* (1933, p. 48). L'étude précise des archives, la découverte de documents inattendus ont montré que rien de tout cela ne correspondait à la réalité.

On s'aperçoit au contraire que Mathieu se retrouve enrichi par l'héritage de ses frères, et qu'en homme avisé et fils de sergent habile à toutes les ruses juridiques il sait admirablement le protéger et le faire fructifier. D'autre part il semble s'être acquis, dans les armées ou pendant les troubles de la Fronde, des amitiés puissantes et fidèles — à commencer par celle du maréchal de Turenne. Il peut dès lors aspirer à une réussite sociale qui viendra couronner les efforts tenaces de deux générations : et cette réussite, au XVIIe siècle, ne saurait être que l'anoblissement. La curieuse affaire du collier de l'ordre de Saint Michel, découverte ces dernières années, montre vers 1663, non pas un peintre en pleine déchéance, mais un gentilhomme — peu sûr d'aloi, sans doute, mais portant épée et capable d'obtenir, si besoin est, audience personnelle du jeune Louis XIV. Les épreuves qu'il traversera (la fâcheuse aventure de janvier 1666, la mort successive de ses neveux Antoine, puis Étienne, qu'il semble avoir adoptés pour héritiers de sa fortune et continuateurs de ses efforts) paraissent n'avoir rien changé à la sage et complexe gestion de ses biens, ni à des prétentions à la noblesse que justifiaient sans doute de hautes fréquentations.

Toutes choses égales d'ailleurs, l'évolution n'est pas sans ressembler à celle, parallèle et contemporaine, d'Étienne de La Tour, qui commence comme simple peintre et collaborateur de son père, et qui, reprenant à la mort de ce dernier le patrimoine et les ambitions, se qualifie en 1654 de «peintre ordinaire du Roi», achète en 1660 le domaine franc de Mesnil, devient lieutenant du bailli de Lunéville et obtient enfin, en 1670, ses lettres d'anoblissement. — Comme lui, Mathieu abandonna-t-il complètement la peinture aux alentours de 1660? L'inventaire après-décès inclinerait plutôt à penser qu'il se contenta de la pratiquer «libéralement», sans vendre, et comme par divertissement d'amateur. Resterait à savoir quel art il pratiqua de 1648 à sa mort. Moins attaché à sa carrière de peintre, Mathieu est-il devenu plus libre et plus audacieux, ou plus négligent? L'énigme de son art n'en est que plus irritante.

1648-1652   Nous n'avons retrouvé **pour ces années aucun témoignage précis sur Mathieu,** dont l'existence doit avoir été considérablement modifiée par la mort de ses frères. Il pourrait être alors absent de Paris, ou du moins faire de longs séjours hors de la capitale. Rappelons que c'est le temps des troubles de la Fronde. N'y a-t-il pas trouvé occasion de faire valoir son humeur martiale? Est-il resté fidèle à son protecteur Mazarin?

La seule mention de son nom, à ce moment, se rencontre dans les registres de l'Académie, où il figure dûment sur la liste du 6 novembre 1649, mais où une note signale : *«Monsieur Lenain doibt toutes les contributions excepté celle de trente sols, ce quy monte à neuf livres cinq sols, puis les deux pistoles de sa lettre* (de provision), *outre la pistolle quy fut accordée le troisième juillet de bailler par année...* (soit) *39 lt. 5 s.* (Paris, Bibl. de l'École Nationale des Beaux-Arts, ms 1, fol. 33). Ce qui semble confirmer l'absence de Paris. Et pourtant un inventaire de l'Académie dressé en 1682 indiquera

*Signature
1652*

que le *Portrait du Cardinal Mazarin* qui s'y conservait, et qui y subsistera jusqu'à la Révolution, avait été donné *«par Monsieur Le Nain en 1649»* *(Ibidem,* ms 37). L'absence, si tant est qu'il y eut absence, ne dut pas empêcher des retours à Paris.

On notera que durant ces années **les guerres affectent cruellement la région de Laon.** En 1648, les troupes du baron d'Erlach, qui commande un corps d'Allemands luthériens dans l'armée de Turenne, commettent les pires atrocités. En 1650, notamment lors du siège de Stenai et de la défense d'Arras, l'armée passe et repasse en multipliant les ravages. C'est aussi le temps où Turenne et le maréchal de La Ferté, qui dirigent les campagnes, séjournent dans la région. Mathieu, qui connaissait le pays, trouva-t-il occasion de se rendre utile, et d'obtenir la protection de Turenne, qui portera plus tard (voir à l'année 1662) témoignage *« de ses services dans (les) armées (du Roi)»* ?

1652-1658　On retrouve **Mathieu Le Nain présent à Paris** grâce à un acte du 4 octobre 1652 (perdu, mais mentionné dans l'inventaire après-décès). Ce document est le premier de toute une série qui montre Mathieu Le Nain organisant et gérant une fortune honnête, et certainement suffisante pour lui permettre de vivre de ses rentes. Héritier de ses deux frères, il concentre entre ses mains une bonne partie du patrimoine familial augmenté des sommes considérables acquises par le pinceau. C'est ainsi qu'**on le voit acheter successivement à Paris trois maisons,** qui constitueront l'un des éléments importants de cette fortune.

La première, *« à laquelle pend pour enseigne la Chasse Royale»,* située **rue Grenier Saint-Lazare,** paroisse Notre-Dame-des-Champs, est acquise le 4 octobre 1652 moyennant 5 600 livres, et bientôt louée à un tourneur sur ébène, Jean Tirepaine, moyennant 300 livres par an (bail du 15 février 1653 ; Arch. Nat., Minutier Central, XLIII, 68 ; renouvelé en 1660, acte perdu, puis le 13 mai 1666, *ibidem,* XLIII, 120). Elle causera à Mathieu plus d'un tracas, notamment des différends avec les propriétaires voisins, dont les archives conservent des traces volumineuses (Arch. Nat., V⁴ 392, etc.).

La seconde, située **rue Pastourelle,** paroisse Saint-Nicolas-des-Champs, est acquise le 6 septembre 1653 moyennant 6 430 livres (acte perdu, mentionné dans l'inventaire après-décès ; quittances du prix d'adjudication, Arch. Nat., Minutier Central, XVI, 403, LIX, 117, etc.). Elle sera louée à un maître savetier, Pierre Gambier, moyennant 255 livres (bail de 1654 perdu ; renouvellement du 7 janvier 1670, Arch. Nat., Minutier Central, XLIII, 134).

La troisième maison, plus petite, et située sur la paroisse Saint-Sulpice, **rue Honoré-Chevalier,** est achetée 2 100 livres le 3 octobre 1658 (Arch. Nat., Minutier Central, CXXII, 165). C'est là que Mathieu s'installe, et il y finira ses jours. La rue subsiste encore, mais la maison, vendue aussitôt après sa mort aux Bernardines du Sang Précieux, a disparu.

En même temps **Mathieu semble se constituer des rentes importantes.** Ces achats nous échappent en grande partie. Cependant nous le voyons le

17 décembre 1652 acquérir, moyennant 1 710 livres, 525 livres de rentes sur la ville de Paris — rentes, il est vrai, sans doute en partie obérées d'hypothèques et difficiles de rentrée : mais on verra pourtant Mathieu toucher des arriérés honnêtes (cf. Arch. Nat., Minutier Central, XLIII, 67 ; Bibl. Nat., Département des manuscrits, Pièces originales 1684, n° 39209, etc.).

1652   L'acte du 17 décembre mentionné plus haut (achat de 525 livres de rentes, Arch. Nat., Minutier Central, XLIII, 67) est rédigé au nom du « *Sieur Mathieu Lenain peintre et Vallet de chambre du Roy demeurant à St Germain des près rue du vieil coulombier paroisse St Sulpice* ». Nous ne savons d'où vient ce titre, que nous n'avons rencontré que dans cet acte. Au contraire on trouve mainte fois, durant ces années, celui de **« peintre ordinaire du Roi »** : ainsi le 15 février 1652, dans le bail accordé à Jean Tirepaine (Arch. Nat., Minutier central, XLIII, 68) ; le 24 septembre 1656, dans la quittance d'un quartier de rentes (anc. coll. B. Fillon) ; le 17 décembre 1658, dans une autre quittance (Bibl. Nat., Département des manuscrits, Pièces originales 1684, n° 39209), le 22 novembre 1662 dans une procédure relative à la succession de Nicolas Le Nain à Laon (Grandin, 1900, p. 502), etc.

1654   Selon une *Histoire manuscrite de la Ville de Laon* (Collection de Dom Grenier ; Bibl. Nat., Département des Manuscrits, Coll. Picardie, 236 bis) **le Martyre de saint Crépin et saint Crépinien** de l'église des Cordeliers, à Laon, que Leleu mentionne expressément comme des Le Nain, portait l'inscription : « *Les confrères de S. Crépin et S. Crépinien ont fait faire ce tableau en 1654* » ; et un second tableau, qui servait de pendant et semblait « *être du même* », portait une inscription identique : « *Les confrères de S. Firmin et S. Honoré ont fait faire ce tableau en 1654* ». Il ne peut s'agir que de Mathieu : à cette date, il continue donc à accepter des commandes importantes, et sans doute séjourne volontiers à Laon.

1658   Dans le contrat du 3 octobre relatif à l'achat de la maison de la rue Honoré-Chevalier, Mathieu, pour la première fois à notre connaissance, se pare du titre de **« Sieur de La Jumelle »,** du nom de la petite ferme qu'il possède près de Laon, paroisse de Royaucourt (pourtant grevée, semble-t-il, de droits seigneuriaux : à savoir deux poules vives en plumes au jour de la Saint-Martin dues au marquis de La Vieuville...). C'était au demeurant la seule possession dont il pût prendre le nom. Ce titre va désormais se retrouver très fréquemment, notamment dans les pièces officielles relatives à l'ordre de Saint Michel, et Mathieu signera le plus souvent, à partir des années soixante, *Lenain de Lajumelle* (cf. la série de pièces de 1668-1669). C'est manifestement dès cette date que se précisent ses ambitions sociales. Il doit préparer son entrée dans l'ordre de Saint Michel — et du même coup, s'éloigner désormais, sinon des pinceaux, au moins du *métier* de peintre.

Lenain De Lajumelle

Signature
1658

1662   Après une période pour laquelle nous ne possédons que des documents de médiocre intérêt (baux, quittances de rentes, formalités juridiques, etc.), l'année 1662 offre deux renseignements inattendus.

Le 13 septembre, selon Claude Leleu, qui écrit manifestement de bonne source, **Mathieu «obtint lettres de commitimus en qualité de peintre de l'Académie Royale de Peinture».** On n'a retrouvé jusqu'ici aucune trace de cette démarche dans les archives (très lacunaires) de l'Académie : mais le fait est certainement exact. Nous savons que Mathieu fit précisément usage de ces lettres dans un litige relatif à la maison de la rue Grenier Saint-Lazare, dont la sentence fut rendue le 13 octobre 1667. Et l'indication est surprenante. On sait que ce privilège du *commitimus « de toutes les causes personnelles, possessoires et hypothécaires, tant en demandant qu'en défendant, aux Requestes de l'Hostel ou du Palais selon le choix »* était une distinction fort recherchée. Richelieu en avait fait l'un des avantages octroyés à l'Académie française. Peintres et sculpteurs avaient eu grand mal à l'obtenir pour leur Académie. Le roi ne l'avait d'abord accordé qu'à trente membres (article XX des statuts de 1654), à savoir *« au Directeur, aux quatre Recteurs, aux douze Professeurs, au Secrétaire, au Trésorier, et aux onze de l'Académie qui rempliront les premiers lesdites places après que ceux qui les occupent à présent seront changés »*, étant bien spécifié que le privilège était *« inséparablement attaché aux personnes »*, et qu'on n'y pouvait prétendre *« que par le décès des anciens »* et dans l'ordre d'ancienneté. Or depuis 1654, au moins sept recteurs et professeurs étaient morts, sans parler du Directeur, Martin de Charmois, disparu le 28 novembre 1661. Encore fallait-il que Mathieu n'eût aucunement rompu avec l'Académie après 1648, et même qu'en dépit du silence des archives il y eût occupé une charge peu après 1654... Fait encore plus étonnant, **le 27 octobre le roi accorde à Mathieu Le Nain le collier de l'ordre de Saint Michel,** et le 20 novembre, Mathieu est *« reçu dans l'ordre de Saint Michel »* (Bibl. Nat., Clairambault 1244, f° 2703 v°) et *« installé dans son rang et séances dans les Chapitres desdits chevaliers ».* Honneur exceptionnel, et la plus haute distinction dont disposât le roi. En principe il fallait prouver sa noblesse, et les artistes n'y pouvaient prétendre. Ni Vouet, ni Poussin, ni Le Brun ne l'obtinrent, et si l'on compte quelques très rares exceptions, elles furent dues à la faveur d'Henri IV pour Fréminet, à l'amitié personnelle de Louis XIII pour Deruet, et à la rivalité avec l'Espagne pour Jacques Stella, que Madrid avait essayé d'attirer en lui offrant le collier de Saint Jacques. L'octroi du collier à Mathieu en 1662 est d'autant plus singulier que vers 1661 déjà on parle de réformer l'ordre, le nombre des chevaliers ayant crû à l'excès durant les troubles de l'État. Visiblement, Mathieu dispose de hautes protections. Tout un aspect de l'activité de Mathieu doit nous échapper : en premier celle du « lieutenant de la compagnie bourgeoise du Sieur Du Ry ». On regrette qu'aient disparu les documents relatifs à la réception, qui expliqueraient comment le collier put être donné par le Roi à Mathieu *« en reconnaissance et sur les tesmoignages de ses services dans ses armées qui auroient esté rendus par les Srs Mareschaux de Turenne et d'Albret, et austres témoignages de sa* *naissance et de sa fidélité et affection au service de sa Majesté».* Exploits militaires, auxquels pouvait s'ajouter la connaissance des fortifications, fréquente chez les artistes ? Ou, durant les intrigues de la Fronde, dévouement discret et efficace (la qualité de portraitiste mondain ouvrait bien des portes...) qui aurait assuré à Mathieu des reconnaissances durables ?

1666   **Le 22 janvier Mathieu est arrêté et écroué à la prison du Fort-l'Évêque,** dont il ne sortira qu'à la mi-juin. Une série de pièces explique en détail la mésaventure. Dès 1663 la révision de l'Ordre de Saint Michel est décidée, avec réduction à cent du nombre des chevaliers. En novembre ceux-ci doivent apporter leurs preuves devant le Commissaire désigné par le Roi, le marquis de Sourdis. Le registre vérifié le 20 décembre 1663 indique en regard du nom de *Mathieu Le Nain, Escuyer, Sieur de la Jumelle : « N'apporte nul tiltre ni de sa noblesse ny des services rendus au Roy »* et porte en marge l'indication infamante : *« est peintre »* (Bibl. Nat. Clairambault 1244, fol. 2703 v°). Mathieu, qui avait par ailleurs le tort d'être tout fraîchement nommé, se trouvait manifestement condamné à figurer dans la liste des chevaliers « retranchés », liste qui comprenait des personnages bien plus notables que lui. De fait, lors du premier retranchement, le 12 janvier 1665, comme de la révision du 20 avril, où 34 noms sont changés, Mathieu se retrouve parmi les victimes. Devant les nombreuses résistances, une ordonnance du 10 juillet 1665 condamne ceux qui porteront le collier sans être des cent retenus à 3 000 livres d'amende (dont 1 000 pour le dénonciateur et 2 000 pour l'Hôpital Général). Mathieu prétendra qu'étant *à la campagne,* il n'a pas eu avis de son retranchement et a continué à y porter le collier, jusqu'à son retour à Paris. Ayant alors appris la réduction, il serait allé trouver le roi lui-même (le Louis XIV de 1665, dans toute la gloire du jeune règne...) et *« auroit receu sa permission verbale (de porter le collier dudit ordre) ».* Ce qui semble prouver que Mathieu, non seulement a ses entrées à la Cour, mais est personnellement bien connu du Roi.

Cependant le 22 janvier 1666 le chevalier de Saint-James, secrétaire de l'Ordre, lui rend visite et lui demande de venir avec lui chez le marquis de Sourdis *« pour lui faire voir son certifficat ».* Arrivé sur le Pont-Neuf, il le fait arrêter par des hommes apostés à cet effet, écrouer au Fort-l'Évêque, et se constitue son dénonciateur. Mathieu se prétend fort de *« l'ordre et la permission verbale de Sa Majesté de continuer à porter le collier dudit ordre après la réduction des Chevaliers »* et refuse de payer l'énorme amende (plus du prix de la maison qu'il habite). Il se débat, porte l'affaire devant diverses juridictions, et finalement, le 6 mars, il adresse au Conseil du Roi une requête, à laquelle Saint-James et les Administrateurs de l'Hôpital Général ripostent les 10 et 12 mars. L'affaire est rapportée devant le Conseil privé par Fieubet, maître des requêtes, le 14 mai, et le Conseil décide l'élargissement de Mathieu, le décharge de l'amende, avec simple défense de continuer à porter le collier (Arch. Nat. V⁶ 513). Il est clair que Mathieu conserve de hauts protecteurs à la Cour. Il semble libéré de prison le 19 mai. Mais la partie adverse doit réagir vivement, et souligner que pareille faveur servira de précédent autorisant d'autres abus et rendant vaine toute la réforme. L'arrêt du Conseil privé du 14 mai est cassé au Conseil d'État du Roi le 11 juin, et Le Nain derechef condamné, le Roi réduisant seulement *« par grâce »* l'amende de moitié. Ce nouvel arrêt, sans doute pour faire exemple, est imprimé et rendu public (Bibl. Nat., Clairambault 1244, p. 3109-3112).

Cette cruelle déception se double donc d'une sanction matérielle. Pour payer l'amende, et sans doute les frais d'avocat et de justice, Mathieu doit emprunter 1 800 livres, contre constitution d'une rente annuelle de 90 livres payables par quartiers à une dame Marie Gazeau, demeurant paroisse Saint-Benoît (Arch. Nat., Minutier Central, XLIII, 121), rente qu'il continuera de payer jusqu'à sa mort (cf. l'Inventaire après-décès).

Il est curieux de constater qu'en revanche il se refuse à avoir perdu son titre. Il semble le conserver à la campagne (Grandin le signale dans les actes d'un procès, à Laon, en 1667 ; cf. 1900, p. 502), et le reprend bientôt à Paris. Le 1er septembre 1673, par exemple, le bail de la maison de la rue Grenier Saint Lazare commence par ces mots : *« Fut présent Mr Mathieu Le Nain, chevalier de l'ordre du Roy de St. Michel seigneur de la Jumelle »,* et Mathieu déploie une large signature : *Le Chevalier Lenain de Lajumelle* (Arch. Nat., Minutier Central, XLVIII, 149). Les pièces relatives à l'inventaire après-décès mentionnent le titre, qui figure sur le billet d'enterrement. Au point qu'on se demanderait si, profitant des décès et vacances, Le Nain n'a pas été vers cette date réintégré dans l'Ordre : mais les quelques listes conservées, très lacunaires, n'en portent pas trace.

Signature
1673

1668-1669   Une raison qui nous échappe conduit Mathieu à monter tout un scénario juridique compliqué. Quelques pièces retrouvées ont fait imaginer jadis aux meilleurs érudits l'affolement d'un vieillard affaibli par l'âge et circonvenu par sa famille. La réalité semble toute autre. L'ensemble des actes, lorsqu'on les réunit, prouve simplement que Mathieu — crainte de poursuites judiciaires, de mise sous scellés ? — fait à son neveu Antoine (fils de son frère Nicolas) une donation universelle entre vifs, donation en fait toute fictive, car accompagnée de révocations simultanées (Archives Nationales, Y 214, fol. 472 ; Y 215, fol. 3-4, 307, 341 ; Y 215, fol. 83-84 ; etc.).

Ces actes ont surtout l'intérêt de montrer que Mathieu n'a rien perdu de ses ambitions nobiliaires : il s'y qualifie soigneusement de *Sieur de La Jumelle.* Ils prouvent également qu'il a choisi pour principal héritier de ses biens l'aîné des enfants de son frère, Antoine Le Nain, qui alors a passé vingt-cinq ans, et, resté célibataire, vit avec son oncle dans la maison de rue

Honoré-Chevalier. Il lui a fait prendre le titre de *Sieur de La Campignolle,* et manifestement reporte sur lui toutes ses ambitions sociales. Une parfaite entente règne entre les deux hommes, et d'autre part entre eux et le second neveu, le frère d'Antoine, Étienne Le Nain, « bourgeois de Paris », installé rue du Battoir, paroisse Saint-Cosme, à qui est soigneusement réservé dans les actes le tiers de l'héritage.

1670-1677   Il semble que **les deuils s'accumulent.** Le dernier frère de Mathieu, Nicolas, était mort peu après 1659 (date à laquelle il cède sa charge de sergent royal à son fils Étienne), laissant de nombreux enfants. Or **Antoine,** favori de Mathieu et partageant sa demeure à Paris, meurt après 1669. **Étienne** paraît le remplacer dans l'affection et les espoirs de Mathieu. En 1673 on le trouve à Paris, installé cette fois rue neuve Saint-Denis, paroisse Saint-Laurent, et marié à Anne Thuilleau, qui lui donne un fils, **Nicolas-Étienne.** Mais Étienne meurt à son tour (1675), suivi de peu par son fils. En 1677 Mathieu vit seul. Il n'a pas comme parente proche, à Paris, que sa nièce par alliance, cette Anne Thuilleau, qui n'est même plus son héritière légale — mais qui semble néanmoins s'occuper du vieillard. Les autres neveux sont à Laon : Claude Le Nain, notaire royal, et trois filles majeures mais non mariées : Perette, Marie et Madeleine.

1677   **Mathieu meurt le 20 avril.** L'enterrement a lieu le lendemain, à dix heures du matin, à l'église Saint-Sulpice. Le billet d'enterrement est au nom du *Chevalier Le Nain, Peintre du Roy et de l'Académie.* Sur le registre des décès de l'église signe seule, comme parente, Anne Thuilleau (détruit ; publié par Jal, 1867, p. 767).

A Laon, les quatre enfants survivants de Nicolas, tardivement alertés, s'inquiètent de **l'héritage.** Le 23 les trois sœurs, Perette, Marie et Madeleine, signent procuration à leur frère Claude, qui est notaire royal, pour recueillir la succession de « *deffunct Mathieu Le Nain, vivant seigneur de La Jumelle, La Campignolle et autres lieux* » (Arch. Nat., Minutier Central, XLIII, 162). Claude accourt, accompagné de Madeleine, la dernière des sœurs, et, à en juger par sa signature, la plus instruite et la plus décidée (Perette ne sait ni écrire ni signer). **L'inventaire** est dressé le 28 pour les meubles, le 29 pour les tableaux — avec l'aide de Michel Semel, peintre quasi inconnu, mais qu'on rencontre justement dans ces années parmi les membres de l'Académie de Saint-Luc, en même temps qu'un Charles Semel —, le 30 pour les papiers (Archives Nationales, Minutier central, XLIII, 162). Il apparaît décevant. Il est probable que Mathieu a donné de son vivant à Anne Thuilleau, exclue légalement de la succession, tout l'argent liquide, la verrerie, l'argenterie, les bijoux et la vaisselle de prix (aucune trace), les meubles de qualité (le seul dont l'évaluation dépasse quelques livres est le lit...), peut-être même les tableaux ayant le plus de valeur marchande et facilement transportables (aussi bien Anne semble-t-elle, quelque temps après, disposer de sommes considérables ; et, dès le 24 octobre de la même année, elle signe un contrat de mariage avec Guillaume Josse, bourgeois de Paris, fils d'un procureur au baillage et comté de Limours).

Toutefois on ne saurait accorder assez d'importance à la liste des tableaux inventoriés — surtout petits tableaux, esquisses et études, visiblement le fond d'atelier conservé, avec quelques grands tableaux plus importants et encadrés décorant les pièces. C'est plus de deux cents œuvres qui sont mentionnées : des scènes religieuses, mythologiques, allégoriques, un petit nombre de sujets de genre (six « *gueuseries* », un « *flûteur* »...) et pour près de deux-tiers, des portraits, en petit, en « têtes », et en grand (dont 23 *portraits de mareschaux de France et autres seigneurs*, 11 grands et 12 petits) : ce qui confirme pleinement l'idée que Leleu proposait de l'œuvre des Le Nain.

Fin 1677 Les héritiers de Mathieu se partagent **sa fortune.** Si l'on en croit un acte du 15 décembre 1677 (inédit ; Laon, Archives départementales), elle se monterait seulement à 5 574 livres, dont il faudrait déduire 3 574 livres de « debtes de ladite succession » et dépenses de voyage et séjour à Paris de Claude et Madeleine, plus 95 livres utilisées à des réparations à la maison de Bourguignon. Le plus clair en aurait été la vente de la maison de la rue Honoré-Chevalier (cédée le 8 mai aux religieuses Bernardines du Sang Précieux), la location des autres maisons, la vente des meubles et les rentes sur l'Hôtel de Ville. En fait, il ne s'agit que de l'argent liquide obtenu par la succession et partagé entre les quatre frère et sœurs, et non des biens fonciers qui semblent demeurer indivis. C'est ainsi que dès cette année La Jumelle et cinq pièces de bois et près sont loués par eux, « *héritiers de défunct Mathieu Le Nain leur oncle vivant peintre ordinaire du Roy, naguère décédé* », avec bail à surcens rachetable, à Pierre Parat, « *écuyer, seigneur de Chailvet et Royaucourt, conseiller et secrétaire du Roi, demeurant en son château de Chailvet* », moyennant 16 livres et les épingles (22 septembre 1677 ; acte inédit, Laon, Archives départementales, minutes de Laurent Blancher). Le 5 mars 1678 les frères et sœurs s'entendent pour céder à Claude la maison de Bourguignon et les pièces de vigne jointes, — notamment la Collerette, le Caveau, le Crocq et le jardin dit le Large cul — et utiliser l'argent pour les réparations de la maison de la rue Pastourelle (acte inédit ; *ibidem*, 173 E 9). Celle-ci, dûment remise en état, sera revendue 6 600 livres en 1686. La maison de Laon reste en indivis, pour que la mère, Françoise Ramonet, encore vivante, puisse continuer à y demeurer. Encore ne sommes-nous pas bien certains de tout repérer. Grandin (1900, p. 506) remarquait qu'à la suite de la mort de Mathieu les trois sœurs Le Nain, pour leur seule part, passaient des actes pour constitution de rentes correspondant à des capitaux de 10 000 livres : et il estimait la fortune laissée par Mathieu à ses seuls neveux de Laon à quelque 25 000 livres.

C'est par Claude, fils de Nicolas, que la famille Le Nain continuera à jouer un rôle à Laon. Né le 18 décembre 1647, mort le 5 octobre 1686, il avait épousé en 1671 Marguerite Lebègue, fille de Claude Lebègue, musicien du Prince de Brunswick et petite fille de Nicolas Lebègue (vers 1604 - vers 1670) « maistre joueur d'instruments ». Il eut d'elle douze enfants, dont six garçons, parmi lesquels François-Claude, l'aîné, baptisé le 21 août 1672, et **Claude-Mathieu,** baptisé le 23 septembre 1674. Ce dernier fut un personnage assez curieux. Selon les *Nouvelles Ecclesiastiques* (3 mars 1736, Nécrologie..., I, p. 251) « *Monsieur Claude Mathieu Le Nain, Prêtre, Licencié en Théologie de la Faculté de Théologie de Paris et Chanoine de la Cathédrale de Laon, étoit très recommandable par ses bonnes qualités. Il avoit été Curé pendant dix ans de S. Rémy de Laon, où il s'étoit distingué par ses lumières et par son application au bien de cette Paroisse. Il étoit Appellant et Réappellant de la Bulle, ce qui le fit exclure du Chœur et du Chapitre en 1722, et ensuite exiler à dix lieues du Diocèse. Il se retira chez son frère à Chalons-sur-Marne, mais M. de Tavanne, qui en étoit Évêque, ne l'y pouvant souffrir, il fut obligé de se réfugier à Troyes, où l'Évêque le reçut avec bonté, et l'employa avec plaisir. Il mourut d'apoplexie le sept janvier 1735, âgé de 70 ans* ». C'est très probablement ce Claude Mathieu qui rédigea, à partir des traditions et des papiers conservés dans la famille, le mémoire sur les trois peintres inséré dans son *Histoire de Laon* (avant 1726, et très probablement avant 1722) par Claude Leleu, lui aussi chanoine de la cathédrale de Laon et qui appartenait au même milieu et à la même génération.

Les Le Nain et la postérité

On imagine souvent la fortune des Le Nain identique à celle de tous les « peintres oubliés » du XVIIe siècle : une désaffection lente et continue, puis la résurrection due au courant historique moderne. Les trois frères auraient seulement, grâce à Champfleury, le privilège d'être les premiers en date.

Un regard plus attentif montre que le schéma, sans être faux, mérite quelques corrections. Il y a bien des différences entre La Tour et les Le Nain. Et dans le cas de ces derniers, il faut tenir compte de deux canaux tout différents.

D'une part le commerce d'art n'a jamais cessé de s'intéresser aux Le Nain et d'entretenir leur cote, donc le souvenir de leur nom. Il n'y a jamais eu *disparition* des Le Nain. Au rebours leur renommée sert d'enseigne à toute une production plus ou moins hétéroclite dont les catalogues des ventes anciennes et les estampes nous donnent assez bien l'idée. Ce sont eux qui rejettent dans les ténèbres plusieurs maîtres du second rang... De sorte que le marché préserve dans une certaine mesure leurs tableaux, ou du moins la partie « commerciable » de l'œuvre, les maintient présents dans l'histoire de la peinture, mais en même temps brouille les traces.

D'autre part l'historiographie, moins par mépris que par un concours fâcheux de circonstances, laisse glisser les Le Nain, non pas dans l'oubli (tous les dictionnaires font mention de leur nom), mais dans une ignorance plus ou moins complète. Il faudra la passion de Champfleury suivie d'un siècle de recherches pour réparer, dans la mesure du possible, les effets de cette longue négligence.

Le fait majeur, comme souvent pour l'art français de l'Ancien Régime, apparaît la Révolution. Elle introduit, sur tous les plans, une coupure décisive ; après elle, certaines questions resteront nécessairement sans réponse. Elle ne détruit pas seulement tout un pan de l'œuvre, à Paris et surtout à Laon : elle supprime les repères indispensables. C'est en un sens le sinistre Barofio, commissaire désigné par le Conseil permanent du département de l'Aisne en l'an II, qui crée l'« énigme Le Nain ».

I

De la mort de Mathieu aux recherches de Champfleury
1677-1850

La tradition et ses négligences

1679 **André Félibien,** dans ses *Noms des peintres les plus célèbres...*, brève liste qui énumère les peintres fameux qui ont paru depuis l'Antiquité, ne dédaigne pas de consacrer un paragraphe aux frères Le Nain : « *Les Nains frères, peignoient des Histoires et des portraits, mais d'une manière peu noble ; représentant souvent des sujets pauvres* » (p. 61).

1688	Dans la dernière partie de ses *Entretiens*, **André Félibien** reprend la mention de 1679, mais y ajoute ce commentaire : « — *J'ay veû, interrompit Pymandre, de leurs Tableaux : mais j'avoûë que je ne pouvois m'arrester à considérer ces sujets d'actions basses et souvent ridicules. — Les ouvrages, repris-je, où l'esprit a peu de part, deviennent bientost ennuyeux. Ce n'est pas que quand il y a de la vraysemblance, et quand les choses y sont exprimées avec art, ces mesmes choses ne surprennent d'abord, et ne plaisent pendant quelque temps avant que de nous ennuyer : c'est pourquoy comme ces sortes de peintures ne peuvent divertir qu'un moment et par intervale, on voit peu de personnes connoissantes qui s'y attachent beaucoup.* » (t. II, p. 487-488). Cette parenthèse semble en fait une attaque contre les petits tableaux flamands du type Brouwer ou Teniers, dont à ce moment le commerce essaie de lancer la mode à Paris : spéculation trop évidente qui irrite les admirateurs de Poussin et même ceux de Rubens. Mais le paragraphe, malencontreusement accroché aux basques des Le Nain, leur nuira gravement et durablement dans l'esprit des innombrables lecteurs des *Entretiens*.
1699-1700	Preuve que les Le Nain ne sont aucunement oubliés à la fin du siècle, **Florent Le Comte**, à son tour, les évoque brièvement dans son *Cabinet des singularitez*. D'abord, au tome I (1699), comme auteurs de paysages, à la fin d'une liste qui ajoute aux Flamands les Français Mauperché, Claude Lorrain, Fouquières, Perelle, Scalberge et de Son. Puis au tome III (1700) en quelques lignes qui reprennent et modifient curieusement Félibien : «*Louis et Matthieu Le-Nain frères étoient de Laon, ils peignoient des histoires, et des paysages ; mais leurs plus ordinaires sujets étoient des tabagies, à quoy ils reussissoient parfaitement*».
Début XVIIIᵉ siècle	**Claude Leleu**, « *Docteur de Sorbonne, Chanoine et Archidiacre de Thiérarche en l'église Cathédrale de Laon* », insère dans son *Histoire de Laon divisée en huit livres*, à l'année 1632, un bref mémoire sur les frères Le Nain. Il semble bien que ce texte, parfaitement documenté, ait été écrit d'après les renseignements fournis par Mathieu-Claude Le Nain, petit-neveu des peintres et comme lui chanoine de la cathédrale de Laon, ou même rédigé par ce dernier. C'est une de nos sources fondamentales pour la connaissance des Le Nain. Cet hommage de la province natale à trois de ses illustrations eût sans doute suffi pour préserver le souvenir des Le Nain, au moins localement, et même empêcher la destruction de leurs tableaux lors de la Révolution. Le malheur voulut que ce gros ouvrage, prêt pour l'impression, ne trouvât pas d'éditeur, et restât manuscrit (Bibliothèque de Laon). Il fut cependant connu de quelques érudits locaux, qui en font état dans leurs recherches : mais on n'en découvre la première trace imprimée qu'en 1822, avec l'*Histoire de la ville de Laon* de J.-F.-L. Devisme (t. II, p. 353-354). La dévotion locale, qui devait sauver les œuvres d'un Jean Boucher à Bourges, ou d'un Tassel à Langres et Dijon, ne jouera pas pour les Le Nain. Laon ne possède plus de nos jours aucune de leurs œuvres.

1740   Pour la première fois nous saisissons **la cote d'un Le Nain** authentique au XVIIIe siècle : dans l'inventaire après décès de Pierre Crozat (30 mai 1740) apparaît, au milieu d'une des plus belles collections du siècle, l'*Intérieur paysan au jeune joueur de flageolet* aujourd'hui à l'Ermitage (n° 25 de l'exposition). Il est prisé 400 livres. Valeur toute relative, puisqu'il s'agit, non d'une vente, mais d'un inventaire : mais les estimations des autres tableaux indiquent le niveau. C'est le même prix que le précieux *Atelier du peintre* de Van Ostade, que l'*Homme qui se fait la barbe* de Schalken, que la fameuse *Fille au balai* de Rembrandt (aujourd'hui à Washington) : soit le cinquième d'un grand Valentin comme *Jésus chassant les marchands du Temple* ou d'un beau Claude comme le *Paysage avec trois figures,* mais la moitié seulement de la très célèbre *Sainte Famille au berceau* de Rembrandt, et deux fois une *Madeleine* de Luca Giordano, quatre fois le *Double portrait d'homme* de Holbein ou la *Vierge à l'enfant* de Mignard.

Milieu du XVIIIe siècle   Dans les fameuses notes de son *Abecedario,* **Mariette** consacre aux Le Nain un assez long passage. Aux rares documents publiés il ajoute l'expérience de l'amateur, et peut-être quelque tradition reçue de bonne source. Laissant de côté les critiques de Félibien, il trouve pour les scènes de genre la formule de « *bamboches dans le style françois* » et souligne que les Le Nain « *avoient un fort beau pinceau et avoient l'art de fondre leurs couleurs et de produire des tableaux qui plaisoient autant par le faire que par la naïveté des personnages qu'ils y introduisoient...* » (Bibliothèque Nationale, Cabinet des Estampes).

1758   Le *Mercure de France* de juillet annonce parmi les estampes nouvelles « *L'École champêtre, d'après M. Lenain* » et « *La Surprise du vin, d'après le même peintre* », gravés « *par M. Daullé, Graveur du Roi et de l'Académie Impériale d'Ausbourg* ». L'année suivante paraîtront, de la même main « *la Fête bachique et les Tendres Adieux, d'après le Tableau de M. le Nain* » (*Mercure de France* de mars 1759). Sujets de verve grossière, que fait passer le goût désormais général pour les petits maîtres flamands, et qui semblent venir après coup justifier la critique de Félibien. En réalité attributions fausses, que l'autorité de la gravure accréditera longtemps, et que Valabrègue lui-même n'osera encore rejeter. On saisit là une de ces **tricheries du commerce d'art** qui, durant tout le siècle, ne cessent de se multiplier autour du nom des Le Nain.

1772   A la vente du cabinet du duc de Choiseul sont présentés deux Le Nain, tous deux gravés par Weisbrod (1771) dans le recueil publié à cette occasion : le *Repas de famille,* adjugé 2 300 l à Ménageot, et la *Forge* adjugée 1 008 l à Boileau (voir les n°s 50 et 30 de l'exposition). Tous deux passeront dans le cabinet du Prince de Conti.

    Les catalogues de vente, qui se multiplient dès ce moment, viennent prouver que le commerce n'a jamais oublié les Le Nain, et que leur cote reste très haute, même si leur biographie n'est plus connue. Aucun amateur n'ignore ce nom : mais quant aux prénoms, la plus grande confusion règne. On le supprime le plus souvent ; sinon, l'on met d'ordinaire Antoine, parfois Mathieu, rarement Louis — mais on emploie aussi « Le Nain père », « Le Nain fils », et même « Jean Le Nain ». Et le peintre est indifféremment classé à l'« École françoise » ou à l'« École flamande ».

1783   Au *Salon de la Correspondance* organisé par Pahin de la Blancherie figure sous le n° 85 un Le Nain : une *Famille de Paysans près du seuil de leur porte*, qui peut aussi bien être une œuvre authentique comme les *Paysans devant leur maison* de San Francisco (n° 35) qu'une toile du « Maître aux béguins » (voir n°s 71 et 73). Dans l'*Essai d'un tableau historique des peintres de l'École françoise...* qui accompagne le catalogue, La Blancherie ajoute cette notice qui résume assez bien la situation à la fin de l'Ancien Régime : « *On ne sait rien de la vie et des ouvrages de cet artiste, qui ne fut pas goûté de son temps et mourut dans la misère. On trouve à présent dans ses ouvrages beaucoup de vérité, ce qui est le plus grand mérite de son genre* » (p. 236).

1793   **Les événements révolutionnaires** ont, sur la fortune des Le Nain, des conséquences décisives. D'une part, ils détruisent sans remède toute une partie de l'œuvre ; d'autre part ils introduisent, au cœur des collections nationales, un de leurs chefs-d'œuvre, qui assurera la survie de leur nom.

      A Laon, tous les tableaux des Le Nain disparaissent. Un document accablant, conservé aux archives de Laon (Q 569), l'*Extrait du registre des délibérations du Conseil permanent du Département de l'Aisne, séance publique du deux frimaire au soir, an second de l'ère républicaine*, témoigne de la destruction systématique et totale des œuvres d'art et objets précieux contenus dans les églises de la ville et des alentours. Tout un pan de la production des Le Nain s'évanouit en fumée : y compris les tableaux datés de 1654 qui auraient permis de distinguer à coup sûr le style de Mathieu.

      A Paris, tous les ensembles des Le Nain sont également détruits, notamment le décor de la chapelle de la Vierge à Saint-Germain-des-Prés, le décor de la chapelle de la Vierge aux Petits-Augustins, les autels — et sans doute aussi la décoration — des quatre chapelles latérales de Notre-Dame. Du moins les tableaux déposés et saisis ne sont pas détruits. Une partie disparaîtra et peut être considérée comme perdue. Mais six d'entre eux survivront et se retrouvent dans les registres après la tempête, parfois même avec la juste attribution aux Le Nain qui avait depuis longtemps été oubliée. Ils ont tous pu être regroupés à l'occasion de l'exposition.

      D'autre part l'organisation d'un grand musée à Paris verra les Le Nain, après diverses hésitations, représentés dans cette anthologie prestigieuse par plusieurs œuvres, dont la *Forge* : ce tableau capital, admiré pour son réalisme comme pour son coloris (Champfleury déclare en avoir vu une copie chez Delacroix « faite par lui dans sa jeunesse »), mainte fois gravé (par Boissieu le neveu, par Levasseur, etc.), suffira à sauver leur mémoire.

1819	Periès, dans la **Biographie Michaud,** donne sur les Le Nain une notice assez brève, mais consciencieuse, excellent état de la question avant les recherches de Champfleury. C'est là que seront le plus souvent puisées les indications que l'on rencontre jusqu'en 1850.
1844	La vente de la collection du Cardinal Fesch, sans doute la plus importante du siècle, fait réapparaître sous le nom de *Scène de corps de garde* la *Tabagie* de 1643 (aujourd'hui au Louvre ; n° 45 de l'exposition), qui jusqu'à la fin du siècle sera considérée comme le chef-d'œuvre des Le Nain.

Leurs tableaux continuent en effet à être recherchés par les plus grandes collections, et leur nom se rencontre fréquemment dans les catalogues de vente. Mais il y est de plus en plus associé à des œuvres que nous pouvons tenir pour suspectes, souvent à la simple lecture de la description.

II
De Champfleury à nos jours
1850-1978

Le travail des historiens d'art

1850	Parution de l'**Essai sur la vie et l'œuvre des Lenain Peintres Laonnois par Champfleury,** brochure de 50 pages imprimée à Laon par son frère. Ce petit ouvrage sans aucune illustration présente moins les Le Nain que les recherches de l'auteur sur les Le Nain, ses doutes, ses échecs, ses résultats, ses réflexions. Mais le ton personnel n'enlève rien au goût du catalogue et au souci du document « positif » : le dernier chapitre fait déjà état du manuscrit de Leleu.
1862	Sous le titre : **Les peintres de la réalité sous Louis XIII. Les frères Le Nain,** Champfleury rassemble en un volume dédié à Thoré-Bürger l'essentiel des études qu'il vient de publier depuis douze ans. Livre complexe, et d'une certaine manière, singulièrement moderne : la biographie des peintres, et le commentaire des œuvres, qui ne se hausse au ton littéraire qu'à de brefs moments, s'accompagnent des documents d'archives, de la fortune critique, d'un catalogue raisonné, de la liste des gravures et des tableaux passés en vente publique. Il marque une date dans l'histoire de l'art. Après plus de cent ans, pillé par tous les successeurs, il reste encore utile sur plus d'un point. Imprimé à Laon, tiré seulement à cent exemplaires, mais diffusé à Paris par la Librairie Renouard, le livre a un retentissement considérable, notamment grâce à **Sainte-Beuve** qui lui consacre un de ses *Lundis* (5 janvier 1863). Il est probable que **Manet,** pour son *Vieux musicien* (Washington, National Gallery) peint cette même année, s'inspire du *Vieux joueur de flageolet* de Le Nain, sans doute connu par la gravure de Saint-Maurice (en sens

inverse de l'original, dans le même sens que le composition de Manet). Les liens de Champfleury avec les artistes ne durent pas être sans jouer sur **l'intérêt que la peinture contemporaine attache de plus en plus aux Le Nain.**

1869   Avec la **donation La Caze** entre au Louvre, sous le titre du « Fermier bienfaisant », le *Repas des Paysans,* signé et daté de 1642 (n° 28 de l'exposition). Ce chef-d'œuvre, désormais non moins populaire que la *Forge,* arrêtera, dans l'esprit du public et des érudits, l'image des Le Nain comme peintres de la vie paysanne, et servira de référence à tout le courant naturaliste de la fin du siècle.

1876   L'érudition officielle donne enfin, non sans quelque acrimonie, la réplique à Champfleury : **J. J. Guiffrey** publie dans les *Archives de l'art français* une série de « Nouveaux Documents » sur les trois frères, dont l'acte de réception d'Antoine à Saint-Germain-des-Prés.

1883   La Société Académique de Laon, sous la direction de son président, Édouard Fleury — le frère de Champfleury — organise à Laon une grande exposition de « peintures, gravures, médailles et faïences ». Pratiquement, c'est la **première exposition consacrée aux frères Le Nain,** qui sont au centre de la manifestation avec 79 numéros : 23 tableaux, quelques photographies et dessins, et surtout 46 gravures (la collection attentivement réunie par Fleury lui-même). Malheureusement ce dernier meurt brusquement durant la préparation, plusieurs collectionneurs refusent leur concours. Assez hétéroclite, le rassemblement offre à côté de chefs-d'œuvre (le *Portrait d'homme* du Puy, la *Nativité de la Vierge,* le *Bénédicité* Hamot) des attributions douteuses (la *Nativité* de Georges de La Tour était venue de Rennes...), et surtout de franches copies et quelques « croûtes ». La critique parisienne ne se déplaça guère et cette initiative provinciale n'eut qu'un médiocre effet sur le cours des recherches.

1900   **Georges Grandin,** ancien élève de Cabanel, de Galland et de Butin à l'École des Beaux-Arts, depuis 1890 directeur de l'École municipale de dessin de Laon et conservateur du musée, publie dans la *Réunion des sociétés des Beaux-Arts des Départements* une longue étude intitulée « La famille Lenain ». Il y résume — trop brièvement, hélas, et sans publier in extenso les textes — dix ans de dépouillements dans les archives publiques et les archives notariales de la ville. Cet article fondamental aurait dû modifier profondément les spéculations sur les frères Le Nain ; il sera pratiquement ignoré, ou du moins inutilisé, et personne ne semble avoir compris le trésor d'informations ainsi ouvert aux historiens d'art.

1904   L'ouvrage sur *Les frères Le Nain* élaboré par **Valabrègue** durant de nombreuses années (certainement dès avant 1875) et laissé achevé à sa mort (1900) est publié par les soins de Victor Champier à la Librairie de l'Art ancien et moderne. Il offre des Le Nain une image claire, mesurée, fondée sur une connaissance précise. Et pour la première fois, le livre est illustré. Malheureusement, parmi les 24 planches, l'éditeur a donné une place trop grande à des œuvres qui n'étaient pas sans inquiéter légèrement Valabrègue lui-même : les tableaux Londsale et les tableaux Seyssel. L'image qu'on se fera de l'art des Le Nain s'en trouvera longtemps brouillée.

1910   **A Londres, le Burlington Fine Arts Club présente une exposition** consacrée en grande majorité aux frères Le Nain. Elle rassemble essentiellement des toiles tirées des collections anglaises : chefs-d'œuvre (encore très nombreux dans les collections privées du pays), mêlés à des morceaux plus douteux (notamment du « Maître aux béguins »). Malgré son caractère un peu hétéroclite (on l'a complétée par des toiles de genre de la même époque — Sweerts, Teniers, etc. — et par des toiles du XIXᵉ siècle), elle permet pour la première fois de prendre pleinement conscience du génie des Le Nain. Le remarquable catalogue sera réimprimé (1911) avec une série de planches qui longtemps restera le plus important ensemble de Le Nain reproduits. La préface de **Robert Witt** essaie pour la première fois de proposer une distinction claire des trois mains, et une répartition entre les trois frères qui servira de base aux recherches de Jamot. Malheureusement cette exposition est aussi le commencement de la dispersion des œuvres, qui se mettent bientôt à quitter les collections anglaises pour l'Amérique.

1914   La **Famille de paysans** (nᵒ 29 de l'exposition), jusque-là complètement ignorée, apparaît à la vente des tableaux conservés au château de Ray-sur-Saône, qui appartient au marquis de Marmier. Elle est adjugée 13 500 F à un marchand, mais grâce aux efforts d'Henry Marcel et de Paul Leprieur, le Louvre parvient à la racheter l'année suivante. Cette œuvre, certainement la pièce capitale des Le Nain, vient ainsi prendre sa place auprès du *Repas des Paysans* La Caze, comme la référence majeure de tout l'œuvre.

1922   Paul Jamot publie la **Vénus dans la forge de Vulcain,** signée et datée de 1641 (nᵒ 3 de l'exposition), récemment acquise par le musée de Reims. Ainsi vient se révéler une face oubliée des Le Nain, peintres de mythologies. Toutefois, sur le moment, l'importance de cette toile est mal comprise, et l'on préfère voir dans cette unique composition à sujet littéraire la transposition, plus ou moins maladroite, de la *Forge* rustique du Louvre.

1923   La **Galerie Sambon,** 61, av. Victor-Emmanuel-III, qui vient d'acquérir les trois meilleurs tableaux de la collection Seyssel, réunit une petite exposition de dix œuvres des Le Nain. Le catalogue, rédigé avec soin, est préfacé par Paul Jamot, qui y présente sa répartition des trois mains (proposée l'année précédente dans un article de la *Gazette des Beaux-Arts*). Cette manifestation parisienne, la première consacrée aux Le Nain, a un grand retentissement dans la presse : le public français commence à se passionner pour « le problème Le Nain ».

1926	Amédée de La Patellière signe le *Repos dans le cellier* (Musée National d'art moderne), véritable hommage aux toiles paysannes des Le Nain. De fait, l'intérêt qui s'attache à eux trouve un écho chez les artistes, et leurs tableaux ont une **influence directe sur la peinture moderne, notamment sur le mouvement du «retour à l'ordre»** qui marque ces années. Dès 1913 la revue *Monjoie* cite les Le Nain parmi les maîtres de la grande tradition. Vers 1917 (selon Zervos) Picasso aurait copié librement la *Famille heureuse* (n° 27), et en 1919 il acquiert une version de la *Halte du cavalier.* Derain, Segonzac, Waroquier méditent leurs tableaux et un peu plus tard le groupe «Forces nouvelles», avec Humblot et Rohner, se mettra délibérément sous leur patronage.
1929	Parution du livre de **Paul Jamot,** *Les Le Nain,* chez Henri Laurens, dans la petite collection «Les grands artistes», très diffusée, mais mal illustrée (24 figures). Ce livre clair, agréable de lecture, respirant l'intelligence, la sensibilité, et l'élévation d'esprit, fixe pour longtemps l'image des Le Nain. Mais cette mise en place magistrale, par sa séduction même, dissimule que depuis le début du siècle l'exploration des sources, si brillamment commencée par Champfleury, Guiffrey et Grandin, se trouve pratiquement abandonnée.

Un tableau anciennement attribué à Le Nain, *La charrette du boulanger,* acquis en 1927 par le Metropolitan Museum, a révélé une signature et une date qui excluent les trois frères ; Josephine M. Lansing publie une étude où elle propose d'attribuer ce tableau et quelques œuvres voisines à un «quatrième membre du groupe Le Nain». Paul Jamot (1933) montrera qu'il s'agit de **Jean Michelin.** C'est ainsi que tout un ensemble de tableaux, jusque-là placés sous le nom de Le Nain dans toutes les ventes et toutes les collections, se détache définitivement de l'œuvre. |
| 1933 | La librairie Floury publie *Les Le Nain* de **Paul Fierens :** livre précis et clair, fondé essentiellement sur les recherches des prédécesseurs, en premier Paul Jamot dont l'auteur accepte quasi toutes les conclusions. Il apporte peu de nouveautés : mais ce volume in-quarto est accompagné de 96 planches qui offrent, et offriront jusqu'à nos jours, la documentation photographique la plus complète sur les Le Nain et leur cercle. |
| 1934 | Année faste pour les Le Nain : et grâce à Paul Jamot, l'aboutissement de ce lent travail de résurrection commencé par Champfleury. Au Petit Palais une **exposition «Le Nain»** regroupe 63 tableaux, dont la plupart des chefs-d'œuvre connus ; Jamot préface lui-même ce catalogue, qui est rédigé par Germaine Barnaud. Puis l'**exposition des «Peintres de la réalité en France au XVIIe siècle»** propose, à l'Orangerie, au milieu des plus belles toiles contemporaines, un groupe choisi de 20 tableaux, avec des notices dues à Charles Sterling. Le retentissement est grand dans toute la presse. L'admiration est à son comble, la répartition des mains proposée par Paul Jamot se voit reprise, discutée, et presque universellement acceptée. Seule ombre dans ce triom- |

phe : la révélation de Georges de La Tour, qui détourne à son profit une partie de l'intérêt. Certains s'en inquiètent déjà, et Vitale Bloch rappelle (*Beaux-Arts*, 8 février 1935) que le nouveau venu ne doit pas prétendre à rivaliser avec les peintres de Laon.

1936   Transportant à **New York** un résumé des grandes manifestations parisiennes de 1934, la Galerie Knoedler y organise une exposition intitulée *Georges de La Tour - The Brothers Le Nain,* et qui réunit huit tableaux du premier et seize des trois frères, dont quelques-uns de leurs plus parfaits chefs-d'œuvre.

En **Russie**, V.N. Lazarev fait paraître un important volume consacré aux frères Le Nain, et illustré de 45 planches : avec celui de Fierens, le plus complet jusqu'à nos jours.

1938   *La Renaissance,* revue d'art trimestrielle, consacre son premier numéro de l'année à une très longue étude de **George Isarlo** sur « Les trois Le Nain et leur suite ». Ni le découpage complexe de l'œuvre, ni les attributions hasardées, ni les listes confuses de tableaux n'auront d'influence sur la suite des recherches. En revanche la très riche illustration (163 reproductions) regroupe pour la première fois les « tableaux attribués ». Par la seule évidence de la photographie — et parfois contre l'opinion même de l'auteur — elle contribuera plus que toute autre publication à défaire le long travail d'amalgame opéré par le commerce d'art et restituer une image plus nette de la création des Le Nain.

1941   L'exposition de la donation Paul Jamot, à l'Orangerie, permet aux Parisiens de revoir le « *Retour du baptême* » (n° 27 de la présente exposition), légué au Louvre. Mais **la guerre a brisé net un élan** qui ne se retrouvera plus. Après la flambée des années trente, les études sur Le Nain vont connaître un temps d'arrêt.

C'est précisément le moment où **Stanley Meltzoff,** dans une thèse préparée à l'Université de New York sous la direction de Walter Friedlaender (et dont le résumé paraît dans *Art Bulletin* en 1942 sous le titre : *The revival of the Le Nain*) jette un regard rétrospectif sur la résurrection des trois frères, et montre à quel point elle s'est trouvée liée aux idées esthétiques et sociales du XIXᵉ siècle.

1947   Le musée de **Toledo,** qui vient d'acquérir le *Repas de famille* (n° 50 de l'exposition), réunit à cette occasion 18 tableaux — de Le Nain ou attribués à Le Nain — provenant des collections américaines, et Sir Robert Witt écrit la brève introduction du catalogue.

1948   **Le tricentenaire de la mort de Louis et d'Antoine** passe inaperçu. La critique et le public s'intéressent alors davantage à leur contemporain Georges de La Tour, et cette année-là précisément paraît la thèse de François-Georges Pariset sur le peintre lorrain. C'est en Angleterre, dans l'éditorial du

Burlington Magazine de décembre, que Vitale Bloch évoque l'anniversaire et la personnalité des trois frères. En France, seules les *Nouvelles Littéraires,* avec un article de Charles Kunstler, leur consacrent un article.

1953 **Au musée de Reims Olga Popovitch réunit une exposition** comprenant 30 tableaux des Le Nain, dont plusieurs œuvres capitales. Cette exposition provinciale ne réussit pas à ranimer l'enthousiasme de 1934. Pourtant son petit catalogue, qui a pu bénéficier des avis de Charles Sterling, est le premier signe d'un retour à la recherche critique.

1955 La **publication de l'inventaire après décès de Mathieu Le Nain,** dans la *Gazette des Beaux-Arts,* sous la signature de Georges Wildenstein, apporte un document capital par la liste des tableaux qui s'y trouvent mentionnés. Elle marque un retour à la recherche des documents, trop oubliée depuis un demi-siècle.

A la Galerie Heim, de Paris, est exposé le **Bacchus et Ariane,** acquis depuis par le musée d'Orléans (n° 1 de l'exposition). Il faut bien reconnaître cette fois que l'œuvre n'a aucun point commun avec l'inspiration paysanne. Elle se rattache directement à la production contemporaine et oblige donc à se faire une idée moins étroite de l'art des Le Nain.

1958 Dans le *Burlington Magazine* sont publiés trois grands **tableaux religieux des Le Nain, disparus depuis le début du XIXe siècle :** le *Saint Michel dédiant ses armes à la Vierge* retrouvé dans l'église Saint-Pierre de Nevers (n° 8 de l'exposition), la *Présentation de la Vierge au Temple* retrouvée dans une abbaye de la région parisienne (n° 4), et la *Visitation* identifiée dans l'église de Saint-Denis de Pile (n° 6). M. Bernard de Montgolfier prouve bientôt, dans un article capital, que le premier provient de Notre-Dame et que les deux autres ont fait partie d'un décor peint pour la chapelle de la Vierge aux Petits-Augustins de Paris ; il y ajoute une *Annonciation* oubliée à Paris même, dans l'église Saint-Jacques du Haut-Pas (n° 5 de l'exposition). Ces tableaux, accompagnés notamment de la *Vénus dans la Forge de Vulcain* de Reims et des *Joueurs de cartes* d'Aix-en-Provence (n° 3 et 21 de l'exposition), sont présentés à Londres, puis à Paris et en Amérique dans la grande exposition consacrée par Michel Laclotte au **XVIIe siècle français dans les musées de province.** Ils montrent les Le Nain sous un nouveau jour. Les discussions qui surgissent soulignent la fragilité de la répartition, que l'on croyait clairement établie, des œuvres conservées entre Antoine, Louis et Mathieu.

1964 Le Bulletin annuel de la Société de l'histoire de l'art français publie un recueil de **Documents pour servir à l'étude des frères Le Nain** qui réunit des textes souvent difficiles d'accès et en conséquence trop souvent négligés, et propose une série de documents inédits. Il révèle en particulier l'épisode du collier de Saint Michel qui vient modifier profondément l'idée qu'on pouvait se faire des trente dernières années de la vie de Mathieu.

1966   Grâce à Vitale Bloch, un fascicule de seize grandes planches en couleurs consacrées à Le Nain prend place dans la collection à très grande diffusion « I maestri del colore » publiée par les Fratelli Fabbri (édition française chez Hachette en 1968). Fait paradoxal, c'est la première fois qu'une série entière de reproductions en couleurs se trouve exécutée d'après leurs tableaux. Et c'est aussi la première fois que **l'Italie** rend hommage aux trois frères. Contrairement à l'Angleterre, à la Russie ou à l'Allemagne, l'Italie est restée indifférente à leur art. Elle ne possède aucune œuvre authentique, n'a pris aucune part à leur résurrection, et longtemps, à de rares exceptions près (Longhi, Argan), ne leur a prêté aucun intérêt.

1969   Complétant sa collection de Le Nain, la seule au monde qui puisse donner une idée précise des trois peintres, le Louvre acquiert la fameuse **Tabagie,** dite le « Corps de garde » Berkheim (n° 45 de l'exposition). C'était réaliser un vœu mainte fois exprimé au XIXe siècle, de Saint-Victor à Sainte-Beuve ou Valabrègue (« Ce magnifique tableau (...) manque à notre musée... », regrettait Charles Blanc en 1862) ; c'était aussi présenter au public et aux érudits une œuvre souvent trop vite jugée au hasard d'expositions. Ce « chef-d'œuvre de Mathieu » n'apparaît plus si simple à classer...

1971   L'action efficace de Michel Laclotte et des Amis du Musée du Louvre permet d'acquérir pour ce dernier l'**Allégorie de la Victoire** (n° 2 de l'exposition), tableau signé, découvert quelques années auparavant par Jacqueline Pruvost-Auzas, mais dont l'existence avait été tenue secrète. Exposé dans la Grande Galerie, non loin des tableaux paysans, cette œuvre vient révéler un aspect inattendu de la création des Le Nain, et rappeler la diversité de leur art.

Note sur la distinction des trois frères Le Nain

Nous n'avons pas cru devoir, pour les tableaux exposés, spécifier le prénom d'un des frères Le Nain. Nous n'estimions pas, scientifiquement, être en mesure de le faire.

Nous sommes parfaitement conscient des « manières » très différentes que l'on observe d'un tableau à l'autre, et parfois à l'intérieur d'un même tableau. Il est clair que des œuvres comme le *Vieux joueur de flageolet* de Detroit d'une part (n° 20), les *Joueurs de trictrac* du Louvre de l'autre (n° 49), désignent deux écritures opposées. Non moins sûr, que la *Réunion musicale* du Louvre (n° 41), l'*Intérieur paysan* de l'Ermitage (n° 25) et la *Danse d'enfants* Bérard (n° 52) procèdent de conceptions diverses tant pour la composition que pour la couleur ou le modelé. On constatera sans peine, à l'intérieur de l'exposition, que des groupes très distincts viennent se former d'eux-mêmes, et nous croyons que ces manières différentes renvoient à des mains différentes. Non que le problème soit aussi simple qu'on le présente souvent : car il ne s'agit pas de partager les tableaux connus entre trois mains bien définies, mais inversement de définir l'évolution sur vingt années de trois styles, pour trois peintres qui se côtoyaient journellement et qui durent, selon les circonstances et les œuvres, chercher tantôt à marquer leur originalité, tantôt à unifier leur facture. Le temps des répartitions péremptoires est bien passé, et l'on reconnaît aujourd'hui qu'il faudra de longues études pour arriver à des conclusions précises. Mais le laboratoire aidant l'intuition, un partage plausible pourra sans doute se faire.

L'obstacle se situe ailleurs. Actuellement, nous n'avons aucune base solide pour désigner telle ou telle main par tel ou tel prénom. Ce point surprendra sans doute. Tous les ouvrages sur l'art français, y compris les livres de vulgarisation (eux surtout, peut-être...) distinguent avec une parfaite clarté Antoine, Louis et Mathieu. Le discours de l'historien, la subtilité du marchand s'attachent d'abord à ce partage : et l'attrait des Le Nain serait peut-être moins grand sans cet exercice raffiné, plaisant et parfois profitable. Nous croyons malheureusement que la rigueur scientifique exige, pour le moment du moins, de le mettre entre parenthèses.

Il nous faut justifier ce parti. On nous pardonnera d'entrer ici dans le détail d'une démonstration. Nous croyons en effet que la distinction en usage ne se fonde sur aucune donnée ancienne ; qu'elle s'est établie voici une cinquantaine d'années seulement ; qu'elle contient peut-être une part de vrai, mais repose sur des arguments erronés. Ils se sont tour à tour effondrés au cours des dernières années : mais la construction reste préservée par une sorte de complicité tacite entre les discussions scolastiques chères aux historiens et les intérêts plus secrets du commerce. Nous ne souhaitons nullement l'abattre : mais pour notre part nous ne saurions la reprendre à notre compte.

L'absence d'un tableau témoin

Pour distinguer avec assurance la manière particulière des trois frères, nous aurions besoin d'au moins un tableau qui puisse être attribué en toute certitude à la main de chacun. Il n'en existe pas.

Tous les tableaux signés que nous possédons ne portent que la mention collective : Le Nain. Les deux ou trois cas où le nom était précédé d'une initiale se sont révélés plus que suspects. Les trois frères n'ont jamais usé de la mention *l'aîné* ou *le jeune,* d'usage courant à l'époque. Tous les tableaux datés sont antérieurs à 1648, soit l'année où Mathieu reste seul. Rappelons que la date de 1674, déchiffrée sur l'*Adoration des bergers* Mary (aujourd'hui au Musée de Dublin), n'était qu'une erreur de lecture pour 1644.

On a certes proposé de donner avec assurance à Mathieu une brève série de tableaux où les costumes paraissent postérieurs à 1648 : les *Joueurs de trictrac* du Louvre (n° 49), les *Joueurs de dés* d'Amsterdam (n° 48), le *Repas* de Toledo (n° 50). En toute rigueur l'argument ne peut être actuellement retenu. Ces costumes se rencontrent en effet vers 1650-1655 : mais aussi dans les années précédentes. Nous n'avons jusqu'ici relevé aucun détail — forme des chapeaux, types de coiffures féminines, cols, rosettes, etc. — que nous ne découvrions à Paris dès 1645-1648. Or dans ces tableaux les Le Nain, peintres d'un milieu mondain, durent justement être attentifs à représenter le dernier cri de la mode parisienne. Il n'est que de relire la gazette ou la comédie du temps pour mesurer la tyrannie de cette mode sur la bonne société. Les modèles des Le Nain ne durent pas être très différents des personnages que Corneille met en scène dans sa *Galerie du Palais,* qui remonte à 1637...

Il exista pourtant des tableaux dus en toute certitude à l'un des frères. Le tableau de *Saint Pierre* offert par l'Académie à Mazarin en 1656 est déclaré « de deffunct M. Le Nain », ce qui renvoie à Antoine ou Louis : hélas, il a disparu. Disparu de même le *Portrait de Mazarin,* offert à l'Académie en 1649, et qui avait grand chance d'être de Mathieu. Leleu parle d'un portrait d'Anne d'Autriche exécuté par Mathieu en présence de Louis XIII, soit avant 1643 : aucun des portraits de la reine que nous connaissons actuellement ne peut être donné avec quelque vraisemblance aux Le Nain. L'*Histoire manuscrite de Laon* signale aux Cordeliers de cette ville deux tableaux commandés en 1654, et qui revenaient donc au même Mathieu : il n'y a aucun espoir qu'ils subsistent. Nous avons signalé, voici plusieurs années, que Le Blanc (dont le dictionnaire est préparé vers le milieu du XIXe siècle) catalogue dans l'œuvre de Le Pautre un *Acis et Galatée* d'après « L. Lenain », donc Louis : s'il s'agit bien de la lettre originale de la gravure, l'indication est d'autant plus précieuse qu'elle remonte à un temps où Mathieu au moins vivait encore. Nous avons vainement cherché cette pièce, et vainement espéré que quelque amateur plus heureux vînt à nous la signaler. Il n'est guère utile d'ajouter à ces mentions les longues listes de l'inventaire après-décès de Mathieu. On peut croire qu'il contient surtout des œuvres de ce dernier, mais tout porte à penser qu'il avait conservé au moins quelques œuvres ou esquisses de ses frères très aimés : or le rédacteur ne mentionne aucun nom. Et, de surcroît, aux articles de l'inventaire ne correspond aucune œuvre conservée.

L'absence d'une tradition

Les amateurs du passé furent-ils mieux renseignés que nous ? Du vivant des peintres, sans doute. Du Bail, en 1644, et Leleu, qui tire certainement ses renseignements de la famille, distinguent nettement les trois frères. Hélas, ils spécifient les sujets et l'inspiration (et nous reviendrons sur ce point), non pas la manière de peindre. La tradition dût vite se perdre. Félibien, Brienne lui-même, ou Florent Le Comte, parlent des Le Nain globalement et sans spécifier leur manière.

On aurait pu espérer qu'une indication précise se fût attachée à telle ou telle œuvre et survécût jusqu'aux catalogues de ventes du XVIIIᵉ ou du début du XIXᵉ siècle. Cette source abondante, hélas, déçoit plus encore que les autres. Aux tricheries manifestes (et dont les amateurs du temps n'étaient pas toujours dupes, si l'on en croit les annotations manuscrites de certains livrets) s'ajoute une visible ignorance.

Le plus souvent, nul prénom. S'il est indiqué, c'est avec une tranquille fantaisie. On voit ainsi apparaître un *Jean Le Nain* (11 novembre 1784, 18 avril 1803), un *Le Nain père* et un *Le Nain fils.* Louis est rarement cité, Antoine beaucoup plus, parfois Mathieu. Mais si l'on se penche sur ces distinctions, tout se brouille. Le fameux expert Remy donne à Antoine les *Enfants à la cage* (9 avril 1764), à « Le Nain père » les *Trois jeunes musiciens* (3 avril 1775) aussi bien qu'une *Basse-cour* à la flamande qu'il faut certainement exclure de l'œuvre (27 février 1777). Le célèbre Paillet attribue pêle-mêle à Antoine la *Tabagie,* un *Portrait de petite fille assise et lisant,* et un *Intérieur d'étable* déjà passé à la vente Conti sans prénom et visiblement sans rapport avec les Le Nain, à Louis un *Benedicite* à mi-corps (1ᵉʳ décembre 1779). Mais par la suite (27 janvier 1786, 4 décembre 1786, 9 février 1787, etc.), il opte pour un partage entre « Le Nain père » et « Le Nain fils », sans que l'on saisisse davantage ses critères, tandis que l'autre grand expert du temps, Le Brun, s'en tient sagement à un « Le Nain » collectif (13 avril 1778, 5 novembre 1778, 15 mars 1780, 27 novembre 1780, 11 décembre 1780, 14 avril 1784, 21 juin 1784, 16 janvier 1786, etc.).

Il en va de même au début du XIXᵉ siècle. Les auteurs les plus sincères avouent leur ignorance. Sur quel élément peut se fonder Pierre Roux en 1822, lorsqu'il donne au « chevalier Le Nain » un *Paysage avec paysans* qui doit être du type de Hartford, à moins qu'il ne relève du « Maître aux béguins » ? Quelle confiance accorder à George, lorsqu'en 1844 il affirme péremptoirement de Louis la *Tabagie* Berkheim (nᵒ 45), et d'Antoine un *Mangeur d'huîtres* plus énigmatique, — mais ajoute après leurs noms : *« maître inconnu »* ?

En réunissant et comparant ces mentions, nous n'avons jamais pu en tirer quelque lumière. Il semble bien que ces distinctions, qui apparaissent surtout dans les ventes où sont regroupés plusieurs tableaux des Le Nain, avaient pour but d'expliquer aux amateurs des différences de manière et de qualité trop manifestes. Et que les connaisseurs sincères, pendant deux siècles, ont pensé comme Mariette : « *il étoit presque impossible de distinguer ce que chacun avoit fait dans le même tableau : car ils travailloient en commun, et il ne sortoit guère de tableaux de leur atelier où tous deux n'eussent mis la main* ».

L'hypothèse de Witt et de Jamot

Champfleury, Valabrègue, tous ceux qui s'occuperont à ressusciter les Le Nain et les premiers fouilleront les documents, seront conscients du problème : mais n'auront garde de le trancher. Pour sa part, Champfleury avoue sagement en 1862 : « *Personne ne saurait dire : ce tableau est de Louis, celui-ci d'Antoine, celui-ci de Mathieu* » (p. 29). Et Valabrègue, tenté et torturé par cette énigme, après mainte remarque d'excellent sens, conclut : « *Il me semble difficile, en arrivant au bout de cette révision, et à mesure qu'on avance dans une analyse plus délicate, de préciser, d'une façon absolue, la part qui revient à chacun des trois frères (...) Nous admettons, quant à nous, sans nous attacher à un trop grand nombre de conjectures, qu'il y a eu, grâce à Antoine et à Louis, constitution professionnelle d'une famille d'artistes, dans le même atelier (...) Nous ne pensons pas qu'il y ait eu entre eux une division du travail exactement tracée (...) Nous acceptons (...) qu'il y ait eu une direction commune et une contribution de chacun, comme cela se rencontre dans toute association.* » (p. 41-50).

C'est en fait il y a une cinquantaine d'années qu'on voit se répandre la distinction entre Antoine, Louis et Mathieu. Brusquement, entre 1922 et 1939, surgissent en France et en Angleterre toute une série d'articles où conservateurs, professeurs, critiques, marchands s'exercent à distinguer la part de chacun des frères. La question est à la mode. Peu importe les œuvres : l'essentiel est de découper et prouver son découpage. De proche en proche cette construction complexe et véritablement collective finit par s'imposer. On lui apportera des corrections nombreuses : ainsi Charles Sterling, en 1956, par un juste sentiment des rapports et des formes, proposera de rendre l'*Académie* du Louvre (n° 44) au groupe réservé à Louis ; et la *Tabagie* Pourtalès (n° 45), enfin accrochée auprès des *Joueurs de trictrac*, s'éloignera d'elle-même du groupe de Mathieu, auquel elle avait précisément servi de référence majeure. Mais le système ne sera pas remis en cause.

Il reposait sur une brillante démonstration due à Robert Witt, et que devait reprendre et développer Paul Jamot dans les années vingt. A l'occasion de l'exposition du Burlington Fine Arts Club de Londres en 1910, Witt avait rédigé en introduction au catalogue un essai de quelques pages intitulé : *Suggested Classification of the Works of the Brothers Le Nain*. Il proposait de répartir les tableaux en trois groupes : le premier réuni autour de la *Femme et enfants* de la National Gallery de Londres (n° 18), dont il rapprochait fort justement des tableaux comme le *Vieux joueur de flageolet* (aujourd'hui à Detroit ; n° 20) ou l'*Atelier* Bute (n° 42) ; le second, autour de la *Halte du cavalier* (passé au Victoria and Albert Museum) et de la *Charrette* du Louvre (n° 34), et d'autre part l'*Intérieur paysan* (de nos jours à Washington ; n° 24), le *Repas des paysans* du Louvre (n° 28) et la *Forge* (n° 30) ; enfin un troisième dont le type lui semblait être le *Corps de garde* (à présent à Birmingham ; n° 47) ; le tableau Pourtalès (la *Tabagie* du Louvre, n° 45) et la série Seyssel (n°s 49-52). Le premier groupe lui semblait revenir en propre à l'aîné, Antoine ; le second à Louis, avec parfois intervention des deux autres frères ; le troisième à Mathieu. Le raisonnement, précis et nuancé à la fois, avait de quoi convaincre : et d'une certaine manière, on n'est guère allé plus loin.

Il semble bien que Jamot seul en ait compris toute la richesse. Il allait bientôt en repenser tous les termes, éliminer un certain nombre d'associations fâcheuses qui avaient troublé Witt sans qu'il eût le courage de trancher — copies, œuvres du « Maître aux béguins » ou d'autres contemporains — insister sur l'inspiration plus encore que sur le style, et tirer de cet essai fondamental une solution élégante et précise, dont la clarté fit l'immense succès.

Elle peut se résumer en quelques points. Des trois frères, Antoine, né en 1588, a retenu quelque chose de sa première éducation flamande ; c'est à lui que revient la manière « archaïque », apparentée aux petits maîtres du Nord, de la *Réunion musicale* de 1642 (n° 41), des *Portraits dans un intérieur* de 1647 (n° 43). Louis, né en 1593, est le génie, le peintre qui a compris l'âme paysanne, celui à qui reviennent la *Forge* (n° 30), les tableaux de plein air comme la *Charrette* (n° 34), les grands chefs-d'œuvre comme le *Repas des paysans* et la *Famille de paysans* (n°s 28-29). Car Mathieu, né en 1607, plus jeune, militaire et mondain, ne peut avoir pour lot que la part élégante, celle qui ne touche pas à la paysannerie, du « *Corps de garde* » (n° 45) aux *Joueurs de trictrac* (n° 49), ou qui y touche sur un mode plus superficiel, comme le *Cortège du bélier* (n° 79). Sur la fin de sa longue vie, privé de ses frères, il dégénère « en mollesse et en fadeur », comme le prouve l'*Adoration des bergers* Mary datée de 1674.

Il y avait là un raisonnement parfaitement logique, exposé avec franchise et séduction par un homme qui aimait et connaissait profondément les frères Le Nain. Il est probable qu'il contient une part de vérité. Malheureusement les données de départ n'avaient pas été suffisamment vérifiées. Aucune ne peut aujourd'hui être acceptée sans réserve, plusieurs doivent être rejetées. Ce qui oblige à s'interroger sur les conséquences.

La figure la plus clairement dessinée semblait celle de Mathieu — traité, à vrai dire, avec une sympathie tempérée de quelque défiance. A bien regarder, elle paraît aussi la plus sujette à caution. La date de 1674, nous l'avons dit, doit être lue 1644, et ce point de la démonstration, en apparence le moins réfutable, s'est effondré le premier (1934, Waterhouse) ; la *Nativité* Mary n'apporte aucune lumière sur la vieillesse de Mathieu, dont les trente dernières années restent énigmatiques. Les tableaux rustiques trop « distingués » comme les *Cortèges* (nᵒˢ 78-79), mieux connus, sont aujourd'hui communément retirés de l'œuvre des trois frères. Le groupe des tableaux « mondains » rassemblés par Jamot s'est révélé peu cohérent : il semble qu'on y distingue au moins deux mains. D'autre part les textes et les documents réapparus ont montré qu'Antoine et Louis, même s'ils n'avaient pas le goût de Mathieu pour les choses militaires, partageaient probablement ses ambitions sociales et ses fréquentations mondaines. Une répartition fondée sur le caractère supposé de tel ou tel frère paraît bien trop fragile pour être utilisée.

En fait le ressort essentiel de la démonstration se situait ailleurs. L'intuition majeure de Witt et de Jamot, et la justification profonde de leur hypothèse, c'est qu'à une différence d'âge correspond une différence de formation et de goût. Antoine, né en 1588, appartient à une génération autre que celle de Louis, né en 1593, et surtout de Mathieu, né en 1607. Raisonnement parfaitement juste, car la peinture, à ce moment du siècle, évolue vite, et quelques années de plus ou de moins suffisent pour entraîner une expérience différente, des orientations opposées. Malheureusement les dates dont Witt et Jamot se servirent, sans en sonder la valeur, ont grand chance d'être fausses. Nous sommes persuadé que les trois frères étaient d'âge tout proche, et tous trois nés entre 1600 et 1610.

Il nous faut sur ce point entrer dans des détails qui seuls justifient notre démarche et, expliquent que nous ne puissions accepter l'hypothèse admise depuis un demi-siècle.

L'inconsistance des dates

Rappelons que les Le Nain étaient en fait cinq frères : du moins cinq frères avaient-ils passé l'adolescence. L'aîné, nommé Isaac comme son père, avait quitté Laon vers 1623, et en 1630 on n'avait plus de ses nouvelles. Il ne réapparaîtra jamais. Les quatre autres sont très fréquemment mentionnés dans des actes officiels, et quasi toujours dans l'ordre suivant : Nicolas, Antoine, Louis, Mathieu. Il s'agit évidemment (et quoi qu'on ait pu écrire sur ce point) de l'ordre de naissance.

Si l'on admet qu'Antoine était né en 1588, et même en rapprochant autant que possible la naissance des trois premiers garçons, il faut reporter à 1585-1586 au plus tard la naissance d'Isaac. Ces cinq frères, que nous savons du même lit, seraient donc nés de 1585-1586 à 1607, soit sur une période de 22 ans au moins. Le fait n'a rien de physiologiquement impossible. Mais il surprend. Aujourd'hui même il serait rare. Pour cette époque, et dans ce milieu, il étonne ; même si l'on ajoute quelques enfants morts en bas âge, il suppose un « contrôle des naissances » d'un type qui semble exclu.

D'autre part cette distance d'une vingtaine d'années entre Antoine et Mathieu s'accorde mal avec nos sources les plus sûres. La lecture de Leleu donne une impression inverse. Pourquoi place-t-il le moment où nos peintres «commencèrent à fleurir» en 1632, date où Antoine aurait eu 44 ans et Louis 39? Il affirme que les trois frères furent formés à Laon par un peintre étranger «pendant l'espace d'un an» et de là passèrent à Paris, s'y perfectionnèrent et y prirent un atelier commun. Nous savons qu'en effet ils s'installent à Saint-Germain-des-Prés en 1629. Le même peintre a-t-il instruit, vers 1625, d'un même coup, trois apprentis de 37, 32 et 18 ans? Imagine-t-on ces trois vocations simultanées, et ce groupe de novices? Qu'avaient fait jusque-là Antoine et Louis? Avaient-ils un autre métier? Étaient-ils déjà peintres? Pourquoi ne les découvre-t-on pas entre 1600 et 1625 dans les archives de Laon, où le rôle des tailles est conservé? Pourquoi n'ont-ils pas encore réclamé la reddition des comptes de tutelle, et la part d'héritage de leur mère? Antoine est-il donc resté jusqu'à près de 40 ans chez son père sans métier et juridiquement sous sa tutelle, avant de se découvrir soudain une activité fébrile? Personne ne s'est soucié de donner des réponses plausibles à ces questions, pourtant évidentes. Or ces invraisemblances singulières ne tiennent qu'aux dates de naissance communément admises.

Que valent donc ces dates de 1588 pour la naissance d'Antoine, 1593 pour la naissance de Louis, 1607 pour la naissance de Mathieu?

Chacun les répète (et nous-même, longtemps nous n'avons pas osé les remettre en cause). Or elles ne viennent pas des registres de baptêmes de Laon, ni d'aucun document officiel. Ces registres ont disparu, et toutes les recherches de nos prédécesseurs, toutes nos fouilles n'ont abouti à rien. Elles ne sont pas données par Leleu, seul historiographe renseigné avec précision (mais sur ce point muet). A notre connaissance toutes les affirmations procèdent d'une seule et même source: Reynès, concierge de l'Académie au début du XVIIIe siècle.

Dans le recueil de billets d'enterrement d'artistes que Reynès avait formé, les faire-part de Louis et d'Antoine viennent en tête: c'étaient les premiers académiciens décédés depuis la fondation de la compagnie. Reynès a inscrit au-dessous de l'un: *M. Louis Le Nain, décédé le 23 May 1648, âgé de 55 ans,* et au-dessous de l'autre: *M. Antoine Le Nain frère du précédent (...) âgé de 60 ans.*

Reynès n'est pas un historien. Il n'est concierge de l'Académie qu'à partir de 1701 et n'a certes pas connu Antoine et Louis. Il apparaît consciencieux, mais s'est en plusieurs autres cas fortement trompé sur ces questions d'âge. Ainsi, pour Jean Blanchard, mort le 5 avril 1665, propose-t-il un âge de «70» ans, qui a fait bâtir à Jal tout un roman sur un premier mariage du père, Gabriel Blanchard: en fait Jean Blanchard devait avoir seulement 63 ou 65 ans... Certes, Reynès cherchait d'ordinaire à se documenter de son mieux. Mais ni les billets d'enterrement, ni les registres de Saint-Sulpice n'indiquaient l'âge des Le Nain. Il n'a certes pu fouiller les archives de Laon. N'aurait-il pas, faute d'un autre moyen, pour ne pas laisser incomplet le début de son recueil, sollicité la mémoire de quelque artiste qui avait encore connu les deux frères, ou du moins Mathieu, ou leurs amis, et qui aurait indiqué un âge approximatif, 55 ans, 60 ans ? On sait ce que valent ces estimations de souvenir. Tant que l'on n'aura pas découvert une source positive à Reynès, il sera impossible d'estimer que sa note fait autorité. Et il apparaît nécessaire de confronter ces dates avec d'autres données.

Confrontation avec les autres données biographiques

Aucun texte datant du vivant des trois peintres ne mentionne leur âge. Seul l'acte de partage de la fortune paternelle, en 1630, précise que les frères n'ont pas tous atteint leur majorité. Mathieu à coup sûr (mais peut-être aussi Louis, et même Antoine) était né après 1605.

Précisément l'âge de Mathieu apparaît, lui, dans son acte de décès en 1677 (détruit, mais heureusement recopié auparavant). Il y est dit âgé de 70 ans — de nouveau un chiffre rond qui invite à entendre cet âge de façon approximative. Mathieu n'a alors aucun serviteur, ses neveux parisiens sont morts, les parents de Laon n'arriveront que pour vérifier l'héritage, aucun proche n'assiste à l'enterrement, sauf Anne Thuilleau, nièce par alliance, qui signe le registre et qui a dû donner l'indication. Elle semble s'être occupée dans les derniers temps de ce vieil oncle riche et avoir gagné son affection. Mais elle ne doit donner qu'un âge correspondant aux propos du vieillard, ou à son apparence physique. On l'a entendu au sens administratif, en fixant la date de naissance de Mathieu en 1607. Cette date est en soi très vraisemblable : mais elle peut aussi osciller entre 1605 et 1610.

L'âge des autres membres de la famille peut offrir des indications précieuses. Nous n'avons rien pu découvrir à propos de la mère, Jeanne Prevost. Nous savons seulement qu'elle dut mourir entre 1620 et 1627. Quant au sergent Isaac Le Nain, il décline son âge dans deux pièces différentes : hélas, ce sont deux âges inconciliables. En 1617 il se donne 45 ans, en 1627 50 ans. Et deux âges qui excluent les dates de naissance traditionnelles d'Antoine et de Louis : né en 1577, et même en 1572, il ne peut avoir trois fils en 1588... Il est vrai que ces approximations, 45 ans, 50 ans, de nouveau invitent à toutes les méfiances. D'autres dates sont plus sûres. Isaac paie impôt à Laon, paroisse Sainte-Benoîte, vers 1592 ; il obtient des lettres de provision accordées par Henri IV en date du 22 septembre 1595 (ce qui semble supposer qu'il est alors majeur) ; il est veuf et partage sa fortune entre ses enfants en 1630, il résigne son office le 13 mars 1636 et meurt vers la fin de l'année. Une date de naissance vers 1570 ou un peu avant, une date de mariage peu avant 1595 paraissent assez vraisemblables. Et cinq garçons dans les douze ou quinze années suivant le mariage.

D'Isaac le fils, nous savons très peu, sinon qu'il quitte Laon vers 1623, que sa famille ne reçoit plus de nouvelles et l'imagine décédé. Reste que s'il était né avant 1585-1586, on devrait découvrir sa présence à Laon entre 1605 et 1623 : il aurait dû y exercer un métier, s'y marier, y posséder ou louer une maison, et ne pourrait entièrement nous échapper. S'il a 37 ou 38 ans en 1623, il doit tout de même posséder quelque avoir personnel : or il n'est pas question de ses biens dans l'acte de partage de 1630, ni dans aucun des nombreux actes notariés retrouvés. La seule mention — encore n'est-elle pas bien certaine — est un achat chez un orfèvre de Laon le 31 mars 1623. Il y est simplement dit *praticien :* et semble donc avoir suivi, en fils aîné, la profession du père, mais ne pas exercer encore. Tout semble suggérer qu'il n'a guère plus de 20 à 25 ans à cette date, et qu'il partit avec l'intention d'acquérir quelque grade dans une université ou d'obtenir quelque charge.

De Nicolas le puîné, nous connaissons bien davantage. Lui-même devient praticien (peut-être à la suite de la disparition de son frère), se rend à Paris où il devient commis du Sr Gaucher, président en l'élection de Verneuil, chez qui il habite, célibataire, en août 1630. Il se marie un peu après, entre 1630 et 1633, il a au moins six enfants, et il cèdera sa charge à son fils en 1659. En 1644, selon Grandin, l'information de vie et de mœurs pour sa réception comme sergent royal le déclare âgé de 27 à 28 ans : il serait donc né vers 1616. Le fait qu'il soit commis en 1630 suffit à l'exclure ; mais d'un autre côté comment penser que, né en 1586-1587, il se rajeunisse de quelque trente ans ! Dans un acte de 1653 où il est témoin, il se déclare cette fois âgé de 45 ans, ce qui nous reporte à 1608. Il avait dû une fois de plus se rajeunir de quelques années, mais tout de même pas de plus de vingt ans... En fait tous les éléments de sa biographie invitent à placer sa naissance entre 1600 et 1605.

Hypothèse nouvelle sur l'âge des Le Nain

Devant ces incertitudes, ces chiffres approximatifs, ces données contradictoires jusque dans les actes officiels, l'historien doit bien convenir que le scepticisme est sage, même en présence des documents. Dans l'attente d'une découverte probante, il faut bien se contenter du vraisemblable. Soit reporter la naissance des trois peintres entre 1600-1602 et 1610.

On concevrait sans peine qu'Isaac Le Nain, après une formation plus ou moins sommaire, vienne s'installer à Laon un peu avant 1592, rachète dès que possible la charge de Gabriel Rouen, sergent royal, et reçoive ses lettres de provision en 1595, se marie vers le même temps, ait cinq fils vers 1595-1610. Isaac le jeune, destiné à devenir praticien comme son père, quitte Laon en 1623, vers l'âge de 23-26 ans, avant de s'être établi ; Nicolas, né vers 1600-1604 embrasse à son tour la profession paternelle, vient se former à Paris et vers 1630, majeur depuis quelque temps, songe à s'établir, ce qui amène à envisager la reddition des comptes de tutelle. Antoine, Louis et Mathieu, nés vers 1602-1610, auraient librement suivi leur inclination vers la peinture, et après un premier apprentissage à Laon (ou dans quelque ville voisine) auraient reçu les leçons d'un « maître étranger » vers 1620-1625, seraient ensuite venus à Paris se perfectionner quelques années, avant de s'y installer en 1629. Leur proximité d'âge expliquerait leur intimité. Leur renommée commencerait à s'établir vers 1632. Antoine et Louis mourraient subitement en 1648 aux alentours de 45 ans, en pleine activité. Mathieu obtiendrait le collier de Saint Michel vers l'âge de 55, et mourrait vers 70.

Cette chronologie, qui simplement remet en cause deux des âges donnés par Reynès, et conserve toutes les autres données documentaires, supprime les multiples énigmes suscitées par les dates admises. Elle rétablit l'œuvre des Le Nain dans sa véritable perspective : non pas la génération des Poussin, des Valentin, des Vouet, mais celle des Champaigne et des La Hyre. Elle explique de façon simple tout ce que nous savons de leur vie et de leur art. Mais elle repose dans son entier le problème de la distinction des trois frères.

Les indications des sources sur la répartition de l'œuvre

Il faut donc faire table rase de tout ce qui a pu être affirmé depuis la résurrection des Le Nain, et reprendre le problème sur nouveaux frais. Nous n'avons, répétons-le, aucun tableau qui relève à coup sûr de la main de l'un d'eux. Force est donc de recourir aux textes. Deux seuls ont quelque valeur : le témoignage de Du Bail, publié dès 1644, et qui nous paraît capital ; celui de Leleu, reposant certainement sur des renseignements fournis par la famille, et qui s'est toujours révélé d'une parfaite exactitude. A quoi s'ajoutent quelques données éparses. Insistant sur l'union et la collaboration étroite des trois frères, ces témoignages distinguent pourtant certains traits particuliers. S'accordent-ils ? Il convient de les comparer attentivement.

Antoine :

Du Bail :
il réussit particulièrement pour la *vraysemblance des portraits qui sont faits après le naturel* (on lui demande un portrait de femme, en grand, *« sans raccourcissement »*)

Leleu :
il excelloit pour *les mignatures et portraits en raccourci*

autres sources :
de lui ou de Louis était un *Saint Pierre* offert en 1656 par l'Académie à Mazarin.

Louis :

Du Bail :
il fait des merveilles *pour ce qui concerne de peindre en petit, et à faire de petits tableaux* (avec) *mille différentes postures qu'il y représente après le naturel*
(on lui demande des portraits d'hommes et de femmes)

Leleu :
il réussissait *dans les portraits qui sont à demy corps et en forme de buste*

autres sources :
de lui ou d'Antoine était un *Saint Pierre* offert en 1656 par l'Académie à Mazarin

Mathieu :

Du Bail :
il sait parfaitement bien *faire ressembler ses portraits*, il a la science de *dessiner et inventer* les *grands tableaux*, non moins estimés que jadis ceux d'Apelle et Zeuxis (on lui demande un portrait d'homme)

Leleu :
il était pour *les grands tableaux*, comme ceux qui représentent *les mystères, les martyres des saints, les batailles et semblables*
il avait peint un *portrait d'Anne d'Autriche* avant 1643

autres sources :
un *Martyre de saint Crépin et saint Crépinien* et son pendant pour les Cordeliers de Laon en 1654
probablement le *Portrait de Mazarin* offert à l'Académie en 1649

On constate que ces renseignements s'accordent et se complètent — sans toutefois nous éclairer suffisamment.

Un fait ressort sans conteste : les Le Nain ont tous trois exécuté des portraits réputés pour leur ressemblance. Ce point acquis, il apparaît bien difficile d'aller au-delà. Si l'on en croit Leleu, il faut donner les portraits en buste de préférence à Louis : mais le *Portrait de Mazarin* par Mathieu semble précisément avoir été en buste. Et les portraits en miniature reviendraient à Antoine : mais Du Bail nous inclinerait à y reconnaître Louis...

L'accord des auteurs est aussi total sur un autre point : les tableaux d'« histoires », sujets mythologiques, œuvres religieuses, étaient le lot de

Mathieu. Or le *Saint Pierre* offert par l'Académie avertit assez que les deux autres frères n'y étaient pas étrangers, et qu'ils avaient su acquérir en ce domaine une haute estime : on n'eût pas offert à Mazarin, l'un des plus grands collectionneurs du temps, une œuvre de « deffunct Le Nain » s'il n'avait été en réputation auprès des connaisseurs. Au reste, les tableaux mythologiques et religieux sont justement ceux où il faut bien constater l'intervention de plusieurs mains : les donner à Mathieu ne fait guère que reposer le problème.

Le plus fâcheux est qu'en tout cela il n'est pas fait mention des scènes paysannes. S'il faut les reconnaître dans ces « petits tableaux » où Louis est censé représenter « mille différentes postures... après le naturel », songera-t-on aux petits tableaux d'enfants dont le meilleur exemple est le *Vieux joueur de flageolet* de Detroit (n°20), ou aux intérieurs comme le *Repas des paysans* Lacaze (n° 28) ? En toute rigueur, l'insistance de Du Bail sur l'habileté à « peindre en petit » ferait pencher pour le premier groupe — celui qui dans tous les musées est placé sous le nom d'Antoine...

Il nous manque ici, il faut l'avouer, une indication claire et précise de Du Bail ou de Leleu. Ce silence ne semble pas le fait du hasard. Le livre de Du Bail, publié en 1644, avait sans doute été écrit un peu plus tôt : et il est naturel que la veine paysanne ne lui apparaisse pas encore dans toute son importance. Quant à Leleu, ou à l'auteur du mémoire dont il se sert, il devait connaître la critique de Félibien contre les « *sujets d'actions basses et souvent ridicules* », critique qui avait touché les amours-propres locaux. « *L'historien des peintres de France ne leur rend pas toute la justice qu'ils méritent* », remarquera Dom Bugniâtre à propos des Le Nain, en résumant la notice de Leleu pour sa *Description générale des Ville, Comté et Diocèse de Laon* (Bibl. Nat., Ms. Coll. Picardie 265, fol. 240). Leleu avait dû penser de même : en préférant toutefois passer sur cet aspect de l'œuvre. Pour notre plus grande perplexité.

La nécessité d'un nouveau « document positif »

Lorsque trois candidats sont seuls en cause, les combinaisons ne peuvent être bien nombreuses. Il est fort possible, sinon probable, que la subtilité de « connaisseur » d'un Robert Witt et l'intelligence sensible d'un Paul Jamot aient touché juste. Dans ses grandes lignes, le partage fait actuellement entre Antoine, Louis et Mathieu apparaît la combinaison la plus satisfaisante pour l'esprit, et en fin de compte la plus vraisemblable. Mais la réalité ne correspond pas toujours à ce qui paraît le vraisemblable ni à ce qui est devenu le consensus général.

Reconstruire le personnage de Mathieu à partir des *Joueurs de trictrac* semble naturel. Reste à expliquer le fait singulier que plusieurs tableaux de ce groupe paraissent inachevés. Est-ce bien que Mathieu abandonna le pinceau pour se rendre aux armées et y gagner son collier de Saint Michel ? Ne songe-t-on pas invinciblement à la mort d'Antoine et Louis ? Malgré cette inquiétude, nous avouerons que nous croyons *in petto* Mathieu l'auteur du *Trictrac* et des œuvres qui s'y rattachent par la main et le style.

Antoine peut parfaitement être le peintre du *Vieux joueur de flageolet* de Detroit et Louis celui de la *Charrette* du Louvre. Mais rien n'interdit de penser l'inverse, puisque rien ne vient actuellement différencier Antoine de Louis, sinon l'ordre de naissance. Depuis une cinquantaine d'années le nom d'Antoine est si fortement lié à ces petits tableaux, Jamot a si bien répété que Louis était le « génie de la famille », le seul qui haussait le nom de Le Nain au niveau des grands maîtres, que nous avons peine à imaginer que le plus inspiré soit l'aîné. Ce qui, au siècle dernier, semblait le plus naturel...

Répétons-le : il n'existe actuellement aucun argument décisif pour fixer les prénoms. Le rôle de l'historien n'est pas de passer outre. Sa tâche est de faire surgir cet argument : non d'anticiper sur la découverte.

Quel pourrait-il être ? On ne saurait malheureusement l'espérer des actes notariés, notre source essentielle et encore mal explorée. Jusqu'à 1648, Antoine seul est qualifié pour passer les marchés, toucher l'argent, et traiter de tout ce qui concerne l'atelier commun. Il faut plutôt songer à un témoignage contemporain, des mémoires, une correspondance inconnue qui viendrait compléter Leleu. Ou pour ce qui concerne Mathieu, à la réapparition d'un tableau daté d'après 1648 (ce qu'avait cru trouver Jamot). Il suffirait d'un portrait dont on pût prouver que le vêtement ou la coiffure fussent nettement impossibles avant cette date...

En attendant le plus raisonnable sera de porter les efforts sur la distinction objective des trois mains. Travail bien plus complexe qu'on ne le croit, promettant de grandes erreurs, et qui devra chercher ses fondements dans les méthodes de laboratoire. Mais non pas travail inutile. Car il n'est pas inutile de sentir les affinités qui unissent certaines toiles, de préciser les groupes qui témoignent de la même vision, de la même inspiration, des mêmes recherches plastiques. Nous dirons quelque jour pourquoi cet exercice de « connaisseur » n'est pas un vain raffinement, mais se situe au cœur même du travail de l'historien d'art. Et nous croyons que l'exposition, en permettant un examen direct de l'œuvre entier (ou peu s'en faut) des Le Nain, fera grandement avancer cette recherche. Mettre un prénom sur ces groupes est de moindre importance. Lorsqu'il s'agit d'Antoine et de Louis, dont la biographie apparaît si liée que leur personnalité ne se distingue pour nous en aucun point, ce n'est guère plus qu'une question de vocable. Souhaitons, pour la satisfaction de l'esprit, que le hasard nous livre enfin la clef de l'énigme. En attendant, sans crainte de heurter la tradition, nous choisirons la rigueur.

Catalogue des tableaux

I
Les frères Le Nain, peintres d'« histoires »

1

Les tableaux mythologiques

2

Les tableaux religieux

II
Les frères Le Nain, peintres de genre

1

Les tableaux d'enfants

2

Les intérieurs

3

Les scènes de plein air

III
Les frères Le Nain, portraitistes

1

Les portraits isolés

2

Les portraits collectifs

Les frères Le Nain, peintres d'« histoires »

I

On ne songe guère aux Le Nain comme rivaux de Vouet, Blanchard ou La Hyre. Et pourtant ils furent d'abord des « peintres d'histoires », c'est-à-dire de compositions mythologiques, romanesques et religieuses. *« (Il) n'est guère de personnes qualifiées à la Cour qui ne s'adressent à eux, quand il s'agit de se vouloir faire peindre, ou faire de grands tableaux pour orner des salles, des chambres, des cabinets, et parer les autels des églises »*, affirmait Du Bail en 1644. Flatterie d'un ami : sans doute. Mais tous les témoignages viennent à son appui. *« Les Nains frères peignaient des Histoires et des portraits »*, note Félibien en 1679, et en 1700 Florent Le Comte déclare qu'ils *« peignoient des histoires et des paysages »*. Quant à Sauval, il ne mentionne les Le Nain qu'à propos de Saint-Germain-des-Prés : *« La voûte de la Chapelle de la Vierge est peinte par les Nains ; ces trois frères excelloient à faire des têtes, aussi ont-ils réussi merveilleusement dans celles des figures qu'ils y ont fait entrer, aux figures de l'Assomption et du Couronnement de la Vierge ; toutes ces têtes au reste sont d'après nature, si belles, et si proprement appliquées au sujet qu'il ne se peut pas mieux »*. Des commandes aussi flatteuses que ce décor pour l'illustre et riche église de leur quartier, ou que plusieurs tableaux pour Notre-Dame, prouvent en effet leur succès dans ce domaine de la « grande peinture ».

On ne s'en étonnera pas. Leur formation même — en province, à Laon, nous dit Leleu — pouvait le faire prévoir. Seule la méconnaissance de la peinture provinciale française a fait croire que les ateliers locaux se contentaient de petits tableaux, natures mortes, paysages, sujets de genre, et que les trois frères avaient dû commencer par là avant de se risquer aux sujets plus

complexes. C'est au contraire dans les grands centres qu'existe une clientèle suffisante pour cette production mineure. Les ressources du peintre de province, au début du XVIIe siècle, reposent sur le portrait, sur les petits tableaux de dévotion, et surtout sur les commandes des couvents et des églises, largement payées en bons écus sonnants — accessoirement, sur le décor des riches demeures ou des châteaux : mais la partie proprement artistique s'y borne trop souvent à l'oratoire ou au tableau de cheminée... Une vocation à Laon orientait d'emblée vers ces domaines.

Il semble que les Le Nain pratiquèrent cette « grande peinture » toute leur vie. C'est par là qu'ils cherchèrent à s'imposer à Paris : et l'on peut dater de leurs débuts, vers 1630-1632, le décor de la chapelle de la Vierge à l'église des Petits-Augustins (n°s 4-7). C'est aussi dans la production parisienne des années trente que vient tout naturellement se situer un tableau mythologique comme le *Bacchus et Ariane* (n° 1), si proche des œuvres d'un La Hyre aux alentours de 1630... Il est possible que vers 1638-1640 (nous le dirons à propos des scènes de genre) la concurrence se soit faite plus rude en ce domaine, et les commandes moins nombreuses : les Le Nain continuèrent pourtant à en recevoir. La *Vénus dans la Forge de Vulcain* (n° 3) est datée de 1641, la *Crucifixion* de Notre-Dame (perdue) semble avoir été peinte en 1646, et il paraît difficile de ne pas placer dans les années quarante l'admirable *Nativité de la Vierge* (n° 12), également peinte pour un autel de Notre-Dame. Même après la mort de ses frères Mathieu continue à accepter ces commandes d'églises : le *Martyre de saint Crépin et saint Crépinien*, qu'on voyait avant les destructions révolutionnaires dans la nef des Cordeliers de

Laon, et son pendant, sans doute un *Saint Firmin et saint Honoré,* portaient la date de 1654.

II

Cette production mythologique et religieuse fut sans doute abondante ; elle a malheureusement subi de terribles ravages. Avec les changements successifs du goût, les décors de cabinet du XVIIᵉ siècle ont presque tous disparu : et certains fort tôt. Il est rare qu'on ait songé à en préserver quelques fragments, par exemple le tableau de cheminée, comme il en alla sans doute avec l'*Allégorie de la Victoire* (nº 2). Quant aux œuvres religieuses, le destin leur fut particulièrement cruel.

Les Le Nain avaient certainement beaucoup peint pour les églises de Laon et de sa région : on citait, outre les deux tableaux des Cordeliers, une *Cène* dans la chapelle du Saint-Sacrement à l'église Saint-Rémy, et le tableau du maître-autel de Sainte-Benoîte ; ce n'étaient sans doute que les plus fameux. Or toutes les œuvres religieuses de Laon et des environs furent détruites en novembre 1793 (voir *Chronologie, ad annum*). A Paris, la Révolution devait également détruire sans remède tous les ensembles des Le Nain, en particulier cette chapelle de Saint-Germain-des-Prés louée par Sauval. En revanche elle saisit et rassembla les toiles avec un certain soin. Plusieurs devaient disparaître ensuite dans les dépôts, notamment deux éléments du décor des Petits-Augustins et deux des retables de Notre-Dame. Le sort des autres fut divers. Un des tableaux religieux demeura dans les collections du Louvre : ce fut, choix singulier, l'un des six grands tableaux en hauteur des Petits-Augustins, et celui qui se rapprochait le plus des sujets paysans ; de sorte que, bien loin d'évoquer les Le Nain peintres religieux, cette œuvre de jeunesse fit conclure à une timide tentative pour changer de registre. Le chef-d'œuvre fut donné à l'église Saint-Étienne du Mont, et placé dans une chapelle assez obscure où il fut quasi oublié. Le restant disparut pour un siècle et demi. Mais les fonctionnaires de la Révolution et de l'Empire avaient laissé dans les inventaires assez d'indications pour qu'il ait été possible, voici vingt ans, de retrouver le *Saint Michel dédiant ses armes à la Vierge,* oublié et devenu quasi invisible dans une église de Nevers (nº 8),

et trois des épisodes de la *Vie de la Vierge* (nᵒˢ 4-6).

Est-il interdit d'espérer qu'à la suite de cette exposition d'autres tableaux religieux pourront réapparaître ? Il y a douze ans fut vendu chez Christie un admirable *Repos de la Sainte Famille,* conservé jusque-là dans une collection viennoise sous le nom de Le Sueur, mais qui s'était trouvé dans une collection française sous la Restauration, et pouvait fort bien provenir d'une église. Malgré les efforts de la Ville de Paris pour ramener cette toile en France, les musées français durent abandonner les enchères, et la toile a malheureusement disparu de nouveau, apparemment dans les dédales secrets du marché d'art américain. Il nous a été impossible de retrouver sa trace et de l'exposer. D'autres découvertes semblent encore possibles.

D'autant qu'à ces commandes importantes les Le Nain durent ajouter toute une production pieuse de dimensions plus réduites, destinée aux cabinets des « connaisseurs », ou simplement à la clientèle dévote. Le commerce s'en est le plus souvent emparé, et une part doit subsister, mais sous des attributions diverses. L'*Adoration des bergers* de Londres n'était-elle pas conservée dans un château anglais, jusqu'à une date toute récente, avec un cartouche au nom de Luca Giordano ? Dans les catalogues des ventes du XVIIIᵉ et du XIXᵉ siècles, sous le nom même de Le Nain, on rencontre ces tableaux en assez grand nombre pour croire que tout

Le repos de la Sainte Famille
vente Chritie's, 1ᵉʳ juillet 1966
(localisation actuelle inconnue)

L'adoration des bergers, dite la «Nativité Mary»
Dublin, The National Gallery of Ireland

n'est pas détruit. Or il ne s'agit pas seulement de *Nativités* ou de *Saintes Familles,* mais de tableaux qui pourraient ajouter une dimension nouvelle à l'œuvre. Qu'était ce *Jésus dans le Temple au milieu des docteurs,* «d'un ton argentin et d'une belle couleur», apparu à la vente après-décès de Mme Lenglier, le 10 mars 1788? Et ce petit panneau de bois d'un pied cinq pouces sur un pied six pouces, qui représentait *Jésus Christ à Emmaüs* dans une nuit éclairée aux flambeaux, vendu avec la collection Ferréol-Bonnemaison les 17-21 avril 1827?

Il faut sans doute songer à des manières très diverses, du fait non seulement des trois mains, mais de l'évolution rapide de la peinture religieuse à Paris durant ces années. Les tableaux de 1630 ne devaient pas ressembler aux œuvres de Mathieu après 1648. Complexes par eux-mêmes, et répartis sur toute la carrière, ces «tableaux d'histoires» pourraient nous ménager bien des surprises et des enseignements. Même si nous n'avons pu retrouver le *Saint François en extase* ou le *Jésus à la piscine probatique,* les œuvres ici rassemblées illustreront à la fois l'unité et la considérable diversité de cette production.

III

Est-il possible, devant les toiles conservées, de distinguer la personnalité des trois frères? Si l'on en croit les textes, Mathieu a droit ici à la part essentielle. «*Il a la*

science de si bien désigner et inventer, que les grands tableaux qui sont de sa façon ne sont pas moins estimés que ceux-là que faisoient jadis Apelles et Zeuxis», affirme Du Bail en 1644, et Leleu prétend que Mathieu «*estoit pour les grands tableaux comme ceux qui représentent les mystères (de la religion), les martyres des saints, les batailles et semblables*». Témoignages qu'il est bien malaisé de remettre en doute.

Mais il faut aussitôt apporter des réserves. Nous avons rappelé (voir la *Note* liminaire) que les documents eux-mêmes suggèrent qu'Antoine et Louis peignirent également des «histoires» profanes et religieuses. Le *Saint Pierre* «de desfunt M. le Nain», que l'Académie offre en 1656 à Mazarin lui-même, ne pouvait être que d'Antoine et Louis, et c'est un *Acis et Galatée* de «L. Lenain» que Le Blanc classe dans l'œuvre de Le Pautre. D'autre part l'examen direct des toiles montre l'intervention de plusieurs mains : il suffira, pour s'en convaincre, d'étudier la suite de la *Vie de la Vierge* (nᵒˢ 4-7), ou même le *Saint Michel* (nᵒ 8). S'il est un domaine où la collaboration entre les trois frères est évidente et pourtant le partage quasi inextricable, c'est bien celui de ces «tableaux d'histoires»...

IV

Et cependant ces tableaux ont un point en commun : une sorte de «naïveté», au sens où l'entendait le XVIIᵉ siècle, c'est-à-dire un naturel qui, par-delà toutes les traditions et toutes les leçons reçues, sait revenir à la vérité la plus simple et rendre aux thèmes usés leur saveur oubliée. Après tant d'Arianes et tant de Bacchus antiques et modernes, était-il encore possible d'imaginer ce sommeil nacré de petite fille aux mèches embrouillées, et cet émoi d'adolescent fier et soudain dompté? Après tant d'allégories, d'imaginer une jeune Victoire nue, et non pas corsetée dans la nudité abstraite du marbre? La banalité qui subsiste dans les premières œuvres religieuses fait vite place à ces trouvailles que d'abord on ne remarque pas, mais qu'une comparaison avec la production du temps fait admirer comme les dons mêmes de la grâce. Les fautes et les insuffisances, l'ignorance de l'architecture, l'incertitude des plans : tout s'oublie devant l'essentiel retrouvé.

Les tableaux mythologiques

1
Bacchus et Ariane

Huile sur toile ; 1,02 × 1,52 m.

Orléans, musée des Beaux-Arts.
Inv. 70.4.1.

Historique :
1954 ca. : découvert chez un antiquaire de
Château-Thierry, le tableau est reconnu
comme Le Nain par François Heim, et
acquis par lui en dépit des hésitations des
spécialistes.
1970 : acquis par le musée des Beaux-Arts
d'Orléans.

Expositions :
1955, Paris, Heim, *Trente tableaux...,*
nº 13, reprod. pl. 13 (« Thésée
abandonnant Ariane endormie », Louis
Le Nain) ; 1956, Zurich, nº 151 (Louis) ;
1956, Rome, nº 172 (« Bacchus et Ariane »,
Louis) ; 1958, Stockholm, nº 36 (Louis) ;
1976-1977, Paris, nº 32 (Louis).

Entièrement ignoré de tous les auteurs, ce tableau apparut soudainement vers 1954 sur le marché d'art parisien ; il avait été découvert en France, mais sans origine définie. Aussitôt publié par Hermann Voss (1955), il retint aussi bien l'attention du public (expositions de Zurich et de Rome, 1956) que des érudits (Vitale Bloch, Charles Sterling, 1956 ; Henry Bardon, 1957, etc.). Il introduisait en effet dans l'œuvre des Le Nain le premier tableau mythologique qui n'eût aucun rapport possible avec les scènes paysannes (alors qu'on avait pu jusque-là rattacher la *Vénus dans la forge de Vulcain* à la *Forge rustique* du Louvre).

Le sujet, d'abord interprété comme un *Thésée abandonnant Ariane endormie,* a été justement corrigé par Henry Bardon (1957) comme un *Bacchus découvrant Ariane à Naxos.* Ce thème avait été vulgarisé par la traduction fameuse des *Tableaux de plate peinture de Philostrate* due à Blaise de Vigenère, et les critiques sont unanimes à souligner que le peintre semble avoir été inspiré par la belle planche qui évoque cet épisode dans l'édition illustrée de 1617 (maintes fois republiée, et source capitale pour tous les peintres du temps). Mais il paraît aussi reprendre directement certains détails — la barque, les rameurs — à la suite de l'*Histoire d'Ulysse* du Primatice qui décorait la Galerie d'Ulysse au château de Fontainebleau. Et devant un morceau comme le torse d'Ariane, avec sa carnation lumineuse détachée sur un linge blanc, il faut bien songer aux leçons de Gentileschi, qui avait travaillé à Paris vers 1623-1625...

Ces sources iconographiques, et certaines maladresses dans la composition de la scène, semblent indiquer une œuvre des débuts, peut-être avant 1635. L'inspiration juvénile, les détails précieux et parfois même un peu maniérés des attitudes, le coloris vif et clair, s'intègrent parfaitement dans la peinture française de ces années trente. Plus encore que de Vouet et de Blanchard, on rapprocherait un pareil tableau de la petite suite mythologique (*Apollon et Marsyas, Apollon et Coronis,* etc.) que La Hyre avait gravée vers 1628-1630.

Séduite par le charme de la scène, la critique a été presque unanime à donner le tableau à Louis : sans arguments bien précis, et sans tenir assez compte de la collaboration possible entre les trois frères. On notera par

1

Bibliographie:
1955, Voss, *in* Cat. Exp. *Paris, Heim, Trente tableaux...*, nº 13 (« Thésée et Ariane », Louis) ; 1956, Bloch, p. 268-269, reprod. p. 262 et dét. p. 266 (« Bacchus et Ariane », Louis) ; 1956, Sterling, *in* Cat. Exp. 1956, *Rome,* p. 161-162 (« Bacchus et Ariane », Louis) ; 1956, Voss, p. 279, reprod. fig. 30 (« Thésée et Ariane », Louis) ; 1957, Bardon, p. 99-101, reprod. pl. XIX (« Bacchus découvrant Ariane à Naxos ») ; 1958, Thuillier, *Mathieu Le Nain...*, p. 91-97, reprod. détail fig. 23 ; 1958, Kauffmann, p. 153 ; 1958, Sterling, p. 119 (Louis, peut-être vers 1630). 1960, Bardon, p. 161-167 reprod. ; 1964, Thuillier, p. 19 ; 1966, Bloch, reprod. détail fig. 2 (Louis ou Mathieu) ; 1968, Thuillier, p. 96 ; 1969, Cabanne, p. 74 ; 1969, Gébelin, p. 68 ; 1969, Oertel, p. 179, 181 (probablement Louis) ; 1971, *Gazette des Beaux-Arts,* Supplément, février 1971, p. 7, fig. 30 ; 1972, Ojalvo, p. 239, reprod. couleurs p. 331 (Louis) ; 1972, Rosenberg, p. 303-304 (Louis) ; 1974, Thuillier, p. 162-167, fig. 5, 10 ; 1975, Thuillier, p. 258 ; 1976, Rosenberg, *in* Cat. Exp. 1976-1977, *Paris,* nº 32.

exemple que la tête du rameur situé au centre, à l'arrière-plan, seule à rappeler les têtes de paysans dans les tableaux de genre, est touchée d'une manière qui tranche avec le reste du tableau, notamment avec la facture lisse du Bacchus...

Les Le Nain se montreront plus savants ou plus profonds ; mais nous connaissons peu d'œuvres d'une inspiration plus fraîche. Dans toute la peinture française on ne trouverait guère de morceaux qui égalent, pour un certain charme naïf, la jeune Ariane endormie parmi ses mèches en désordre. Nous sommes bien loin du grand hymne d'Annibal Carrache au Palais Farnèse *(Le triomphe de Bacchus et d'Ariane)* ou de l'opéra du Guide *(La rencontre à Naxos,* détruit, connu par des copies). Le drame de l'abandon comme l'exaltation sensuelle, qui font pourtant partie de l'histoire d'Ariane depuis Ovide, sont volontairement ignorés. Il ne reste qu'une idylle, où des amants venus du pays de l'*Astrée* retrouvent, plutôt que le mythe de Bacchus, l'aventure éternelle de Daphnis et Chloé.

1

2
Allégorie de la Victoire

Huile sur toile ; 1,51 × 1,15 m.
Signé en bas, dans le coin
gauche : *Lenain./fecit*

Paris, musée du Louvre.
Inv. R.F. 1971. 9 ; Cat. Rosenberg
n° 477 reprod.

Historique :
1971, avril : acquis par le Louvre avec
l'aide des Amis du musée du Louvre.

Expositions :
Jamais exposé.

Bibliographie :
1972, *Gazette des Beaux-Arts,*
Supplément, février 1972, reprod. fig. 19
(Louis) ; 1972, Chastel ; 1972, Rosenberg,
p. 303-304 ; 1974, Hours, p. 175-178,
fig. 1-5 ; 1974, Thuillier, p. 167-169,
reprod. couleurs ; 1976, Laveissière, p. 12,
reprod. fig. 14 (Louis).

La dernière, et sans doute la plus importante des découvertes qui ont modifié notre conception des Le Nain. Conservé dans un château de Sologne, ce tableau, malgré sa signature, était demeuré entièrement inconnu jusqu'à son identification par Jacqueline Pruvost-Auzas ; mais son existence fut tenue secrète jusqu'à son entrée au Louvre en 1971.

Il n'est pas facile d'interpréter le sujet. Casquée, la palme à la main et les ailes déployées, la Victoire foule aux pieds un personnage féminin dont les jambes se terminent maladroitement en queue de serpent : indication péjorative, qui ne permet guère d'y voir que la Tromperie, l'Intrigue ou la Rébellion. Mais en même temps la Victoire presse son sein avec un geste qui évoque moins le triomphe que la charité. Motif, composition et format semblent désigner un tableau destiné à orner la cheminée de quelque salle. Une allusion à un événement précis n'est pas exclue ; mais on ne sait rien de l'origine ancienne de l'œuvre, tout signe royal ou princier est absent, et il ne manquait pas, à l'époque, de « personnes qualifiées », souhaitant rappeler dans leur demeure quelque triomphe miséricordieux.

Comme dans la *Vénus* (n° 3), les Le Nain traitent ici le nu : mais avec plus d'audace encore. Un naturalisme qui ignore la statuaire antique et refuse l'élégance mondaine de Fontainebleau n'hésite pas à dessiner ces hanches rondes et pleines, et sur un ventre bombé ce gros nombril souligné par une fossette d'une si tranquille impudeur.

La composition est savamment animée par les obliques du grand ciel nuageux dont le déséquilibre rompt la stricte géométrie de la scène. Le pinceau oppose hardiment les rouges rubis et les verts sombres. Le paysage, malgré de minuscules notations presque naïves (le troupeau à gauche, les moulins à l'horizon) est d'une simplicité, d'un refus des conventions surprenants, mais n'a pas encore trouvé la gamme argentée des années quarante. Tous ces points désignent une œuvre précoce : mais déjà singulièrement plus sûre que le décor de la chapelle des Petits-Augustins (n°s 4-7).

On distingue à l'œil nu (notamment dans le ciel, à gauche) que la peinture recouvre une composition antérieure. La radiographie a en effet révélé (voir p. 305) une admirable Sainte Famille avec sainte Elisabeth et saint Jean embrassant Jésus, tout à fait lisible. On y découvre des éléments très voisins encore de la *Vie de la Vierge,* mais traités, semble-t-il, avec beaucoup de fermeté : ce qui pourrait confirmer une datation proche de 1635.

2

3
Vénus dans la forge de Vulcain

Huile sur toile ; 1,500 × 1,168 m.
Signé en bas, à droite, au-dessus
des armes : *.Lenain Pin.A°.1641.*

Reims, Musée Saint-Denis.
Inv. 922.21

Historique :
1918, 7 juin : vendu à Bruxelles avec la
collection Jomouton, de Namur (n° 172) ;
passe dans la collection Snutsch, de
Bruxelles.
1922, janvier : acquis par le musée de
Reims à Bruxelles, par l'entremise de la
galerie Georges Giroux, grâce à un legs de
M. Lucas et à la générosité de sa légataire,
Mme Pierre de La Morinerie, pour la
somme de 30 000 F.

Expositions :
1923, Paris, Sambon, n° 3, reprod.
(Mathieu) ; 1931, Paris, n° 32 (Mathieu) ;
1932, Londres, n° 124, reprod. *Comm.
Cat.,* n° 105, pl. 31 (Mathieu).

1934, Paris, Petit Palais, n° 33, reprod.
(Mathieu) ; 1934, Paris, Orangerie, n° 80,
reprod. pl. XXVIII (Mathieu et Louis) ;
1937, Paris, n° 98, *Album* pl. 32 ; *Ill.*
n° 42, p. 114-115 (Mathieu et Louis) ;
1938, Paris, n° 37.

1949, Genève, n° 36 (Mathieu et Louis) ;
1953, Reims, n° 10, reprod. pl. VI-VII
(Mathieu et Louis) ; 1956, Rome, n° 176,
reprod. pl. 18 (Louis et Mathieu) ; 1958,
Paris, Petit Palais, n° 92, reprod. pl. 18
(les frères Le Nain) ; 1960, Washington,
n° 29, reprod. (Louis et Mathieu) ; 1973,
Salzbourg, n° 5, reprod.

Bibliographie :
1922, Jamot, *La forge...,* p. 129-133,
reprod. (Le Nain) ; 1922, Jamot, *Essai...,*
p. 301-302 (Mathieu) ; 1922, Vaudoyer,
reprod. (Louis et Mathieu) ; 1923, Druart,
p. 28-29 (Mathieu) ; 1923, Escholier
(Mathieu, peut-être avec collaboration de
Louis) ; 1923, Jamot, *in* Cat. Exp. 1923,
Paris, Sambon, p. 7, 11, 18 (Mathieu) ;
1923, Jamot, *Essai de chronologie,* p. 158,
162 (Mathieu) ; 1923, Michel, p. 169
(Mathieu) ; 1923, Rey, p. 5 reprod. ; 1923,
Sambon, p. 61, reprod. (Mathieu) ; 1923,
Vaudoyer (Mathieu) ; 1924, Thiis, p. 294,
reprod. p. 295 (Louis) ; 1926, Dimier,
p. 41 ; 1928, Collins Baker, p. 69
(Mathieu).

1929, Jamot, p. 19, 47, 69 note 1, 75, 80,
87-88, 103, reprod. p. 93 (Mathieu) ; 1929,
Jamot, *Pantheon,* p. 360 ; 1929, Vollmer,
p. 41-42 (Louis ou Mathieu) ; 1931, Jamot,
Forge, p. 67-71, reprod. p. 63 ; 1931,
Nicolle, p. 106 (Mathieu) ; 1932, Weisbach,
p. 110-113, reprod. p. 111, fig. 38 (Louis) ;
1933, Fierens, p. 12, 14, 33, 42-43,
pl. LXV-LXVII (Mathieu) ; 1933,
Florisoone, p. 1489 (Mathieu).
1934, Alfassa, p. 202, 205 (problème) ;
1934, Bloch, *Les frères Le Nain...* p. 350 ;
1934, Escholier, p. 139 (Mathieu) ; 1934,
Goulinat, p. 218-219 ; 1934, Isarlo, p. 178,
reprod. détail p. 176 (Louis et Mathieu) ;

1934, Jamot, *in* Cat. Exp. 1934 *Paris,
Petit Palais,* p. 12-13 (Mathieu) ; 1934,
Sambon, p. 16 (Mathieu) ; 1934, Sterling,
in Cat. Exp. 1934, *Orangerie,* p. 99, 101,
115-116 (Mathieu et Louis) ; 1934,
Waterhouse, p. 132 (Mathieu).

1935, Alfassa, p. 406 ; 1935, Bloch. *I
pittori...,* p. 12 (Mathieu) ; 1935, Davies,
p. 293-294 (en partie de Louis) ; 1935,
Jamot, p. 74-75 (Louis) ; 1935, Longhi
(Louis) ; 1935, Pannier, p. 5 ; 1935,
Sterling, *A.A.,* p. 9 (Louis), reprod. p. 8
(Louis et Mathieu) ; 1936, Ansaldi, p. 16
(Louis) ; 1936, Lazarev, pl. 35 (Louis et

Mathieu) ; 1937, Huyghe, reprod. détail
pl. XXVII (Louis et Mathieu) ; 1937,
Sterling, p. 7 (Mathieu) ; 1937, Wescher,
p. 280-281 (Mathieu) ; 1938, Isarlo,
p. 15-16, n° 55, reprod. détail fig. 21
(Mathieu) ; 1938, Vitry, p. 48 (reprod.) ;
1939, Bloch, p. 53-54 (Mathieu) ; 1939,
Du Colombier, p. 34-38, reprod. p. 32
(Mathieu).

1946, Dorival, p. 69 (Mathieu) ; 1946,
Erlanger, p. 100, reprod. (Louis) ; 1947, *in*
Cat. Exp. 1947 *Toledo,* n.p., reprod.
(Mathieu) ; 1950, Leymarie, reprod. fig. 34
(Mathieu et Louis) ; 1951, Dupont-Mathey,
p. 53 (Mathieu) ; 1953, Bloch, p. 367
(Mathieu seul) ; 1953, Blunt, p. 218,
note 170 (Mathieu) ; 1953, Druart, p. 8-9 ;
1956, Bloch, p. 267 (peut-être pas Louis) ;
1956, Sterling, *in* Cat. Exp. 1956, *Rome,*
p. 164-165 (Louis et Mathieu) ; 1956, Voss,
p. 279.

1957, Fosca (Louis) ; 1957, Laclotte, p. 48,
reprod. p. 45 (Louis et Mathieu) ; 1958,
Arts, reprod. détail ; 1958, Kauffmann,
p. 153-154 ; 1958, De Salas, p. 42 (Louis et
Mathieu) ; 1958, Thuillier, *Mathieu...*
p. 92-95, reprod. fig. 29 ; 1959, Pinto,
p. 321 ; 1960, *Apollo,* p. 219 (Mathieu) ;
1962, Vergnet-Ruiz - Laclotte, p. 42, 243,
reprod. couleurs pl. 27 (Louis et Mathieu) ;
1963, Maillet, p. 11-12, p. 4 note ; 1963,
Sterling, p. 114, reprod. pl. LXVI b
(Mathieu, peut-être avec collaboration de
Louis) ; 1964, Argan, p. 136, 139, reprod.
couleurs p. 141 (Louis et probablement
Mathieu) ; 1964, Thuillier, p. 18-19 ; 1966,
Bloch, reprod. couleurs, fig. V
(collaboration entre Louis et Mathieu ?).

1969, Cabanne, p. 74 ; 1969, Gébelin,
p. 68, 70 ; 1970, Bonnefoy, p. 157, 188,
reprod. p. 187 (Louis) ; 1974, Thuillier,
p. 163, reprod. fig. 8 ; 1977, *in* Cat. Exp.
1977-1978, *Le Creusot,* p. 8-9, reprod.
(Louis).

On notera que dans une vente de 1832 *(Notice d'une collection de tableaux des trois écoles (...) dont la vente aura lieu rue des Petits-Augustins, n. 24, par suite du décès de M. L(anglier)..., 24-27 septembre 1832. Papegay commissaire priseur, Roeh, artiste peintre, expert)* est passé un tableau ainsi désigné : *23. LENAIN. Les forges de Vulcain, tableau d'une belle exécution.* (p. 7). Il est possible qu'il s'agisse de la composition réapparue en Belgique au début de ce siècle.

Lorsque le tableau fut acquis par le musée de Reims en 1922, il ne manqua pas de déranger les opinions reçues. Il semblait singulier, voire inadmissible, que les Le Nain pussent se risquer, non seulement à la composition mythologique, mais au nu. Or le tableau était signé. On chercha donc quelque échappatoire. L'œuvre fut d'abord renvoyée à Mathieu, malgré la facture proche des tableaux paysans. On y vit une réutilisation « travestie » de la *Forge* du Louvre, on la rapprocha de l'*Apollon dans la forge de Vulcain* de Velazquez, peint à Rome en 1630 et que Louis aurait pu voir lors d'un séjour supposé en Italie. La découverte des autres tableaux d'« histoires » est venue rendre caducs tous ces commentaires.

Vénus demandant aux Cyclopes de forger les armes d'Enée est un thème offert par Virgile, et que les peintres ont souvent confondu avec le sujet fameux d'Homère, *Thétis venant demander à Vulcain de forger les armes d'Achille.* Les deux représentations sont fréquentes à l'époque. C'était un sujet tout désigné pour orner les manteaux de cheminée, et Pierre du Colombier (1939) a révélé la belle *Thétis dans la forge de Vulcain,* voisine de date et d'esprit, mais sans rapport direct avec les Le Nain, qui se trouve encore en place sur une cheminée du château d'Effiat. Une autre *Thétis* avait été peinte par Jacques Blanchard, et la gravure de Daret montre une composition très proche de celle de Le Nain. Les suites d'estampes mythologiques ont souvent représenté l'un ou l'autre épisode, et il suffisait de songer aux collections mêmes du Louvre pour trouver une *Vénus demandant à Vulcain des armes pour Enée* de Van Dyck, chef-d'œuvre antérieur de quelques années, où comme ici l'Amour accompagne sa mère. Les Le Nain pouvaient donc choisir ce sujet sans avoir peint une *Forge* rustique, sans être allés en Italie et sans avoir vu Vélazquez.

Si l'œuvre se distingue des interprétations contemporaines, c'est par la science accomplie des reflets et du clair-obscur : le jeune forgeron qui se retourne, au centre, annonce les effets luministes de la *Tabagie* (n° 45). Et par une interprétation réaliste nuancée d'un rien d'humour. Vulcain et Vénus sont juste assez nus et « drapés » pour évoquer des figures de l'antiquité ; mais on distingue le tablier de cuir du forgeron, les hauts-de-chausses des aides, et l'enfant rond et fûté, qu'un rien de carquois déguise mal en Amour, découvre avec inquiétude et convoitise les pièces d'armure qui jonchent le sol. De sorte que le prétexte mythologique dissimule mal le jeu audacieux du désir et de la beauté. Peu de peintres ont su l'exprimer avec la franchise discrète de ce dialogue muet entre la femme et l'époux, et de ce long regard du jeune homme qui se retourne, bouche entrouverte — un des plus beaux regards de tout l'œuvre des Le Nain.

3

Les tableaux religieux

Le décor de la chapelle de la Vierge à l'église des Petits-Augustins :

La vie de la Vierge

Historique :
28-30 septembre 1790 : l'inventaire des tableaux du couvent des Petits-Augustins, dressé par le peintre Doyen, mentionne dans la chapelle de la Vierge six tableaux peints sur toile, *« Sainte Anne présentant la Vierge au Temple. Une adoration des Bergers. Visitation de la Vierge à Sainte Elisabeth. Annonciation de la Vierge. Accouchement de la Vierge. Assomption de la Vierge. Ces six tableaux, assez bien conservés, sont peints par Philippe de Champaigne ».* (Arch. Nat., S 3641.) 2 octobre 1794 : les tableaux sont inventoriés au dépôt des Petits-Augustins (Arch. Nat. F. 17 1261, dossier 2). Ils figurent dans l'État général des tableaux du dépôt provisoire, groupés sous le n° 24, et toujours comme Champaigne (cf. *Archives du musée des monuments français...,* 1886, t. II, p. 252). Mais l'ensemble est ensuite démembré et les mentions ne concernent plus que chaque tableau en particulier.

Bibliographie :
1865, Lenoir, p. 80, n° 215 (texte d'archives) ; 1883-1887, Plon, t. II, p. 252 (texte d'archives) ; 1890, Stein, p. 78 (texte d'archives).

1958, Montgolfier, p. 275-280 ; 1958, Thuillier, *Three Rediscovered Pictures...,* p. 54-59 ; 1958, Thuillier, *Mathieu Le Nain...,* p. 91-97 ; 1961, Thuillier, p. 327-328 ; 1964, Thuillier, p. 15 ; 1969, Oertel, p. 178-179 ; 1970, Blunt, p. 161.

Depuis la Révolution le Louvre conservait sous le nom de Le Nain un tableau dit *La crèche* ou *L'adoration des bergers,* dont le format en hauteur avait souvent surpris. Des recherches dans les archives ont prouvé qu'il fallait en rapprocher trois autres tableaux de mêmes dimensions dispersés dans des églises de Paris ou de province et formant une suite consacrée à la vie de la Vierge, et Bernard de Montgolfier a pu montrer qu'il s'agissait d'un ensemble de six grandes toiles ornant jadis la chapelle de la Vierge dans l'église du fameux couvent des Augustins de la Reine Marguerite, ou Petits-Augustins. Le bâtiment, encore debout de nos jours, est englobé dans l'École des Beaux-Arts. Les *« six (...) tableaux peints sur toile représentant des sujets de l'histoire sainte de la Vierge »* sont mentionnés à la Révolution dans l'inventaire du couvent dressé le 28 septembre 1790 par le commissaire Filleul (Archives Nationales, S 3641) et décrits dans les listes de Doyen (cf. Stein, 1890) qui les attribue à Champaigne. On les retrouve sur l'État général des tableaux du dépôt provisoire, groupés sous le n° 24, toujours sous le même nom (cf. *Inventaire général des richesses d'art de la France, Archives du Musée des Monuments Français,* 1886, t. II, p. 252) ; puis, sans qu'on en sache le motif, apparaît l'attribution à Le Nain. L'ensemble sera définitivement démembré sous la Restauration et deux toiles, peut-être de format un peu différent — une *Naissance de la Vierge* et une *Assomption* — ne se retrouvent plus.

L'*Annonciation* conserve un blason peint très ostensiblement sur le pupitre de la Vierge ; il a pu être identifié comme celui de Don Antonio Pimentel Barroso de Rovera, marquis de Mirabel, et ambassadeur d'Espagne à Paris de 1630 à 1632. Ce qui désigne certainement la date de la commande, et sans doute de l'exécution : l'ambassadeur dut souhaiter voir en place le décor, et les délais d'exécution être brefs.

L'ensemble apparaît fort inégal. La composition est lâche, maladroite, l'architecture franchement mauvaise, et le dessin souvent fautif. Mais il faut se souvenir que ce décor dut être achevé en très peu de temps, et calculé pour un emplacement précis, à savoir des parois situées à contre-jour, entre les fenêtres. Seul importa sans doute l'effet général, et la négligence des fonds et des accessoires peut être volontaire. A côté de morceaux fort médio-

4 5 6 7

cres (ainsi la corbeille de l'*Annonciation*) on trouve des figures enlevées avec une surprenante virtuosité. Le coloris est d'une harmonie délicate, certaines draperies d'une science accomplie. Plusieurs des visages offrent déjà cette vérité puissante qu'on rencontrera dans les œuvres de la maturité, et celui de Joachim, par exemple, dans la *Présentation au Temple,* suffit, par la beauté du regard et la « fierté » du pinceau, à illuminer toute la toile. On comprend que Sauval ait pu louer si fort le décor voisin de Saint-Germain-des-Prés, pour « *ces têtes (...) d'après nature, si belles, et si proprement appliquées au sujet qu'il ne se peut mieux* ». Il est clair que l'on saisit ici les débuts des Le Nain, avec leurs défauts — ceux-là mêmes des peintres formés au début des années vingt, à qui avaient manqué les leçons des maîtres italiens ou italianisés, et la formation théorique des grands ateliers, notamment pour la perspective et l'architecture. Avec leurs dons éclatants, qui déjà font excuser leurs maladresses.

Le premier coup d'œil suffit à déceler une œuvre de collaboration, où tout l'atelier dut contribuer en grande hâte. Une simple comparaison des têtes de la Vierge montre qu'il est impossible de les attribuer au même pinceau, et qu'on peut nettement y reconnaître trois mains. Il n'est pas moins clair qu'on ne peut donner à aucun des peintres un tableau complet. Celui qui a brossé le visage de la Vierge dans la *Visitation* a peu de chances d'être responsable de la sainte Elisabeth. C'est de cet ensemble qu'il faudra partir pour définir la manière de chacun des trois frères au début de leur carrière. Il ne semble pas imprudent de distinguer une facture hardie, à touches séparées, d'effet « impressionniste », qui apparaît à son meilleur dans la tête du saint Joachim de la *Présentation* ou la tête de la sainte Anne de la *Visitation* (celle même qu'on retrouvera en 1647 avec la *Réunion musicale* du Louvre, n° 41) ; une facture lisse, cherchant les volumes ronds et lumineux, qui se reconnaît dans la Vierge de la *Visitation* (et qui pourrait bien avoir peint par la suite la Vénus de la *Forge de Vulcain,* n° 3, ou le joueur de flûte de la *Halte du Cavalier*) ; une facture large et simple, installant avec moelleux le berger du premier plan dans la *Nativité* (comme un jour, sans doute, les jeunes forgerons au fond de la même *Forge de Vulcain*).

4
La présentation de la Vierge au Temple

Huile sur toile ; 2,74 × 1,31 m.

Aux Bénédictines du Saint-Sacrement.

Historique :
1811, 25 février : attribué en même temps
que la *Visitation* à l'église Saint-Laurent, à
Paris ; mais le décret ne semble pas exécuté.
1818, 15 mars : attribué à la Princesse
de Condé pour la chapelle des
Bénédictines du Saint-Sacrement, dont le
couvent est alors établi dans l'ancien
palais du Prieur du Temple.
1853 : le couvent est cédé à la ville et rasé
pour l'établissement d'un square ; les
sœurs du Saint-Sacrement se transportent
rue Monsieur.
1934 : à la suite de la loi sur les
Congrégations et d'un long procès, le
couvent se transporte à la Fondation
Brignole Galliera à Meudon, en attendant
son installation actuelle.

Exposition :
1958, Paris, Petit Palais, n° 89 (les frères
Le Nain).

Bibliographie :
1849, Champfleury, p. 103-104 (semble
n'avoir pas vérifié la présence de
l'œuvre) ; 1850, Champfleury, p. 20
(idem) ; 1862, Blanc, p. 8, n° 8 (texte
d'archives) ; 1862, Champfleury, p. 74
(perdu) ; 1865, Lenoir, p. 80, n. 215 (texte
d'archives) ; 1890, Stein, p. 76-79 (texte
d'archives) ; 1904, Valabrègue (mention
d'après les auteurs précédents) ; 1910, *in*
Cat. Exp. 1910, *Londres, Burlington,* p. 30
(Paris, St. Laurent ; « *wrongly attributed* »
(!)) ; 1938, Isarlo, n° 7 (comme à Paris,
église Saint-Laurent, et un autre
exemplaire « *à la Chapelle du
Temple* » (sic).

1957, Dupont, p. 262 ; 1958, Montgolfier,
p. 277-280 ; 1958, Thuillier, *Three
Rediscovered Pictures...,* p. 56-59, reprod.
fig. 15 ; 1964, Thuillier, p. 15 ; 1969,
Cabanne, p. 76-77 ; 1969, Gébelin, p. 69 ;
1976, Dorival, p. 287.

4

5
L'Annonciation

Huile sur toile; 2,71 × 1,31 m.

Sur le pupitre de la Vierge un blason: écartelé au 1er d'argent à la bande de sable, à une chaîne d'or posée en orle et brochant sur le tout; au 2e de gueules mantelé ployé d'argent à deux tours d'or en chef et un lion de même en pointe; au 3e d'or à 13 tourteaux d'azur; au 4e d'or à trois fasces de gueules; sur le tout, échiqueté d'argent et d'azur de quinze pièces. L'écu est posé sur une croix de Calatrava et surmonté d'une couronne à onze perles.

Paris, église Saint-Jacques du Haut-Pas.

Historique:
1958: retrouvé et identifié par Bernard de Montgolfier dans l'église Saint-Jacques du Haut-Pas, à Paris; nous n'avons pu jusqu'ici rencontrer aucun document relatif au dépôt et à l'envoi dans l'église.

Exposition:
1958, Paris, Petit Palais, n° 91 (Les frères Le Nain).

Bibliographie:
1958, Montgolfier, p. 275-280, fig. 7-9, 11, 14; 1964, Thuillier, p. 15; 1969, Cabanne, p. 77; 1969, Gébelin, p. 69-73; 1976, Dorival, p. 288, reprod. fig. 1632.

5

5

5

6
La Visitation

Huile sur toile ; 2,76 × 1,38 m.

Saint-Denis de Pile, église
paroissiale.

Historique :
1811, 25 février : attribué en même temps
que la *Présentation de la Vierge au
Temple* à l'église Saint-Laurent ; mais le
décret ne semble pas exécuté.
1818, 15 juillet : attribué au duc Decazes
pour l'église de Saint-Denis de Pile ;
envoyé le 27 septembre.

Expositions :
1958, Londres, n° 77 (Mathieu?) ; 1958,
Paris, Petit Palais, n° 94 (les frères
Le Nain).

Bibliographie :
1849, Champfleury, p. 103, 108 (textes) ;
1850, Champfleury, p. 20, 24 (idem) ;
1862, Blanc, p. 8, n° 7 (à Saint-Laurent), et
n° 13 (à Libourne, texte d'archives) ; 1862,
Champfleury, p. 74 (perdu) ; 1878,
Courajod, p. 376 (texte d'archives) ; 1904,
Valabrègue, p. 161 (mention d'après les
auteurs précédents) ; 1910, *in* Cat. Exp.
1910 *Londres, Burlington,* p. 30 (Paris,
St. Laurent ; « *wrongly attributed* » (!)) ;
1938, Isarlo, n° 6 (comme à Paris, église
Saint-Laurent, et un tableau de même
sujet à Libourne (sic)) ; 1939, Garde,
*Bulletin de la Société Historique et
Archéologique de Libourne,* VII, p. 88 ;
1955, Wildenstein, p. 203 note (textes
d'archives).

1957, Dupont, p. 262 ; 1958, Kauffmann,
p. 153-154 ; 1958, Montgolfier, p. 275-280,
fig. 6, 9 ; 1958, Thuillier, *Three
Rediscovered Pictures...,* p. 56-59, reprod.
fig. 17, détail fig. 21 ; 1958, Thuillier,
Mathieu le Nain..., p. 91-95, reprod.
fig. 27 ; 1964, Thuillier, p. 15 ; 1969,
Cabanne, p. 77 ; 1969, Gebelin, p. 69 ;
1969, Oertel, p. 178, 171 ; 1976, Dorival,
p. 289, reprod. fig. 1633.

6

7
La Nativité

dit aussi *L'adoration des bergers*
ou *La crèche*

Huile sur toile ; 2,87 × 1,40 m.

Paris, musée du Louvre.
Inv. 6837 ; cat. Villot, III 374 ; cat.
Brière 539 ; cat. Rosenberg
n° 474, reprod.
(Voir radiographie p. 304)

Historique :
Passé directement du dépôt des
Petits-Augustins (cf. *supra*) au Museum,
puis au Musée Napoléon et musée du
Louvre.

Expositions :
1934, Paris, Petit Palais, n° 24 (Louis) ;
1958, Londres, n° 79 (Mathieu ?) ; 1958,
Paris, Petit Palais, n° 314 (Louis ?) ; 1966,
Tokio, n° 11, reprod. couleurs (les frères
Le Nain).

Bibliographie :
1844, Siret, p. 234 (Antoine et Louis) ;
1848, Clément de Ris, p. 193
(« L'Adoration ») ; 1849, Champfleury,
p. 101-102 ; 1850, Champfleury, p. 17-19 ;
1860, Champfleury, p. 270 ; 1860, Bürger,
p. 263 ; 1862, Blanc, p. 8, n° 3 ; 1862,
Champfleury, p. 20, 31-32, 70-72, 76-77 ;
1863, Chesneau, p. 230 (Mathieu ?) ; 1879,
Berger, p. 118 ; 1893, Lemonnier, p. 348 ;
1894, Chennevières, p. 76 (Mathieu) ;
1900, Merson, p. 30 ; 1904, Bouyer,
p. 160 ; 1904, Valabrègue, p. 31, 58, 160,
reprod. p. 40 ; 1905, Geoffroy, p. 66,
reprod. p. 67 ; 1910, *in* Cat. Exp. 1910,
Londres, Burlington, p. 21 ; p. 12
(groupe II, Louis).

1921, Lemonnier, p. 252-253 ; 1922,
Jamot, *La Forge,* p. 132 ; 1922, Jamot,
Essai, p. 303, reprod. (Louis) ; 1923,
Escholier (Mathieu) ; 1924, Thiis, p. 273
(Antoine) ; 1929, Jamot, p. 80, 84, reprod.
p. 101 (Louis) ; 1929, Vollmer, p. 41-42
(Louis) ; 1930, Jamot, p. 223-225, reprod.

7

7

7

fig. 2 (Le Nain) ; 1931, Jamot, *Forge...,* p. 69-70 ; 1932, Mâle, p. 135, reprod. ; 1932, Weisbach, p. 109, reprod. p. 108, fig. 36 ; 1933, Fierens, p. 37, 60, reprod. pl. LXV-LXVII (Louis).

1934, Alfassa, p. 202 ; 1934, Bloch, *Les frères Le Nain...,* p. 345-350, reprod. dét. fig. 1 (Louis) ; 1934, Goulinat, p. 218-219 ; 1934, Grappe, p. 324 (collaboration de Louis et de Mathieu) ; 1934, Jamot, *in* Cat. Exp. 1934, *Paris, Petit Palais,* p. 10 ; 1934, Sambon, *B.E.A.,* p. 16 (Louis) ; 1934,

Sterling, *in* Cat. Exp. 1934, *Paris, Orangerie,* p. 98 (Louis) ; 1935, Jamot, p. 72 (Louis) ; 1935, Longhi (Louis) ; 1936, Lazarev, pl. 13 (Louis) ; 1938, Isarlo, p. 14, 32, n° 15 (Mathieu, très tard) ; 1938, Sambon, n. p. (Louis, n° 18 ; médiocre, peut-être collaboration de Louis et de Mathieu).

1946, Dorival, p. 68 (Louis) ; 1948, Bloch (Louis) ; 1950, Leymarie, reprod. fig. 35-37 (Louis) ; 1953, Blunt, p. 179 ; 1956, Sterling, *in* Cat. Exp. *Rome,* 1956, p. 161

(Louis) ; 1957, Bazin, reprod. (Louis) ; 1957, Fosca (Louis).

1958, Kauffmann, p. 153 ; 1968, Montgolfier, p. 275-280, fig. 5, 10 ; 1958, Thuillier, *Three Redicovered Pictures...,* p. 56-59, fig. 16 ; 1958, Thuillier, *Mathieu Le Nain...* p. 91-95 ; 1963, Maillet, p. 3 ; 1964, Thuillier, p. 15 ; 1966, Bloch, reprod. fig. 1 (Louis) ; 1966, *Museum,* reprod. p. 28, fig. 3 ; 1968, Oertel, p. 263 ; 1969, Gébelin, p. 69, 71 ; 1969, Oertel, p. 179 ; 1970, Blunt, p. 161.

8
Saint Michel dédiant ses armes à la Vierge

Huile sur toile ; 2,87 × 1,57 m, cintré dans le haut à oreilles.

Nevers, église Saint-Pierre.

Historique :
1752 : mentionné dans la neuvième édition du Brice comme à Notre-Dame de Paris, dans l'une des trente-quatre chapelles de la cathédrale : *« La quatrième, de S. Antoine. Dans le Tableau de l'Autel, Philippe Champagne a peint S. Michel à genoux devant la Sainte Vierge ».* *Description de la ville de Paris...,* t. IV, p. 222.

1763 : dans sa *Description historique des curiosités de l'église de Paris...* Gueffier précise la mention du Brice : *« Les chapelles des bas côtés, en entrant à droite. (...) 6. La chapelle de S. Antoine et S. Michel. Le Tableau de l'Autel représente S. Michel à genoux devant la Vierge, peint en 1670, par Philippe Champagne »* (p. 144). Peu de temps après, Saint-Aubin illustre son exemplaire d'un rapide mais précieux croquis, qui exclut tous les doutes sur l'identité du tableau mentionné avec le tableau conservé (Bibliothèque de la Ville de Paris).

1767 : Charpentier, dans sa *Description historique et chronologique de l'église métropolitaine de Paris,* préparée pour l'impression, mais restée inédite, connaît encore l'attribution à Le Nain, qu'il consigne dans cette notice ambiguë : *« Le tableau de l'Autel, de Le Nain, représente l'Archange saint Michel, à genoux devant*

8

la Sainte Vierge. Il a été peint par Philippe Champaigne » (p. 48). Dézallier d'Argenville (*Voyage pittoresque...*, 1770, p. 13) ou Thiery (*Guide des amateurs...* t. II, p. 108) mentionnent également le tableau, mais en reprenant simplement les termes du Brice.

1790, 18 novembre : le retable est inventorié par Doyen parmi les tableaux de Notre-Dame (« *peint par Philippe de Champagne* ») ; cf. 1890, Stein, p. 26.

1793, 26 décembre : le tableau entre au dépôt des Petits-Augustins.

1794, 4 janvier : il passe au Museum Central, où l'on trouve mention de sa réception le 15 du même mois, toujours sous le nom de Champaigne (cf. Plon, 1886, t. II, p. 110, 114, 116).

1812, 26 mai : le tableau est envoyé à Nevers, à l'occasion d'un réaménagement du Musée Impérial, mais cette fois sous le nom de Le Nain. Il est agrandi sur tous les côtés pour prendre place sur le maître-autel de l'église Saint-Pierre.

1956-1957 : retrouvé en place, il est nettoyé et remis à ses dimensions primitives.

Expositions :
1958, Londres, n° 73 (Louis et Mathieu ?) ; 1958, Paris, Petit Palais, n° 90, reprod. pl. 19 (les frères Le Nain) ; 1960-1961, Washington, n° 30 reprod. (Louis et Mathieu).

Bibliographie :
(pour les mentions du tableau à Notre-Dame de Paris, voir l'Historique ci-dessus)
1849, Champfleury, p. 75 (texte d'archives) ; 1850, Champfleury, p. 24 *(idem)* ; 1862, Blanc, p. 8, n° 16 (au musée de Nevers) ; 1862, Champfleury, p. 75 *(idem)* ; 1865, Lenoir, p. 159 (mention révolutionnaire, sous le nom de Champaigne) ; 1883, Plon, t. II, p. 110, 114, 116 *(idem)* ; 1890, Stein, p. 26 *(idem)* ; 1905, Geoffroy, p. 63 (d'après Champfleury) ; 1910, *in* Cat. Exp. 1910, *Londres, Burlington*, p. 30 (« *wrongly attributed* » (!)) ; 1938, Isarlo, n° 4 (« *Musée de Nevers* », 8 pouces × 4 pouces 6).

1957, Dupont, p. 262, reprod. ; 1958, Kauffmann, p. 153-154, reprod. p. 162 ; 1958, Montgolfier, *Arts*, reprod. ; 1958, Montgolfier, p. 268-271, reprod. fig. 1 ; 1958, De Salas, p. 42, reprod. (Louis et Mathieu ?) ; 1958, Thuillier, *Three Redicovered Pictures...*, p. 59-61, reprod. fig. 18, détails fig. 20, 22, 26 ; 1958, Thuillier, *Mathieu Le Nain...*, p. 91-95 ; 1959, Pariset, p. 340, reprod. fig. 1-2. ; 1961, Thuillier, p. 327 ; 1964, Thuillier, p. 16, reprod. couleurs p. 17 ; 1965, Pariset, p. 94 ; Oertel, p. 263 ; 1969, Cabanne, p. 76 ; 1969, Gébelin, p. 69 ; 1969, Oertel, p. 179 ; 1970, Blunt, p. 161 ; 1976, Dorival, p. 304-305, reprod. fig. 1692.

Mentionné avant la Révolution à Notre-Dame de Paris, sur l'autel de la chapelle Saint-Antoine et Saint-Michel, mais sous le nom de Philippe de Champaigne, dessiné par Saint-Aubin dans la marge de son Gueffier (Bibliothèque historique de la Ville de Paris), le tableau fut enlevé de sa place originelle en 1793. L'Empire lui rendit son identité, mais l'envoya en exil à Nevers, où il fut vite oublié. Il faillit disparaître sans même avoir été photographié dans les bombardements américains de 1944 qui détruisirent en partie l'ancien Collège des Jésuites (alors Lycée), mais par chance laissèrent debout la chapelle (actuellement église Saint-Pierre). Ce n'est qu'en 1956 qu'il fut identifié. On ne tiendra donc nul compte des jugements antérieurs, dont la seule source est une mention d'envoi à Nevers. Champfleury (1862, p. 75) ne l'avait pas vu, et pas davantage Witt, qui le condamne péremptoirement comme fausse attribution (1910, p. 30), ni les auteurs et dictionnaires qui le mentionnent au musée de Nevers ou le croient un panneau de quelques centimètres...

Les Le Nain reprennent ici le langage traditionnel du grand retable, avec toutes ses conventions, du regard adorateur au commode emploi des nuages unissant registres terrestre et céleste. Mais la maîtrise des moyens est bien plus évidente. Un paysage s'esquisse, avec de grandes lignes simples animées seulement par de minuscules motifs réalistes, arbres, vaches, et un coloris froid qui le rapprochent de celui de la *Victoire* (n° 2). Les deux anges accoudés à leur nuage comme à un balcon s'avouent sans honte de petits paysans ébouriffés qu'on retrouverait dans les toiles de genre. Le groupe de Marie avec l'Enfant reprend le type de profil qu'on trouvait dans la *Vie de la Vierge* (n°s 4-7), mais avec une puissance, une qualité, qui évoquent à la fois Gentileschi et Blanchard. On notera que les deux angelots, dans le cintre, s'apparentent à ceux de ce même cycle ; mais ils sont enlevés en quelques coups de brosse, sur le fond de lumière dorée, avec une virtuosité qui fait penser au XVIIIᵉ siècle plus encore qu'à Vouet. Il n'est donc pas interdit de songer à la fin des années trente. Irait-on jusqu'à imaginer que la date de 1670 donnée au tableau par Gueffier (1763), sans raison apparente, pourrait correspondre à une date de 1640 mal déchiffrée et disparue de nos jours ?

Ici encore, et malgré l'unité du premier coup d'œil, la collaboration est évidente. Il est bien difficile d'attribuer à la même invention comme à la même main les deux têtes des chérubins et celles des deux anges... Des repentirs visibles (par exemple autour de la main droite du saint Michel) semblent encore souligner le travail en commun.

9
L'Adoration des bergers

Huile sur toile ; 1,095 × 1,374 m.

Londres, National Gallery,
nº 6331.

Les catalogues des ventes anciennes signalent très souvent sous le nom de Le Nain des « Adorations des bergers » ou des « Nativités » ; nous avons pu, par la composition, le format et le support, en individualiser avec suffisamment de précision une quinzaine d'exemplaires différents. Mais jusqu'à l'apparition du présent tableau, en dehors de la grande toile du Louvre (nº 7) qui n'est jamais passée en vente, il ne nous en restait aucune qu'on pût leur donner avec certitude. Les tableaux signalés jadis aux musées d'Angers (cat. 1881, nº 384), Lille (cat. 1893, nº 1048), Rouen (cat. 1911, nº 654) ou Tours (cat. 1911, nº 367) sont des attributions de fantaisie ; la toile entrée en 1793 aux Offices sous le nom de « Jean Le Nain » (Inv. 1890, nº 978) est d'une

9

Historique :
1962 : acquis du 16ᵉ duc de Norfolk par la
National Gallery sur l'Annual
Grant-in-Aid ; le tableau passait pour
avoir été acheté par un duc de Norfolk au
cours du siècle dernier, et portait sur le
cadre une attribution ancienne à Luca
Giordano.

Expositions :
Jamais exposé.

Bibliographie :
1964, Thuillier, p. 16 ; 1967, Deyon,
p. 142.

médiocrité de facture qui exclut la main d'aucun des trois frères ; la curieuse composition acquise à Paris voici une dizaine d'années par le musée de Berlin-Dahlem n'a aucun rapport direct avec eux, et la fameuse « Nativité Mary », passée récemment à la National Gallery de Dublin, semble seulement la copie d'un original perdu (cf. *infra*). La découverte du tableau de Londres, en 1962, sous une vieille attribution à Luca Giordano, est venue enfin justifier les louanges que les catalogues attribuaient si souvent à ces Adorations, *« d'une couleur brillante »*, *« remplies de caractère »*, *« rendues avec la plus grande vérité »*, *« du plus grand effet »*.

Il s'agit ici d'une composition de huit figures, de format important (presque toutes les Adorations connues par les textes sont de dimensions inférieures). Malgré des hésitations singulières dans la perspective, malgré l'arbitraire des terrains et l'assiette incertaine des personnages, l'œuvre atteste une science évidente. La délicatesse des expressions, la grâce un peu précieuse des gestes s'ajoute au charme du coloris. On regrettera d'autant plus que la facture ait été quelque peu desséchée et durcie par un nettoyage trop poussé, qui a fait disparaître de nombreux « passages » (le manteau de la Vierge, la silhouette du bœuf, etc.).

Dans une autre *Adoration des bergers,* la « Nativité Mary » mentionnée plus haut, se retrouvent beaucoup de traits voisins. On sait que ce tableau, sec et de facture médiocre, porte une signature accompagnée d'une date qu'on avait déchiffrée comme 1674 : et Jamot (1923) y avait vu un témoignage probant de la décadence de Mathieu dans ses dernières années. En fait la date se lit 1644 (Waterhouse et Sambon l'avaient signalé dès 1934), et une simple comparaison avec le chef-d'œuvre de Londres semble établir qu'il s'agit de la copie d'une très belle composition perdue, qui fut certainement d'importance égale. Faut-il estimer que signature et date étaient repris de l'original ? En ce cas le tableau de la National Gallery de Londres apparaîtrait comme une première version du tableau de 1644, et ne pourrait pas être placé trop tôt, comme on inclinerait d'abord à le faire. Le modelé lisse du visage de la Vierge, le paysage encore peu caractérisé et proche du tableau de Nevers (n° 8) feraient songer à 1635-1640. Mais la lumière voisine des paysages célèbres, le charmant ânon, qu'on retrouve trait pour trait dans la toile de l'Ermitage (n° 33), invitent de leur côté à ne pas trop reculer la date du tableau.

10
Les pèlerins d'Emmaüs

Huile sur toile ; 0,74 × 0,91 m.

Paris, musée du Louvre. Inv.
R.F. 1950-8 ; cat. Rosenberg,
n° 476 reprod.

Bibliographie :
1953, Bloch, p. 367, reprod. fig. 32
(Mathieu (?) et Louis) ; 1953, Druart, p. 9 ;
1955, Rudrauf, t. I, p. 239, reprod. t. II,
fig. 233 ; 1956, Bloch, p. 267
(probablement Mathieu et Louis) ; 1958,
Thuillier, *Mathieu Le Nain...*, p. 96 et note
19 ; 1961, Thuillier, p. 327 et note 3.

Ce tableau qui, dit-on, se trouvait encore il y a trente ans dans la chapelle du château de Rochambeau, ne paraît pas lui avoir appartenu d'origine. Il y serait parvenu par le hasard des collections. De fait, les Le Nain semblent avoir souvent traité le sujet : des *Pèlerins d'Emmaüs* six figures sont l'un des deux tableaux atteignant 50 livres dans l'inventaire après décès de Mathieu, et les catalogues de vente du XVIIIe et XIXe siècles en mentionnent une dizaine d'exemplaires. Nous n'avons malheureusement pu établir avec précision l'origine du tableau du Louvre : on ne peut l'assimiler ni à l'exemplaire Féréol-Bonnemaison (vente 17-21 avril 1827 : 17 × 18 pouces, aux flambeaux), ni à l'exemplaire Peters (vente du 5 novembre 1787, repassé en vente le 30 avril 1791 ; 25 × 50 pouces ; figures plus qu'à mi-corps), ni à l'exemplaire Vallée-Desnoyers (vente 1er-3 mars 1819, 17 × 20 pouces, 9 figures, sur bois), et le tableau acquis par le cardinal Fesch « chez M. Montolon, à la Monnaie », en vendémiaire an IX, semble sans rapports avec Le Nain (cf. Wynne, 1977, p. 103 reprod.).

On constatera facilement que le peintre mêle ici, et sans les unifier entièrement, des éléments proches des tableaux paysans et le langage de la peinture religieuse de l'époque. Le geste du Christ et du pèlerin du centre, les colonnes de droite, la nudité ou le drapé plus ou moins réussi des enfants de gauche ou du vieillard du premier plan, tirent la scène vers la rhétorique traditionnelle. La belle nappe plissée, le groupe d'enfants de droite renvoient aux scènes rustiques. Le désaccord reste sensible, et semble indiquer, plus que jamais, une œuvre de collaboration. Il serait gênant sans la qualité des visages et leur vie intérieure, qui suffit à donner à l'œuvre son unité spirituelle et sa poésie. La tête du pèlerin, au centre même de la toile, peut passer pour l'un des plus beaux morceaux sortis du pinceau des Le Nain.

Cette même ambiguïté laisse incertain sur la date. La silhouette de l'hôte, à l'extrême gauche, se rapproche des puissantes figures paysannes, et le groupe d'enfants de droite évoque les scènes de plein air. La table à grande nappe, au centre de la composition, avec ses plis verticaux, ordonne la scène avec la même autorité que dans les « repas » rustiques. Mais d'autre part les figures du fond se rapprochent des œuvres précoces ; les affinités avec les *Joueurs de cartes* d'Aix (n° 21) et la *Rixe* de Cardiff (n° 22) sont très sensibles, et de multiples indications poussent à remonter avant 1640. Nous verrions volontiers ici, non seulement une œuvre de collaboration, mais une œuvre de transition franchement antérieure au *Repas des paysans* de 1641.

10 (macrophotograp

10

11
La Nativité

dite « *Nativité Hévésy* », ou
L'adoration des bergers

Huile sur toile ; 1,18 × 1,48 m.

New York, Farkas Fondation.

Nous avons tenu à exposer ce tableau, qui apparaît très à part dans l'œuvre des Le Nain. Pourtant son attribution ne saurait être mise en doute. La facture des mains de la Vierge, sa coiffure, le linge qui entoure le décolleté ou la draperie de l'homme à la torche, tous ces menus détails semblent autant de signatures. Mais la lumière de la torche donne à l'ensemble une rigueur et une monumentalité inattendues.

C'est avec la *Tabagie* (n° 45) et en un sens les deux *Forges* (n° 3 et n° 30) le seul nocturne retrouvé des Le Nain. Il ne fait guère de doute qu'il en exista bien d'autres. Paris connaît aux alentours de 1640 une nouvelle vogue des « nuits » : et nos peintres ne durent guère manquer d'y participer. Les catalogues de vente anciens en signalent parfois sous leur nom : citons seulement, à la vente Féréol-Bonnemaison, les 17-21 avril 1827, à Paris (Henry expert), le *Jésus Christ à Emmaüs* sur bois (n° 95), dont on nous dit : « *La scène se passe aux flambeaux ; l'effet en est vrai, et chaque personnage nous paraît plus animé, plus expressif que dans la plupart des ouvrages de cet auteur* ». De son côté, l'inventaire après décès de Mathieu mentionne un *Christ aux oliviers* qui selon toute apparence était également une « nuit ».

Rappelons qu'une copie ancienne du tableau, de format plus réduit, acquise par Vitale Bloch vers 1936, a été récemment léguée par lui au Musée Boymans (1978, Rotterdam, n° 19 ; toile, 0,57 × 0,71 ; exposé comme « atelier des frères Le Nain »). Elle vient souligner l'importance de cette œuvre : car l'on rencontre souvent des répliques des tableaux paysans, mais rares sont les copies anciennes des compositions religieuses.

Historique :
1933 : reproduit dans l'ouvrage de Fierens comme appartenant à la collection André de Hévésy, à Paris ; le tableau se retrouve durant la guerre à New York (E. et A. Silberman Galleries).
1940 : acquis par George Farkas.
1957-1967 : exposé à la Lowe Gallery (Université de Miami).
1968-1973 : exposé au Metropolitan Museum de New York.

Expositions :
1934, Paris, Petit Palais, n° 44 (Mathieu) ;
1949, Atlanta, n° 13 ; 1949, West Palm Beach, n° 13 ; 1957, New York, n° 12, reprod. (Louis).

Bibliographie :
1933, Fierens, p. 37, 60, reprod. LVIII (Louis) ; 1934, Alfassa, p. 202 (Louis) ; 1934, Bloch, *Les frères Le Nain...*, p. 350, reprod. p. 349 (œuvre de jeunesse de Louis) ; 1934, Fierens (caravagiste français ?) ; 1923, Isarlo, *R.A.A.M.*, p. 181 (œuvre caravagiste de Mathieu) ; 1934, Jamot, *in* Cat. Exp. 1934, *Paris, Orangerie*, p. XXIV-XXVI (jeunesse de Louis) ; 1934, Sterling, *in* Cat. Exp. 1934, *Paris, Orangerie*, p. 98 (Louis) ; 1934, Waterhouse, p. 132 *(« doubtful »)*.

1935, Hévésy, p. 126 (Louis en Italie) ; 1935, Jamot, p. 74 (jeunesse de Louis) ; 1935, Longhi (Louis) ; 1936, Ansaldi, p. 16 (Louis) ; 1936, Sambon n. p. (refus ; plutôt dans le style *« des caravagistes de l'école de Grand Fiançois* (sic) *et de Lanfranc »*) ; 1937, Sterling, p. 4 (probablement de la période italienne de Louis) ; 1938, Isarlo, p. 14, 32, n° 12, fig. 16 (Mathieu).

1948, Bloch (Louis) ; 1953, Blunt, p. 217, note 168 (« cannot be by any member of the family ») ; 1955, *in* Cat. Exp. 1955, *Paris, Heim, Caravage...* notice du n° 11 (Louis) ; 1956, Bloch, p. 268 (Louis).

11

12
La Nativité de la Vierge

Huile sur toile ; 2,20 × 1,45 m.

Paris, Notre-Dame.

Gravure :
Eau-forte de Léopold Flameng en 1860
pour la *Gazette des Beaux-Arts,* livraison
du 15 décembre 1860 ; voir *Bibliographie,*
1860, Champfleury.

Historique :
1763 : dans sa *Description historique des
curiosités de l'église de Paris,* Gueffier
mentionne à Notre-Dame : *« Les chapelles
des bas-côtés, en entrant à droite... (...)
8. La chapelle de S. Augustin, qui fait
partie de la Sacristie des Messes. Le
Tableau de l'Autel représente une
Nativité »* (p. 144). Peu de temps après
Saint-Aubin illustre son exemplaire
(Bibliothèque de la Ville de Paris) d'un
croquis peu distinct, mais qui suffit à
prouver qu'il s'agit bien du tableau
conservé.

1767 : Charpentier, dans sa *Description
historique et chronologique de l'église
métropolitaine de Paris,* préparée pour
l'impression, mais restée inédite, signale
également le tableau : *« cette chapelle fait
maintenant partie de la Sacristie de la
nef ; on y a conservé l'Autel, dont le
tableau est une Nativité »* (p. 49) ; mais il
semble ignorer l'auteur.

1787 : le tableau paraît avoir été renvoyé,
au cours des années précédentes, de la
sacristie des Messes à la chapelle
Saint-Jean l'Évangéliste et Sainte-Agnès ;
c'est là qu'il est signalé par Thiéry sous le
titre *La Vierge allaitant l'Enfant Jésus,*
(*Guide des amateurs...* t. II, p. 108),
toujours sans nom d'auteur.

1790 : 18 novembre : dans l'inventaire de
Notre-Dame Doyen signale que dans la
chapelle Sainte-Agnès *« Sur l'autel est un
tableau représentant l'Accouchement de
sainte Anne, peint par Lallement »*
(cf. 1890, Stein, p. 29).

1793 : 26 décembre : au dépôt des
Petits-Augustins entre une *Nativité de
Jésus, par Aubin Vouet,* provenant de
Notre-Dame (cf. Plon. 1886, t. II, p. 111).

1797, 29 décembre : le tableau est
transféré du dépôt des Petits-Augustins au
dépôt de la rue de Beaune, cette fois sous
la désignation : *« La Nativité de la Vierge,
par Le Nain »* (cf. Plon, 1886, t. II, p. 344).

1811, 15 février : le tableau est envoyé par
le Museum à l'église Saint-Étienne du
Mont, à Paris.
1964 : ramené à Notre-Dame de Paris.

Expositions :
1878, Paris, Exposition Universelle,
n° 167 ; 1883, Laon, n° 23 ; 1934, Paris,
Petit Palais, n° 10, reprod. (Louis) ; 1946,
Paris, Galliera, n° 43, reprod. (Louis) ;
1950, Paris, n° 68, reprod. pl. 65 (Louis) ;
1952, Paris, Charpentier, n° 55 (Louis) ;
1953, Bruxelles, n° 80, reprod. pl. I
(Louis) ; 1953, Reims, n° 5, reprod. pl. II et
III (Louis).

Bibliographie :
*(pour les mentions du tableau à
Notre-Dame-de-Paris, sous l'Ancien
Régime, voir l'historique ci-dessus)*
1849, Champfleury, p. 103-104 ; 1850,
Champfleury, p. 21 ; 1860, Champfleury,
p. 270, gravure de Flameng, p. 330 ; 1860,
Godard, p. 337 ; 1862, Champfleury,
p. 20, 31-32, 70-73, 188 ; 1863, Chesneau,
p. 230, 231, 235 (Mathieu ?) ; 1863,
Sainte-Beuve ; 1874, Gonse, p. 140 ; 1877,
Dolent, p. 217 ; 1879, Arago, p. 309 ;
1894, Chennevières, p. 76 (Mathieu) ;
1899, Huysmans ; 1900, Merson, p. 30 ;
1904, Valabrègue, p. 32, 161 ; 1909,
Grautoff, p. 545 ; 1910, *in* Cat. Exp. 1910,
Londres, Burlington, p. 22.

1922, Jamot, *La Forge...,* p. 132 ; 1923,
Escholier (Mathieu) ; 1930, Jamot,
p. 223-224, reprod. fig. 1 (Le Nain) ; 1931,
Jamot, *Forge...* p. 69 ; 1932, Mâle, p. 350 ;
1932, Weisbach, p. 363, note 36 ; 1933,
Bloch, *Les frères Le Nain...,* p. 345-350,
reprod. fig. 4 (Louis) ; 1933, Fierens, p. 38,
60 (Louis).

1934, Alfassa, p. 202-204 (problème) ;
1934, Diolé, *Au Petit Palais...* (Louis) ;
1934, Fierens (problème) ; 1934, Goulinat,
p. 213 (collaboration) ; 1934, Isarlo,
R.A.A.M., p. 122, 178-179, reprod. p. 127
(Louis, avec collaboration d'Antoine et
Mathieu) ; 1934, Sterling, *in* Cat. Exp.
1934, *Paris, Orangerie,* p. 98 (Louis) ;
1934, Waterhouse, p. 132 (Louis) ; 1935,
Davies, p. 294 (Louis) ; 1935, Jamot, p. 72
(Louis) ; 1936, Lazarev, pl. 22 (Mathieu et
Louis) ; 1936, Sambon, n. p. (Louis, n° 17) ;
1938, Isarlo, p. 19, n° 11, reprod. détail
p. 27.

1948, Bloch (Louis) ; 1950, Leymarie,
fig. 39 (Louis) ; 1953, Bloch, p. 367
(Louis) ; 1953, Blunt, p. 217, note 168
(« hard to reconcile with their style ») ;
1953, Druart, p. 9 ; 1955, Voss, *in* Cat.
Exp. *Paris, Heim, Trente tableaux...,*
notice du n° 13 (Louis) ; 1956, Bloch,
p. 268 (Louis) ; 1956, Sterling, *in* Cat. Exp.
1956, *Rome,* p. 162 (Louis) ; 1956, Voss,
p. 279, reprod. détail fig. 28 (Louis) ; 1957,
Fosca (Louis).

1958, Kauffmann, p. 154 ; 1958,
Montgolfier, *Arts* ; 1958, Montgolfier,
p. 271-274, reprod. fig. 3-4 ; 1958,
Thuillier, *Three Rediscovered Pictures,*
reprod. détail fig. 19 ; 1958, Thuillier,
Mathieu Le Nain..., p. 91-97, reprod.
fig. 22, 25 ; 1960, Isarlo, p. 60, reprod.
détail fig. 37 (participation de Mathieu) ;
1961, Thuillier, p. 327 ; 1964, Thuillier,
p. 16 ; 1965, Isarlo, p. 2 (participation de
Mathieu) ; 1966, Bloch, reprod. couleurs,
pl. VI-VII (Louis avec Mathieu?) ; 1968,
Oertel, p. 263 ; 1969, Cabanne, p. 76,
reprod. 1969, Gébelin, p. 69 ; 1969,
Oertel, p. 179-181 ; 1970, Blunt, p. 161 ;
1974, Thuillier, p. 164.

Conservé jadis à Notre-Dame, sur l'autel de la chapelle Saint-Augustin, puis de la chapelle Sainte-Agnès, mentionné dans la plupart des descriptions, mais sous des noms divers, Lallemand, Aubin Vouet, enlevé par la Révolution qui lui rend le nom de Le Nain, discrètement accroché dans l'ombre d'une chapelle de Saint-Étienne-du-Mont à partir de 1811, ce tableau, grâce à Pierre-Marie Auzas, a repris place depuis peu dans la cathédrale. C'est assurément le chef-d'œuvre des Le Nain peintres religieux.

Le grand langage « baroque », colonnes, anges, trouée lumineuse, doigt pointé désignant le ciel, s'allie parfaitement à la scène familière. Les attributions du XVIIIe siècle ne sont pas entièrement absurdes : l'œuvre se situe avec aisance dans la peinture parisienne des années trente et quarante, aux côtés des toiles de Blanchard ou de La Hyre, et témoigne justement de l'alliance, si particulière à cette génération, entre le grand lyrisme et l'observation directe.

Dans cet intérieur où éclatent deux grandes taches de rouge saturé, où la lumière se pose sur des blancs dignes de Gentileschi, les Le Nain déploient tous leurs prestiges de coloristes, toute leur subtilité dans le jeu des reflets et des éclairages contrastés. Des morceaux comme l'angelot chauffant les langes près du foyer, ou dans le fond la petite scène de l'accouchée, toute baignée d'une lumière argentée, ou encore les deux bustes d'adolescents, frères des anges du *Saint Michel,* et supérieurs peut-être au Bacchus dans leur grâce un peu sauvage, comptent parmi les réussites les plus parfaites des Le Nain. En dépit de quelque incertitude dans les plans — leur défaut habituel —, pareille œuvre peut se comparer sans désavantage aux compositions des plus célèbres peintres du XVIIe siècle.

A quel moment convient-il de la situer? Sa perfection même, l'effort évident des Le Nain pour placer à Notre-Dame un chef-d'œuvre, pour fondre leur manière et prouver leurs divers mérites, rendent délicate la datation. Certains éléments, comme le traitement des linges, donneraient à penser qu'il ne faut pas s'éloigner trop de 1640. On notera que le groupe du premier plan apparaît par sa composition très voisin d'un *Repos de la sainte Famille,* grande toile passée en 1966 chez Christie (voir reproduction p. 92) et dont nous ignorons malheureusement la localisation actuelle. Cet autre chef-d'œuvre, qui a par ailleurs beaucoup de points communs avec la Vierge du *Saint Michel* (n° 8), se situe sans doute un peu plus tôt, et invite lui-même à ne pas voir dans la *Nativité* une production trop tardive.

12

13
La Madeleine

Huile sur toile ; 0,54 × 0,46 m.

Collection privée.

Historique :
1930 ca. : chez Langton Douglas, à
Londres ; acquis par Jacoba Bloch,
d'Amsterdam ; nettoyé à Paris par le
restaurateur Pierre Stepanoff. Le tableau
passe ensuite par les collections
Vitale Bloch, Paris ; O. Wertheimer, Paris ;
Drey, Londres ; avant d'être acquis par le
propriétaire actuel.

Expositions :
1932, Londres, n° 121 (Louis Le Nain) ;
1934, Paris, Petit Palais, n° 12 (Louis
Le Nain) ; 1934, Paris, Orangerie, n° 66,
reprod. pl. XXVIII (Louis) ; 1953, Reims,
n° 4 (Louis).

Bibliographie :
1932, Dezarrois, p. 84 ; 1932, Isarlo ;
1932, Weisbach, p. 362, note 35 ;
1933, Fierens, p. 38, 61 (Louis).

1934, Bloch, Les frères Le Nain..., p. 350,
reprod. fig. 3 ; 1934, Grappe, p. 324
(hésitations) ; 1934, Pannier, p. 503,
note 1 ; 1934, Sterling in Cat. Exp. Paris,
Orangerie, p. 99, 101, 109 (Louis) ; 1935,
Longhi (Louis) ; 1935, Pannier, p. 5 ; 1936,
Lazarev, pl. 14 (Louis) ; 1936, Sambon,
n. p. (Louis, n° 16) ; 1938, Isarlo, p. 6-7,
note 26, et fig. 83-86 (« faux Le Nain
fabriqué avec une toile de l'école de
Gentileschi ») ; 1939, Bloch, p. 54 (Louis) ;
1939, Bloch-Isarlo, p. 49 (polémique) ;
1932, Jamot, reprod. p. 38 (Louis).

1946, Erlanger, p. 69, reprod. p. 70
(Louis) ; 1948, Bloch (Louis) ; 1950,
Leymarie, fig. 39 (Louis) ; 1953, Bloch,
p. 367 (Louis) ; 1955, Voss, in Cat. Exp.
1955, Paris, Heim, Trente tableaux...,
notice du n° 13 (Louis) ; 1956, Bloch,
p. 269, note 10 (Louis) ; 1956, Voss, p. 279
(Louis).

1957, Fosca (Louis) ; 1958, Sterling, p. 119,
reprod. fig. 4 (Louis) ; 1958, Thuillier,
Three Rediscovered Pictures..., p. 55,
note 2 ; 1961, Thuillier, p. 327, note 3 ;
1963, Maillet, p. 4 ; 1964, Thuillier, p. 16,
21 ; 1966, Bloch, reprod. couleurs pl. XII
(Louis) ; 1968, Thuillier, p. 96.

Découvert à Londres en 1932 sous le nom de Fetti, le tableau a été reconnu pour Le Nain par Roberto Longhi et Vitale Bloch. On notera que dans l'inventaire après-décès de Mathieu figurent trois *Madeleine*, dont un *« grand tableau »*. D'autre part, dans une vente du 26 septembre 1806, à Paris, une toile apparemment signée et datée est ainsi décrite par l'expert Le Brun : *«Le Nain, 1643. La Madelaine dans le désert, assise à terre en contemplation devant le crucifix, figure de proportion naturelle. Il est difficile de voir rien de plus vrai et d'un plus bel effet. Hauteur 39 pouces ; largeur 50 pouces. T. »* Les dimensions indiquées excluent toute assimilation : mais il pourrait s'agir ici d'une version plus petite et de format différent, et une date voisine semble tout à fait plausible.

Tant par sa facture que par sa lumière, ce tableau est en effet lié aux scènes de plein air : soit à la production des années quarante. Le sol, semé de gros cailloux, avec les troncs morts placés sur le devant, évoque celui de la *Charrette* de 1641 (n° 34). Les lumières portées sur des gris bleutés, l'harmonie froide à peine réveillée par la tache rubis du flacon, sont proches de la *Halte du cavalier* du Victoria and Albert Museum (non exposé), et s'opposent à celles des intérieurs paysans. On songe à Claude devant cette lumière argentée, et les carnations sont traitées avec un jeu de demi-teintes bleutées et de reflets chauds digne de Blanchard.

Nous ne rappellerons pas l'importance de la dévotion à la Madeleine au XVIIe siècle, et la multiplicité des images qui la représentent. On sait les exemples opposés et tous admirables qu'en ont laissés Georges de La Tour, puis Le Brun. Rien de plus différent au premier abord que cette Madeleine-ci : belle fille sensuelle, un peu rustaude, calmement assise au seuil d'une campagne argentée, et qui, malgré sa tristesse et sa belle croix de sacristie, semble aussi peu encline par nature aux pénitences et macérations qu'aux pures visions de l'âme. Et pourtant, une fois de plus, le miracle des Le Nain joue. Cette simplicité, cette lumière légère, pénètrent ce petit tableau d'une spiritualité non moins haute. L'image charnelle de cette Ève rustique s'offre en pleine naïveté à une grâce d'autant plus proche et diffuse en toutes choses créées que ni prière de la pécheresse, ni signe divin dans le ciel, ne viennent déranger le silence d'un bel après-midi.

13

14
La déploration sur le Christ mort

Huile sur toile ; 0,63 × 0,75 m.

Darmstadt, Hessisches
Landesmuseum. Inv. G. K. 117.

Historique :
1843 : acquis par Carl Ludwig Seeger pour
le musée, probablement par échange.

Exposition :
Jamais exposé.

Bibliographie :
1964, Thuillier, p. 18 (Le Nain) ; 1967,
G. Bott, *Meisterwerke Hessischer Museen,*
Hanau, p. 38, n° 20, reprod. ; 1968,
G. Bott, *Die Gemäldegalerie des
Hessischen Landesmuseums in Darmstadt,*
Hanau, p. 43, n° 59, reprod. ; 1968,
Thuillier, p. 96-98, reprod. couleurs ; 1969,
Oertel, p. 181.

Conservée jusqu'à ces dernières années au musée de Darmstadt sous une attribution déconcertante à Sassoferrato, reconnue comme Le Nain par Margret Stuffmann, cette *Déploration* portait en fait, au XIXᵉ siècle, la bonne attribution. Dans le catalogue d'une vente parisienne anonyme de 1824, rédigé par l'expert Laneuville, se lit la notice suivante : *« Le Nain : Jésus-Christ descendu de la Croix et prêt à être enseveli. Près de lui la Vierge et la Madeleine, ayant les mains jointes, sont dans l'affliction. A côté d'eux est saint Jean. Grande force de couleur, digne de l'école italienne. Haut. 22 pouces ; larg. 27 pouces. T. »* La correspondance est suffisante pour indiquer une provenance : d'autant que le tableau semble avoir été légèrement rogné dans sa largeur.

A l'œil nu se devine un repentir considérable, qui a sensiblement altéré le fond : saint Jean devait être d'abord représenté de face, selon une disposition frontale fréquente chez les Le Nain. Il a été ensuite reporté sur la gauche, au pied de la Croix, pour fermer la composition. La Madeleine avait elle-même une attitude très différente. Il sera donc prudent d'attendre une étude radiographique attentive de la toile avant de trancher du problème d'une éventuelle collaboration.

Soulignons seulement que cette œuvre singulière et émouvante, qui appelle d'emblée le nom de Le Nain et pourtant reste sans correspondance précise dans leur production connue, apparaît malaisée à dater. On relève dans l'inventaire après-décès de Mathieu non moins de cinq « descentes de Croix » — le terme, qu'il faut manifestement entendre dans un sens très large, peut s'appliquer au présent tableau —, et tout indique que les Le Nain traitèrent souvent ce sujet. Il est ici entièrement repensé. L'idée atteint à ce dépouillement que connaît seule la vieillesse de Poussin. Les personnages sont isolés, du décor ne subsistent que les symboles de la Passion. Le Christ est traité avec un réalisme surprenant : c'est le cadavre d'un homme de trente-trois ans — l'âge mûr pour le XVIIᵉ siècle —, le buste étroit, le nez juif, le front fuyant et dégarni. La douleur de la Vierge s'exprime uniquement par la silhouette tassée du corps et la violence de la tache bleue. La figure de saint Jean, laissée dans la pénombre, est d'une émotion sans égale. En pleine lumière, la Madeleine est au contraire un morceau où le peintre rappelle tout son savoir : mais la rhétorique du regard levé au ciel n'enlève rien à la sincérité.

Certains traits inviteraient à voir ici une œuvre relativement précoce : mais cette figure de la Madeleine, et surtout la profondeur spirituelle de la méditation, pousseraient plutôt à y reconnaître une production de la maturité. On se demanderait si le saint Jean ne peut être rapproché des quelques tableaux que l'on situe tardivement, par exemple les *Tricheurs* Vergnet-Ruiz. Il n'est pas interdit de penser qu'une composition comme celle-ci réserve peut-être à l'avenir une des clefs attendues pour la reconstruction de l'œuvre de Mathieu.

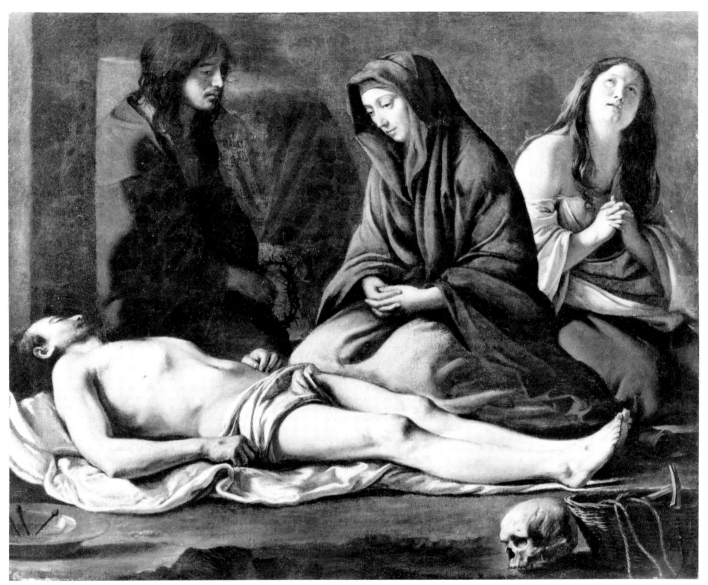

14

Les frères Le Nain, peintres de genre

I

La gloire des Le Nain, c'est d'abord la *Forge, la Famille de paysans* ou la *Charrette* du Louvre, l'*Intérieur paysan* de Washington ou les *Paysans devant leur maison* de San Francisco. Or, de ces «tableaux de genre», textes et documents d'archives ne nous disent quasi rien. La critique de Félibien (1688) et deux allusions de Florent Le Comte (1699-1700 ; voir *Chronologie*) nous prouvent simplement qu'ils étaient bien connus ; certaine phrase de Brienne sur Michelin et ses «*bamboches qu'il vendoit à la foire pour des tableaux des Lenains*» suggère qu'ils étaient assez recherchés pour susciter la contrefaçon. Mais Du Bail n'en parle pas avec netteté, et l'on n'en trouve mot chez Leleu, sans doute peu soucieux de rappeler une production condamnée par Félibien. Pour en savoir davantage, il faut se tourner vers les œuvres mêmes.

II

Ces œuvres paysannes, a-t-on dit, s'offrent dans la peinture parisienne du temps comme une exception. La peinture de «genre» y existe-t-elle? La mémorable exposition des *Peintres de la réalité en France au XVIIe siècle,* en 1934, montrait plutôt l'inspiration réaliste dans la nature morte, le portrait, le paysage ou les tableaux religieux eux-mêmes ; Le Nain à part, les scènes de genre n'y formaient qu'un tout petit groupe. Quelle différence avec les Flandres, les Pays-Bas ! Il semble que la France, et en premier Paris, se détournent de cette production, si abondante dans la Rome des caravagistes et du Bamboche, dans le pays de Teniers et

Brouwer, de Terborch et Vermeer, et s'adonnent à des recherches toutes différentes. Le miracle d'un enracinement provincial aurait préservé les seuls Le Nain.

Disons tout net que nous ne le pensons pas. Il existe en France une longue et forte tradition de la scène de genre. Les représentations populaires, et notamment les sujets paysans, y ont large part, et les Le Nain viennent s'y inscrire tout naturellement.

Une enquête fondée sur le dépouillement des inventaires parisiens entre 1550 et 1610, publiée en 1951 par Georges Wildenstein, a montré toute l'importance de cette tradition. «*Cet aspect de la peinture est assurément celui qui a le plus de succès. Peut-être les tableaux ne sont-ils pas estimés aussi cher que les autres dans les inventaires, mais leur profusion atteste leur immense vogue*». Elle ne fléchit pas après la mort d'Henri IV. Des *banquets* et des *joyeuses compagnies* aux *musiques* et *mascarades,* des *arracheurs de dents* aux *vieillards amoureux,* les sujets varient à l'infini, et la main du notaire mentionne, à côté des métiers de la ville, les *pasteurs,* les *bergers,* les *paysans et paysannes,* les *danses de village* qui viennent évoquer la vie de la campagne. Lorsqu'on parle des Le Nain, il importe de ne pas oublier cette donnée, clairement inscrite dans les archives.

D'autant que cette forte demande ouvre la France aux courants étrangers. Vers 1615-1625 l'anonyme du Supplément français 3809, à la Bibliothèque Nationale, ne parle pas seulement des tableaux d'«*Egiptiennes*» ou de «*courtisanes au jeu*» qu'il a peints lui-même : il montre qu'on prise alors à Paris un Breughel, «*Brugle, fort célèbre, (qui) prenoit plaisir à paindre les chahannées et assemblées de villages, ou des nopces de village, leurs danses et autres gestes*». Les *drolleries de Flandres* sont un terme générique, employé tout naturellement pour des œuvres qu'on sait peintes en France et par des Français, mais qui montre assez que les contacts constants avec le nord n'ont pas manqué de toucher à ce domaine. De l'autre côté, tout indique que sont vite passés chez les amateurs parisiens des *Tricheurs,* des *Corps de garde* caravagesques, et que la mode lancée à Rome par le Bamboche a une immédiate répercussion. On pourrait même prétendre que par cette double ouverture Paris se trouve un lieu privilégié pour la scène de genre.

Que sont devenues ces œuvres, dont l'abondance est attestée? Ici encore, les ravages sont immenses. Beaucoup d'entre elles étaient assez libres de ton, parfois grossières. On n'y voyait pas seulement, comme chez Teniers, quelque paysan se soulageant dans un recoin : depuis les Limbourg, il n'y avait guère de scène campagnarde où quelque fille ne troussât un peu haut ses cottes. Cette liberté leur a beaucoup nui dans les périodes de pruderie, et les confesseurs sont venus à bout de la plupart. Celles qui ont survécu sont d'ordinaire passées sous des noms étrangers : il a suffi d'étudier Tassel pour voir resurgir des Tabagies, des Corps de garde, des Auberges, des Diseuses de bonne aventure, parfois sous des attributions aussi lointaines que Jan Liss. En revanche la gravure peut nous renseigner sur cette production. Elle montre une étonnante floraison, qu'il faudra quelque jour étudier pour elle-même : citons seulement l'œuvre d'un Brébiette, qui sur ce point se montre, s'il est possible, encore plus inventif et plus délicat que dans ses mythologies. Non seulement les Le Nain n'étaient pas isolés : mais ils n'apparaissent pas, dans ce domaine, les seuls créateurs de leur époque. Simplement les plus grands.

III

Il faut donc renverser les termes du problème. Les Le Nain ne sont pas des provinciaux innocents, peignant les « laboureurs » de leur pays natal en dépit d'un public qui ne peut les comprendre, et les contraint pour gagner leur vie à brosser des tableaux d'autel et des portraits. On croirait bien plutôt que les Le Nain furent poussés à peindre des scènes de genre par le goût de leur temps.

Répétons que vers 1637-1640, dix ans après le retour de Vouet à Paris, la concurrence devient plus vive touchant les grosses commandes religieuses : pour prétendre à la grande manière, il n'y a plus seulement quelques peintres revenus de Rome, mais les équipes d'élèves qu'ils ont formées, et la critique devient plus pointilleuse, les défauts des Le Nain plus difficiles à dissimuler — notamment leur ignorance de la perspective et de l'architecture. En revanche, dans le même temps, la scène de genre connaît un regain de mode. C'est le moment où le goût du burlesque envahit la littérature de pair avec la préciosité. Nous ne pouvons en étudier ici toutes les expressions : pour nous en tenir à ce seul exemple, rappelons les descriptions en vers de la capitale, où la *Foire de Saint-Germain* de Scarron, parue en 1643, voisine avec la *Ville de Paris* de Berthod, ce chef-d'œuvre trop méconnu du réalisme, dont le privilège est de 1650 et que Chauveau — le discret et distingué Chauveau — illustre d'une belle *Dispute des harengères de la halle* (Weigert 476). Le pittoresque de ces petits vers permet de mesurer la poésie des Le Nain, et même de Michelin : mais leur franchise dans la description montre la parenté d'esprit. C'est de cette intention réaliste que durent partir les Le Nain. Leur liaison avec les milieux littéraires, que semblent indiquer les mentions de Du Bail et de Scudéry, leur firent sans doute pressentir une mode à exploiter. Ils ne furent pas seuls. C'est justement vers 1638 que Sébastien Bourdon, de retour à Paris, commence à y répandre ses bamboches qui furent aussitôt, nous dit Guillet de Saint-Georges, *« fort recherchées »* des curieux.

IV

Il est probable qu'au départ les Le Nain s'intéressèrent aux thèmes traditionnels, parties musicales, corps de garde ou joueurs de cartes, qu'ils ne devaient du reste jamais abandonner. La veine paysanne, qui nous apparaît essentielle, ne fut qu'une partie de cette production : et le miracle dût tenir, comme toute réussite, à l'heureux concours entre le goût du public, l'inclination de l'artiste, et la grâce toujours imprévisible du génie. Il ne sera pas facile de déterminer clairement la part de chacun de ces facteurs. Disons seulement que les circonstances étaient favorables et que cette inspiration paysanne, dans le même temps, produit d'autres chefs-d'œuvre.

On pourra voir, dans l'exposition même, comment le nom de Le Nain, habilement utilisé par le commerce d'art, a couvert et sauvé de l'indifférence (et d'une destruction probable) un grand nombre d'œuvres qui ne sont pas toujours négligeables, et qui permettent dès maintenant de pressentir quelques personnalités originales. Mais c'est, ici encore, à l'estampe qu'il faut recourir. Sans vouloir dresser un tableau, même très sommaire, indiquons simplement quelques témoignages exceptionnels. Brébiette en premier, avec une feuille aussi magistrale que le *Berger à la cornemuse* (Weigert 218) qui mêle les rêves de l'*Astrée* au réalisme le plus direct, ou l'*Homme faisant jouer des marionnettes devant deux paysans* (Weigert 224) dont le dessin préparatoire, au Rijksmuseum, jadis donné au Carrache, serait parfaitement digne d'être signé Le Nain. Mais les deux gravures de *Mendiants* de Bourdon, ou les six pièces paysannes gravées par Le Pautre au début de sa carrière, témoignent d'une veine non moins proche : et comment oublier Claude Mellan, qu'on n'attend peut-être pas ici, et son *Paysan au van*, morceau qui, dans son réalisme dépouillé de toute littérature, surpasse peut-être les Le Nain en simplicité ? Le maître le plus important apparaît Jacques Stella. Dès sa période florentine, il avait abordé les sujets de la vie familière : et jusqu'à la fin de sa vie, entre deux grands retables, il y reviendra volontiers. La

Les préparatifs de la danse
Karlsruhe, Staatliche Kunsthalle
(la fragilité du tableau, peint sur bois, n'a pas permis le déplacement)

Bouillie aux chats, qui porte la date de 1631, est une œuvre singulière, encore toute prise dans le contexte italien. En revanche, de la période française datent les *« seize petits tableaux des plaisirs champêtres »* dont parle Félibien. Ils sont perdus, mais nous les connaissons par les gravures de Claudine sa nièce. On y découvre une poésie délicate, où l'amour de la nature se mêle à l'observation des mœurs paysannes : mais sans cruauté, sans volonté de pittoresque, avec cette nuance de confiance un peu sentimentale qui ne se retrouvera qu'avec un George Sand. Chefs-d'œuvre, et qui comptèrent grandement. Sans rapports avec les Le Nain, ils désignent, dans ce domaine de la peinture paysanne, l'autre création géniale du siècle.

L'admirable est que les Le Nain trouvent dans ce courant une voie si originale. Pour proches que soient Brébiette ou Bourdon, nulle confusion possible avec eux. Leurs formules, qui ne sont pas nombreuses, leurs personnages, si variés, leur appartiennent entièrement. Leur poésie ne se confond avec aucune autre.

V

Malgré les apparences, la peinture de genre est plus dépendante qu'aucune autre de la clientèle et de ses goûts. Les Le Nain durent en tenir compte, et s'organiser en conséquence. On ne s'étonne pas que parmi leurs tableaux se détachent assez nettement plusieurs groupes, qui semblent bien ne pas correspondre à une chronologie, mais à un type de production adapté à un type de demande.

Le premier est celui des tableaux d'enfants. Ils sont généralement liés aux thèmes, fort répandus, de la danse, de la musique ou du jeu. Ils conviennent au goût de ces années, qui déjà réclame des enfants partout, et jusque dans la religion, où se répand soudainement la dévotion au Christ enfant. Ces groupes de garçons et de fillettes, dans un intérieur rustique ou sur fond uni, étaient fréquents dans la peinture du nord, et souvent interprétés dans une veine burlesque, ou même caricaturale : tels les *Enfants à la toupie* de Cornelis Saftleven, gravés en 1633 par Marinus, ou les *Trois enfants faisant de la musique* de la National Gallery de Londres, longtemps donnés à Le Nain malgré l'intention comique de

Les petits joueurs de cartes
Williamstown (Massachussetts), The Sterling and Francine Clark Art Institute (photographie antérieure aux repeints actuels)

ce charivari, et qui portent en fait le monogramme de Molenaer et la date de 1629. L'atelier tire de cette formule toute une suite de tableautins, souvent de dimensions très réduites, et destinés sans doute à une clientèle relativement modeste. La plupart sont visiblement dus à la main qui peignit la *Réunion musicale* de 1642 et procèdent du même esprit : une observation fine, tendre, nuancée d'un léger humour, mais en même temps d'un réalisme intense. Leur apparente « naïveté », dont on peut se demander jusqu'à quel point elle n'est pas savamment cultivée, ne saurait dissimuler la vivacité et la hardiesse de la technique. Ce n'est pas simple hasard si Watteau a copié, dans un dessin qui fit partie de la collection Groult, les têtes des *Préparatifs de la danse* gravés par Bannermann (1643 ; localisation actuelle inconnue ; une version, très probablement copie, à la William Rockfeller Nelson Gallery de Kansas City).

Le second groupe est celui des repas paysans. On peut lui trouver des attaches tant au sud, avec les banquets caravagesques, ou au nord, des ripailles rubéniennes aux futurs déjeuners rustiques à la Van Herp, qu'à Paris même, où les festins, les parties galantes appartiennent au répertoire usuel. Mais c'est avec ce thème que les Le Nain trouvent leur formule la plus originale. Formule simple : autour d'une nappe blanche trois personnages, dont le groupe symétrique, on l'a

souvent noté, rappelle le schéma fréquent des Pélerins d'Emmaüs. Le reste, décor, personnages supplémentaires, accessoires, animaux, intervient comme variations et ornements. Mais ce sujet banal semble avoir vite conduit à des toiles ambitieuses de pensée et de dimensions, et qui apparaissent les plus soignées, les mieux peintes de tout l'œuvre. Point de fautes de mise en place, de proportions, de perspectives ; même si plusieurs mains interviennent, point de disparates. Le langage touche ici à sa perfection : c'est là que les Le Nain n'ont plus d'égaux. Le *Repas des paysans* et la *Famille de paysans* du Louvre (n°s 28 et 29) en sont la plus haute expression.

Le troisième groupe est celui des tableaux d'extérieur. La signature et la date de 1641, sur la *Charrette* du Louvre (n° 34) viennent leur donner une garantie et un repère. Mais ils demeurent fort peu nombreux : huit sont aujourd'hui connus. Les catalogues de vente du XVIIIe siècle semblent au premier abord indiquer une production bien plus abondante : malheureusement, dans la plupart des cas, ces mentions de scènes paysannes en plein air renvoient, ou ont grand chance de renvoyer, à des œuvres du « Maître aux béguins » ou d'autres peintres contemporains. On peut certes penser que bon nombre de ces tableaux d'extérieur sont perdus, et la

Les préparatifs de la danse
signé et daté de 1643 ; ancienne collection Gabriel Cognacq (localisation actuelle inconnue)

mention des Le Nain comme peintres de paysages, par Florent Le Comte, paraît le suggérer : elles ne durent pourtant jamais tenir bien grande place dans la production de l'atelier.

C'en était peut-être la partie la plus audacieuse. Non par le sujet : les « *Paysans dans la campagne* », les « *Danses villageoises* » durent être monnaie commune, et le *Paysage aux batteurs de blé* du château de Fontainebleau semble annoncer, en plein XVIe siècle, la *Charrette* du Louvre. Mais pour arriver à ce tableau, ou à celui de Washington (no 37), il fallait briser une formule de paysage solidement constituée à Paris entre 1620 et 1640, et qui cherchait le rendu subtil de la lumière et la transposition poétique, plutôt que ce respect du spectacle qui conduit les Le Nain à montrer un horizon calme de campagne française, sans monuments fameux, sans effets pittoresques de neige ou de bourrasque, décrit dans l'atmosphère d'un jour banal. Dans ce refus même, les Le Nain prouvent cette incroyable force qui leur permit d'atteindre à une vision sans tradition.

Vision qui semble si naturelle, qu'on la croit spontanée, alors qu'elle dut être le résultat de toute une évolution. La preuve en a été apportée par la *Victoire* (no 2) qui glisse derrière l'allégorie, non pas un paysage héroïque, mais un horizon très simple, où l'œil distingue avec surprise de menus détails familiers, un chien, des paysans, des moulins à vent au sommet des collines. La couleur des terrains reste sombre, mais l'effort pour installer une figure en plein air est évident, et le visage peint à contre-jour se retrouvera chez le jeune garçon de la *Halte du Cavalier*. Une tentative voisine apparaît avec le *Saint Michel* de Nevers (no 8) et sa mince bande de prés et de bois. Inversement, avec les *Enfants à la cage* (no 31) sans doute une des premières toiles de plein air que nous conservions, la lumière est déjà trouvée, tandis que le paysage est réduit au minimum. Il faut regretter que les conditions strictes du legs Ionides n'aient pas permis au Victoria and Albert Museum de prêter à l'exposition le petit tableau dit le *Bastion* ou le *Joueur de flageolet*, souvent négligé ou rabaissé (le voisinage d'un chef-d'œuvre comme la *Halte du cavalier* lui fait grand tort...), mais qui pourrait bien être une œuvre authentique et précédant la série majeure. C'est peu avant 1640, semble-t-il, que sont trouvés la formule, la lumière, le sentiment qui aboutissent à la *Charrette* ou aux *Paysans devant leur maison*. Au demeurant, il n'est pas impossible que l'ensemble des toiles de plein air que nous connaissons ne se regroupe sur peu d'années, voire ne désigne une expérience limitée dans le nombre et le temps. Rappelons toutefois que les Le Nain profitent de cette expérience pour leurs œuvres religieuses : un tableau comme l'*Adoration des bergers* (no 9) et surtout la *Madeleine* (no 13) s'y rattachent directement.

Il faudrait ajouter en quatrième lieu les scènes de genre élégantes qui conduisent de l'*Académie* (no 44) aux *Joueurs de trictrac* (no 49). Mais le lien avec le portrait devient évident, et il semble bien que les Le Nain retrouvaient ici un autre domaine de la création, et une autre clientèle. Nous avons cru — quitte à créer parfois des césures importunes — qu'il fallait distinguer cette autre production de l'atelier et la reporter à la section suivante.

La halte du cavalier
Londres, The Victoria and Albert Museum
(prêt interdit)

15 (macrophotograp

Les tableaux d'enfants

15
Trois jeunes musiciens

Huile sur bois : 0,273 × 0,343 m.
Signé derrière la tête du chien,
au-dessous du livre : *Lenain f...*

Los Angeles, County Museum of
Art. Inv. M. 58.25 ; catalogue
1965, p. 74, reprod.

Historique :
1958 : entré grâce à un don anonyme
dans les collections du Los Angeles
County Museum of Art. Le présent
exemplaire peut être identifié avec la
composition signalée avant guerre au
château de Lancut, en Pologne, dans la
collection des comtes Potocki, passée
ensuite dans la collection du baron
Maurice de Rothschild, au château de
Prégny, Genève, puis cédée à Rosenberg
and Stiebel de New York.

Expositions :
1969, Bordeaux, n° 46, reprod. pl. 31
(Antoine) ; 1976, Paris, Marmottan, n° 12,
reprod. couleurs (Antoine).

Cette composition a été depuis longtemps connue, admirée, célébrée : le paradoxe a voulu que ce fût dans une copie, peut-être du XVIII⁰ siècle, qui faisait partie d'une collection anglaise (aujourd'hui à la Galleria Nazionale de Rome ; ici exposée sous le n° 66). Le présent exemplaire, caché dans un château de Pologne, ne fut signalé qu'en 1935, et demeura quasi inconnu et invisible jusqu'à son entrée dans les collections du musée de Los Angeles. Il faut désormais lui rendre pleine justice. Nul doute qu'il ne s'agisse de l'original. Si la facture, d'une admirable liberté, ne suffisait pour preuve, il s'y ajouterait la signature, que nous croyons parfaitement authentique.

L'exemplaire romain, peint sur toile, semble bien apparaître dans les catalogues de vente dès la fin du XVIII⁰ siècle ; mais un exemplaire sur bois est décrit par l'expert Rémy dès 1775, à la vente des tableaux de M. de Besse (Salle des RR. PP. Augustins du Grand-Couvent, 3 avril 1775 : «*Le Nain père (école des Pays-Bas). — Trois hommes portant des cheveux, la tête découverte ; l'un pince de la guitare, l'autre joue du violon de poche, et le troisième tient un cahier de musique ; ils sont proches d'une table sur laquelle on voit un chandelier, un pot, un livre de musique, un gobelet et une pipe. Ces figures sont d'un caractère expressif, le coloris est de la plus grande vigueur et la touche admirable. Ce tableau est sur bois. Haut. 9 po. ; larg., 12 po. 3 lign.*» Il fut adjugé la somme très considérable de 1 300 livres — ce qui prouve assez qu'on le tenait pour original — et entra, pour peu de temps, dans le cabinet du richissime financier Randon de Boisset. Du moins le voit-on figurer parmi les tableaux de sa vente, sous le n° 84 (*Catalogue des Tableaux et Desseins précieux des Maîtres des trois Écoles... du Cabinet de feu M. Randon de Boisset, Receveur Général des Finances*, 27 février 1777). Le même Rémy, qui rédige à nouveau le catalogue, le donne toujours à «*Le Nain père*» et le loue derechef d'être «*vigoureux de coloris et d'une touche savante*». Il est acheté par le marchand Paillet pour 1 401 livres, et c'est lui sans doute qu'on retrouve le 20 décembre 1787, dans une vente à la salle Cléry, catalogué cette fois par l'expert Le Brun sous le simple nom de «*Le Nain*» et avec l'indication : «*ce tableau, de la plus grande vérité, a été vu avec plaisir dans la vente de M. de Besse*». On peut penser que c'est bien l'exemplaire qu'on retrouve par la suite dans la collection des comtes Potocki, au château de Lancut. Rappe-

15

Bibliographie (pour cet exemplaire seul):
1935, Ettinger, p. 4, reprod. ; 1960,
Brown, p. 3-9, reprod. fig. 1 (Antoine) ;
1965, R. Bernier, « Les nouvelles
installations et les collections du Los
Angeles County Museum », *L'Œil,* Paris,
mars 1965 (nº 123), p. 34, reprod. couleurs
(Antoine) ; 1965, *Mc Call's Magazine,*
avril 1965, reprod. couleurs ; 1976,
Cogniat, p. 2, reprod., et détail couleurs
en couverture (Antoine).

lons que celui-ci fut en partie décoré et meublé par la princesse Isabelle Czartoryska, très en vue à la Cour de Versailles, qu'elle ne quitta qu'avec la Révolution.

La composition à mi-corps sur fond sombre, le joueur de guitare avec le drapé ample et vague du manteau sur la chemise largement entr'ouverte, semblent indiquer un souvenir des compositions caravagesques : mais l'on ne peut s'empêcher de songer aussi aux vastes manteaux rouges dont un Van Dyck aime parfois à envelopper élégamment ses modèles. Le joueur de pochette et le petit chanteur, en habits plus communs, et la fine nature morte à la pipe, de leur côté, évoquent plus directement les œuvres flamandes contemporaines. On croit saisir là ces sources contradictoires dont les Le Nain durent former leur propre manière. Il en naît peut-être un certain disparate, et le musicien de gauche semble appartenir à un tout autre registre poétique que le petit chanteur au pot de tabac. Mais la facture vient tout unifier : souple, riche, sans petitesse dans ce très petit format, et d'une surprenante sûreté. Le pinceau ne dissimule pas ses effets, installe en quelques traînées de blanc la manche d'une chemise (ajoutée du reste par-dessus le personnage voisin), se refuse à modeler les plis du manteau rouge et préfère les sculpter puissamment à l'aide de quelques valeurs simples. Des touches franches de lapis exaltent les bleus éteints sur le vêtement du joueur de pochette. Mais la main retrouve toutes les subtilités du miniaturiste pour glisser une lumière dans un regard, sur les lèvres, sur le rebord d'une paupière, l'arête translucide d'un verre. La maîtrise est évidente, et semble écarter une date trop précoce. — Mais en même temps, le jour où pourront être clairement établis les liens qui unissent le chanteur de droite au jeune serviteur de la *Cène* (nº 62), nous saisirons mieux sans doute la formation de l'art des Le Nain et le partage à établir entre les trois frères.

16
Les petits joueurs de cartes

Huile sur cuivre ; 0,150 × 0,175 m.

Paris, musée du Louvre.
Inv. R. F. 124 ; cat. suppl. Tauzia
nº 805 (Le Nain) ; cat. Brière
nº 546 (Mathieu Le Nain) ; cat.
Rosenberg nº 478, reprod. (les
frères Le Nain).

Historique :
1874 : acquis du marquis de Natta par le
Louvre au prix de 1 200 F.
1881, 25 mai : volé dans les salles du
Louvre ; retrouvé peu après.

Expositions :
1934, Paris, Petit Palais, nº 29 (Mathieu) ;
1958, Rotterdam, nº 82, reprod.
(Mathieu) ; 1958, Rome, nº 84, reprod.
fig. 89 (Mathieu) ; 1960, Paris, Louvre,
nº 321 (attribué à Mathieu vers
1639-1640).

Bibliographie (pour ce seul exemplaire) :
1904, Valabrègue, p. 31, 52-54, 131, 160
(sans doute Antoine, peut-être avec
collaboration de Louis) ; 1910, *in* Cat.
Exp. 1910, *Londres, Burlington,* p. 21.

1922, Jamot, *Essai...,* p. 296, reprod.
p. 297 (Mathieu) ; 1922, Klingsor,
p. 97-100 (Antoine) ; 1923, Druart, p. 28
(Mathieu) ; 1923, Jamot, *Essai de
chronologie...,* p. 161 (Mathieu vers
1639-1640) ; 1924, Thiis, p. 284-285,
reprod. (Antoine) ; 1926, Dimier, p. 42
(refus) ; 1926, Ernst, p. 308 (Mathieu) ;
1926, E.S.S., p. 72-73, reprod. p. 71 (attr.
à Mathieu) ; 1928, Collins Baker, p. 70 ;
1929, Jamot, p. 61-63 (jeunesse de
Mathieu) ; 1929, Vollmer, p. 42 (Mathieu).

1933, Fierens, p. 41-42, 48, 62, pl. LXIII
(Mathieu) ; 1933, Jamot, *Un tableau
inédit...,* p. 298 (jeunesse de Mathieu) ;
1934, Alfassa, p. 202 ; 1934, Bloch, *Les
frères Le Nain...,* p. 343 (Mathieu) ; 1934,

Goulinat, p. 219 ; 1934, Isarlo, p. 181-184
(Antoine) ; 1936, Lazarev, pl. 33
(Mathieu) ; 1936, Sambon, n.p. (Mathieu,
nº 5) ; 1937, Sterling, p. 7 (Mathieu avant
1641) ; 1938, Isarlo, p. 5, p. 20, note 60,
p. 50, nº 173 (Antoine).

1946, Erlanger, p. 104, reprod. p. 110
(Mathieu) ; 1948, Dorival, *Cézanne,*
p. 63-65, reprod. pl. XIV (Mathieu) ; 1953,
Blunt, p. 218, note 172 (Mathieu).

Voir notice du numéro suivant.

17
Les petits joueurs de cartes

Huile sur toile : 0,545 × 0,635

Buckingham Palace, Her Majesty
Queen Elisabeth II.

Historique :
1803, 23 mars : vendu chez Christie, à
Londres (nº 48), comme Caravage ou
Le Nain, et acquis pour 388 livres
10 shillings par le Prince Régent, qui le
place à Carlton House. Le tableau était dit
provenir du Palais Aldobrandini à Rome,
avoir été acquis de Castiglione par
T. L. Parker, puis être passé à Walsh
Porter.
1843 : envoyé à Buckingham Palace.

Expositions :
1818, British Institution, nº 79 (Louis) ;
1826, *ibidem,* nº 65 ; 1827, *ibidem,* nº 125.
1946-1947, Londres, nº 425 (Mathieu dans
sa jeunesse) ; 1966, Londres, nº 11
(Mathieu).

Bibliographie (pour ce seul exemplaire) :
1854, Waagen, t. II, p. 23 (Lenain) ; 1862,
Champfleury, p. 95 (d'après Waagen) ;
1876, Dussieux, p. 324 ; 1904, Valabrègue,
p. 168 (d'après Waagen) ; 1910, *in* Cat.
exp. 1910, *Londres, Burlington,* p. 26,
p. 14 (« groupe III », Mathieu).

1913, Mourey, p. 26-27 ; 1923, Jamot,
Essai de chronologie, p. 161 (Mathieu) ;
1924, Thiis, p. 285 reprod. (Antoine) ;
1926, E.S.S., p. 72-73 (attr. à Mathieu) ;
1928, Collins Baker, p. 69-71, reprod.
p. 70 (Louis?) ; 1933, Fierens, p. 41-42,
63, pl. LXIV (Mathieu).

1936, Sambon, n. p. (Mathieu, nº 5,
réplique agrandie) ; 1938, Isarlo, nº 174.
1946, Sutton, *Arts,* 22 nov. reprod. p. 1 ;
1947, Preston, p. 61, reprod. p. 28
(Mathieu jeune) ; 1948, Dorival, *Cézanne,*
p. 63-65 (Mathieu) ; 1953, Blunt, p. 218,
note 172 (Mathieu) ; 1960, Bloch, reprod.
fig. 3 (Mathieu).

16 (reproduction à grandeur)

Les tableaux de genre

17 (reproduction réduite)

Les tableaux de genre 145

On connaît de cette composition plusieurs versions, cette fois très différentes l'une de l'autre. La petite version du Louvre, ici exposée, est peinte sur cuivre et montre neuf personnages. La version de Buckingham, qui pour la première fois pourra lui être directement comparée, est peinte sur toile et n'a que sept figures, mais dans un format beaucoup plus grand. Un autre exemplaire est entré en 1924 au musée de Worcester (n° 1924.40) et semble provenir de la collection du comte de Champfeu à Paris. Il se rapproche, y compris par les dimensions, de l'exemplaire de Buckingham, mais il offre en sus la figure de femme debout, à l'extrême gauche, dans le cuivre du Louvre. Sa qualité est malheureusement plus faible : sans doute faut-il y voir, plutôt qu'un original, la copie d'une version perdue. Nous n'avons pu étudier une quatrième version signalée dans une collection anglaise.

Lorsque le tableau de Buckingham fut acquis par le Prince Régent, en 1803, il était réputé provenir du Palais Aldobrandini à Rome. C'est la seule mention de ce type que l'on possède pour un Le Nain : à notre connaissance, aucun de leurs tableaux n'a jamais été signalé anciennement en Italie. Nous n'avons malheureusement pu découvrir s'il y avait quelque fondement à cette assertion. Au cas où les documents d'archives viendraient à la vérifier, il resterait que des tableaux des Le Nain purent fort bien passer très tôt en Italie, et qu'on n'y verrait pas nécessairement une œuvre peinte à Rome au cours de quelque voyage d'un des Le Nain. Voyage improbable : et jamais le moindre indice n'en a été fourni par les archives. Mais non pas voyage impossible. La présence d'un tableau de leur main en Italie donnerait plus de crédit à cette hypothèse que le surnom de *Romain* donné à Louis dans un registre du XVIIIe siècle...

De son côté, l'hésitation des experts, en 1803, entre une attribution au Caravage et une attribution aux Le Nain, mérite de retenir. La chemise entr'ouverte sur la poitrine de l'adolescent de gauche, le manteau où s'enveloppe le jeune joueur de droite et le turban qu'il porte dans l'exemplaire du Louvre, semblent bien des motifs empruntés à la bamboche italienne. On ne s'étonnera pas que ce petit cuivre ait été choisi pour représenter les Le Nain à l'exposition *Michael Sweerts e i Bamboccianti,* à Rome, en 1958 : c'est peut-être lui qui, dans tout l'œuvre, se rapproche le plus des inventions d'un Bamboche lui-même, ou de ses successeurs comme Bourdon.

La présence des deux exemplaires dans l'exposition permettra sans doute de préciser leur rapport, trop souvent affirmé sur photographie. Il sera possible de vérifier s'ils sont bien, comme on le répète toujours, dus au même pinceau. Le petit cuivre du Louvre, grand comme la main, a toute la décision de facture d'un original, et du reste offre des détails qu'on ne retrouve pas ailleurs : tel le grand garçon debout, raide, au centre, qu'on ne peut imaginer qu'inventé par les Le Nain. La toile de Buckingham, elle-même d'une très belle qualité, est d'une exécution bien différente. Est-ce seulement le fait du format et du support ? Mieux étudiées, ces deux variantes d'une même composition apporteront sans doute, sur la production de l'atelier et le mode de collaboration des trois frères, un témoignage essentiel.

17

18
Femme avec cinq enfants

dit aussi *Mère et enfants, A Family Group. The Tasting, Le goûter*

Signé, daté, ce petit tableau offre, pour ce type de production, un repère sûr. La composition y est simplifiée à l'extrême. Quoi qu'il soit peint en 1642 — l'année du tableau La Caze (n° 28), on n'y retrouve qu'un écho des grands repas paysans, avec la nappe à gros plis et la belle écuelle de terre vernissée. Les personnages sont juxtaposés, les têtes alignées, dans une position très voisine, à deux niveaux différents. La femme, qui semble assise sur un de ces sièges très bas qu'on rencontre chez les Le Nain (avec, par exemple, la femme à l'enfant dans le n° 63 ou le n° 34), n'arrive pas à animer l'ordonnance. Visiblement, nous n'avons ici que la menue monnaie des grands tableaux. Et

18

Huile sur cuivre : 0,22 × 0,295 m
(agrandi sur les côtés par une
baguette de bois à
0,255 × 0,32 m).
Signé et daté en bas, à droite,
sous la chaise : *Lenain fecit 1642*
(la lecture *1648* s'est révélée
erronée en laboratoire)

Londres, National Gallery.
Inv. n° 1425 ; reprod. *Plates,
French School* 1950, pl. 77.

pourtant l'adolescent au verre de vin retrouve la pose monumentale des
figures paysannes et leur inspiration grave. L'exécution, savoureuse, large
et franche jusque dans ses effets de miniature, enlève à l'œuvre toute mes-
quinerie.

A quoi s'ajoute la qualité des visages. Il faut regarder les enfants patauds
du Maître aux béguins, par exemple (*cf.* n°s 69-77), ou les petits monstres de
Craesbeck et de Van Ostade, pour sentir la vie et la vérité de ces physionomies. Le XVIIIe siècle, qui souvent conçoit encore mal la personnalité de
l'enfant, se contente le plus souvent de visages conventionnels. Il veut des
enfants partout : mais c'est toujours, selon les lieux et les intentions, le même
bambin joufflu, ou le même marmot piailleur. Ici, au contraire, chaque visage
est étudié avec sympathie, et caractérisé avec esprit. Une vie intense, et une vie
personnelle, habite ces regards, qui pourtant ne sont pas des regards de faux
adultes.

Cette vérité même ne permet pas d'exclure pour un pareil tableau l'idée
d'un portrait de famille : d'autant que la gradation des âges est sensible. Il ne
s'agit pas d'enfants de la campagne, ou de basse condition : joufflus, soignés,
ils pourraient appartenir à la bourgeoisie, et la femme paraît la servante
plutôt que la mère. Mais le peu de soin des vêtements et la médiocrité du décor
s'accordent mal à ce que le XVIIe siècle réclame du portrait. Il semble bien
qu'un public se soit plu à ces tableaux simplement pour ce qu'ils représen-
taient : des frimousses éveillées, rendues avec une sensibilité, un esprit, une
vie qui leur donnaient l'attrait d'une découverte.

Un tableau de conception très proche, mais encore plus petit (cuivre,
0,16 × 0,19 m), au XIXe siècle dans la collection Eugène Hamot, puis dans la

Le bénédicité
Pittsburgh (Pennsylvania), The Frick Art Museum
(prêt refusé)

Historique:
1885, 19 mars : vente Henry G. Bohn, Londres, nº 34 ; selon Martin Davies (1956), le catalogue de la collection Bohn indiquerait comme provenance : *Phillips, May 13th, 1862,* et comporterait la mention : «a appartenu à Bryant, le marchand de tableaux de St. James's Street» (Michael Bryan, mort en 1821). Le tableau est acquis par Lesser.
1889, 6 juin : vente D.P. Sellar, Paris, nº 44 (avec illustration) ; racheté.
1894, 17 mars : vente Londres, Christie's, nº 88 ; acquis par Lesser pour 105 livres et offert à la National Gallery.

Expositions:
N'a jamais été exposé.

Bibliographie:
1904, Valabrègue, p. 168 ; 1910, *in* Cat. exp. 1910, *Londres, Burlington,* p. 25, p. 8 («groupe I», Antoine).

1913, Mourey, p. 26 ; 1922, Jamot, *Essai...,* p. 228 (Antoine) ; 1924, Thiis, p. 289-290 (Louis) ; 1928, Collins Baker, p. 67 (Antoine) ; 1929, Jamot, p. 31 (Antoine) ; 1929, Vollmer, p. 41 (Antoine).
1932, Kay, p. 56, reprod. (Antoine, 1648) ; 1932, Weisbach, p. 98-99, reprod. fig. 32, p. 99 (Antoine) ; 1933, Fierens, p. 20, 59, pl. XII (Antoine).

1935, Davies, p. 294 (1648) ; 1936, Lazarev, pl. 5 (Antoine) ; 1936, Sambon (Antoine, nº 10) ; 1938, Isarlo, p. 4, nº 217 (Antoine) ; 1939, Bloch, p. 53 (Antoine).
1946, Davies, p. 134-135 (Antoine) ; 1953, Blunt, p. 180 (Antoine) ; 1970, Blunt, p. 162 (Antoine) ; 1975, *in* Cat. exp. 1975, *Paris,* notice du nº 24.

collection du marquis de Lestrade (1922) et dans la collection David-Weill (1926), est passé en 1971 au Frick Art Museum de Pittsburgh. Son prêt a malheureusement été refusé. On y retrouve la table basse, la nappe, l'écuelle de terre vernissée, et le même type de femme de condition très simple : au contraire, les enfants sont habillés avec soin, et portent même des cols de dentelle. L'œuvre est plus nettement organisée selon le schéma tripartite des repas paysans, et les mains jointes justifient bien, cette fois, le titre de *Bénédicité* sous lequel le tableau est devenu célèbre. La facture est de la même qualité, et tout y désigne la même main.

18 (macrophotograp

19
Les jeunes musiciens

Huile sur bois (de chêne) :
0,195 × 0,255 m.

Castagnola (Suisse), Collection
Thyssen-Bornemisza.
Inv. nº 162 ; catalogue 1949, p. 3 ;
1958, nº 237, reprod. pl. 92 ;
1966, p. 250, reprod. pl. 300.

Historique :
Avant la guerre dans la collection du
Baron Thyssen au château de Rohoncz ; le
tableau a été acquis avant 1930 et
proviendrait de la collection de Lord
Swansea, Singleton, Swansea.
Passé du château de Rohoncz à la Villa
Favorita.

Expositions :
1930, Munich, nº 189, reprod. pl. 116
(Antoine) ; 1934, Paris, Petit Palais, nº 6
(Antoine) ; 1959-1960, Rotterdam-Essen,
nº 87, reprod. p. 83 (Antoine).

Bibliographie :
1930, Biermann, p. 367, reprod. p. 358
(Antoine) ; 1933, Fierens, p. 20, 59,
pl. XIV (Antoine).
1934, Alfassa, p. 202 (Antoine) ; 1934,
Fierens (Antoine) ; 1934, Gallotti, reprod.
détail p. 914 ; 1934, Isarlo, *R.A.A.M.,*
p. 112, 120 (Antoine) ; 1934, Isarlo,
Concorde, p. 2 (Antoine) ; 1934, Ladoué,
p. 324 ; 1936, Sambon, n. p. (Antoine,
nº 13) ; 1938, Isarlo, p. 4, nº 87 (Antoine) ;
1939, Bloch p. 53, reprod. pl. II c
(Antoine).

1947, Ladoué, p. 34 ; 1964, Thuillier,
p. 20 ; 1966, Bloch (Antoine) ; 1966,
Charles Sterling, *in* Catalogue
Thyssen-Bornemisza Collection, notice du
nº 162.

Ce tableau offre plus nettement encore l'exemple de ces petits panneaux vivement brossés, et qui durent être nombreux. C'est la musique qui, cette fois, sert de prétexte à la réunion des cinq garçons et fillettes, installés sans recherche de composition, sur un sol vaguement esquissé, devant un fond uni. Seule importe la mine « naïve » des enfants, que le pinceau traite avec un rien d'humour : le côté « Poulbot » n'est pas absent de ces tableautins...

On le retrouverait, peut-être plus accusé, dans une autre composition conservée au musée de Glasgow, et qui n'a pu être prêtée, en raison des dispositions empêchant les tableaux de l'Art Gallery de sortir d'Angleterre. Elle offre les mêmes dimensions et relève visiblement du même type de production. L'ordonnance est un peu plus complexe : une cheminée s'esquisse dans le fond, et le joueur de pochette est accompagné, cette fois, d'un joueur de flageolet qui lui tourne le dos et rompt l'unité du groupe. L'observation est moins fine, et l'on note un contraste voulu entre le petit musicien en haillons et un garçonnet soigneusement vêtu et peigné, mais nullement gêné de cette promiscuité.

Pour secondaire qu'elle puisse paraître, cette production dut être admirée et recherchée, notamment au XVIIIᵉ siècle. Le petit panneau de Castagnola se retrouve copié dans une composition de dimensions plus grandes, qui a été présentée à l'exposition du Petit Palais en 1934 (nº 61, « atelier de Le Nain »). Le même groupe d'enfants se détache sur un mur derrière lequel s'esquisse un vague paysage, tandis que vers la gauche une jeune fille, sur le seuil d'une porte, surveille les enfants. Fait curieux, elle porte un costume de la fin du XVIᵉ siècle : sans doute a-t-elle été reprise de quelque autre tableau par un pasticheur que son habileté ne préservait pas des anachronismes. Une autre copie, avec quelques erreurs d'interprétation, et le groupe replacé dans un paysage médiocre, est conservée au musée de Leipzig (cat. 1967, nº 339 ; 0,323 × 0,410 m).

Les jeunes musiciens
Glasgow, The City Art
Gallery, Burrell Collection
(prêt interdit)

19

20
Le vieux joueur de flageolet

dit aussi *Le vieillard complaisant,*
Le mendiant, Le flûtiste de
village, The Village Piper

Huile sur cuivre ; 0,213 × 0,292 m.
Signé en bas, à gauche : *Lenain.*
ft 1642 (le dernier chiffre a été lu
également, à tort, 1644).

Detroit, The Detroit Institute of
Art, City Appropriation,
Inv. 30.280.

Gravures :
Saint-Maurice, avec la lettre : *Le Nain*
pinxit / St Maurice sculpebat / Le Vieillard
Complaisant / Pariset excud. C.P.R. (vers
le milieu du XVIIIᵉ siècle ; un autre état
avec l'adresse de Basset l'aîné ; un
troisième avec la légende en grec).
Pontenier, sur bois, pour l'*Histoire des*
peintres de Charles Blanc (voir
Bibliographie, 1862, Blanc).
Anonyme, sur bois, pour *Les Enfants* de
Champfleury, p. 91 (voir *Bibliographie,*
1872, Champfleury).

Historique :
XIXᵉ siècle : dans la collection de Stafford
House (cf. cat. 1808, J. Britton, nº 127 ;
cat. 1818, W. Young Ottley, III, nº 46, pl.
27 ; cat. 1825, Young, nº 155 et pl. 57 ; cat.
1872, J. Merson, nº 127 ; cat. 1910, Lord
Gower, II, pl. 72).
1930 : acquis par le musée de Detroit de
Lady Milicent Hawes.

Expositions :
1845, Londres, British Institution, nº 34,
p. 8 ; 1898, Londres, nº 48 (Antoine et
Louis Le Nain) ; 1910, Londres,
Burlington, nº 14, *Ill. Cat.* pl. V (Antoine).

Certainement le chef-d'œuvre de ce groupe. Le motif du musicien justifie
plus directement encore la réunion des enfants et leur attitude. La vivacité des
couleurs, avec les taches franches du jaune, de rouge, de bleu, et le grand
manteau vert du joueur de flageolet, souligne la vivacité de l'observation.
D'une certaine manière, il s'agit d'un tableautin qui cherche à plaire à un
public d'amateurs assez faciles par le pittoresque du sujet et l'habileté de la
touche ; mais le vieillard assis, la fillette de droite, dans leur minuscule format,
procèdent de la même inspiration que les grandes figures paysannes.

Ici encore, le tableau semble avoir été admiré et célèbre. C'est l'un des
trois seuls Le Nain authentiques à avoir été publiés au XVIIIᵉ siècle en estampe séparée. On a mention d'autres exemplaires ou copies. Un tableau de
ce sujet est mentionné dans le catalogue de la vente du 7 mai 1788, à l'hôtel
Bullion, par l'expert et marchand Paillet, qui indique : *« Il a été gravé »* ; or les
dimensions données, s'il ne s'agit pas d'une erreur (22 pouces sur 18 pouces),
interdisent de penser au petit cuivre de Detroit et suggèrent l'existence d'une
version « en grand », comme pour les *Petits joueurs de cartes* (nᵒˢ 16 et 17).
Des exemplaires assez faibles pour être regardés comme de simples copies
sont passés récemment sur le marché d'art. Gravé à nouveau au milieu du
siècle dernier pour l'*Histoire des peintres* de Charles Blanc, suivi par le titre
facile (*Le vieillard complaisant*) que lui avait donné Saint-Maurice et qui
suggérait une anecdote capable de séduire le public, il a rendu populaire ce
type de production : et son moindre titre n'est peut-être pas d'avoir inspiré à
Manet — à travers la gravure — le *Vieux musicien* de Washington.

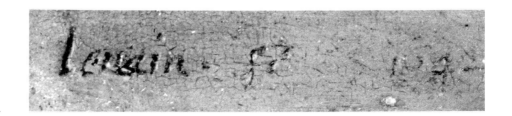

20

Le vieux joueur de flageolet
gravure de Saint-Maurice, XVIIIᵉ siècle

LE VIEILLARD COMPLAISANT

1934, Baltimore, n° 21, reprod. (Antoine) ;
1934, San Francisco, n° 11, reprod.
(Antoine) ; 1936, New York, n° 9
(Antoine) ; 1936, Pittsburgh, n° 28
(Antoine) ; 1939, New York, n° 211
(Antoine).

1946, New York, Wildenstein, n° 25,
reprod. (Antoine) ; 1947, Toledo, n° 1,
reprod. (Antoine) ; 1951, Pittsburgh,
n° 51, reprod. (Antoine) ; 1959, Raleigh,
n° 101, reprod. (Antoine) ; 1960,
Washington, n° 26, reprod. (Antoine).

Bibliographie :
1838, Waagen, p. 63 (Louis et Antoine Le
Nain) ; 1849, Champfleury, p. 106
(gravure), p. 108 (d'après une simple
mention) ; 1850, Champfleury, p. 31 (la
gravure) ; 1854, Waagen, t. II, p. 66 (Louis
et Antoine) ; 1862, Champfleury, p. 95
(d'après Waagen), p. 100, 118, 129,
187-188 (la gravure) ; 1862, Blanc, p. 6,
p. 8 n° 19, gravure sur bois p. 7 ; 1876,

Dussieux, p. 324 ; 1898, Dilke, p. 325 ;
1904, Valabrègue, p. 91, 169 (œuvre
remarquable) ; 1910, *in* Cat. exp. 1910,
Londres, Burlington, p. 28 ; p. 8, *Ill. Cat.*
pl. VI (« groupe I », Antoine).

1913, Mourey, p. 26-27, reprod. p. 12
(Louis) ; 1922, Jamot, *Essai...,* p. 228 ;
1924, Thiis, p. 303 (la gravure ; Louis) ;
1929, Jamot, p. 31 (Antoine).

1930, Valentiner, p. 28-29, reprod. p. 29
(Antoine) ; 1931, Wilenski, p. 50 ; 1932,
Weisbach, p. 98 (Antoine) ; 1933, Fierens,
p. 20, 59, pl. XV (Antoine) ; 1936,
Sambon, n.p. (Antoine n° 16) ; 1938,
Isarlo, p. 4, n° 66 (Antoine).

1947, Visson (Antoine) ; 1950, Leymarie,
fig. 2, 18-19 (Antoine) ; 1964, Thuillier,
p. 20 ; 1965, P.W. Schwarz, *Great
Paintings of All Time,* Simon and
Schuster, p. 90 ; 1966, *Treasures from the
Detroit Institute of Arts,* Detroit, reprod.
p. 193 ; 1969, Reff, p. 43 (reprod. gravure
p. 18).

Les intérieurs

21
Les joueurs
de cartes

Huile sur toile ; 0,63 × 0,76 m.

Aix-en-Provence, Musée Granet. Inv. 855.1.1. ; cat. 1862, n° 7 (Bourdon) ; cat. 1900, n° 127 (Les frères Le Nain).

Historique :
1855 : légué au musée par le marquis A. de Périer.

Expositions :
1958, Londres, n° 106, reprod. pl. 17 (Mathieu) ; 1958, Paris, Petit Palais, n° 84, reprod. pl. 20 (les frères Le Nain) ; 1960, Washington, n° 31, reprod. (Mathieu).

Bibliographie :
1872, Clément de Ris, p. 15 (Bourdon, *« quoiqu'ils fassent vaguement penser à Le Nain »*) ; 1900, Gonse, p. 26 (« charmant Le Nain ») ; 1904, Valabrègue, p. 165 (attribution aux Le Nain vraisemblable) ; 1910, *in* Cat. exp. 1910, *Londres, Burlington,* p. 22 (Le Nain).

L'attribution aux Le Nain de ce tableau semble ne remonter qu'à la fin du XIXe siècle, et avoir remplacé une attribution à Sébastien Bourdon. Pourtant nul ne l'a remise en doute. La discrétion du coloris, la facture, la matière même convainquent d'emblée, et les mains du jeune soldat de droite, avec ses doigts arrondis et pointus, aux ongles bombés, sont une sorte de signature. La tête qui s'esquisse dans le fond, vers la gauche, les yeux grands ouverts sur le spectateur, est un motif qu'on retrouverait de tableau en tableau, inséré de la même façon entre deux épaules, qu'il s'agisse de la *Visitation* de Saint-Denis de Pile (n° 6), des *Pèlerins d'Emmaüs* du Louvre (n° 10) ou des *Trois âges* de Londres (n° 24). Et cependant la toile d'Aix a été peu commentée. La plupart des études sur Le Nain la passent sous silence ou ne lui consacrent qu'une ligne. On n'en parle guère d'elle qu'à propos de Cézanne. Ce dernier, qui a dû partager l'enthousiasme de Valabrègue pour les frères Le Nain, les citait à Maurice Denis parmi les maîtres du passé, et parfois s'est arrêté à les étudier (*cf.* la notice de la *Forge*). Il est fort possible qu'au cours d'une visite au musée Granet il ait trouvé dans ce tableau, comme on l'a plusieurs fois avancé, l'idée de ses propres *Joueurs de cartes.*

La réserve des historiens et des critiques s'explique sans peine. Le tableau reste en marge de l'œuvre connu des Le Nain. Nous ne sommes pas ici dans le répertoire paysan : le hausse-col du buveur, au centre, et les armures des deux joueurs désignent assez des militaires. Le thème de la dispute, la composition en largeur et à mi-corps, le fond sombre uni, à peine animé par la tête d'enfant, tout relève de la tradition caravagesque. L'autel à bas-relief antiquisant est un motif ouvertement repris au répertoire romain (à ceci près que le peintre ne s'est pas risqué à dessiner une belle mouluration classique...). Le tableau cherche manifestement à rivaliser avec les œuvres des Valentin et des Régnier. Il n'était pas besoin pour cela d'aller à Rome : elles abondaient dans les collections parisiennes, et dès les années trente la « manière brune » était en pleine vogue auprès des amateurs. Il est naturel que les Le Nain aient voulu montrer leur talent dans la même veine et se soient inspiré de ces œuvres si recherchées. L'un des intérêts majeurs des *Joueurs de cartes* est de désigner ainsi une des sources de leur art.

1921, Aude (Édouard), *Le Musée d'Aix-en-Provence,* coll. Memoranda, Henri Laurens, p. 16, reprod. p. 41 (les frères Le Nain) ; 1924, Thiis, p. 292, reprod. p. 291 (Louis) ; 1933, Fierens, p. 37, 60 (Louis).

1935, Lecuyer, *L'Illustration,* 19 janvier, reprod. ; 1936, Sterling, p. 12-13, reprod. (Mathieu) ; 1938, Isarlo, p. 52, n° 175.

1948, Dorival, *Cézanne,* p. 15, 63-65, reprod. pl. XIV (atelier de Louis) ; 1962, Vergnet-Ruiz-Laclotte, p. 42, 243, reprod. fig. 37 (peut-être Mathieu) ; 1962, Wilhelm, n° 130, reprod. p. 19 ; 1964, Thuillier, p. 21 ; 1966, Bloch.

Mais en même temps se rencontrent ici des traits qui leur sont propres, que ce soit la composition à trois personnages autour d'une table, ou l'habitude de détourner une partie des regards de la scène pour les fixer sur le spectateur du tableau, ou simplement le refus de toute agitation. Ces soldats se querellent sans grands gestes, et des bouches ouvertes ne sort aucune injure. Il faudrait bien peu pour passer de ces militaires à des paysans. De sorte qu'on est tenté de voir ici une œuvre assez précoce, vers 1635-1640 peut-être, où le peintre, en marge du registre religieux, et à partir de modèles caravagesques, se constituerait sa manière personnelle dans la scène de genre.

Faut-il aller plus loin encore ? La silhouette de jeune femme et les têtes esquissées dans l'ombre, sur le bas-relief, le modelé des plis, la conduite de la lumière, ne sont pas sans rattacher cette composition à des tableaux comme l'*Ecce Homo* de Reims (n° 60) ou la *Vierge au verre de vin* de Rennes (n° 58). S'il faut chercher un lien entre le «groupe de l'Adoration» (voir p. 277) et l'œuvre certain des Le Nain, c'est avec un tableau comme celui-ci qu'on a chance de le rencontrer.

21

22
La rixe*

dit aussi *Soldats jouant aux cartes*

Huile sur toile ; 0,73 × 0,908 m.
Signé en bas, au centre : *Lenain
fecit 164...* (la date est souvent lue
1640).

Cardiff, National Museum of
Wales. Inv. 1136.

Historique :
1853, 25 juin : apparu dans la vente
Samuel Woodburn (n° 145) ; acquis par
Peter Norton pour £ 63 - 3 s ; vendu le
4 juillet à Thomas Gambier Parry
moyennant £ 150 - 3 s. Le tableau
demeurera durant un siècle dans la
famille Gambier Parry (inventaire de
Thomas Gambier Parry, 1860, n° 69 ;
1863, n° 36 ; inventaire d'Ernest Gambier
Parry, 1897, n° 89).
1968 : accepté de Mark Gambier Parry à
titre de dation et affecté au National
Museum de Wales.

Exposition :
1910, Londres, Burlington, n° 29, *Ill. Cat.*
pl. VI.

Bibliographie
(pour ce seul exemplaire) :
1910, *in* Cat. exp. 1910, *Londres,
Burlington*, p. 28 ; p. 12 (« groupe II,
Louis).

1922, Jamot, *Essai...*, p. 297-298
(Mathieu) ; 1926, Dimier, p. 41 ; 1926,
Ernst, p. 308, 317 (Mathieu) ; 1929, Jamot,
p. 19, 67 (Mathieu) ; 1929, Vollmer, p. 42
(Mathieu) ; 1932, Weisbach, p. 114,
reprod. p. 115, fig. 39 (Mathieu) ; 1933,
Fierens, p. 14, 41, 63, pl. LXI (Mathieu).

1935, Davies, p. 294, reprod. ; 1936,
Lazarev, pl. 34 (Mathieu) ; 1936, Sambon,
n.p. (Mathieu, n° 12) ; 1938, Isarlo, n° 205.
1969, Charles, p. 2-5, reprod.

Il existe de cette composition deux exemplaires signés et sans variantes importantes. Celui de Cardiff, que nous exposons ici, est d'une qualité nettement supérieure et l'on ne saurait mettre en doute sa qualité d'original. Celui de Springfield (Mass.) souffre beaucoup de la comparaison ; mais s'il faut le tenir pour une copie, en dépit de sa signature, du moins semble-t-elle ancienne et de haute qualité.

Ici, comme dans les *Joueurs de cartes* d'Aix, les Le Nain reprennent un thème fréquent dans la peinture italienne : la rixe entre soldats jouant aux cartes. On en trouverait maint exemple dans cette première moitié du siècle, des grandes compositions caravagesques à mi-corps aux petits tableaux de genre. Mais nous sommes déjà tout près des scènes paysannes. Le rapport des personnages au cadre est trouvé, les trois acteurs principaux se regroupent symétriquement autour de la table (cette fois un tambour...), le vieil homme pose, assis, le verre à la main, son chien à ses côtés. La date qui accompagne la signature, et qui est presque effacée, est traditionnellement donnée pour 1640 (le 4 de 40 est très net dans l'exemplaire de Springfield, où le dernier chiffre a lui aussi disparu) ; cette lecture apparaît tout à fait vraisemblable.

* *Ce tableau n'a pu être exposé en raison de son état de conservation.*

22

23
Les trois âges

dit aussi *Le Bénédicité, Saying Grace, Quatre figures à table*

Huile sur toile ; 0,447 × 0,549 m. (légèrement agrandi d'une bande dans le bas, le tableau a été remis à ses dimensions primitives à l'occasion de l'exposition).

Londres, National Gallery ; Inv. n° 3879 ; reprod. *Plates, French School,* 1950, pl. 78 (état avant restauration).

Historique :
1922 : identifié dans la collection P. M. Turner ; acquis peu après par F. Hindley Smith, Birkdale, Angleterre.
1924 : offert à la National Gallery par F. Hindley Smith.
1978 : radiographié, nettoyé et remis à ses dimensions primitives par le laboratoire de la National Gallery.

Expositions :
1923, Paris, Sambon, n° 2, reprod. (Louis).

Bibliographie (de cet exemplaire) :
1922, Jamot, *Essai...,* p. 230 (Louis) ; 1922, Tatlock, p. 140, reprod. pl. III E (original) ; 1923, Escholier (Louis) ; 1923, Jamot, *in* Cat. exp. 1923, *Paris, Sambon,* p. 9-10 (original, Louis) ; 1923, Jamot, *Essai de chronologie,* p. 160-161 (admirable, Louis, vers 1643) ; 1923, Michel, p. 169 (Louis) ; 1923, Rey, p. 5 ; 1923, Vaillat, reprod. p. 59 (Louis) ; 1923, Vaudoyer, (Louis) ; 1924, Thiis, p. 304 (Antoine) ; 1926, Ernst, p. 303 (Louis) ; 1928, Collins Baker, p. 68 (Louis).

Longtemps cette composition a été connue par d'autres exemplaires. Celui de Nancy (Musée des Beaux-Arts, n° 238 ; 0,57 × 0,63 m) n'a jamais été reproduit ni sérieusement étudié ; il porte une signature, relevée dans le catalogue de 1909, mais (du moins dans l'état où il se trouve aujourd'hui) ne donne pas l'impression d'un original. Un autre exemplaire est passé dans la première vente Sedelmeyer (16-18 mai 1907, n° 224), un autre appartenait à l'illustre collection de Sir Frederick Cook, à Richmond (Exp. 1910, Londres, Burlington, n° 2, *Ill. Cat.* pl. II ; 1934, Paris, Petit Palais, n° 62). La découverte, en 1922, de l'exemplaire Hindley Smith, donné dès 1924 à la National Gallery, a renvoyé ces divers tableaux au rang de copies. Toutefois, peu après, Martin Davies cataloguait cet exemplaire, à son tour, comme simple copie d'un original perdu, et les opinions se partageaient. Le nettoyage et l'étude de l'œuvre en laboratoire, entrepris à l'occasion de la présente exposition, ont confirmé sa haute qualité. La suppression de la bande ajoutée dans le bas a restitué la véritable mise en page, monumentale dans son étroit format. En même temps la radiographie venait révéler, sous la composition, la présence d'un portrait d'homme parfaitement lisible (voir p. 314-317). Comme on le constate si souvent avec les Le Nain, le peintre dut utiliser une toile qui avait servi à la préparation d'une autre œuvre : peut-être, en l'occurrence, une de ces études en buste qui, sans doute, demeuraient dans l'atelier pour être répétées et adaptées en grand et en petit à la demande du modèle.

Nous n'avons pas cru pouvoir conserver à la composition son nom le plus courant : *Le Bénédicité.* Seule la petite fille du fond joint les mains, aucun repas n'est préparé, et ni l'enfant qui coupe le pain, ni les deux femmes n'ont assurément des attitudes de prière. En revanche, il semble que ce tableau offre, avec plus d'évidence que les autres, un thème sous-jacent à tant d'œuvres des Le Nain : celui des trois âges. La vieille femme tend un visage marqué par l'expérience et les chagrins, qui contraste avec le beau regard interrogateur de la jeune femme, et l'attente ou l'indifférence des deux enfants. Ce contraste des générations, si manifeste dans la plupart des compositions paysannes, semble bien y introduire une réflexion sur la destinée humaine. L'*Intérieur* de Washington comme la *Famille heureuse* du Louvre pourraient y trouver à la fois la raison de leur composition tripartite et leur sens profond.

Jamot, qui avait su reconnaître dans le tableau de la National Gallery la main des Le Nain — ou plus précisément de Louis, selon son partage — admirait beaucoup cette composition. « *L'auteur s'égale par avance à Chardin et à Millet* », écrivait-il en 1923 (*Essai de chronologie,* p. 160-161). « *On serait même tenté de dire qu'il leur est ici, par bonne fortune, supérieur. Car ceux-ci n'ont pas plus savamment modelé des figures dans un clair-obscur plus transparent. Mais Chardin, qui exprime tout ce qu'il veut par la justesse des silhouettes et des attitudes, n'a pas su inscrire sur les visages tout ce qui se révèle à la pénétration et à la sympathie divinatrice de Louis Le Nain, tandis que Millet, qui n'a certes pas ressenti moins de tendresse pour les humbles, ne s'est pas tenu de la gâter quelquefois par des visées au style épique.* » Et Jamot soulignait dans ce tableau «*une science accomplie du clair-obscur et une*

23

1929, Jamot, p. 37-38, 47-48, 62-63, reprod. p. 49 (Louis) ; 1929, Vollmer (Louis) ; 1933, Fierens, p. 31, 35, 61, reprod. pl. LII (Louis) ; 1934, Jamot, *in* Cat. exp. 1934, *Paris, Petit Palais,* p. 14, 63 (Louis) ; 1934, Goulinat, p. 219 ; 1935, Gillet, p. 28 (Louis) ; 1935, Pannier, p. 5 (Louis) ; 1936, Lazarev, pl. 26 (Louis) ; 1936, Sambon, n. p. (Louis, nº 13) ; 1938, Isarlo, p. 54, nº 218.

1946, Davies («*after Louis Lenain* », « *not an original* ») ; 1946, Erlanger, p. 92-93, reprod. p. 98 (Louis) ; 1950, Leymarie, fig. 5 (Louis) ; 1956, Gaudibert, p. 68 (Louis) ; 1957, Fierens, p. 551, reprod. p. 554 (Louis) ; 1978, Wilson, *Burl. Mag.* (à paraître).

souplesse qui ne laisse pas de manquer à quelques-uns des plus beaux ouvrages de Louis Le Nain ». Sans toucher ici à la distinction des trois frères, il faut sans doute insister sur l'éclairage contrasté et le fond uni qui opposent une pareille œuvre à l'*Intérieur* de Washington. D'une certaine manière, le tableau se rapproche des *Joueurs de cartes* d'Aix (nº 21) ; il vient souligner l'importance, pour les Le Nain, de ces modèles d'ascendance caravagesques et de ces recherches luministes.

23

24
Intérieur paysan

dit aussi *Repas de famille, Le Bénédicité flamand, Flemish Interior, A French Interior, Femme tenant sa quenouille, French Peasants in an Interior*

Huile sur toile : 0,556 × 0,647 m.

Washington, National Gallery of Art (Samuel H. Kress Collection 1952). Inv. 1103 ; catalogue 1965, n° 1103.

Gravure :
Catherine Elisabeth Lempereur (née Cousinet), avec la lettre : *Peint par Le Naim* (sic) / *Gravé par Elisab. Cousinet / Le Benedicite flamant / A Paris chès Moitte au coin de la rue St Julien le pauvre près le petit Chatelet /,* et un sizain par Mʳ *Moraine.*

Historique :
1910 : exposé à Londres au Burlington Fine Arts Club, comme appartenant à la collection du duc de Leeds et provenant de la Galerie d'Orléans. On trouve en effet le tableau mentionné en 1902 dans le catalogue des tableaux appartenant au duc de Leeds (*Historical and Descriptive Catalogue of Pictures Belonging to (...) the Duke of Leeds),* London, 1902, p. 70, cat. n° 201, « *Flemish Interior... Le Nain* » ; mais nous n'avons rencontré aucun document permettant d'assurer qu'il provenait des collections de la famille d'Orléans. Si, comme tout l'indique, la gravure d'Elisabeth Cousinet a bien été faite d'après le présent exemplaire, celui-ci devait appartenir à un amateur parisien vers le milieu du XVIIIᵉ siècle : mais certainement pas (ou pas encore) aux Orléans.

Ce tableau fut célèbre dès le XVIIIᵉ siècle : c'est un des rares Le Nain authentiques à avoir été gravés dès cette époque. Il n'est guère besoin de revenir sur le titre qui lui fut donné alors : *Le bénédicité flamand,* ni sur le sizain moralisateur, à la mode du temps, qui l'accompagne :

Pour ce repas frugal pleins de reconnaissance,
Ces pauvres Villageois, Celeste Providence,
Te payent tes présents par le don de leur cœur,
Tandis que de cent mets l'excessive abondance,
Et de vins précieux la coupable vapeur,
Souvent font oublier le divin Bienfaiteur.

On est allé jusqu'à en conclure un voyage des Le Nain dans le Nord. Il ne s'agit pourtant que d'une de ces faciles interprétations du XVIIIᵉ siècle, pour qui tout sujet de genre renvoie au pays de Teniers ou de Steen, et qui aime à s'attendrir sur la simplicité des mœurs paysannes. Rien n'indique ici bénédicité ni Flandres. Les attitudes ne traduisent aucun recueillement particulier, et les contemporains des Le Nain avaient de la prière une idée assez différente. Ces villageois sont bien français, et même du Laonnois, pays de vignoble, où l'on buvait le vin — et non la bière — même chez le paysan pauvre.

L'œuvre surprend par sa gamme claire et lumineuse, par l'harmonie argentée des gris et des beiges, qui en font, parmi les intérieurs rustiques, une sorte de pendant à la *Charrette.* Est-ce un argument pour songer à une date voisine ?

Paul Jamot fut le premier, de nos jours, à insister sur la qualité du tableau, alors dans une collection anglaise et longtemps peu connu, sinon par la gravure. Et Martin Davies (1935) n'hésitait pas à le déclarer l'un des cinq plus beaux que nous conservons des Le Nain. Avec raison.

Il offre dans toute sa simplicité la formule chère aux Le Nain : trois personnages symétriquement assis autour d'une table couverte d'un linge. Mais cette œuvre de petit format a certainement été l'objet de soins attentifs. La rigidité de la composition est adoucie par de subtils déplacements de lignes : les verticales sont légèrement inclinées, la scène a pivoté de quelques degrés autour de l'axe central. Aux repentirs apparents on devine que le peintre a corrigé plusieurs fois la position du vieillard. Surtout, l'on sent ici des recherches exceptionnelles, qui en font une des expressions les plus originales de tout l'œuvre.

Le réalisme est poussé plus loin qu'à l'ordinaire. L'intérieur est nettement plus modeste que dans des tableaux comme le *Repas de paysans* ou la *Famille* du Louvre (n°ˢ 28-29). Nourriture chiche, vêtements en loques, mobilier sommaire : une vieille cuve sert de table. S'il est une image de la pauvreté des campagnes picardes ruinées par les guerres et les pillages successifs, il faut la chercher ici plutôt que dans les autres intérieurs rustiques. Peu d'études naturalistes surpassent un morceau comme la femme à la quenouille, d'une

24

On notera (sans en tirer des conclusions trop hâtives), que dans l'importante collection du marchand parisien François-Philippe Hallier, avait été inventoriée en 1733 *« une pauvre famille qui mange sur un tonneau, du Nein, sur toile »*, estimée 200 livres (Inventaire après-décès du 16 novembre 1733 ; Archives Nationales, Minutier Central, XII, 426).

1946 : acquis par Samuel H. Kress. 1950 : le tableau entre à la National Gallery of Art.

Expositions :
1910, Londres, Burlington, n° 34, *Ill. Cat.* pl. X ; 1934, Paris, Petit Palais, n° 15 (Louis) ; 1938, Londres, n° 338, reprod. *Ill. Souv.* p. 85 (Louis) ; 1951, New York, n° 14 (Louis).

Bibliographie :
1862, Blanc, p. 6 (gravure seule) ; 1862, Champfleury, p. 117-118, 187 (gravure seule) ; 1904, Valabrègue, p. 86-87, 143-144, 173 (gravure seule) ; 1910, *in* Cat. exp. 1910, *Londres, Burlington,* p. 27 ; p. 12 (« groupe II », Louis).

1922, Jamot, *Essai...,* p. 230-231 (Louis) ; 1929, Jamot, p. 39-40 (Louis) ; 1929, Vollmer, p. 42 (Louis) ; 1933, Fierens, p. 37, 61, reprod. pl. LIV (Louis).

1934, Alfassa, p. 207-208 (Louis) ; 1934, Escholier, p. 139, reprod. p. 138 (Louis) ; 1934, Fierens (Louis) ; 1934, Gallotti, reprod. détail, p. 914 ; 1934, Goulinat, p. 220 ; 1934, Isarlo, p. 173-174 (Louis, *ca.* 1630) ; 1934, Ladoué, p. 319, reprod. ; 1934, Pannier, p. 500 ; 1934, Sambon, *B.E.A.,* p. 14 (Louis) ; 1934, Waterhouse, p. 132 (Louis) ; 1934, Watts, p. 157 (Louis).

1935, Davies, p. 294 (Louis, exceptionnel) ; 1935, Gillet, p. 28 (Louis, chef-d'œuvre) ; 1935, Sterling, *Skira,* reprod. couleurs, pl. XXI (Louis) ; 1936, Lazarev, pl. 12 (Louis) ; 1936, Sambon, n. p. (Louis, n° 14) ; 1938, Isarlo, p. 42, n° 57.

1947, Ladoué, p. 32, reprod. p. 35 (Louis). 1977, Eisler, p. 267-268, reprod. fig. 247 (Louis).

laideur presque animale avec ses petits yeux porcins. — Et cependant, par un étrange miracle de sympathie, d'une présence, d'une humanité inoubliables.

Car ce réalisme reste imprégné de poésie, et ne craint pas de l'avouer. La fillette éclairée par la lumière du foyer est d'un sentiment presque précieux, et les traits fins, les boucles épaisses, le regard clair de l'adolescent au verre de vin introduisent une sorte d'innocence au milieu de cette misère. Le coloris, surtout, suffit à transfigurer la scène. Devant pareil tableau, on conçoit pleinement les propos de Mariette louant les Le Nain d'avoir eu *« un fort beau pinceau »* et *« l'art de fondre leurs couleurs »*. On chercherait en vain, dans toute la scène de genre flamande ou italienne, des accords à la fois aussi francs et aussi subtils. Quand, pour la première fois, le tableau fut présenté au public parisien, en 1934, il emporta l'enthousiasme des amateurs les plus sensibles ; et Paul Alfassa écrivit sur lui une page qui mérite d'être relue : *« Peut-être aucune peinture de Louis n'est-elle plus émouvante que l'*Intérieur du duc de Leeds. *L'exécution des autres a une vigueur un peu lourde, celle-ci est comme sublimée. Le rouge du corsage de la femme qui occupe le centre a une teinte de brique rouge clair, le verre que tient le jeune garçon renferme un vin dont la couleur passée met un reflet de rubis pâle sur son poignet, la petite fille aux paupières baissées qui s'adosse à la cheminée reçoit du feu un reflet doucement rosé, et partout circule un bleu pâle qui, à travers les cheveux blancs, les chairs, les linges, la cruche de grès, relie d'un bout à l'autre de la toile le bleu d'un étroit ruban posé sur le chapeau du vieillard au bleu pur des yeux de l'enfant assis en face de lui. Vérité, poésie. Je vois peu de chose dans la peinture française qui rende un son si particulier. »*

25
Intérieur paysan au jeune joueur de flageolet

dit aussi *Une école d'enfants, La visite à la grand-mère, Vieille femme et sa famille*

Huile sur toile : 0,58 × 0,73 m.

Leningrad, Ermitage. Inv. 1172 ; cat. Somov n° 1494 ; cat. 1958. I, p. 301 ; cat. 1976, I, p. 208.

On pouvait s'attendre à ce que le fameux Crozat, connaisseur richissime, eût possédé un Le Nain de haute qualité. Celui-ci est en effet l'un des plus beaux. Longtemps connu par de petites et médiocres reproductions, il a dû attendre ces dernières années pour obtenir toute la réputation qu'il mérite. Il n'a pas été trop nettoyé, et garde tout le velours d'un coloris discret, aux accords de terre réveillés par les tons rouges. Rien de plus solide et subtil à la fois, que la triple note de jaune, de gris et de vermillon dans le groupe des trois garçons debout, ou la touche de bleu franc posée dans l'ouverture de la porte, sur les collines d'un paysage deviné...

Le tableau, chez Crozat, semble n'avoir pas eu de titre précis. Il fallut lui en trouver un, et l'on choisit de l'appeler *Une école d'enfants*, ce qui n'a ici aucun sens, puis *La visite à la grand-mère*, ce qui n'en a pas beaucoup plus. Grand-mère il y a bien, et l'on retrouve ici le thème des trois âges, avec l'aïeule, la femme et les enfants : les trois personnages assis représentent trois générations, confrontées (pour peu qu'on les isole) avec une insistance singulière. Mais surtout l'intérieur paysan est ici associé à la musique : le joueur de flageolet — non plus un vieillard, comme dans la composition fameuse et perdue (voir n° 63 A-B), mais un jeune garçon au beau visage rêveur — justifie l'attention calme des personnages, et son camarade, vu de face, paraît chanter. Les vêtements en lambeaux de ce groupe tranchent avec les habits soignés des autres personnages et l'intérieur simple, mais sans trace de misère. Ils paraissent bien désigner, non pas les membres de la même famille, mais de jeunes musiciens étrangers à la maison et venus quêter quelques sous. La coutume en existait à l'époque, semble-t-il, et nous avons là, en pendant à la *Réunion musicale* du Louvre (n° 41), toute mondaine, une sorte de réunion musicale rustique. De ce double thème naît une poésie singulière. Face à la vieille femme assise de profil, grande, droite, fermée sur les secrets de son expérience d'aïeule, le groupe juvénile, grave mais tout illuminé par le regard clair de l'adolescent en rouge, semble opposer, par la seule vertu de la musique, on ne sait quel don d'espoir et de pureté.

Historique :
1740 : dans l'inventaire après-décès de Pierre Crozat établi le 30 mai le tableau est ainsi catalogué : «*181. Un tableau peint sur toile de vingt pouces et demy de haut sur vingt-six pouces et demy de large, représentant une famille de paysans dont il y a un petit garçon qui joue de la flutte, peint par Cussin* (sic) *dans sa bordure unie de bois doré, prisé 400 l.* »
1755 : la toile se retrouve dans le *Catalogue des tableaux de M. Crozat, Baron de Thiers*, établi par J. B. Lacurne de Sainte-Palaye, sous la désignation : «*Une École d'enfants, par les frères Le Nain* ».

1772 : dans l'Inventaire des tableaux du baron de Thiers rédigé par Tronchin (manuscrit ; Bibliothèque de l'Université de Genève) la toile est classée sous le n° 207 comme «*Une École d'enfants* ».

1774 : passée à Saint-Petersbourg avec l'ensemble de la collection Crozat acquis par Catherine II, la toile figure dans le catalogue de la collection impériale sous le n° 1279 (*cf.* P. Lacroix, « Catalogue des tableaux qui se trouvent dans les Galeries et les Cabinets du Palais Impérial à Saint-Petersbourg, selon le catalogue de 1774 », *Revue Universelle des Arts*, t. XIII-XV (1861-1862).

L'œuvre n'a plus quitté depuis l'Ermitage que pour de très rares expositions.

Expositions :
1934, Paris, Petit-Palais, n° 18 (Louis ; en fait le tableau n'est pas venu à Paris) ; 1955, Moscou, p. 41 (Louis) ; 1956, Leningrad, p. 33 (Louis) ; 1965, Bordeaux, n° 5, reprod. (Louis) ; 1965-1966, Paris, n° 6, reprod. (Louis) ; 1975-1976, U.S.A., n° 8 (Louis).

Bibliographie :
1862, Champfleury, p. 98 (d'après la mention du catalogue) ; 1864, Waagen, p. 303 («*ein sehr vorzügliches Bild* ») ;

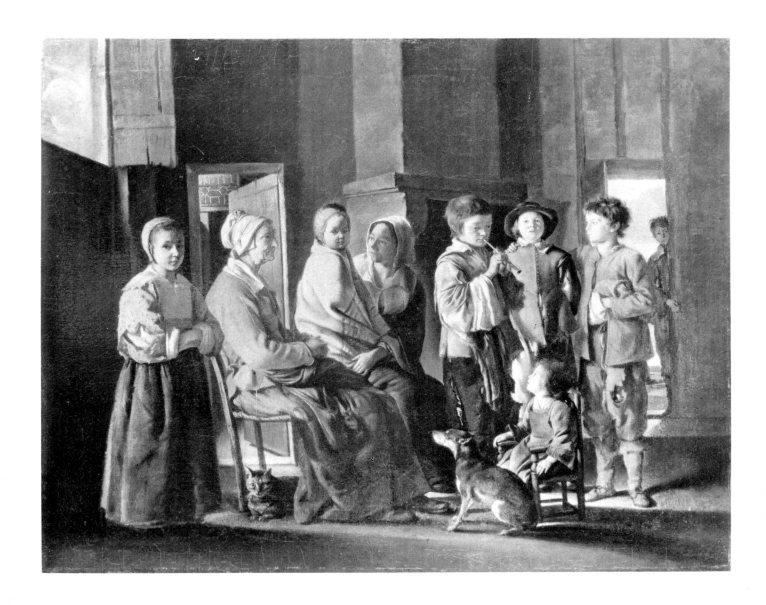

1876, Dussieux, p. 579 (Les frères Le Nain) ; 1880, Clément de Ris, p. 267-268 (Antoine ?) ; 1904, Valabrègue, p. 42, 142, 171-172 (d'après le catalogue) ; 1910, *in* Cat. exp. *Londres, Burlington*, p. 12 (?), 29 («groupe II», Louis).

1926, Ernst, p. 303-304, reprod. p. 305 (Louis) ; 1928, Collins Baker, p. 68 (Louis) ; 1928, Réau, n° 195 ; 1929, Vollmer, p. 42 (Louis) ; 1933, Fierens, p. 30, 31, pl. XXXIX (Louis ; doutes sur

l'authenticité) ; 1935, Fierens ; 1936, Lazarev, p. 41, 48, reprod. couleurs pl. 20 (Louis) ; 1936, Sambon, n.p. (Louis, n° 2) ; 1938, Isarlo, p. 7, 42, n° 75 (Antoine, dernière période) ; 1939, Bloch.

1956, Gaudibert, p. 68, reprod. (Louis) ; 1957, Sterling, p. 18-19, reprod. couleurs pl. 6 (Louis) ; 1958, Levinson-Lessing, reprod. (Louis) ; 1961, Boudaille, p. 25, reprod. (Louis) ; 1961, Descargues, p. 154-155, reprod. couleurs (Louis) ; 1962,

Prokofiev, reprod. pl. 12 (Louis) ; 1963, Alpatov, p. 281, reprod. pl. 216 (Louis) ; 1963, Thuillier, p. 187 ; 1964, Levinson-Lessing, reprod. pl. couleurs 50-51 (Louis) ; 1964, Thuillier, p. 15 ; 1965, Isarlo, p. 1-2 reprod. (Antoine, Louis et Mathieu).

1967, Koutznetsov, n° 26, reprod. (Louis) ; 1968, Stuffmann, p. 110, reprod. ; 1969, Cabanne, p. 76 (Louis) ; 1972, Kouznetsov, reprod. couleurs (Louis) ; 1973, Glickman, reprod. couleurs pl. 15 (Louis).

(macrophotographie)

26
Paysans dans une creutte

dit aussi *Les Lazzaroni, The Paesant Family, Le jeune violoniste*

Huile sur toile : 0,788 × 0,915 m. Signé *Lenain 1642* (selon plusieurs auteurs, notamment Davies, 1935 ; il nous a été impossible de vérifier l'existence de cette signature).

H. M. Treasury and The National Trust, Egremont Collection, Petworth.

Historique :
1822 : exposé à Londres comme appartenant au comte d'Egremont.
1837 : première mention à Petworth, dans un inventaire dressé à la mort du 3e comte d'Egremont. Le tableau passe pour provenir de la vente Marquis of Thomond (18 mai 1821, no 20 : «*Musical Conversation* » ; acquis pour 21 £ 10 s. par Taylor ; acheté ensuite par le comte d'Egremont) ; nous n'avons pu vérifier cette origine. Le tableau est toujours demeuré depuis à Petworth.

Expositions :
1822 : Londres, British Institution, no 44 (Louis).
1954, Londres, no 9 (Louis et Mathieu) ;
1957, Manchester, no 161 (Louis).

Bibliographie :
1854, Waagen, t. III, p. 35 (Le Nain) ; 1856, *Pictures in Petworth House, Sussex,* p. 7, no 48 ; 1862, Champfleury, p. 95 (d'après Waagen) ; 1876, Dussieux, p. 324 ; 1910, *in* Cat. exp. 1910, *Londres, Burlington,* p. 27 ; reprod. *Ill. Cat.* pl. XVII.

C'est apparemment au début du XIXe siècle, quand les brigands de la campagne romaine servaient de sujet favori aux peintres, qu'on appela ce tableau *Les Lazzaroni.* L'air farouche du vieux paysan pouvait le justifier. De là à tirer argument du tableau pour un voyage des Le Nain en Italie, il n'y avait qu'un pas. Or, tout comme dans le prétendu *Bénédicité flamand*, il n'y a nulle trace ici d'inspiration étrangère. Tout au rebours, il s'agit du tableau le plus manifestement lié au pays de Laon.

Ce n'est pas sans quelque motif que l'on avait songé à un repaire de bandits : ce qui semble une demeure, à en juger par la cheminée, s'ouvre sur le paysage, de façon singulière, par une sorte d'arcade rocheuse. Qui a parcouru la région de Laon, et plus particulièrement le terroir de Mons (soit le pays même des Le Nain), reconnaît aussitôt une « creutte », c'est-à-dire une de ces grottes calcaires, situées au bas d'un coteau, qui servaient d'habitation de temps immémorial. Abandonnées de nos jours, elles existent encore, et sont l'une des curiosités de la région. Au XVIIe siècle, elles constituaient une paroisse séparée, déjà composée sans doute «*de pauvres petits ménagers qui, quoique très laborieux, ont peine à vivre* », comme le notera un contrôleur en 1777. C'est la famille de l'un d'eux qu'a voulu évoquer le peintre. Au réalisme du site répond celui des personnages. On a l'impression, tant leurs traits sont voisins, que plusieurs des enfants sont frères et sœurs et ont été étudiés sur place. Certes, la fillette de profil, au petit nez relevé, se retrouve de la *Présentation de la Vierge au Temple* jusqu'à l'*Intérieur* de l'Ermitage, et la jeune rieuse, campée de face, est la réplique enfantine de la belle laitière qui a rendu fameuse la *Halte du cavalier.* Mais on chercherait en vain l'équivalent du paysan barbu, hâve, noir, inquiétant, et qui montre une fois de plus comment les Le Nain savent, quand ils le veulent, passer à l'observation la plus directe, la plus brutale.

Il est d'autant plus intéressant de constater que le tableau n'est pas né d'un seul jet. On distingue, à l'œil nu, que le paysage se prolonge sur toute la largeur du tableau, et qu'une tête d'enfant s'esquisse dans l'ouverture du vêtement de l'homme (l'œil a été laissé plus ou moins apparent). La radiographie (*cf.* North, 1931) est venue confirmer ces observations. Il semble bien que le peintre avait d'abord songé à une composition de plein air, plus ou moins proche du tableau de Washington (no 36), et simplement animée par le jeune joueur de pochette et quatre enfants. A un second stade, il aurait remplacé le paysage par la creutte, installé le foyer avec les deux enfants, la table avec le garçon du second plan, et, à la place d'un autre enfant, le paysan assis : soit tout le fond, qui, d'une densité différente, disparaît à la radiographie. On se garderait toutefois de conclusions trop rapides : la genèse du tableau ne fut peut-être pas si simple. Le paysage court manifestement sous tous les personnages, ce qui s'explique mal. Que certaines parties s'évanouissent aux rayons ultra-violets ne signifie pas nécessairement une reprise tardive : il en va de même pour une partie de l'*Adoration des bergers* du Louvre, certainement peinte et mise en place dans des délais brefs (*cf.* section d'étude, p. 303). Rappelons que les Le Nain paraissent souvent chercher leur

26

1920, Collins Baker, *Catalogue of the Petworth Collection of Pictures in the possession of Lord Leconfield,* p. 76-77 (nº 48), reprod. (Louis) ; 1922, Jamot, *Essai...,* p. 298 (Mathieu) ; 1925, *Country Life,* LVIII, p. 903, reprod. ; 1928, Collins Baker, p. 69-71, reprod. couleurs p. 70 (Louis) ; 1929, Jamot, p. 67 (Mathieu) ; 1929, Vollmer, p. 42 (Mathieu).

1931, North, p. 277, reprod. détails et radiographie (Louis?) ; 1932, Weisbach, p. 106 (Louis) ; 1933, Fierens, p. 63, reprod. pl. LXXII (Mathieu) ; 1934, Grappe, p. 324 (Mathieu) ; 1935, Davies, p. 293-294 ; 1936, Lazarev, p. 25 (Louis et Mathieu) ; 1936, Sambon, n.p. (Mathieu, nº 7) ; 1938, Isarlo, p. 22, nº 90 (Louis modifié par Mathieu).

1954, *Treasures...,* reprod. (Louis? et Mathieu) ; 1968, Deyon, p. 142 ; 1977, St. John Gore, reprod. p. 357 (Louis Le Nain avec aides).

composition directement sur la toile, et modifient volontiers le cadre et le nombre des personnages.

Ces hésitations ont peut-être nui à l'unité de l'œuvre, et la juxtaposition des personnages est moins habilement justifiée que dans les autres tableaux. Elles expliquent peut-être les avis étonnamment divers des critiques, lesquels songent tantôt au groupe « Louis », comme Collins Baker ou North, tantôt au groupe « Mathieu », comme Jamot. Ici encore, on se gardera de trancher trop vite. Soulignons seulement que le tableau offre, jusque dans les détails de facture, une parenté certaine avec le tableau de l'Ermitage, et qu'il y a quelque inconséquence à l'en séparer trop nettement.

26

27
La famille heureuse

dit *Le retour du baptême*

Huile sur toile : 0,61 × 0,78 m.
Signé en bas, sous le tabouret de
la vieille femme : *Lenain f. 1642*
(le dernier chiffre n'est pas de
lecture assurée).

Paris, musée du Louvre, Donation
Paul Jamot. Inv. R.F. 1941.20 ;
cat. Rosenberg n° 481, reprod.

Gravures :
Louis Huvey (né en 1868), lithographie
commandée en août 1941 par l'État.
J. Piel, timbre-poste représentant le détail
de la jeune mère à l'enfant (1953 ; émis au
bénéfice de la Croix-Rouge, 15 F + 5 F,
bleu-noir).

Historique :
ca. 1917 : sans doute à Paris, car Picasso
copie des motifs du tableau dans une
composition pointilliste (huile sur toile,
1,63 × 1,18 m ; *cf.* Zervos, *Pablo Picasso*,
vol. III (1949), n° 96, reprod.).
1923 : acquis par Paul Jamot.
1941 : entré au Louvre avec le legs Paul
Jamot.

Expositions :
1926, Amsterdam, n° 64, reprod. (Louis) ;
1932, Londres, n° 126, reprod., *Comm.
Cat.* n° 103, pl. 33 (Louis) ; 1934, Paris,
Petit Palais, n° 20 reprod. (Louis) ; 1934,
Paris, Orangerie, n° 143, Supplément
(Louis).
1935, Bruxelles, n° 953 ter ; reprod.
Memorial pl. CCXXIV (Louis) ; 1936,
Paris, Arts décoratifs, n° 48 (Louis) ; 1936,
New York, reprod. (Louis) ; 1937, Paris,
n° 94, *Ill.* n° 41, p. 110-111 (Louis).

Si le musée du Louvre offre un ensemble incomparable de Le Nain — seize originaux, alors que la National Gallery de Londres n'en possède que quatre et les autres musées au plus deux —, c'est grâce à l'action conjuguée de grands conservateurs qui surent acquérir à temps des chefs-d'œuvre comme la *Famille de Paysans*, le *Repas d'Emmaüs*, la *Tabagie* ou la *Victoire*, et de donateurs comme le vicomte de Saint-Albin, qui légua la *Charrette*, ou le docteur La Caze, à qui l'on doit le *Repas de paysans*. Paul Jamot fut l'un et l'autre. Comme conservateur, il consacra une grande partie de ses travaux et de ses soins à la gloire des Le Nain ; comme amateur, il eut la chance de pouvoir acquérir ce tableau signé, mais inconnu, et qui n'avait jamais été ni gravé ni (semble-t-il) copié. Ce fut l'une de ses plus heureuses trouvailles, et dans le vaste et précieux ensemble qu'il donna au Louvre l'un des chefs-d'œuvre qu'il chérissait le plus.

Il l'avait appelé *Le retour du baptême*, voulant insister par là sur la présence de l'enfant au maillot, et la réserve, quasi religieuse à son sentiment, qui nuance la joie des adultes. Ce titre a fait fortune. A sa manière, il fait suite aux titres moraux ou pittoresques que le XVIIIᵉ siècle, puis le XIXᵉ, ont souvent attribués aux œuvres des Le Nain. Nous n'avons pu — non sans quelque regret — le maintenir. Pris à la lettre, il risque de conduire à un singulier anachronisme : car il ne peut être question de baptême dans ce tableau. Au temps des Le Nain, sauf de rares exceptions dans les rangs les plus élevés, l'enfant est ondoyé le lendemain de sa naissance ou le jour même. La mère reste couchée plusieurs jours et, tenue par la règle stricte des relevailles, ne participe pas à la cérémonie : parrain et marraine, en revanche, y jouent un rôle essentiel. Il est évident qu'ici l'enfant, éveillé et la tête droite, a été baptisé depuis bien des semaines...

En fait, le tableau semble bien reprendre le sujet, si fréquent dans la peinture flamande, de *La famille heureuse*. Il est à l'ordinaire illustré de façon plus allègre, avec rires et ripailles : et l'on sait jusqu'où peut aller la verve rabelaisienne d'un Jordaens lorsqu'il traite cette variante lyrique du thème qu'est *Le roi boit* (*cf.* Ermitage, n° 3760). L'originalité du peintre est ici de lui rendre sa gravité profonde par l'expression discrète des personnages, par la construction rigoureuse et dépouillée de la scène. De la belle humeur des Flamands, il ne subsiste que le buveur hilare levant son verre : figure qui serait bien déplacée chez les Le Nain, si le rire n'était figé par le regard fixe que l'homme dirige sur le spectateur, par une stricte frontalité, par le losange

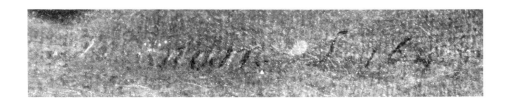

27

1941, Paris, n° 75 (Louis) ; 1945, Paris, n° 92 (Louis) ; 1946, Paris, Petit Palais, n° 61 (Louis) ; 1956, Rome, n° 174, reprod. pl. 17 (Louis) ; 1958, Londres, n° 98, reprod. pl. 16 (Louis) ; 1958, Paris, n° 312 (Louis) ; 1958, Stockholm, n° 37, reprod. pl. 16 (Louis) ; 1960, Paris, Louvre, n° 319 a (Louis).

Bibliographie :
1926, Constable, p. 228 (Louis) ; 1926, Luc-Benoist, p. 168, reprod. p. 165 (Louis) ; 1929, p. 20, 38-39, 47, reprod. p. 53 (Louis) ; 1929, Jamot, *Pantheon*, p. 360, reprod. p. 362 (Louis).

1931, Jamot, reprod. pl. IX B (Louis) ; 1932, Du Colombier, reprod. p. 40 (Louis) ; 1932, Huyghe, reprod. p. 14 (Louis) ; 1933, Fierens, p. 14, 31, 33-34, 60, pl. XLIV (Louis).

1934, Alfassa, p. 204 (problème) ; 1934, Escholier, p. 139 (Louis) ; 1934, Fierens (Louis) ; 1934, Grappe, p. 324 ; 1934, Isarlo, p. 182-184, reprod. p. 183 (Antoine, avec collaboration de Louis) ; 1934, Jamot, *in* Cat. exp. 1934, *Paris, Petit Palais*, p. 14 (Louis) ; 1934, Ladoué, p. 323-325 ; 1934, Pannier, p. 501, n. 2.

1935, Davies, p. 293 ; 1935, Gillet, p. 28 (Louis) ; 1935, Pannier, p. 5 (Louis) ; 1936, Lazarev, pl. 18 (Louis) ; 1936, Sambon, n.p. (Louis n° 15) ; 1938, Isarlo, n° 109, p. 5 (Antoine, dernière période).

1943, Vergnet-Ruiz, p. 204 (Louis) ; 1945, *L'Amour de l'Art,* p. 129 (Louis) ; 1945, *L'Amour de l'Art,* novembre, reprod. couleurs p. 166 ; 1946, Chamson-Devinoy, reprod. détail pl. 15 ;

1946, Dorival, p. 69, reprod. pl. XXXIII (Louis) ; 1946, Erlanger, p. 92-93, reprod. p. 99 (Louis) ; 1946, Huyghe, p. 20 ; 1947, Ladoué, p. 33-34, reprod. p. 31 (Louis).

1950 ca. Jamot-Bertin-Mourot, p. V-VI, reprod. pl. I (Louis) ; 1950, Leymarie, fig. 40-42 (Louis) ; 1953, Druart, p. 8, reprod. p. 7 ; 1956, Gaudibert, p. 68 (Louis) ; 1956, Sterling, *in* Cat. exp. 1956, *Rome,* p. 163 (Louis) ; 1957, Fierens, p. 551-552 (Louis).

1958, De Salas, p. 42, reprod. p. 43 (Louis) ; 1960, *Connaissance des Arts,* p. 20 (Louis) ; 1964, Argan, p. 195, reprod. couleurs p. 198 (Le Nain) ; 1964, Thuillier, p. 16 ; 1969, Gébelin, p. 72 (Louis).

1978, Rosenberg. *in* Cat. *Paris, Picasso,* p. 44.

parfait que les bras inscrivent au centre du tableau : incroyable audace qu'eût certainement admirée un Cézanne... En revanche, une fois de plus, le peintre semble bien profiter du sujet pour introduire le thème des trois âges, et une méditation sur la vie humaine que symbolise le regard échangé, d'un côté à l'autre de la toile, entre l'aïeule et le nourrisson.

Le tableau a été placé d'emblée par Jamot dans l'œuvre de « Louis », soit aux côtés de la *Famille* et du *Repas des paysans.* La parenté est évidente, au moins dans la conception. Mais dès l'exposition de 1934 Paul Alfassa faisait remarquer fort justement qu'il était difficile d'y reconnaître le même pinceau à la même date. « *La facture (...) est absolument différente. Qu'on examine, dans* Le Retour du baptême, *la nappe, le pain, la figure de la vieille femme, la main avec laquelle elle tient une cruche, la cruche elle-même ; il me paraît impossible qu'un même peintre ait exécuté à la même date la nappe, le pain, les visages, les mains, la cruche du* Repas des paysans : *la facture est ici plus précise, plus forte, la pâte plus sèche...* » (1934, Alfassa, p. 304). Radiographies et macrophotographies ont récemment confirmé cette observation, montrant une matière plus rugueuse, une touche plus tourmentée et plus expressive. Nous pourrions bien tenir, avec ce tableau, l'une des clefs qui permettront un jour d'expliquer les méthodes de l'atelier et le mode de collaboration des trois frères. A tout le moins vient-il avertir qu'on ne saurait, avec eux, établir un lien trop strict entre l'inspiration et la facture, et qu'on risque un partage erroné en ne se fondant que sur la différence d'esprit, ou que sur la différence de main.

28
Le repas des paysans

dit aussi *Le fermier bienfaisant,*
Les buveurs

Huile sur toile ; 0,97 × 1,22 m.
Signé à gauche, sur la tranche de
la planche servant de banc :
LENAIN. FECIT. AN. 1642

Paris, musée du Louvre, Donation
La Caze. Inv. M. I. 1088 ; cat.
Brière n° 548 ; cat. Rosenberg
n° 482, reprod.

On ne sait comment l'illustre amateur que fut le docteur La Caze acquit ce tableau, l'un des trésors d'une incomparable collection ; et il serait imprudent de vouloir reconnaître cet exemplaire dans les ventes du XVIIIᵉ et du XIXᵉ siècle, étant donné le nombre de copies anciennes qui en existent, dont plusieurs de haute qualité (voir section d'étude, notice du n° 67). Mais la signature, la date et la beauté de la présente toile prouvent que La Caze avait eu la science et la bonne fortune de découvrir l'original.

Ces multiples copies montrent la célébrité du tableau, qui fut certainement très tôt connu et admiré. Que l'on se soit attaché à l'aspect de « bamboche » à la flamande que symbolise le titre de *Buveurs,* qu'on ait trouvé un prétexte moralisant à la manière du XVIIIᵉ siècle en y voyant un *Fermier bienfaisant,* ou qu'on y ait plus récemment découvert des intentions sociales sans doute fort étrangères au peintre, il semble avoir exercé ce prestige constant et toujours renouvelé qui est le propre des chefs-d'œuvre. Entré au Louvre en 1869, il remplaça peu à peu dans l'admiration de la critique la *Tabagie,* jusque-là regardée comme l'œuvre capitale des Le Nain, et aux côtés de la *Forge* vint fixer pour le public l'image des Le Nain peintre des gens du peuple.

Il était digne de ce rôle majeur : car c'est peut-être ici que les Le Nain offrent la formule la plus complète, et comme le type de leurs « repas paysans ». Une nappe blanche, au centre, fixe la lumière et sert de pivot à toute la composition. Quelques plis brisent et rythment la surface, un objet se détache sur la partie claire — ici le pain, ailleurs une écuelle ou un pot —, et désigne le point de symétrie. Autour de cette nappe sont disposés trois personnages, l'un de face et deux de profil, dans une répartition qui évoque (on l'a souvent remarqué en en tirant peut-être des conclusions forcées) la figuration traditionnelle des Pèlerins d'Emmaüs. Un léger décalage dans les plans vient à l'ordinaire adoucir ce que l'ordonnance aurait de trop rigide et hiératique, quelques comparses animent l'ensemble. La profondeur est créée par une ou deux silhouettes insérées entre les épaules et suggérant un arrière-plan, et par l'entre-bâillement d'une fenêtre ou d'une porte (ici au centre, plus souvent sur le côté, ou remplacée par la lumière d'un foyer) : mais, en fait, la scène s'organise sur un espace très réduit, en une sorte de bas-relief. La surface du tableau, découpé selon une géométrie savante et stricte, est surtout animée par les rythmes des vêtements, profondément sculptés par le clair-obscur. La couleur est réduite à une sorte de camaïeu brun et chaud, où les blancs et les gris, parfois soutenus de nuances froides, prennent un incomparable velours, et que viennent réveiller la tache rouge d'une casaque, le rubis d'un verre de vin. Rien n'est ici, à proprement parler, nouveau, et inconnu de la peinture française, italienne ou flamande : mais l'ensemble est d'une originalité souveraine. On a pu considérer que le cubisme ne faisait, dans son austérité, que reprendre cette alliance des rythmes brefs et du camaïeu de bruns et gris-bleus : mais inversement l'art d'un Segonzac ou d'un La Patellière y a trouvé une inspiration et un modèle. Dans la longue diversité de la peinture française, face à la tentation constante du « fauvisme » et de l' « expression-

28

Gravures:
Eugène Gaujean (1850-1900), pour la
revue *L'Art*.
Clément Bellanger (1851-1898), pour le
Magasin Pittoresque (sur bois ; 1892 ; voir
Bibliographie, 1892, Mantz).

Historique:
1869 : entré au Louvre avec la donation
La Caze, sous le titre *Le fermier
bienfaisant*.

Expositions:
1860, Paris, n° 203 (Le Nain, *Les buveurs*;
cat. Ph. Burty, Le Nain, *Le fermier
bienfaisant*).

1934, Paris, Petit Palais, n° 21, reprod.
(Louis) ; 1934, Paris, Orangerie, n° 70,
reprod. pl. XXV (Louis) ; 1936, New York,
n° 16, reprod. (Louis) ; 1936, Paris, Arts
décoratifs, n° 47 (Louis) ; 1937, Paris,
n° 93 (Louis).

1946, Paris, Petit Palais, n° 60 (Louis) ;
1957, Genève, n° 18 (Louis) ; 1962, Rome,
n° 131, reprod. pl. LX (Louis) ; 1967,
Montréal, n° 39, reprod. (Louis).

Bibliographie:
1860, Bürger, p. 263-264 (Le Nain) ; 1860,
Du Pays (A.J.), mention dans
L'Illustration du 29 septembre 1860,
p. 233 (Le Nain) ; 1860, Godard, p. 337,
p. 357-358 (Le Nain) ; 1862, Champfleury,
p. 54-57 (Le Nain) ; 1865, Champfleury,
p. 14-16 (Le Nain).

1872, Clément de Ris, p. 40 (Le Nain) ;
1874, Gonse, p. 40 (Le Nain) ; 1879,
Arago, p. 309 ; 1879, Berger, p. 118 ;
1880, Clément de Ris, p. 267 (Louis) ;
1892, Mantz, p. 113-114, gravure sur bois
de Bellanger, p. 113 ; 1894, Grandin,
p. 132 (Louis) ; 1899, Huysmans ; 1900,
Merson, p. 32-33, reprod.

1904, Valabrègue, p. 17, 31, 58, 82-86,
128 note 1, 134, 160, reprod. p. 88
(Le Nain) ; 1904, Bouyer, p. 160 ; 1905,
Geoffroy, p. 67-68, reprod. hors-texte ;

nisme », le *Repas des paysans* a pris figure et valeur de rappel à « l'ordre classique » : stricte géométrie, couleur sobre, économie des moyens et refus de l'effet, expression toute intérieure.

1909, Grautoff, p. 544, reprod. ; 1910, *in*
Cat. exp. 1910, *Londres, Burlington*, p. 21,
p. 12 (« groupe II », Louis).

1921, Michel, p. 252-253 ; 1922, Jamot, *La
forge...*, p. 129-130, 134 ; 1922, Jamot,
Essai..., *passim*, reprod. p. 229 (Louis) ;
1922, Klingsor, p. 97-100, reprod. p. 100
(Louis) ; 1923, Escholier (Louis) ; 1923,
Jamot, *in* Cat. exp. 1923, *Paris, Sambon*,
p. 7-11 (Louis) ; 1923, Jamot, *Essai de
chronologie...*, p. 158 (Louis) ; 1923, Rey,
p. 5.

1924, Thiis, p. 276-279 (Antoine) ; 1925,
Schneider, p. 49, reprod. fig. 24 (Louis) ;
1926, Dimier, p. 41, reprod. pl. XXXIII ;
1926, Ernst p. 306-307 (Louis) ; 1926,
E.S.S., p. 72, 74 (Louis) ; 1926, Marquiset,
p. 80 ; 1928, Collins Baker, p. 68 (Louis) ;
1929, Jamot, p. 11, 20, 28, 32-36, 40,
47-48, 59, 69 note 1, 76, 78, reprod. p. 33
(Louis) ; 1929, Jamot, *Figaro*, p. 571,
reprod. (Louis) ; 1929, Jamot, *Pantheon*,
p. 358, 360 (Louis) ; 1929,
Marcel-Terrasse, p. 28-30, pl. 26 (Louis) ;
1929, Vollmer, p. 41 (Louis).

1930, Jamot, p. 224-230, reprod. p. 227
(Louis) ; 1932, Weisbach, p. 100-104, 108,
110, reprod. p. 101, fig. 33 (Louis) ; 1933,
Fierens, p. 2, 14, 31, 34, 60,
pl. XLV-XLVII (Louis) ; 1933, Mourey,
p. 59, pl. XXVIII.

1934, Alfassa, p. 202, 204, 207 (Louis) ;
1934, Bloch, *Les Frères Le Nain*, p. 345
(Louis) ; 1934, Diolé, *Au Petit Palais*
(Louis) ; 1934, Escholier, p. 139-140
(Louis) ; 1934, Fierens (Louis) ; 1934,
Goulinat, p. 218-220 (Louis) ; 1934, Isarlo,
Concorde ; 1934, Jamot, *in* Cat. exp. 1934,
Paris, Petit Palais, p. 12-13 (Louis) ; 1934,
Ladoué, p. 315-325, reprod. détails ; 1934,
Pannier, p. 503 (Louis) ; 1934, Sterling, *in*

Cat. exp. 1934, *Paris, Orangerie*,
p. 105-106 (Louis).

1935, Bloch, *I pittori...*, p. 12 (Louis) ;
1935, Davies, p. 293 ; 1935, Gillet, p. 28,
reprod. p. 24 (Louis) ; 1935, Goulinat,
reprod. p. 113 (Louis) ; 1936, Ansaldi,
p. 15 (Louis) ; 1936, Lazarev pl. 17 (Louis) ;

1936, Sambon, n.p. (Louis, n° 9) ; 1937,
Huyghe, reprod. détail pl. XXVI (Louis) ;
1938, Isarlo, p. 6, n° 110 (Louis) ; 1939,
Bloch, p. 53-54 (Louis).

1942, Meltzoff, p. 264, 277, reprod. fig. 4 ;
1946, Erlanger, p. 92-93, reprod. p. 94
(Louis) ; 1947, *in* Cat. exp. 1947, *Toledo*,
n.p., reprod. (Mathieu) ; 1949,
Champigneulle, p. 220, reprod. détail
p. 62 (Louis) ; 1950, Leymarie, fig. 25-27
(Louis).

1953, Bloch, p. 367 (Louis) ; 1953, Dacier,
p. 311 ; 1956, Gaudibert, p. 68, 74-77,
reprod. détail (Louis) ; 1956, Voss, p. 279
(Louis) ; 1957, Bazin, p. 178, reprod.
(Louis) ; 1957, Fierens, p. 551-552, reprod.
p. 552 (Louis) ; 1957, Fosca (Louis) ; 1957,
Mansfeld, p. 837-840, reprod. p. 838
(Louis).

1960, Isarlo, p. 52 (Louis) ; 1962, Faré, t. I,
p. 103 (Louis) ; 1963, Maillet, p. 5, 8-9, 13,
14 ; 1964, Quenot, p. 31 ; 1964, Thuillier,
p. 13, 16.

1965, Isarlo, p. 2 ; 1965, Pariset, p. 94
(Louis) ; 1966, Bloch, reprod. couleurs
pl. I-II (Louis) ; 1967, Deyon, p. 143,
reprod. fig. 2 ; 1969, Cabanne, p. 76, 77,
reprod. couleurs (Louis) ; 1969, Gébelin,
p. 70-73 (problème).

1974, Hours, p. 178 ; 1976, Laveissière,
p. 11, reprod. fig. 13 (Louis).

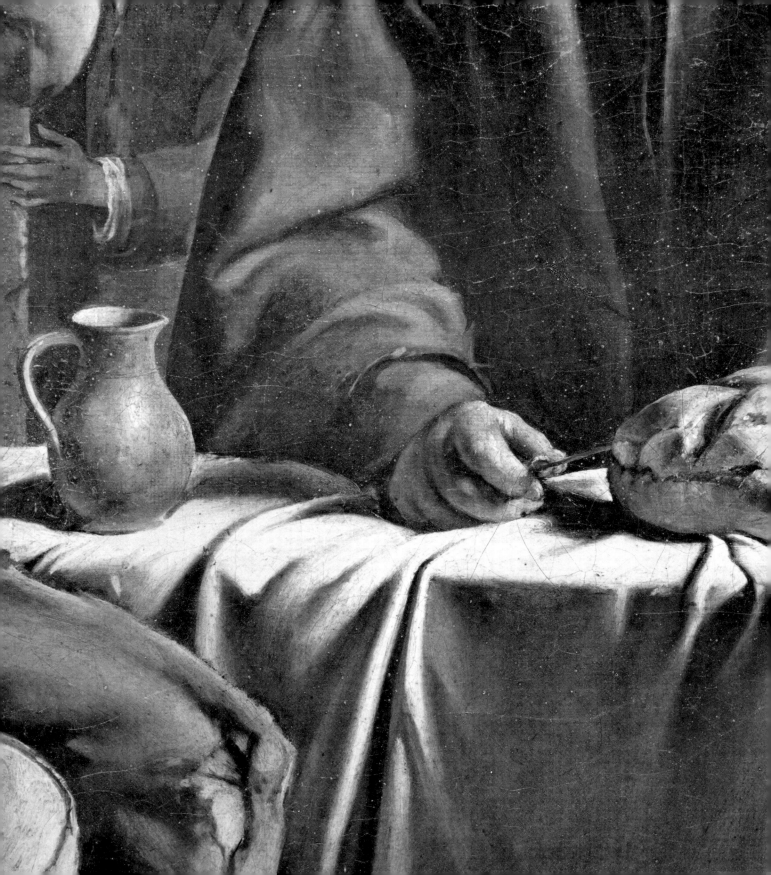

29
La famille de paysans

dit aussi *Le repas de famille,*
La réunion de famille, Le repas
de paysans, Le jeune joueur de
flageolet, Famille de paysans
dans un intérieur

Huile sur toile ; 1,133 × 1,595 m.

Paris, musée du Louvre.
Inv. R.F. 2081 ; cat. Brière
n° 8113 ; cat. Rosenberg n° 483,
reprod.

Gravure :
J. Piel, timbre-poste représentant le détail
du jeune joueur de flageolet (1956 ; émis
au bénéfice de la Croix-Rouge, 12 F + 3 F,
brun noir).

Historique :
1914, 14 mars : apparaît à la vente de la
collection conservée au château de
Ray-sur-Saône et appartenant au marquis
de Marmier *(Catalogue des tableaux*
anciens (...) composant la Collection de
M. le marquis de M... et provenant du
Château de X... (...), Hôtel Drouot, salle
n° 10, le samedi 14 mars 1914 ;
Mᵉ F. Lair-Dubreuil commissaire priseur ;
M. Georges Sortais, peintre, expert ;
Le Nain (Les frères, XVIIᵉ siècle). 61 -
Repas de famille (...) Œuvre admirable et
saisissante). Le tableau est adjugé
13 500 F.

1915, avril-mai : racheté chez Demotte par
le Louvre, grâce aux efforts d'Henry
Marcel et Paul Leprieur, sur les arrérages
du legs Arthur Pernolet, moyennant
50 000 F.

Ce tableau est apparu soudainement, à la veille de la guerre de 1914, lors de la vente à l'Hôtel Drouot des tableaux qui ornaient le château de Ray-sur-Saône, possession du marquis de Marmier. Chose singulière pour une composition de cette importance, non seulement il n'en existait pas de gravures, mais on n'en connaissait — au rebours du *Repas des paysans* — ni copies ni descriptions dans les catalogues de vente. Tout porte à croire que le tableau appartint très tôt à une collection provinciale, et ne passa jamais par le marché d'art.

On se demanderait même s'il n'était pas demeuré depuis le XVIIᵉ siècle dans la possession des Marmier, et peut-être au château de Ray. En soi, le fait n'a rien d'impossible. La maison de Marmier est fort ancienne. Alexandre de Marmier, baron de Longwy, gentilhomme de la chambre de l'archiduc Léopold, colonel de cavalerie pour le service de Ferdinand II et capitaine de cuirassiers pour le service de Philippe III d'Espagne, avait épousé le 22 février 1609 dame Rose de Ray, fille du baron de Ray et de Claude-Françoise de Bauffremont : le château semble dès ce temps, entrer dans les possessions de la famille. Ils eurent plusieurs enfants, deux fils tués au service de l'Espagne et deux filles religieuses : mais le benjamin, par qui se poursuivit la lignée, Joachim, colonel d'un régiment d'infanterie et lui aussi au service de l'Espagne, épousa le 28 juillet 1648 Marie d'Orologio, fille d'Antoine d'Orologio, seigneur de Savigny et capitaine au régiment des gardes de Louis XIII. Par elle, la famille touche cette fois à la Cour de France et au milieu même qu'ont connu les Le Nain. Reste que les nombreux tableaux amassés au château de Ray-sur-Saône appartenaient à des périodes et des écoles diverses, notamment le XVIIᵉ siècle flamand et le XVIIIᵉ siècle français, et semblaient indiquer un ensemble formé par un collectionneur plutôt que réuni par le jeu des successions et des héritages. Toute hypothèse touchant l'origine du tableau serait donc — au moins jusqu'à la découverte d'improbables documents d'archives — plus que hasardée.

Le plus mystérieux des Le Nain est aussi leur chef-d'œuvre. Par le format, c'est le plus grand des tableaux « paysans » ; par le nombre et l'importance des personnages, le plus ambitieux ; par la qualité, le plus parfait. On n'a jamais découvert de signature : et pourtant l'attribution et l'authenticité ont d'emblée paru hors de tout soupçon.

Une poésie grave et noble a fait rattacher l'œuvre, de façon quasi unanime, au groupe de « Louis ». Les rapports avec le *Repas des Paysans* de 1642 sont évidents, et l'accrochage des deux tableaux dans la Grande Galerie du Louvre a souligné la parenté d'inspiration comme de facture. Mais l'exécution de la *Famille,* pleine, simple et souple, n'évoque ni le pinceau hardi et prompt de la *Forge,* ni la technique serrée et minutieuse des paysages. Même les admirables natures mortes — le trépied, l'écuelle, le pain, qu'on a pu comparer aux plus beaux morceaux de l'école espagnole — sont rendus avec un minimum de moyens, une touche refusant tous les effets. Devant l'aspect monumental de la scène, et l'absence de « fautes », on pourrait songer à une collaboration où chacun des frères apporterait le meilleur de ses qualités :

1927, 13 novembre : le tableau est lacéré dans le bas, au Louvre, par un boucher nommé Georges Latreille, qui déclare avoir voulu se faire arrêter et voir son nom publié dans les journaux.

Expositions :
1932, Londres, n° 116, reprod. *Ill. Souv.* p. 16 (Louis) ; 1934, Paris, Petit Palais, n° 22, reprod. (Louis) ; 1934, Paris, Orangerie, n° 71, reprod. pl. XXV (Louis) ; 1935, Bruxelles, n° 953 bis (Louis). 1946, Paris, Petit Palais, n° 62 (Louis) ; 1958, Paris, Petit Palais, n° 313 (Louis).

Bibliographie :
1919, Brière, p. 79-80 ; 1920, Brière, *Accroissement des musées nationaux depuis 1914,* Paris, Demotte, reprod. pl. 24 ; 1920, Jamot, p. 152, reprod. pl. I B (Le Nain).

1922, Jamot, *La Forge...,* p. 134-136 (Le Nain) ; 1922, Jamot, *Essai..., passim,* reprod. p. 230 (Louis) ; 1922, Klingsor, p. 97-100, reprod. p. 97 (Louis) ; 1923, Escholier (Louis) ; 1923, Jamot, *in* Cat. exp. 1923, *Paris, Sambon,* p. 8 (Louis) ; 1923, Jamot, *Essai de chronologie...,* p. 158, 161, (Louis, vers 1643).

1924, Thiis, p. 282, reprod. p. 280 (Antoine) ; 1926, Dimier, p. 41, pl. XXXII ; 1926, Ernst, p. 304, note 2 ; 1927, Presse ; 1928, Collins Baker, p. 67, reprod. (Louis).

1929, Brunon-Guardia, p. 30, reprod. (Louis) ; 1929, Huyghe, p. 5 (Louis) ; 1929, Jamot, p. 11, 28, 32-36, 44, 47, 52, 59, 63-64, 68, 78-79, reprod. p. 41, 45 (Louis) ; 1929, Jamot, *Figaro,* p. 570, reprod. (Louis) ; 1929, Jamot, *Pantheon,* p. 360 (Louis) ; 1929, Marcel-Terrasse, p. 27, pl. 27-28 (Louis) ; 1929, Vollmer, p. 41 (Louis).

1930, Jamot, p. 227-229, reprod. p. 229 (Louis) ; 1931, Du Bos, p. 460 ; 1931, Jamot, reprod. pl. IX A (Louis) ; 1932, Dezarrois, p. 84 ; 1932, Weisbach, p. 102-103, reprod. p. 102, fig. 34 (Louis) ; 1933, Fierens, p. 2, 11, 31, 34-35, 56, 60, pl. XLIX-LI (Louis) ; 1933, Florisoone, p. 1489-1491 (Louis).

1934, Alfassa, p. 202, 207 (Louis) ; 1934, Bloch, p. 345, reprod. détail fig. 2 (Louis) ; 1934, Descaves (Louis) ; 1934, Escholier, p. 139 (Louis) ; 1934, Fierens (Louis) ; 1934, Grappe, p. 324, reprod. p. 235 (Louis) ; 1934, Jamot, reprod. p. 112-113 (Louis) ; 1934, Jamot, *in* Cat. exp. 1934, Paris, Petit Palais, p. 13-15 (Louis) ; 1934, Ladoué, p. 315-324, reprod. détails ; 1934 Sambon, *B.E.A.,* p. 14 (Louis) ; 1934, Sterling, *in* Cat. exp. 1934, *Paris, Orangerie,* p. 106-107 (Louis) ; 1934, Vaudoyer, reprod. détail (Louis) ; 1934, Watt, p. 157, reprod. et détail.

1935, Alfassa, p. 406 ; 1935, Bloch, *I pittori...,* p. 12 (Louis) ; 1935, Gillet, p. 28, reprod. détail (Louis) ; 1935, Jamot, p. 72, 74 (Louis) ; 1935, Longhi, reprod. fig. 30 (Louis) ; 1935, Sterling, *A.A.,* p. 9-10, reprod. p. 11 (Louis) ; 1935, Sterling, *B.M.F.,* p. 6 ; 1935, Sterling, *Skira,* reprod. couleurs pl. XXIII (Louis).

1936, Ansaldi, p. 15 (Louis) ; 1936, Lazarev, pl. 12 (Louis) ; 1936, Sambon, n.p. (Louis n° 10) ; 1938, Isarlo, p. 6, n° 71 (Louis).

1946, Asselin, reprod. détail ; 1946, Chamson-Devinoy, reprod. détails pl. 9 et 13 ; 1946, Dorival, p. 69 (Louis) ; 1946, Erlanger, p. 92-93, 97, reprod. couleurs p. 95 (Louis) ; 1947, *in* Cat. exp. 1947 *Toledo,* n.p., reprod. p. 33 (Mathieu) ; 1947, Ladoué, p. 29-34, reprod. p. 33 (Louis) ; 1949, Champigneulle, p. 220-221, reprod. p. 65 (Louis).

1950, Leymarie, fig. 4, 28, 30 (Louis) ; 1951, Dupont-Mathey, p. 53-56, reprod.

mais ces grands tableaux comme la *Famille* et le *Repas* paraissent, au moins quant à l'exécution, d'une seule venue. La radiographie du *Repas* montre une image de texture identique de bout en bout, et pourtant avec des reprises (par exemple, dans les plis de la nappe) qui marquent la part de la recherche directe. Ici encore il semble bien que les regroupements soient à reprendre à la base même...

Comme dans l'*Intérieur paysan* de l'Ermitage, la musique du flageolet préside à la réunion des trois générations ; et pas plus qu'ailleurs il ne s'agit d'un véritable dîner paysan. La table n'est pas servie, seuls sont évoqués le pain, le vin et le sel, et trois des enfants entourent le foyer, offrant une fine et discrète étude luministe, mais sans qu'apparaisse aucun préparatif culinaire. On dirait que les Le Nain ont voulu éviter la représentation du repas proprement dit, thème si fréquent dans la peinture et prétexte à des évocations plus ou moins vulgaires, pour se contenter d'allusions à la nourriture quotidienne. Nous avons dit plus haut quelle poésie profonde naissait de ces éléments simples, empruntés au terroir, mais portés à leur dimension éternelle. Soulignons seulement, devant l'œuvre même, que la méditation poétique ne peut se dissocier de la parfaite maîtrise des moyens. Charles Du Bos, qui s'avouait déçu et même gêné par la plupart des Le Nain du Louvre, à ses yeux trop nourris d'intentions, faisait une exception pour ce tableau : « *Là, la beauté hâve et ardente de certains visages, et surtout le grès brunâtre, d'une seule venue, dont ces visages sont faits, emportent tout : le gamin assis à l'extrême droite du tableau est inoubliable : le même pathétique, mais en plus austère, que celui de l'*Enfant malade *de Metsu* » (1931, Du Bos ; à l'année 1928 dans son *Journal*).

29

détail couleurs (Louis) ; 1953, Bloch, p. 367
(Louis) ; 1953, Blunt, p. 162, 218 note 169,
reprod. pl. 123 A (Louis).

1956, Bloch, p. 267 (Louis) ; 1956,
Gaudibert, p. 68 (Louis) ; 1957, Bazin,
p. 178 (Louis) ; 1957, Fierens, p. 551-554,
reprod. p. 549-551 (Louis) ; 1957, Fosca
(Louis) ; 1957, Mansfeld, p. 837-840,
reprod. p. 837 (Louis).

1960, Isarlo, p. 52 (Louis) ; 1962, Faré, t. I,
p. 103 (Louis) ; 1962, Huyghe, p. 19,
reprod. couleurs (Louis) ; 1963, Maillet,
p. 5, 8 ; 1963, Sterling, p. 114, reprod.
pl. LXVII b, LXVIII b (Louis) ; 1964,
Thuillier, p. 13, 15, reprod. couleurs
ensemble et détails p. 12, 22, 23.

1965, Pariset, p. 94 (Louis) ; 1966, Bloch,
reprod. couleurs pl. IV (Louis, peut-être
avec l'aide de Mathieu) ; 1967, Hautecœur,
p. 46, reprod. (Louis) ; 1969, Cabanne,
p. 76, reprod. p. 73 (Louis) ; 1969,
Gébelin, p. 72, reprod. couleurs pl. XXV
(Louis).

1970, Blunt, p. 180, reprod. pl. 123 A
(Louis) ; 1970, Laclotte, p. 25, reprod.
couleurs (Louis) ; 1972, Longhi, p. 18,
reprod. pl. 23 ; 1976, Laveissière, p. 11
(Louis).

29

30
La forge

dit aussi *Un maréchal dans sa forge*

Huile sur toile ; 0,69 × 0,57 m.

Paris, musée du Louvre.
Inv. 6838 ; cat. Villot nº 375 ; cat. Brière nº 540 ; cat. Rosenberg nº 484, reprod.

Gravures :
En dehors des recueils gravés des tableaux du Louvre (voir *Bibliographie, ad an.* 1805, 1808, 1816), signalons les interprétations de :

Weisbrod (Karl-Wilhelm, 1748-1806 ca.) pour le *Receuil d'estampes gravées d'après les tableaux du cabinet de Monseigneur le duc de Choiseul,* par les soins du Sr Basan. MDCCLXXI, nº 103 ; eau-forte, in-4º, en sens inverse.

Boissieu le neveu (Claude Victor de Boissieu, 1784-1869), eau-forte, 0,286 × 0,238.

Levasseur (Jean-Charles, 1734-1816), terminé par Claessens (Lambert Antoine, 1763-1834), sur dessin de Fragonard fils, eau-forte, in-folº.

Quéverdo (Louis Marie Yves, né en 1788), terminé par Massard père (Jean, 1740-1822), sur dessin de Sébastien Le Roy ; eau-forte, petit in-4º.

Anonyme, pour le *Musée des familles,* 1850, voir *Bibliographie,* 1850, Pitre-Chevalier ; sur bois, in-4º.

Tamisier (Charles, élève de Porret), ca 1850 ; sur bois, in-4º (d'après Champfleury, la gravure n'aurait pas été publiée et il n'aurait existé qu'une épreuve dans la collection d'Édouard Fleury ; nous en connaissons toutefois une dans une collection particulière).

L'un des tableaux les plus célèbres de Le Nain : et, nous l'avons dit, celui qui, exposé au Louvre, mainte fois gravé, assura la survie de leur nom au XIXᵉ siècle, et suscita les recherches de Champfleury.

Il a servi d'argument à toute une littérature, et même à un conte moral (Pitre-Chevalier, 1850) ; mais les incertitudes qui entourent cette œuvre sont loin d'être toutes dissipées. Son origine même est obscure. D'après une note portée sur un catalogue de la vente Conti en 1777 (*cf.* Boucher, 1938, p. 121), la *Forge* aurait été achetée à Munich 600 livres par le marchand Boileau, qui l'aurait vendue au duc de Choiseul en 1767 pour 800 livres. On sait qu'à la vente Choiseul, en 1772, Boileau le racheta moyennant 1 008 livres pour le prince de Conti, et qu'en 1777, à la vente Conti, le marchand Paillet l'acquit au prix de 2 460 livres et le céda au comte d'Angiviller. La présence du tableau peut dès lors se suivre pas à pas. Mais son histoire avant le milieu du XVIIIᵉ siècle reste ignorée. L'hypothèse selon laquelle le tableau aurait été peint par Louis en Italie même sous l'influence de l'*Apollon dans la forge de Vulcain* de Velazquez (1630), encore soutenue par François Boucher (1938), ne saurait plus être défendue. Non seulement le tableau a grand chance de dater des années quarante, mais il n'a aucun lien avec la composition mythologique du peintre espagnol. Le thème de la forge rustique est bien attesté dans la tradition de la scène de genre : citons seulement pour exemple la *Forge* gravée par Van Vliet en 1635, de poésie très différente, mais de sujet analogue.

Il ne s'agit donc pas davantage d'une inspiration toute spontanée d'un des frères Le Nain adonné à la contemplation de la vie paysanne, comme on l'a d'autre part soutenu. Il n'est même pas assuré que cette forge soit bien picarde et paysanne : les maréchaux-ferrants abondaient dans Paris, certes plus peuplé de chevaux et charrettes que la campagne de Laon. Mais il est vrai que les Le Nain pouvaient trouver des exemples dans leur propre famille. Grandin rappelle (1900) que la tante des peintres du côté maternel, Marie Prévost, était mariée à Adrien Debaisne, maître serrurier à Laon, et remariée à Henry Dufrenoy, également maître serrurier. Et du côté de leur père, Jeanne Le Nain, fille de Jacques Le Nain vigneron, proche parent, avait épousé Claude Violette, maréchal, qui eut plusieurs enfants, notamment en 1628, 1631, 1633. Il n'est pas entièrement absurde d'imaginer que le couple servit de modèle, comme le suggère prudemment Grandin. Reste qu'à Paris même se trouvait aussi un cousin germain, Isaac Debaisne, fils d'Adrien, qui était venu s'y établir maître serrurier. Et que ces petits ateliers de maréchaux devaient abonder dans le voisinage de Saint-Sulpice...

Le manque d'action, que Sainte-Beuve remarquait dans ce tableau, non seulement ne nous choque plus, mais apparaît le trait le plus original. Comme dans la *Famille de paysans* ou les *Paysans devant leur maison,* les personnages s'arrêtent et attendent le visiteur. De là cette sorte de silence qui donne aux regards toute leur intensité. Le visage animal du petit apprenti de gauche ne s'oublie guère. Si l'enfant de droite apparaît lourd et sans caractère, c'est qu'il résulte d'une reprise, dont on ne saurait préciser si elle est bien de la

30

J. Lara, pour la *Ruche parisienne,* 1851 ; sur cuivre, petit in-fol°.

Girardet, pour le *Magasin Universel,* sur cuivre, in-4°.

Pisan (Héliodore, 1822-1890), pour l'*Histoire des peintres* de Charles Blanc (voir *Bibliographie,* 1862, Blanc) ; sur bois, petit in-18.

Anonyme, pour la revue *L'Art,* publiée en 1879 (cf. *Bibliographie,* 1879, Arago), et reprise en 1895 (*cf.* 1895, Grandin) ; sur bois, en sens inverse, in-4°.

Masson (Alphonse, 1814-1898), sur cuivre, 0,272 × 0,338 m, vers 1864, commande du ministère de l'Intérieur pour la Chalcographie.

Historique :
1772 : vente du cabinet du duc de Choiseul ; le tableau est spécialement gravé à l'eau-forte par Weisbrod dans le recueil publié à cette occasion (cf. *supra*). Il est acquis par le marchand Boileau pour le Prince de Conti moyennant 1 008 livres.
1777 : vente du cabinet de Conti ; le tableau est décrit par l'expert Rémy sous le numéro 553, avec cette appréciation : *« Ce peintre a su rendre avec toute l'intelligence imaginable l'effet de la lumière du feu ; la touche est savante, on y reconnaît une vérité de la nature qui fait plaisir ; (...) M. le Duc de Choiseul l'a eu dans son Cabinet ; c'est le n° 127 du Catalogue ».* Le tableau est acquis par l'expert et marchand Paillet moyennant 2 460 livres. Le tableau est ensuite racheté par le comte d'Angiviller, directeur des Bâtiments du Roi, grâce à l'entremise du premier peintre Pierre (lettre de Pierre à d'Angiviller en date du 16 avril, Archives Nationales, O¹1914 (4) ; voir la *Correspondance de M. d'Angiviller avec Pierre* publiée par M. Furcy-Raynaud, I, 1905 (N.A.A.F., XXI), p. 118).

1794 : le tableau est saisi chez le comte d'Angiviller, émigré (*cf.* Arch. Nat., F 17 1032 : *« n° 26. Un tableau par Le Nain, de 2 pieds 2 pouces sur 1 pied 10 pouces représentant un forgeron et sa famille »*). Il fait partie des collections du Museum dès son ouverture.

Bibliographie :
1805, Le Musée français, 1ʳᵉ partie, 8ᵉ planche gravée ; 1808, Gault de Saint-Germain, p. 159 ; 1808, Lavallée, p. 2-4, pl. n° 344, gravure ; 1816,

main d'un Le Nain : la radiographie a révélé par-dessous un visage très différent, de qualité plus élevée, et lui aussi tourné vers le spectateur — comme elle a confirmé les multiples repentirs, souvent visibles à l'œil nu (on constatera sans peine que la silhouette du forgeron a été nettement déplacée...). En revanche, par sa simplicité d'expression, par sa beauté rustique et qui dût inspirer Millet, le couple du centre s'égale aux plus beaux morceaux de la *Famille* ou du *Repas des paysans.*

Mais la beauté psychologique de l'œuvre ne le cède pas à la hardiesse plastique. L'effet de clair-obscur est traité avec une science surprenante des reflets, notamment dans les visages, et les plus grands maîtres des nuits, Honthorst ou Stomer, paraissent lourds et convenus en comparaison. Le feu de la forge place les lumières sur des rouges vifs, qui allument toute la composition : mais des teintes froides, très diminuées, traitées en dessous, couvrent tout le tableau et l'animent avec une subtilité qu'ont seuls possédée les plus grands coloristes. La touche est large, fluide, avec des impatiences et des sacrifices qui évoquent l'esquisse. On admire que le XVIIIᵉ siècle ait su pleinement goûter ce métier, et que Boileau écrive dans le catalogue de la vente Choiseul : *« La belle touche de ce tableau et la naïveté de toutes les figures a toujours plu aux amateurs »* ; on s'étonne moins qu'un Delacroix ait fait de cette œuvre, dans sa jeunesse, une copie qu'il conservait dans son atelier (*cf.* Champfleury, 1862, p. 75, note 1 ; la remarque semble bien authentifier le tableau inventorié sous le n° 48 de l'inventaire après décès : *« 1 tableau représentant l'intérieur d'une forge, d'après Lenain, auteur inconnu. 10 F »*). Beaucoup d'autres peintres durent l'imiter, et l'une de ces copies, très libre de facture, vient d'être léguée au musée Boymans par Vitale Bloch (*cf.* 1978, Rotterdam, n°2 ; huile sur carton, 0,385 × 0,285, « Anonyme, France, XIXᵉ siècle », reprod.). Il faudra retracer un jour en détail la surprenante fortune critique de cette œuvre, qui a pu attirer aussi bien par ses qualités purement plastiques que par son aspect social. Un Rowlandson a croqué l'ensemble de la composition dans un dessin dont l'humour touche à la caricature (collection particulière ; dessin de la dernière période, exécuté certainement d'après une gravure) : et au contraire Cézanne a étudié avec humilité (dessin au musée de Bâle) la tête de la femme, qui pourrait bien lui avoir inspiré l'admirable *Femme à la cafetière* du Louvre.

30 (macrophotogra

Duchesne, F. 49, gravure ; 1819, Periès, *ad art.* ; 1829, Amaury-Duval, notice de la pl. CCLXXXI ; 1839, Waagen, p. 74 (les frères Le Nain) ; 1840, Nagler, *ad art.* ; 1844, Siret, *ad art.* (Antoine et Louis) ; 1846, Melleville, p. 460 ; 1848, Clément de Ris, p. 193 (Le Nain).

1849, Champfleury, p. 101-102 ; 1850, Champfleury, p.17-18 ; 1850, Pitre-Chevalier, p. 193-195, gravure p. 193 (les frères Le Nain) ; 1850, Soulié, p. 149-150 ; 1851, Saint-Victor, p. 20 ; 1860, Champfleury, p. 269 ; 1861, Bürger, p. 263 ; 1862, Blanc, p. 3-4, p. 8, n° 2, gravure ; 1862, Champfleury, p. 9, 29, 44-45, 75 note 1, 85-86, 109-110, 142, p. 119 (gravures), p. 129-130, 187 *(id.)* ; 1863, Chesneau, p. 231, 235 (Antoine?) ; 1863, Saint-Beuve.

1866, Troubat, p. 37 ; 1867, Jal, p. 768 ; 1872, Clément de Ris, p. 368, 437 ; 1874, Gonse, p. 140 ; 1879, Arago, p. 309, gravure ; 1879, Berger, p. 118 ; 1880, Clément de Ris, p. 267 (Antoine?).

1893, Lemonnier, p. 348-349 ; 1894, Grandin, p. 129-132, gravure (Louis) ; 1894, Merson, p. 75 ; 1899, Huysmans ; 1900, Merson, p. 32, reprod. p. 31.

1904, Valabrègue, p. 31, 42, 58, 79-82, 132-134, 142, 159-160, reprod. p. 80 (probablement Louis) ; 1904, Bouyer, p. 160 ; 1905, Geoffroy, p. 67, reprod. p. 66 ; 1909, Grautoff, p. 543, reprod. ; 1910, *in* Cat. exp. 1910, *Londres, Burlington,* p. 21.

1921, Michel, p. 252, 253, reprod. p. 251, fig. 164 ; 1922, Jamot, *La Forge...,* p. 130, 133 ; 1922, Jamot,*Essai...,* p. 221, 229, 299, 302 (Louis) ; 1923, Escholier (Louis, peut être avec collaboration de Mathieu) ;

1923, Jamot, *in* Cat. exp. 1923, *Paris, Sambon,* p. 8, 11, 18 (Louis) ; 1923, Jamot, *Essai de chronologie...,* p. 158 (Louis, 1641 ou avant) ; 1923, Sambon.

1924, Thiis, p. 279-282, reprod. (Antoine) ; 1926, Dimier, p. 41 ; 1926, E.S.S., p. 72, 74 (Louis) ; 1928, Collins Baker, p. 67 (Louis).

1929, Jamot, p. 11, 28, 32-36, 47, 51, 68-69, 76-80, 96 note, 103, reprod. p. 29 (Louis) ; 1929, Jamot, *Figaro,* p. 571, reprod. p. 569 (Louis) ; 1929, Jamot, *Pantheon,* p. 358, 360 (Louis) ; 1929, Marcel-Terrasse, p. 27, pl. 24 (Louis) ; 1929, Vollmer, p. 41 (Louis).

1930, Jamot, p. 229, reprod. p. 228 (Le Nain) ; 1931, Jamot, *Forge,* p. 67-71 ; 1932, Dezarrois, p. 84 ; 1932, Weisbach, p. 103-110 ; 1933, Fierens, p. 12, 31, 33, 60, pl. XLII-XLIII (Louis) ; 1933, Florisoone, p. 1489 (Louis) ; 1933, Mourey, p. 59.

1934, Alfassa, p. 202, 204 (collaboration?) ; 1934, Diolé, *Au Petit Palais...* (Louis) ; 1934, Escholier, p. 139 (Louis) ; 1934, Fierens (Louis) ; 1934, Gallotti, reprod. détail p. 912 ; 1934, Goulinat, p. 211, reprod. p. 217 (Louis) ; 1934, Jamot, reprod. p. 114 (Louis) ; 1934, Jamot, *in* Cat. exp. 1934, *Paris, Petit Palais,* p. 6-13 (Louis) ; 1934, Ladoué, p. 315, 319, 323, reprod. détail p. 327 ; 1934, Sambon, *B.E.A.,* p. 16 (Louis) ; 1934, Sterling, *in* Cat. exp. 1934, Paris, Orangerie, p. 99, 103-104 (Louis).

1935, Gillet, p. 26, reprod. p. 25 (Louis) ; 1935, Jamot, p. 74-75 (Louis) ; 1935, Sterling, *Skira,* reprod. couleurs pl. XXIV (Louis) ; 1936, Ansaldi, p. 14-15 (Louis) ; 1936, Lazarev, pl. 32 (Louis) ; 1936, Sambon, n.p. (Louis, n° 12) ; 1938, Boucher, p. 120-123 ; 1938, Isarlo, p. 6, n° 152 (Louis) ; 1939, Bloch, p. 50, reprod. pl. I A (Louis).

1942, Meltzoff, p. 262-265, 273, reprod. fig. 1 ; 1946, Dorival, p. 68 (Louis) ; 1946, Erlanger, p. 94, reprod. p. 101 (Louis) ; 1946, B.M.M. reprod. (Louis).

1950, Leymarie, fig. 20-21 (Louis) ; 1951, Dupont-Mathey, p. 53, reprod. couleurs détail (Louis) ; 1956, Bloch, p. 267 (Louis) ; 1956, Gaudibert p. 68, 75 ; 1956, Sterling, *in* Cat. exp. 1956, *Rome,* p. 163 (certainement Louis) ; 1957, Bazin, reprod. (Louis) ; 1957, Fierens, p. 551-554, reprod. p. 553 (Louis) ; 1957, Mansfeld, p. 837-840, reprod. p. 839 (Louis) ; 1958, Thuillier, *Mathieu...,* p. 92-95, reprod. fig. 31.

1960, Isarlo, p. 52 (Louis) ; 1963, Maillet, p. 4, note, p. 11-12 ; 1964, Thuillier, p. 13, 15, 21 ; 1965, Pariset, p. 94 (Louis) ; 1966, Bloch, reprod. couleurs pl. X, XI (Louis) ; 1969, Cabanne, p. 74-76, reprod. couleurs ; 1969, Gébelin, p. 72 (Louis).

1970, Laclotte, p. 26, reprod. couleurs (Louis) ; 1971, Martinet, p. 5 ; 1974, Hours, p. 177 ; 1976, Laveissière, p. 12 (Louis) ; 1977, *in* Cat. exp. 1977-1978, *Le Creusot,* p. 8-9, reprod. (Mathieu).

Les scènes de plein air

31
Les enfants à la cage

Huile sur toile ; 0,565 × 0,44 m.

Karlsruhe, Staatliche Kunsthalle. Inv. 2544.

Gravure :
La composition a été gravée avant 1764 par Elluin avec la lettre : *Le Nain pinx^t / Elluin sculp. // Le voleur pris. / Ce tableau est au Cabinet de Mr Damery Chevalier / de l'Ordre Royal Militaire de St Louis. / A Paris chez Beauvarlet, rue Saint-Jacques, vis-à-vis des Mathurins.*

Historique :
1938 : publié par George Isarlo (voir *Bibliographie,* 1938, Isarlo) ; le tableau aurait été découvert en Angleterre et serait ensuite revenu à Paris ; durant la guerre, il aurait été envoyé au Portugal, et serait passé de là sur le marché d'art new-yorkais (Galerie Rosenberg et Stiebel), puis sur le marché d'art suisse. 1966 : acquis par le musée de Karlsruhe.

Le tableau correspond parfaitement, en sens inverse, à la composition gravée au XVIIIe siècle par Elluin sous le titre *« Le voleur pris »* et conservée alors dans le *« Cabinet de Mr Damery Chevalier de l'Ordre Royal Militaire de St Louis ».* Cette même composition est signalée dans une vente parisienne du 9 avril 1764, dont le catalogue avait été rédigé par Pierre Rémy, et qui était annoncée comme la vente après-décès du peintre de Troy, le directeur de l'Académie de France à Rome, mais contenait des tableaux d'autre provenance ; elle est placée sous le nom d'*Antoine le Nain* et ainsi décrite (n° 67) : *« Quatre jeune garçons jouant à la porte de leur maison ; l'un d'eux tient une cage posée sur le fond d'un tonneau, un Chat est à côté. Ce tableau est sur toile, de 20 pouces de haut, sur 15 de large. Elluin en a gravé l'Estampe qui a pour titre, le Voleur pris ».* Mais il faut prendre garde qu'il dût exister plusieurs exemplaires entre lesquels la distinction n'est pas facile.

Celui qui vient d'être acquis par le musée de Karlsruhe en 1966 se trouvait en France avant la guerre, et fut publié par George Isarlo en 1938 (n° 208) ; mis à l'abri au Portugal durant les hostilités, il passa ensuite sur le marché d'art américain, puis suisse. Il est assimilé à l'exemplaire qui se trouvait en 1789 en Angleterre, dans la collection W. Cunningham Graham, où il fut copié par Adam Callander (gouache signée et datée ; vente Robinson et Fisher, Londres, 2 août 1929, n° 170), et qui serait passé ensuite dans la collection Robert Bontine, St. Anne Lodge, Ascogh, Isle of Bute, en Écosse. Mais nous n'avons pu vérifier entièrement cette provenance.

On notera qu'un autre exemplaire passa en vente à Berlin les 24-25 avril 1931, comme provenant de la collection du Dr Wendland, de Lugano (Graupe, n° 56 ; « Louis Le Nain » ; reproduit au catalogue pl. 19). Il offrait des variantes intéressantes (la nature morte, par exemple, était plus développée) et ses dimensions plus restreintes (0,40 × 0,30 m) semblaient seulement tenir au fait qu'il avait été visiblement coupé à gauche et en haut. Sa qualité semblait haute, et nous regrettons de n'avoir pu retrouver sa trace.

Cette composition apparaît exceptionnelle dans l'œuvre des Le Nain par la présence d'un *sujet* précis. La cage vide évoquant l'oiseau mangé ou envolé, le chat sans doute coupable, introduisent une anecdote gênante par sa naïveté voulue, plus gênante encore lorsqu'on se souvient des sous-entendus grave-

Expositions:
Jamais exposé.

Bibliographie (en dehors des mentions de la gravure):
1938, Isarlo, p. 8, note 34, n° 208, reprod. couleurs sur la couverture (*« entièrement de la main de Louis »*); 1964, Thuillier, p. 20; 1967, «La chronique des arts», Supplément à la *Gazette des beaux-arts*, février 1967, reprod. n° 125; 1967, J. Lauts, «Staatliche Kunsthalle Karlsruhe. Neuerwerbungen 1966», *Jahrbuch der Staatlichen Kunstsammlungen in Baden-Württemberg*, t. IV, 1967, p. 129, reprod. p. 131 (Louis); 1970, Lauts, p. 52, reprod. (Louis); 1973, J. Lauts, *Staatliche Kunsthalle Karlsruhe. Neuerwerbungen 1966-1972*, Karlsruhe, p. 46, reprod. (Louis).

leux qu'y mêle ordinairement l'époque. En France même, surtout dans la première moitié du XVIIe siècle, on trouverait quantité de représentations d'enfant jouant avec des chats et des oiseaux, notamment dans la gravure populaire, parfois avec l'indication d'artistes notables comme Lallemant. Scènes de la vie quotidienne, nous le savons par la littérature : mais la lettre de l'estampe avertit le plus souvent qu'on en donnait des interprétations moins innocentes.

Certes, le tableau rompt avec cette veine burlesque par le calme des attitudes, le refus des cris et des grimaces, la discrétion des accessoires et l'importance donnée au cadre. On reste pourtant surpris de voir les Le Nain utiliser pareil prétexte. On peut se demander si nous ne tenons pas ici une œuvre relativement précoce, et l'un des points de départ des scènes paysannes, encore mal détachées de la production contemporaine. Le paysage demeure assez rudimentaire, les types d'enfants assez proches des tableaux présumés les plus anciens, pour qu'une date quelque peu antérieure à 1640 mérite d'être étudiée.

31

32
Paysage à la chapelle

dit *Paysans dans un paysage*

Huile sur toile ; 0,41 × 0,55 m.

Hartford (Conn.), The Wadsworth Atheneum (Ella Gallup Sumner and Mary Catlin Sumner Collection). Inv. 1931. 210.

Au premier abord le tableau apparaît déconcertant. On ne peut qu'être surpris par l'entassement en plein air, sur le devant, d'un personnage qui pose une gourde à la main, d'un chien, d'une grande nature morte formée par un tonneau défoncé, un panier en bon état et un trépied vernissé, sans parler d'une cruche d'autant plus énorme qu'elle paraît d'abord placée derrière la vieille du second plan. Si les Le Nain suppriment l'action et isolent leurs personnages, ils respectent à l'ordinaire une certaine logique des lieux. Et l'on se demanderait volontiers si un paysage plus simple, voisin du tableau de Washington, n'a pas été complété par ce premier plan et rehaussé par la grande tache rouge du manteau pour mieux répondre au goût des amateurs.

Le second plan, en revanche, retrouve son inspiration réaliste. La chapelle gothique à demi ruinée, avec ses fenêtres bouchées, les propriétés closes de murs mal entretenus, le petit berger gardant quelques moutons, le gentilhomme à qui une « égyptienne » dit la bonne aventure, tous ces détails semblent bien évoquer directement, plus que les alentours de Paris, la campagne de Laon, ravagée par les guerres depuis plus de cinquante années. On ne peut s'empêcher de songer à ce paysage en lisant les baux de fermage et les divers documents du temps des Le Nain que conservent les archives locales.

La vieille femme de droite et l'enfant qui l'accompagne semblent établir des liens étroits entre ce tableau et les *Trois âges* de la National Gallery de Londres (n° 23). Une date proche n'est pas impossible.

Historique :
1839 : exposé à Londres comme appartenant à la collection de George Wilbraham, Northwick, Cheshire, Angleterre.
1930, 18 juillet : vendu chez Christie *(The Scarsdale Heirloom Pictures and Others Collections Sale,* n° 24), comme propriété de George Wilbraham Esq., pour £ 682.10.
1931, acquis par le Wadworth Atheneum de Durlacher Brothers, Londres.

Expositions :
1839, Londres, Bristish Institution, n° 158 (p. 14).

1931, Hartford, Wadworth Atheneum, *Landscape Painting,* n° 32, reprod. ; 1934, Paris, Orangerie, n° 68, reprod. pl. XXIX (Louis) ; 1934, San Francisco, n° 12 (Louis) ; 1936, New York, Knoedler, n° 13, reprod. (Louis) ; 1936, Pittsburgh, n° 12, reprod. (Louis) ; 1937, Paris, n° 92, *Album* pl. 31, *III,* n° 40, p. 110-111 ; 1939, Kansas City, William Rockhill Nelson Gallery of Art, *French Art in two Centuries ;* 1939, New York, World's Fair, *Masterpieces of Art,* n° 212 ; 1941, Baltimore, *Landscape Painting from Patinir to Hubert Robert,* n° 38, reprod. pl. 38 (Louis) ; 1943, New York, n° 434, reprod. p. 95 (Louis).

1945, Brooklyn, Brooklyn Museum, *Landscape Painting,* n° 32 (Louis) ; 1947, Toledo, n° 3, reprod. (Louis) ; 1951, Amsterdam, n° 70 (Louis) ; 1954, Pittsburgh, n° 23, reprod. (Louis) ; 1958, Sarasota, n° 52 (Louis) ; 1960-1961, Washington, n° 27, reprod. (Louis) ; 1969-1970, Jaksonville-St Petersburg, n° 28, reprod. (Louis).

Bibliographie :
1931, *Art News,* 31 janvier, p. 9 ; 1931, *Bull. of Wadworth Atheneum,* janvier, reprod. p. 9 ; 1932, Siple, p. 115, reprod. pl. I c (Louis) ; 1933, P. W. Cooley, *Bull. of Wadworth Atheneum,* janvier, p. 3-4, reprod. p. 2 (Louis) ; 1933, Fierens, p. 28-30, 62, reprod. pl. XXXIII (Louis).

1934, Sterling, *in* Cat. Exp. 1934, *Paris, Orangerie,* p. 103 (Louis) ; 1935, Alfassa, p. 403, 406 ; 1935, Bloch, *I pittori...,* reprod. pl. XI (Louis) ; 1935, Pannier, p. 5 (Louis) ; 1935, Tietze, p. 342, reprod. pl. 250 (Louis) ; 1936, Ansaldi, p. 15-16 (Louis) ; 1936, Sambon, n. p. (Louis), n° 4) ; 1937, George, p. 17, reprod. (Louis) ; 1937, Wescher, p. 281, reprod. (Louis) ; 1938, Isarlo, p. 8, n° 74 (Louis) ; 1942, Shoolman-Slatkin, reprod. pl. 482 (Louis) ; 1943, Berger, p. 21-22, reprod. p. 23, fig. 4 (Louis).

1946, Davies, p. 135 ; 1946, Dorival, p. 68 (Louis) ; 1946, Erlanger, p. 131-135, reprod. p. 132 (Louis) ; 1947, *Art News,* XLVI, n° 8 (oct. 1947), reprod. ; 1947, Visson (Louis) ; 1948, Bloch (Louis) ; 1950, Leymarie, fig. 6, 32 (Louis).

1953, Bloch, p. 367 (Louis) ; 1953, Dorival, p. 47, reprod. (Louis) ; 1956, Gaudibert, p. 68 ; 1957, Fierens, p. 550, reprod. p. 548 (Louis) ; 1957, Fosca (Louis) ; 1958, *Connoisseur,* p. 198, reprod. (Louis) ; 1964, Thuillier, p. 15, 21, reprod. couleurs p. 18 (Le Nain) ; 1966, Bloch, reprod. couleurs pl. XIV (Louis) ; 1969, Collot, reprod.

32

33
L'âne

dit aussi *La laitière, La famille de la laitière, Paysans dans un paysage, La famille de paysans*

Huile sur toile ; 0,51 × 0,59 m.

Leningrad, musée de l'Ermitage. Inv. 1152 ; cat. Somov n° 1493 ; cat. 1958, I, p. 301 ; cat. 1976, I, p. 208 reprod.

Historique :
Entre 1763 et 1774 : acquis pour l'impératrice Catherine II ; figure dans l'inventaire de 1773-1785 comme œuvre de Louis Le Nain.

Expositions :
1934, Paris, Petit Palais, n° 16 (Louis) (mais le tableau ne serait pas parvenu à Paris) ; 1955, Moscou, p. 41 (Louis) ; 1956, Leningrad, p. 33 (Louis).

Bibliographie :
1856, Dussieux, p. 439 ; 1862, Champfleury, p. 99 (d'après le catalogue de l'Ermitage) ; 1864, Waagen, p. 303 (*« ungewöhnlich brillant in der Beleuchtung »*) ; 1880, Clément de Ris, p. 267 (Antoine?) ; 1904, Valabrègue, p. 42, 172 (d'après le catalogue) ; 1911, *in* Cat. exp. 1910, *Londres, Burlington*, 2e édition, 1911, p. 14, 21 (« 2e groupe », Louis).

1926, Ernst, p. 304-306, reprod. p. 307 (Louis) ; 1928, Réau, n° 196 ; 1929, Jamot, p. 51 (Louis) ; 1929, Lansing, p. 206-207 ; 1929, Vollmer, p. 42 (Louis) ; 1932, Weisbach, p. 369, note 8 ; 1933, Fierens, p. 28, 30, 61, reprod. pl. XXXI (Louis).

1934, Bloch, *Les frères Le Nain...*, p. 343 ; 1935, Bloch, *I pittori...* reprod. pl. X (Louis) ; 1935, Gillet, p. 30 (Louis) ; 1936, Lazarev, p. 41, 48, 50-52, pl. 27, 28-30 (Louis) ; 1936, Sambon, n.p. (Louis, n° 8) ;

1938, Isarlo, n° 245 ; 1939, Bloch, p. 53, pl. II A (Louis).

1948, Bloch (Louis) ; 1950, Leymarie, fig. 31 (Louis) ; 1956, Gaudibert, p. 68, reprod. (Louis) ; 1957, Fierens, p. 550 (Louis) ; 1957, Sterling, p. 19-22, reprod. couleurs pl. 7 (Louis) ; 1961, Descargues, p. 156-157, reprod. couleurs (Louis) ; 1962,

Huyghe, reprod. couleurs, p. 20 (Louis) ; 1962, Prokofiev, reprod. pl. 13 (Louis) ; 1963, Alpatov, p. 280, reprod. pl. 218-219 (Louis) ; 1964, Levinson-Lessing, reprod. couleurs pl. 52 ; 1964, Thuillier, p. 16, 21 ; 1966, Bloch (Louis) ; 1967, Kouznetsov, reprod. couleurs (Louis) ; 1969, Gébelin p. 72 (Louis) ; 1973, Glickman, reprod. couleurs pl. 14-15 (Louis).

On connaît deux compositions de Le Nain jouant sur un équilibre savant entre les personnages, représentés en pied et demeurant le centre du tableau, et le paysage, qui possède une importance manifeste, et se développe sur de vastes lointains : la présente toile, acquise par Catherine II et inscrite dans l'inventaire de 1773-1785 sous le nom de Louis Le Nain, et la *« Halte du cavalier »* du Victoria and Albert Museum, que les clauses de la donation Ionides ne permettaient pas d'exposer. Ces deux œuvres furent certainement célèbres : il existe de la seconde au moins deux copies, et de celle-ci au moins une (exposée à Londres, *Burlington Fine Arts Club Winter Exhibition*, 1923-1924, n° 31, comme appartenant à la collection Archibald G.B. Russel, de Londres). Tout invite à leur assigner une date voisine, et sans doute assez proche de 1641. On notera comme un trait fréquent chez les Le Nain (et qui souligne leur travail direct devant le modèle), que dans les deux tableaux réapparaît le même récipient de cuivre, interprété — avec raison, semble-t-il — comme servant au transport du lait.

Le plus accompli est sans doute celui de Londres, qui offre quelques-unes des figures les plus admirables de Le Nain, et une vision de la campagne française sans exemple depuis Fouquet. Le plus hardi est sans doute celui de l'Ermitage, qui coupe franchement en deux la composition, dégage un grand pan de paysage pur, et installe délibérément, au centre de la composition, un âne. Ou plutôt le portrait d'un âne, qu'on retrouve, identique jusque dans son harnachement, mais rejeté sur le côté, dans la grande *Adoration des bergers* de la National Gallery (n° 9). La toile est si visiblement construite autour de cet âne et de l'enfant qui le guide, les autres personnages sont si manifestement ajoutés — sans même que leur assiette ait été clairement prévue —, que nous croyons pouvoir désigner l'œuvre par son nom, afin d'éviter toutes les confusions que les autres appellations (et surtout le terme de *Laitière*) ont jusqu'ici entraînées avec le tableau de Londres ou les divers tableaux paysans.

Rarement des personnages dans un paysage ont été plus silencieux. Le groupe est installé, sans prétexte aucun, en une masse compacte, sur un monticule inexpliqué, près d'objets inutilisables, entourant l'animal immobile. Le manque d'*action* souligné par Sainte-Beuve n'a jamais été plus manifeste. Il en naît une sorte d'attente, qui laisse écouter le grand paysage plat, calme sous le ciel couvert qu'étend à l'infini la lente diagonale des nuages.

33

34
La charrette

dit aussi *Le retour de la fenaison,*
Les moissonneurs, Les petits
moissonneurs

Huile sur toile ; 0,56 × 0,72 m.
Signé et daté en bas à gauche, sur
le tronc d'arbre : .LENAIN. FEC.T.
1641.

Paris, musée du Louvre,
Inv. R.F. 258 ; cat. Brière nº 542 ;
cat. Rosenberg nº 479, reprod.

Gravure :
gravure sur bois, par Noël Eugène Sotain,
pour la *Gazette des Beaux-Arts,* en 1860
(voir *Bibliographie,* 1860, Champfleury).

Historique :
1848 : apparaît à la troisième exposition
de l'Association des Artistes à la salle
Bonne-Nouvelle ; le tableau, qui appartient
alors à M. de Saint-Albin, est remarqué et
loué par Clément de Ris (cf. *Bibliographie*).
1879 : légué au Louvre par le vicomte de
Saint-Albin.

Expositions :
1848, Paris (Le Nain) ; 1874, Paris, nº 306
(les frères Le Nain) ; 1934, Paris, Petit
Palais, nº 13, reprod. (Louis) ; 1934, Paris,
Orangerie, reprod. pl. XXIX (Louis) ;
1936, New York, Knoedler, nº 12, reprod.
(Louis) ; 1946, Paris, Petit Palais, nº 59
(Louis).

Bibliographie :
1848, Clément de Ris, p. 193-194
(Lenain) ; 1849, Champfleury, p. 104 (Le
Nain) ; 1850, Champfleury, p. 21 ; 1860,
Champfleury, p. 275, gravure sur bois,

De tous les extérieurs de Le Nain, la *Charrette* est le seul qui soit signé et daté : il apporte au groupe à la fois une totale garantie d'authenticité et une précieuse indication chronologique.

C'est aussi le plus anciennement admiré. Exposé à Paris en 1848, à la salle Bonne-Nouvelle, au plein moment des recherches sur le paysage et le réalisme, il fut aussitôt remarqué et loué. Non sans réticence parfois, et les amateurs de paysages hollandais ou flamands ne pouvaient accommoder leurs yeux à cette gamme claire et argentée où Charles Blanc ne voit encore qu' *« un ton grisâtre et crayeux »*. Même lorsque le tableau vint s'ajouter aux collections du Louvre, grâce à la générosité du vicomte de Saint-Albin, il resta discuté. *« Dénué de toute valeur »*, estime Lemonnier en 1893 ; et J.K. Huysmans, en 1899, s'avoue à la fois séduit et embarrassé : *« L'aspect blanchâtre de cette toile est bizarre ; on ne peut guère l'expliquer que par cette lumière blafarde qui précède souvent les arrivées d'orages ; mais le ton de « blanquette » de l'œuvre est relevé par un rouge de manches de femme et par le citron pâle d'un chaudron dont le cuivre s'éteint et le vert charmant d'un corsage qui se meurt ; ce panneau est intéressant par l'étrangeté de sa couleur même... »* Il fallut toutes les expériences de la peinture moderne pour faire accepter pleinement l'audace d'un tableau qui rompt tranquillement avec le jeu traditionnel des plans et des valeurs comme avec le répertoire usuel des « tableaux de paysans ».

De fait, rien de plus savant que cette touche, grasse, pleine, tantôt si libre qu'elle appelle Manet, tantôt fondue en nuances laiteuses, grises ou dorées, tantôt d'un fini précieux et s'attachant à indiquer une échappée de paysage, les abords d'une ville, un minuscule personnage sur une route, et son ombre infime. Rien de plus juste que ce réalisme discret, cette maternité rustique, ces bâtisses de pierre ou de torchis à-demi écroulées (spectacle alors fréquent dans la campagne picarde ravagée par les guerres) ; rien de plus vrai que cette placidité paysanne un instant dérangée par un visiteur sur qui se pose le regard inquiet des animaux et l'attention des enfants.

34

p. 273 (Le Nain) ; 1862, Blanc, p. 8, n° 11 ;
1862, Champfleury, p. 49-51, 188
(Le Nain) ; 1872, Clément de Ris, p. 40
(Le Nain) ; 1874, Mantz, p. 108.

1880, Clément de Ris, p. 267 (Louis) ;
1893, Lemonnier, p. 348, note 1 («*dénué
de toute valeur*») ; 1894, Grandin, p. 132
(Louis) ; 1899, Huysmans ; 1900, Merson,
p. 32 (Le Nain) ; 1904, Valabrègue, p. 17,
31, 55-56, 72 note, 160 ; 1905, Geoffroy,
p. 67, reprod. p. 65 ; 1909, Grautoff,
p. 541, reprod. ; 1910, *in* Cat. Exp. 1910,
Londres, Burlington, p. 21 ; p. 10, 17
(«groupe II», Louis).

1921, Michel, p. 253 ; 1922, Jamot,
Essai..., p. 224, 229, 233, etc., reprod.
p. 231 (Louis) ; 1922, Klingsor, p. 99-100 ;
1923, Escholier (Louis) ; 1923, Jamot, *in*
Cat. Exp. 1923 *Paris, Sambon,* p. 8, 18
(Louis) ; 1923, Jamot, *Essai de
chronologie...,* p. 158, 160 (Louis).

1924, Thiis, p. 273-276, reprod. (Antoine) ;
1926, Dimier, p. 41 ; 1926, Ernst, p. 306
(Louis) ; 1926, Marquiset, p. 80, 84-85 ;
1928, Collins Baker, p. 68-69 (problème).
1929, Jamot, p. 19, 32-36, 40, 47-48, 52,
91, 103, reprod. p. 25 (Louis) ; 1939,
Jamot, *Figaro,* p. 571, reprod. (Louis) ;
1929, Jamot, *Pantheon,* p. 358-360
(Louis) ; 1929, Lansing, p. 205 ; 1929,
Marcel-Terrasse, p. 27-28, pl. 25 (Louis) ;
1929, Vollmer, p. 41 (Louis).

1932, Weisbach, p. 105 (Louis) ; 1933,
Fierens, p. 2, 14, 23-28, 56, 60,
pl. XXII-XXV (Louis) ; 1933, Fierens,
Débats (Louis) ; 1933, Florisoone, p. 1490
(Louis) ; 1933, Mourey, p. 59.

1934, Alfassa, p. 202-206 ; 1934, Bloch,
Les frères Le Nain..., p. 350, reprod.
p. 348 ; 1934, Diolé, *Au Petit Palais...*
(Louis) ; 1934, Escholier, p. 139 (Louis) ;
1934, Fierens (Louis) ; 1934, Gallotti,
reprod. détail p. 912 ; 1934, Grappe,
p. 324, reprod. p. 325 (Louis) ; 1934,
Isarlo, p. 120, 170, reprod. détail p. 125

(Louis et Antoine) ; 1934, Jamot, *in* Cat.
exp. 1934, *Paris, Petit Palais,* p. 13
(Louis) ; 1934, Ladoué, p. 315-316,
323-324, reprod. détail ; 1934, Pannier,
p. 502-503 et note 1 (Louis) ; 1934,
Sambon, *B.E.A.,* p. 14-15 (Louis) ; 1934,
Sterling, *in* Cat. exp. 1934, *Paris,
Orangerie,* p. 101-102 (Louis) ; 1934,
Vaudoyer (Louis).

1935, Alfassa, p. 406 ; 1935, Bloch,
I pittori..., reprod. détail pl. X (Louis) ;
1935, Davies, p. 293-294 (Louis) ; 1935,
Sterling, *B.M.F.,* p. 6 ; 1935, Sterling,
Skira, reprod. couleurs pl. XXII (Louis).

1936, Ansaldi, p. 15-16 (Louis) ; 1936,
Lazarev, pl. 16 (Louis) ; 1936, Sambon,
n.p. (Louis, n° 5) ; 1938, Isarlo, n° 72 ;
1943, Berger, p. 23, reprod. (Louis).

1946, Chamson-Devinoy, reprod. détail,
pl. 14 ; 1946, Dorival, p. 68 (Louis) ; 1946,
Erlanger, p. 131-135, reprod. couleurs
p. 133 (Louis) ; 1947, Ladoué, p. 33-34 ;
1948, Bloch (Louis) ; 1949, Champigneulle,
reprod. détail p. 124 (Louis) ; 1950,
Leymarie, fig. 3, 22-24 (Louis) ; 1951,
Dupont-Mathey, p. 56-57, reprod. couleurs
(Louis) ; 1953, Bloch, p. 367 (Louis) ; 1956,
Gaudibert, p. 68, 79.

1957, Bazin, reprod. pl. couleurs (Louis) ;
1957, Fierens, p. 550, reprod. pl. couleurs
(Louis) ; 1957, Fosca (Louis) ; 1957,
Mansfeld, p. 837-840, reprod. p. 839
(Louis) ; 1960, *Connaissance des Arts,*
p. 18, reprod. couleurs (Louis) ; 1962,
Huyghe, p. 21, reprod. couleurs (Louis) ;
1963, Maillet, p. 10 ; 1964, Thuillier,
p. 15-16 ; 1965, Pariset, p. 94, reprod.
pl. XXIV (Louis) ; 1966, Bloch, reprod.
couleurs pl. III, XVII (Louis).

1968, Levey, p. 73, reprod. couleurs
(Louis) ; 1969, Cabanne, p. 76 ; 1969,
Gébelin, p. 70-72 ; 1974, Hours,
p. 177-178 ; 1976, Haskell, p. 63, reprod.
pl. 154 (Louis) ; 1976, Laveissière, p. 12
(Louis).

34 (macrophotograp

35
Paysans devant leur maison

Huile sur toile ; 0,552 × 0,705 m.

San Francisco, The Fine Arts Museums of San Francisco, California Palace of the Legion of Honor (Mildred Anna Williams Collection), Inv. 1941.17. Handbook 1942, p. 42 reprod. ; 1960, p. 55, reprod. couleurs.

Historique :
Dernier tiers du XVIII⁰ siècle : acquis par Charles, 4⁰ duc de Rutland (1754-1787), et demeuré près de deux siècles dans la famille à Belvoir Castle.
1941 : acquis par l'intermédiaire de Knoedler and Company pour la Mildred Anna Williams Collection, au California Palace of the Legion of Honour.

Expositions :
1910, Londres, Burlington, n° 30 ; *Ill. Cat.* pl. IX ; 1923, Paris, Sambon, n° 1, reprod. (Louis) ; 1936, New York, Knoedler, n° 14, reprod. (Louis).

1946, New York, n° 28, reprod. (Louis) ; 1947, Saint-Louis, n° 26, reprod. (Louis) ; 1950-1951, Philadelphie, Diamond Jubilee Exhibition, n° 46, reprod. (Louis) ; 1951, Pittsburgh, n° 52, reprod. (Louis) ; 1951, Santa Barbara, Old Masters Paintings from California Museums, n° 2, reprod. (Louis).

1953, Reims, n° 7, reprod. pl. V (Louis) ; 1955, Sarasota, Director's Choice, n° 8, reprod. (Louis) ; 1957, Buffalo, Trends in Painting 1600-1800, p. 10, reprod. (Louis) ; 1958, Los Angeles, California Collects, n° 16, reprod. (Louis) ; 1961, New York, Wildenstein, Masterpieces, n° 12, reprod. (Louis) ; 1961-1962, Canada, n° 42, reprod. (Louis) ; 1966, Paris, n° 20, reprod. (Louis).

Le tableau est très voisin de la *Charrette* du Louvre. On y retrouve la même touche, aussi sûre lorsqu'elle installe une grande tache de rouge sur un habit que lorsqu'elle multiplie les nuances grises ou jaunes sur les vieilles pierres, ou suggère une touffe de graminées sur le coin d'un toit. On y retrouve le même réalisme, qui s'attache à décrire une maison du pays laonnois, avec sa construction de pierre, son escalier droit conduisant à l'étage habité, au-dessus du « vendangeoir », et le mauvais entretien (que l'on songe aux tableaux hollandais !) qui est celui de toute la campagne picarde dans cette période troublée. On y retrouve surtout le même esprit, et ces êtres comme surpris soudain par un visiteur qui s'approche, et l'attendant en silence. L'homme debout dans ses vêtements en loques est l'une des plus belles figures de paysans de tout l'art français. L'adolescent au coq, grave et beau, rejoint dans sa sobriété, par-delà tant de différences et de frontières, certaines figures antiques.

Il n'est guère possible de distinguer ce tableau parmi les divers « Paysans devant leur porte » qu'on voit passer dans les ventes du XVIII⁰ et du XIX⁰ siècle, et dont la plupart renvoient sans doute au « Maître aux béguins ». Par exemple, a-t-il quelque rapport avec ce « *Le Nain. Une famille de paysans près du seuil de leur porte, à M. le Président de Vêvres* » qui fut exposé sous le n° 85 au *Salon de la Correspondance*, à Paris, en 1783, et brièvement commenté par Pahin de la Blancherie ? Il semble pourtant que la composition ait été admirée. On en connaît au moins deux exemplaires. Celui de San Francisco, ici exposé, original de la plus haute qualité, provient de Belvoir Castle, qu'il n'a quitté qu'en 1941, et aurait été acquis par Charles, 4⁰ duc de Rutland (1754-1787). Un second exemplaire, qui ne s'en distingue que par de minimes détails (huile sur toile, 0,57 × 0,66), est resté longtemps beaucoup plus connu, admiré, reproduit. Il se trouvait, dès la première moitié du XIX⁰ siècle au moins dans la collection des comtes de Carlisle. Vendu chez Sotheby le 10 mai 1922 (*Catalogue of Valuable Pictures by Old Masters, including the Properties of (...) The Late Rosalind, Countess of Carlisle...,* n° 88, Le Nain, *Peasant in front of a House...,* 21 in. by 26 in., reproduction), il fut acquis sur le fonds Clara Bertram Kimball par le Museum of Fine Arts de Boston (Inv. 22.611). Sa qualité est sensiblement moins haute ; elle reste pourtant d'un niveau tel qu'il peut paraître difficile de penser à une simple copie.*

* Grâce à l'extrême courtoisie du musée de Boston, cet exemplaire sera présenté à l'exposition : ce qui permettra pour la première fois la confrontation indispensable.

Bibliographie (pour ce seul exemplaire)
1910, *in* Cat. exp. 1910, *Londres, Burlington,* p. 28 ; 1922, Jamot, *Essai...* p. 232 (Louis) ; 1923, Escholier (Louis) ; 1923, Jamot, *in* Cat. exp. 1923, *Paris, Sambon,* p. 10 (Louis) ; 1923, Jamot, *Essai de chronologie...,* p. 158-160, reprod. p. 159 (Louis).

1923, Michel, p. 169, reprod. p. 168 (Louis) ; 1923, Rey, p. 5 ; 1923, Vaillat, reprod. p. 59 (Louis) ; 1923, Vaudoyer (Louis) ; 1924, Thiis, p. 304 (Louis) ; 1929, Jamot, p. 40, 43, 48 (Louis) ; 1929, Jamot, *Pantheon,* p. 360 (Louis) ; 1929, Vollmer, p. 42 (Louis).

1932, Weisbach, p. 362, note 33 ; 1933, Fierens, p. 28-29, 60, reprod. pl. XXVI (Louis).

35

1934, Jamot, *in* Cat. exp. 1934, *Paris, Petit Palais,* p. 14 (Louis) ; 1934, Sambon, *B.E.A.,* p. 15 (Louis) ; 1936, Sambon, n.p. (Louis, nº 6) ; 1938, Isarlo, nº 246 ; 1939, Bloch, p. 53 (Louis).

1944, *Bull. of the California Palace of the Legion of Honor,* juin, p. 20-21, reprod. (Louis) ; 1946, *ibidem,* juillet-août, p. 28, reprod. (Louis) ; 1950, Leymarie, fig. 33 (Louis) ; 1953, Bloch, p. 367 (Louis) ; 1953, Druart, p. 9 ; 1955, *New York Times,* 20 février, reprod. ; 1957, Fierens, p. 550-551, reprod. p. 547 (Louis) ; 1957, Fosca, reprod. (Louis) ; 1963, Sterling, p. 115, reprod. pl. LXIX (Louis) ; 1964, Thuillier, p. 21, reprod. couleurs p. 19 ; 1966, Bloch, reprod. couleurs pl. VIII-IX (Louis) ; 1969, Gébelin, p. 72 (Louis) ; 1971, Martinet, p. 5.

36
Paysans dans un paysage

dit *Landscape with Peasants, Travelling Musician, Scène italienne.*

Huile sur toile ; 0,465 × 0,570 m.

Washington, National Gallery of Art (Samuel H. Kress Collection 1946).
Inv. 783 ; Cat. Eisler K. 1392.

Historique :
1854 : Waagen signale dans la collection Neeld, à Chippenham, Wiltshire, un tableau ainsi décrit : *Lenain. Children in a landscape : of his usual truth, and also of transparent coulouring and delicate effect.* Tout semble indiquer que la toile avait figuré dans l'exposition vente des œuvres de Gainsborough et de sa collection personnelle, à Schomberg House, au printemps de 1789 (*Catalogue of the Pictures and Drawings of the Late Mr. Gainsborough, including those Works of the Old Masters, which he had collected...* ; nº 10. *Le Nain. Travelling Musician* (sic) 1 ft 10 in. × 1 ft 5 in.). Le prix demandé était l'un des plus élevés : 50 guinées. Avant de passer à la famille Neeld, le tableau aurait été acquis par George Hibbert et se retrouverait à sa vente en 1829 (*A Catalogue of the very choice and highly valuable cabinet of*

Peut-être un des tableaux les plus audacieux de tout le siècle.

Il a malheureusement beaucoup souffert, particulièrement sur les bords de la toile, et les nettoyage et rentoilage récents (Pichetto, 1945) n'ont pu entièrement remédier aux dommages anciens. Les usures ont assombri le ciel dans sa partie haute, surtout vers le milieu, et transformé en masse peu lisible le puissant contrefort de pierre qui soutenait le mur de droite. Une petite bâtisse semble avoir disparu à gauche, au-dessus du jeune garçon au bâton. Un restaurateur paraît n'avoir pas compris la structure de la porte : il doit avoir allongé quelque peu le pilier vers le bas, rogné sur sa largeur (on distingue à l'œil nu l'amincissement) et transformé en toiture aiguë l'amortissement de pierre qui surmontait un bandeau et de petites meurtrières (la forme arrondie subsiste à gauche). Sur le devant, il a remplacé les ombres portées sur le sol clair du chemin par une vague tache brune qui rend incompréhensible l'assiette des deux enfants, et inutilement agrandi la composition vers la gauche, isolant la vieille femme qui primitivement se trouvait adossée au cadre. Une copie médiocre, mais ancienne, conservée dans la collection du duc de Westminster, à Saighton Grange (gravée en 1821, nº 119) permet de retrouver certaines de ces altérations et de comprendre la logique primitive de l'œuvre. Elle semble indiquer aussi une campagne plus morcelée en propriétés closes de murs qu'il ne paraît actuellement sur ce tableau : et l'on se gardera donc de tirer de cette œuvre trop usée un témoignage trop précis sur la campagne française du XVIIe siècle.

En revanche, ces réserves faites, il faut admirer la simplicité surprenante de la composition, qui ne semble guère avoir d'équivalent à l'époque. Les personnages, abaissés bien au dessous de l'horizon par une vue plongeante qui semble prise du haut d'une fenêtre ou d'un mur (celui du rempart ?), ne tiennent plus qu'une place secondaire. Même si le joueur de flageolet et le joueur de vielle sont nécessaires à la poésie du tableau, le sujet véritable est devenu le portrait d'un site. Toutes les conventions du paysage sont ici oubliées. Le peintre a réussi à voir et reproduire une campagne familière dans sa réalité quotidienne. Et il suffit de songer aux merveilleux paysages de Fouquières, La Hyre, Patel, Mauperché, de Claude, Poussin ou Dughet, pour mesurer ce refus total du lyrisme, cette destruction des mécanismes intellectuels, et cet effort pour retrouver la poésie au niveau prosaïque du spectacle vécu.

Aucun paysage de Le Nain ne va aussi loin. Est-ce une raison pour situer l'œuvre à la fin du groupe des scènes d'extérieur ? La ressemblance très étroite de la figure de gauche avec la vieille femme de la *Famille Heureuse* (nº 27), datée de 1642, peut servir d'argument en faveur d'une période toute voisine.

36

*Italian, Spanish, French, Flemish and
Dutch Pictures, the genuine property of
George Hibbert, Esq. (...) wich will be sold
by auction, by Mr. Christie on Saturday,
June the 13 th, 1829 (...). Le Nain. — 36.
Paesant children piping in a Landscape,
their Mother sitting by and looking on,
near a Gateway; the back-ground is a
level country, the outlines of which are
thrown into agreable perspective. This
picture is recorded to have been a favorite
of Gainsbrough, and was twice in his
possession.* » Ajouté en marge : 14. 14.).
Plusieurs sources indiquent que le tableau
serait passé dans la collection du
Dr Dibdin, vendue également en 1829 (?) ;
mais nous n'avons pu vérifier cette
assertion.
1944 : le tableau est vendu chez Christie, à
Londres, le 9 juin (n° 18) pour £ 1200 ; il
passe à la galerie Wildenstein, de New
York.
1945 : il entre dans la collection Samuel H.
Kress, et il est donné avec elle à la
National Gallery de Washington.

Expositions :
1910, Londres, Burlington, n° 31, *Ill. Cat.*,
pl. VII ; 1932, Londres, n° 109 (Louis) ;
1934, Paris, Petit Palais, n° 27 (Louis).

Bibliographie :
1854, Waagen, t. II, p. 245 (Le Nain) ;
1865, Champfleury, p. 95 (d'après
Waagen) ; 1876, Dussieux, p. 324 ; 1910,
in Cat. exp. 1910, *Londres, Burlington,*
p. 28 ; p. 10 (« groupe II », Louis).

1919, Brière, p. 80 ; 1922, Jamot, *Essai...,*
p. 232 (Louis) ; 1923, Jamot, *Essai de
chronologie...,* p. 158-160 (Louis) ; 1929,
Jamot, p. 44-51 (Louis) ; 1929, Lansing,
p. 206-207 (collaboration de l'« assistant
des Le Nain ») ; 1932, Dezarrois, p. 84,
reprod. p. 85 (Louis) ; 1932, Weisbach,
p. 299 (Louis) ; 1933, Fierens, p. 28-30, 61,
reprod. pl. XXXII (Louis).

1934, Alfassa, p. 202 (Louis) ; 1934, Isarlo
(Louis vers 1620-1630) ; 1936, Ansaldi,
p. 16 (Louis) ; 1936, Sambon, n. p. (Louis,
n° 3) ; 1938, Isarlo, n° 70.

1944, *Burlington Magazine,* p. 107-108 ;
1945, Waterhouse, p. 77 ; 1946, *Art News ;*
1946, Douglas ; 1956, Gaudibert, p. 68 ;
1957, Fierens, p. 550 (Louis) ; 1963,
Walker, p. 206, reprod. couleurs p. 207 ;
1966, Bloch, reprod. pl. XV (Louis) ; 1968,
Thuillier, p. 69 et note 19 ; 1977, Eisler,
p. 266-267, reprod. fig. 246 (Louis).

Les frères Le Nain, portraitistes

I

Une grande partie du succès des frères Le Nain à Paris fut certainement due à leur talent de portraitistes : et c'est au portrait que fut certainement consacrée une grande partie de l'activité des trois peintres. Tous les témoignages contemporains s'accordent à le prouver. C'est comme portraitistes qu'ils sont mis en scène dans le roman de Du Bail (1644), et Georges de Scudéry introduit « Le Nain » dans son *Cabinet poétique* (1646) à propos d'un *Portrait de Monseigneur le Cardinal Mazarin*. Félibien, répétons-le, dit nettement que *« les Nains frères faisoient des Histoires et des portraits »* (1679, repris en 1688), et Leleu rappelle qu'Antoine *« excelloit pour les mignatures et portraits en raccourci »*, que Louis *« réussissoit dans les portraits qui sont à demy-corps et en forme de buste »*, et que Mathieu *« tirant un jour la Roine Anne d'Autriche, le Roy Louis 13 qui estoit présent dit que la Roine n'avait jamais esté peinte dans un si beau jour »*.

Sur ce point les documents retrouvés s'accordent parfaitement avec les témoignages. Le seul marché réapparu jusqu'ici est un prix-fait avec le Bureau de la ville de Paris pour le grand *Portrait des échevins* et les huit portraits en buste qui l'accompagnaient traditionnellement (Montgolfier, 1958) : cela, dès 1632, soit au début même de leur carrière. C'est un *Portrait de Mazarin* que Mathieu avait donné à l'Académie Royale (Guillet de Saint-Georges, 1693) et qui y fut exposé jusqu'à la Révolution. Autre preuve sans réplique : l'inventaire après-décès de Mathieu mentionne plus d'une centaine de portraits, *« petits tableaux »*, *« testes »* ou *« grands tableaux »*, sur cuivre, sur bois et sur toile, *« tant faits que non achevés »*, tant de femmes que d'hommes, de *« mareschaux de France et autres seigneurs »* : et l'expert, le peintre Semel, les prise à la douzaine, hormis un *« grand tableau représentant un président au mortier »*. A lire ces textes et ces documents, on se persuade vite que le portrait pourrait bien offrir la clef de la carrière des trois frères. C'est à lui qu'ils durent sans doute la meilleure part de leur fortune, grâce à lui qu'ils touchèrent jusqu'à la famille royale, et probablement nouèrent ces relations qui permirent à Mathieu d'obtenir, consécration inespérée, le collier de saint Michel.

II

D'où venait pareil succès ? Assurément du talent des Le Nain à traduire avec vérité une physionomie. *« Ces trois frères excelloient à faire des têtes »*, remarque Sauval à propos de la décoration exécutée à Saint-Germain-des-Prés : et même devant les œuvres religieuses, en effet, on sent que la main aime à particulariser les traits. Mais leur don fut sans doute heureusement mis en valeur par leur urbanité. Fils d'un sergent royal, élevés dans un milieu relativement aisé et éclairé, ils durent faire dans Paris figure de peintres de bon ton, un peu à la manière des Beaubrun. Parlant des deux cousins, Félibien loue leur *« politesse »*, qui faisait que les dames, *« outre l'avantage qu'elles tiroient de l'agrément de leur pinceau,... trouvoient encore de la satisfaction dans l'entretien de ces deux habiles hommes »*. Il dut en aller de même pour les trois frères. Du moins est-ce l'image que livre d'eux le roman de Du Bail : et le goût des armes qu'affecte Mathieu, son ambition sociale, la confirment amplement. Non moins l'accès qu'il obtint auprès d'Anne d'Autriche, de Mazarin, et de tous ces « maréchaux de France et autres seigneurs ». Reste qu'on aurait tort de sous-estimer un élément encore plus décisif : l'originalité de leur art.

La simplicité élégante de leurs portraits, leur manière franche, mais évitant les recherches psychologiques indiscrètes, convenait au goût de la capitale vers 1630-1640. Par une sorte de contamination, les tableaux paysans des Le Nain ont fait souvent regarder leurs portraits comme « réalistes » : en fait le scrupule de vérité semble bien le plus souvent céder place au souci d'élégance. Nous sommes bien loin des conventions mondaines d'un Nocret, puis d'un Mignard : mais il s'agit déjà d'effigies destinées à plaire. Elles ne cherchent pas à décrire l'individu avec les secrets de sa vie intérieure, mais dans ses rapports sociaux. Mathieu semble y avoir introduit assez tôt des recherches d'éclairage capables de surprendre et de séduire.

Mais le trait de génie fut sans doute la formule du *portrait de groupe*. A cette société parisienne qui reprend alors une vie nouvelle, rien ne pouvait convenir davantage. De moyenne grandeur, ces tableaux étaient propres à être suspendus aux murs d'une salle ou d'un cabinet ; ils conservaient le souvenir de quelques amis ou parents tout en évitant l'ennui des bustes juxtaposés, selon la très vieille tradition des *cabinets de portraits,* et mariaient au contraire la vérité des postures naturelles avec le piquant de la scène de genre.

Le portrait de groupe, en France, semblait jusque-là réservé à la solennité des ex-voto ou des bureaux de ville. On ne voit pas que la formule proposé par l'*Académie* (nº 44) ou la *Tabagie* (nº 45), et moins encore le *Repas de famille* (nº 50), se soit développée dans Paris avant les Le Nain. Au reste, entre 1630 et 1640, la trouverait-on fort répandue ailleurs ? Elle ne semble guère pratiquée dans les Flandres : un Gonzales Coques, né en 1618 et donc cadet des Le Nain, offrira des exemples proches : mais qui précisément semblent postérieurs à 1640. Seule la peinture hollandaise proposerait maint précédent, et il n'est guère plausible que les Le Nain n'en aient pas eu connaissance. Mais il n'est pas davantage assuré qu'il faille chercher exclusivement du côté du Nord la source de cette formule. Tout autant que des exemples hollandais, il faut rapprocher l'*Académie* ou le *Repas* des compositions antérieures ou contemporaines d'un Parisien comme Bosse, et la *Tabagie* des sujets si proches d'un Saint-Igny. Motifs et mise en page sont semblables : il suffit aux Le Nain de remplacer des visages plus ou moins conventionnels par des portraits. Depuis la Re-

naissance maint tableau de genre (et notamment les « fêtes de cour ») n'avait pas manqué de mêler aux représentations l'effigie des princes : la nouveauté fut de s'emparer des scènes de la vie quotidienne (mais élégante) qui étaient alors fort au goût du jour — Bosse en témoigne, et la littérature du temps —, et de les subordonner au portrait, à la manière des peintres hollandais. En ce sens l'*Académie,* ou la *Tabagie,* ou les *Danses d'enfants* tiennent dans l'histoire du portrait français une place qu'on oublie trop souvent de leur réserver.

III

Il est vrai que la plus grande partie des portraits dus aux Le Nain est détruite. Retournons à l'inventaire après-décès de Mathieu : sur cette centaine de tableaux, il n'en est pas un seul que l'on puisse identifier aujourd'hui. Les estimations de Semel, à quatre sous, cinq sous, vingt sous pour les *« grands portraits de maréchaux »,* cent sous pour le Président à mortier, livrent l'explication. Qui accepte de mettre dans sa demeure, sous ses yeux, l'effigie d'un inconnu ? Exception faite pour les œuvres de quelques peintres très illustres, et les effigies de quelques personnages fameux, le portrait perd bientôt tout intérêt, et toute valeur marchande. Nul domaine n'a subi des ravages plus étendus. Surtout en France, où les traditions familiales dépassent rarement trois ou quatre générations, et où les visages deviennent plus vite anonymes qu'ailleurs. On ne s'étonne pas trop que pour le XVIIᵉ siècle, d'une production véritablement immense, il ne survive que des épaves.

IV

Parmi elles, comment reconnaître les œuvres des Le Nain ? Très peu de portraits isolés étaient signés. Nous n'en connaissons que deux qui portent le nom des Le Nain : le *Portrait en pied du marquis de Trévilles,* signé *Le Nain fecit 1644,* naguère à Rueil, dans la collection de la comtesse de Mont-Réal, et malheureusement sorti de France vers 1952 : nous n'avons pu retrouver son possesseur actuel ; et un *Portrait de femme âgée* conservé au musée d'Avignon (nº 65), daté de 1644

Portrait du marquis de Trévilles
signé et daté 1644
(localisation actuelle inconnue)

également, et qui s'est révélé, signature comprise, une simple copie ancienne. D'autre part, dans l'immense production de portraits gravés du XVIIe siècle, aucun, à notre connaissance, ne porte l'indication « Le Nain pinxit » : fait singulier, et qui ne devrait pas être entièrement fortuit. Les œuvres des trois frères durent pourtant servir plus d'une fois de modèles. Nous avons pour notre part proposé (1967) d'attribuer aux Le Nain, pour des raisons stylistiques, l'original du *Portrait de Sébastien de Pontault, sieur de Beaulieu,* gravé par Gérard Edelinck. Mais il est évident que d'autres cas analogues devraient se rencontrer. Reste que l'absence d'estampes portant ce nom de Le Nain dut compter beaucoup dans la disparition des œuvres.

En revanche on a, depuis Champfleury, attribué aux Le Nain (parfois avec une insistance qui n'était pas seulement d'ordre scientifique) une quantité de portraits d'hommes et de femmes, presque tous en buste. Dans la plupart des cas, il n'existe à la source de l'attribution aucun document, ni même aucun argument précis. Galerie étrangement hétéroclite, et il eût suffi de rassembler

toutes ces effigies pour que les attributions vinssent se détruire l'une l'autre. Nous avons cru bon d'y renoncer. Dans le cas d'œuvres comme le *« Jeune prince »* du musée des Beaux-Arts de Nantes, il s'agit de portraits d'un réel mérite, qui en quittant le nom de Le Nain ne devraient rien perdre de l'admiration à laquelle ils ont droit.

On ne trouvera donc ici, que le tout petit nombre d'œuvres qui offrent un peu plus qu'une simple coïncidence de date, et cette sobriété dans la présentation qu'on suppose le propre des Le Nain, alors qu'elle est celle de toute une époque. Les trois frères ont sans doute peint au début de leur carrière des portraits comme celui d'*Henri II de Montmorency* (Louvre) ou du *Marquis de Vaudrey* (Troyes). La radiographie des *Trois âges* de la National Gallery de Londres (p. 315) vient d'en apporter la preuve : mais sur quel argument historique leur attribuer ces tableaux, à quel détail de style reconnaître leur main ? Aucun rapprochement décisif n'a été jusqu'ici avancé. Ils ont fort bien pu peindre un personnage de la Cour aussi notable que Cinq-Mars : mais dans la suite des effigies considérées comme « Cinq-Mars par Le Nain » qu'on rencontre à Toulouse, Agen, Washington, dans plusieurs collections privées, et qui ne peuvent certes ni représenter le même personnage ni procéder de la même main, où trouver quelque trait qui désigne sans conteste leur manière ? Est-il même besoin d'évoquer ici l'*Homme à la boule* de l'Ermitage, d'attribution relativement récente, et d'esprit, de facture si totalement opposés ? Longtemps le *Portrait de jeune homme* du musée de Laon, daté de 1644, a servi de référence : œuvre séduisante, mais faible, et son expression délicate et mélancolique procède d'une psychologie qui n'est pas celle des Le Nain. S'il se présente un jour un candidat sérieux pour prétendre à leur paternité, il se reconnaîtra d'abord à la vivacité de l'expression, au regard ferme et décidé, offert avec franchise au spectateur, et non pas nuancé de cette rêverie, de cette douceur souriante que d'autres peintres aiment à donner à leurs modèles...

En revanche nous avons insisté sur les portraits collectifs : proches des scènes de genre, ils furent davantage recherchés des amateurs, et ils ont mieux résisté au goût français de la destruction. Dans ce genre difficile, les Le Nain durent très tôt révéler leur talent. La commande du portrait des échevins de Paris en 1632 semble indiquer un succès immédiat. La perte de cette œuvre essentielle gêne tout jugement sur les sources et l'évolution de leur style. Avaient-ils conservé la présentation traditionnelle ? Avaient-ils déjà cherché une mise en scène plus naturelle, une *action* liant les huit personnages, comme le fait, en cette même année 1632, Rembrandt pour sa fameuse *Leçon d'anatomie* du Docteur Tulp ?

Nous ne le saurons sans doute jamais. Les deux premiers portraits collectifs que nous conservions, dus certainement à deux frères différents, l'*Académie* (n° 44) et la *Messe pontificale* (n° 40), semblent nettement plus tardifs. Mais dans les deux cas le tableau est composé très librement. Le souci du portrait reste plus évident avec la *Messe pontificale*, petit cuivre, qui pourtant saisit les personnages dans leurs fonctions, si même il ne commémore pas un événement précis. L'*Académie* est un chef-d'œuvre accompli. L'équilibre est trouvé entre la vérité des effigies et le jeu naturel des personnages ; les visages se proposent sur des plans différents, avec les inégalités et les sacrifices nécessaires pour donner à la scène toute sa liberté : mais cette liberté même permet de dégager les caractères, les occupations, la qualité sociale et les liens d'amitié. On imagine mal un tableau plus capable de séduire le milieu parisien du temps — sinon cet autre chef-d'œuvre, la *Tabagie* (n° 45). Car cette fois s'ajoutait le piquant de la scène de genre. De loin, on pouvait croire à l'un de ces groupes de *Fumeurs* que la vogue récente du tabac avait mis à la mode jusque dans l'estampe :

Amy, prend cette pipe, elle est bien allumée.
Ce lieu nous est commode, et le temps oportun ;
Je ne goûtai jamais de si douce fumée
Depuis que je m'exerce à prendre du petun...

Mais de près on reconnaissait des amis, des connaissances, campés dans des attitudes familières : et chacun devait juger, comme le Rosimon de Du Bail, que ces « *différentes postures* » représentées d'après le naturel « *surprennent les sens, et les charment à tel point que de long-temps l'on n'en peut avoir l'usage, à force de ravissement* ».

La distinction n'est pas toujours facile. Le *Corps de garde* de Birmingham (n° 47) n'est-il qu'une scène de genre, ou contient-il des portraits ? Les *Tricheurs* de Reims (n° 56) sont-ils des portraits, ou simplement une scène de genre traditionnelle ? Nous n'avons pas hésité à conserver cette ambiguïté. Il semble qu'elle ait été voulue. Il faut se garder de pousser trop loin l'esprit de classification. Nous ne serions guère étonné, si l'on pouvait établir quelque jour que les Le Nain étudiaient des compositions au décor plus ou moins vague, et qui de scènes de genre pouvaient facilement glisser au portrait si l'amateur le souhaitait. La photographie, à ses débuts, a connu des jeux analogues, dont l'humour n'est pas entièrement absent.

V

Ces recherches semblent arriver à leur affirmation la plus complète et la plus originale au moment où disparaissent Antoine et Louis, où Mathieu va bientôt quitter le pinceau. De cette production, qui dût être fort variée, se détache nettement un ensemble de toiles de dimensions quasi identiques (environ 0,95 × 1,20 m), de même esprit et de facture très proche. Toutes sont ici réunies — à l'exception de la *Danse d'enfants au musi-*

Danse d'enfants au musicien noir
(localisation actuelle inconnue)

cien noir, dont nous n'avons pu retrouver la localisation actuelle. Pour la première fois il sera possible d'étudier ce groupe directement.

Il développe brillamment la solution proposée par l'*Académie* et surtout la *Tabagie.* La scène de genre s'y affirme avec netteté ; mais il ne fait guère de doute qu'il s'agisse de portraits. Pour le *Repas de famille* nous en avons même une confirmation ancienne ; à la vente du cabinet Poullain, en 1780, un exemplaire fut présenté avec cette mention : *« toutes ces têtes sont des portraits de famille de M. Poullain, de laquelle il n'est jamais sorti ».* Les costumes des personnages, tous de type très voisin, semblent assigner à cette série une période assez brève. Pour les hommes, le col désormais sans dentelle, petit, avec lacet à deux glands, les manchettes bouffantes au poignet, le chapeau à bords moins larges et coiffe plus élevée, le justaucorps très étroit du haut et les chausses larges à garniture de rubans, pour les femmes les cheveux tirés en arrière sur le chignon et tombant en larges mèches plates sur le devant : tous ces détails semblent désigner une date voisine de 1645. Ils s'opposent au costume « Louis XIII », mais on en voit les principaux caractères s'affirmer au début des années quarante (ainsi, par exemple, avec l'*Atelier du sculpteur,* de Bosse, daté de 1642). Il nous a semblé observer tous les élé-ments avant 1648 : et nous n'avons pu trouver la petite particularité souhaitée qui aurait enfin permis de donner sans plus aucune inquiétude cette série à Mathieu...

En revanche, on constate un fait assez troublant. Les fonds des tableaux sont peu élaborés. Dans les *Joueurs de dés* d'Amsterdam, les plans sont indiqués d'une façon plus que sommaire, et si maladroite qu'elle surprend. La *Danse d'enfants* de Cleveland (n° 53), pour sa part, apparaît manifestement inachevée : la partie droite est restée à l'état d'esquisse. On peut se demander si certains au moins de ces tableaux ne sont pas demeurés imparfaits, et n'ont pas été complétés par une main plus ou moins intelligente (ainsi pour les feuil-lages dans les deux *Danses,* n° 52 et n° 53) afin de les rendre vendables. On le concevrait aisément si cette série se situait vers 1647-1648 et avait été interrompue par la mort soudaine d'Antoine et de Louis, ou par les événements militaires qui semblent éloigner Mathieu. Le fait que quatre de ces tableaux ont figuré dans une même collection au XVIIIe siècle (voir p. 254) vient ap-puyer encore l'hypothèse d'un groupe homogène dont une partie serait passée, à une date imprécise, mais précoce peut-être, dans le commerce parisien. Ce n'est pas la moindre des énigmes Le Nain : son explication livrerait sans doute une des clefs de l'œuvre.

Les portraits isolés

37
Portrait de militaire

Huile sur toile ; 0,62 × 0,52 m.

Le Puy, Musée Crozatier.
Inv. n° 826.22.

Ce portrait fut découvert au musée du Puy (où il figurait dès l'origine sous le nom de Le Nain) par Champfleury, lors d'un voyage en Auvergne ; il écrivait aussitôt à son frère, le 23 août 1848 : « *Tu comprends ma joie quand j'ai trouvé au Puy un portrait de Le Nain fait par lui-même. Quel hasard singulier ! Je ne suis pas encore sûr, mais je vais en avoir la certitude* » (cité par Troubat, 1908, p. 79, et par Lacambre, 1973, p. 63). L'origine du tableau n'est pas clairement établie. Selon une tradition recueillie alors par Champfleury lui-même (très vraisemblable, mais qui n'a pu encore être entièrement vérifiée), ce portrait viendrait d'une galerie particulière d'Angers pillée en 1793. Il aurait fait partie d'un lot d'œuvres réunies par le fameux expert Henry et le marchand Le Brun à l'occasion d'un « *envoi considérable fait à l'empereur de Russie qui les avait chargés d'une commande de six cent mille francs de tableaux ; mais les marchands ayant outrepassé de beaucoup ce chiffre, la Russie renvoya un grand nombre de toiles* » (Champfleury, 1863, p. 68). Henry et Le Brun auraient organisé une vente du surplus à Paris ; et c'est alors que le tableau aurait été acquis, en 1822, pour le musée du Puy, par le vicomte de Becdelièvre, peintre amateur chargé vers 1819 par le préfet de s'occuper des antiquités locales et d'organiser le premier musée du Puy, qui fut installé peu après dans la chapelle de l'ancien couvent des sœurs de Sainte-Marie.

Le tableau aurait présenté, lors de son achat, comme portrait de « Le Nain » par lui-même. Le costume indique bien une date proche de 1645. Mais l'identité du modèle reste incertaine. Le hausse-col désigne un militaire. Il ne peut donc s'agir, comme Champfleury l'avait d'abord pensé, de Louis Le Nain, ni d'Antoine : et rien n'assure, ni même n'indique nettement, qu'il s'agit de Mathieu. Cependant le modèle, avec sa fossette au menton, n'est pas sans quelque ressemblance avec les autres portraits présumés des Le Nain. A tout le moins devait-il appartenir à leur cercle : le visage aux sourcils fournis, le menton un peu gras et fuyant, l'expression joviale réapparaissent dans plusieurs tableaux de date voisine.

La simplicité de ce portrait en buste, sur fond uni, semble d'abord ne lui donner qu'une place banale dans l'immense et monotone production de ce type qui fut celle du XVIIe siècle. On s'aperçoit vite qu'il s'en détache non

Les portraits

seulement par la finesse et la discrétion de la couleur, mais par une vie intense dont on chercherait vainement l'équivalent, même chez un Champaigne. Nulle ostentation de réalisme, nulle description méticuleuse des apparences, nulle recherche insistante d'introspection ; d'autre part nul souci d'élégance superficielle et de prestige social : mais un juste équilibre, qui semble retrouver, avec une vivacité nouvelle d'expression, la grande tradition des crayons français du XVIe siècle.

Gravures :
Anonyme (Best-Regnier), sur un dessin de Laboriette, en 1850, pour l'article de Soulié dans le *Magasin pittoresque* (voir *Bibliographie,* 1850, Soulié).
Bouvin, pour l'*Essai...* de Champfleury en 1850 (voir *Bibliographie,* 1850, Champfleury).

Historique :
1822 : acquis pour le musée du Puy, lors de sa fondation, par le vicomte de Becdelièvre, sous le nom de Le Nain ; fait partie du premier fonds.

Expositions :
1883, Laon, nº 16 ; 1934, Paris, Petit Palais, nº 30, reprod. (Mathieu) ; 1934, Paris, Orangerie, nº 76, reprod. pl. XXIII (Mathieu) ; 1937, Paris, nº 96 (Mathieu) ; 1949, Genève, nº 35, reprod. pl. IV (Mathieu) ; 1953, Reims, nº 9 (Louis) ; 1958, Londres, nº 109 (Mathieu).

Bibliographie :
1849, Champfleury, p. 110-114 (certainement de Le Nain) ; 1850, Champfleury, p. 35-39, gravure de Bouvin *(idem) ;* 1850, Soulié, p. 150, gravure sur bois p. 148 (portrait de Mathieu Le Nain) ; 1862, Champfleury, p. 10, 66-69 (autoportrait d'un des Le Nain) ; 1879, Valabrègue, p. 311 (autoportrait d'un des Le Nain) ; 1887, *Bull. Soc. Ac. Laon,* p. cxxviii ; 1900, Gonse, p. 261, reprod. ; 1904, Bouyer, p. 156 ; 1904, Valabrègue, p. 33, 59-61, 163, reprod. p. 72 (Mathieu ?) ; 1910, *in* Cat. exp. 1910, *Londres, Burlington,* p. 23, p. 14 (groupe III, Mathieu).

1922, Klingsor, p. 97-98 (Mathieu) ; 1922, Jamot, *Essai...,* p. 295-296 (Mathieu) ; 1923, Jamot, *in* Cat. exp. 1923, *Paris, Sambon,* p. 12 (sans doute Louis) ; 1923, Jamot, *Essai de chronologie,* p. 164 (Mathieu) ; 1924, Thiis, p. 295, reprod. p. 298 (Louis) ; 1929, Jamot, p. 60-61 (probablement Louis) ; 1931, Jamot, *Forge...,* p. 69 ; 1931, Ulysse Rouchon, *Les Musées du Puy-en-Velay,* coll. « Memoranda », Paris, H. Laurens, p. 9, reprod. p. 33 (portrait présumé d'Antoine, par les Le Nain) ; 1932, Weisbach, p. 262 ; 1933, Fierens, p. 40, 60, reprod. pl. LX (Louis).

1934, Escholier, p. 139 (Louis) ; 1934, Goulinat, p. 216 ; 1934, Isarlo, *Concorde* (Louis) ; 1934, Sambon, *B.E.A.,* p. 15 *(« un peu usé »)* ; 1934, Sterling, *in* Cat. Exp. 1934, *Paris, Orangerie,* p. 110, 112 (Mathieu) ; 1934, Waterhouse, p. 132 ; 1935, Sterling, *B.M.F.,* p. 5 ; 1936, Sambon, n. p. (Louis, nº 19) ; 1938, Isarlo, p. 8, 32, 34, nº 298, fig. 10 (Louis). 1946, Dorival, p. 70, reprod. pl. XXXIV (Mathieu) ; 1946, Florisoone, p. 75 (Mathieu) ; 1947, Moussalli, p. 8 (Mathieu) ; 1950, Leymarie, fig. 53 (Mathieu) ; 1953, Bloch, p. 367 (Mathieu). 1953, Druart, p. 9 ; 1954, Crozet, p. 45 (présumé portrait d'Antoine) ; 1958, Thuillier, *Mathieu Le Nain...,* reprod. fig. 21 (Mathieu) ; 1960, Isarlo, p. 141 (Louis) ; 1962, Vergnet-Ruiz - Laclotte, p. 42, 243, reprod. fig. 34 (Mathieu) ; 1967, Leprohon-Marinie, p. 230, reprod. ; 1967, Thuillier, p. 152-153, reprod. fig. 1 ; 1969, Cabanne, p. 75-76.

38
Portrait de jeune homme

Émail, forme ovale,
0,038 × 0,032 m.
Au revers, un dizain *(voir ci-contre)* et la date de 1645.

Londres, Victoria and Albert Museum. Inv. n° 39.1866.

Nous avons tenu à exposer ce petit émail, peu connu, et conservé comme anonyme au Victoria and Albert Museum. Le dizain, assez médiocre, qu'on peut lire au revers, prouve son origine française, et le date de mai 1645. Il donne à entendre qu'il s'agit du portrait d'un jeune homme disparu «dès le printemps de son âge» : ce qui rend fort aléatoire tout effort d'identification. On peut seulement penser qu'il appartenait à la société distinguée : même compte tenu de l'emphase du versificateur et des lieux communs de la poésie du temps, l'éloge devait s'adresser à un adolescent promis à quelque brillante carrière. Tout désigne, non certes un rang princier, mais un milieu mondain et littéraire.

L'accord des gris et des bruns tranche avec toute la production des miniatures du temps, qui affectionnent plutôt les coloris vifs et les carnations claires. Les recherches d'éclairage, avec les ombres médianes accusées, évoquent tout naturellement le modelé si particulier aux Le Nain de certains visages : on comparerait, par exemple, la fillette à droite dans la *Famille de paysans* (n° 29), ou à gauche dans le *Jardinier* (n° 51) ou le jeune serviteur dans le *Repas de famille* (n° 50) ou dans les *Tricheurs* Vergnet-Ruiz (n° 56). L'intensité de l'expression, qui refuse toute élégance convenue, la présentation du visage, qui s'écarte de la pose figée que le cadre étroit de la miniature impose d'ordinaire au modèle, sont autant de traits qui conduisent naturellement aux Le Nain. On penserait volontier à un portrait de leur main — portrait individuel, ou compris dans un portrait de groupe — qui, à la suite de la mort du jeune homme, aurait été repris en médaillon à la demande d'un proche, sans doute par un spécialiste.

Il est possible, en effet, que les Le Nain aient eux-même pratiqué l'art de la miniature, si achalandé à l'époque : et l'on imaginerait volontiers qu'un jour réapparût dans l'immense production de ce type des œuvres de leur main. Leleu ne déclarait-il pas qu'Antoine *«excelloit pour les mignatures et portraits en raccourci»* ? Mais on peut douter qu'ils aient pratiqué eux-mêmes l'art de l'émail, comme c'est le cas ici. Rappelons que dans la vente Duclos-Dufresnoy, en 1795, figurait un médaillon à double face représentant un portrait d'homme et de femme attribué à *«Petitot d'après Le Nain»*. C'est apparemment une double attribution de ce type qu'il faudra étudier ici.

Historique :
Entré en 1866 dans les collections du Victoria and Albert Museum.

Expositions :
Jamais exposé.

Bibliographie :
1933, Basil S. Long, « Quelques miniatures françaises à South Kensington », *Gazette des Beaux-Arts,* p. 14-16, reprod. p. 10, fig. 1 («émail français, 1645») ; 1967, Thuillier, p. 153-154, reprod. fig. 2 (en rapport direct avec les Le Nain).

38 (à grandeur)

38 (agrandi 4 ×)

Mon cœur conserve un autre objet
Des vertus dont il eut la gloire,
Gravé au fons de ma mémoire
Plus au vif que n'est ce portret,
Qui Represante son visage.
Si dès le printemps de son age
Son corps sert de pasture au vers
La parque qui fila Sa vie
Croignoit qu'un jour dans l'hunivers
IL ne fut trop digne d'envie.

Au mois de may l'an de
grace 1645

39
L'homme au chapeau

dit aussi *Portrait d'homme,* ou à tort *Portrait de Sébastien Bourdon par lui-même*

Huile sur toile ; 1,02 × 0,80 m.

Stockholm, Nationalmuseum. Inv. N.M. 1780

Historique :
1914, 14 mars : apparaît à la vente de la collection du marquis de Marmier conservée au château de Ray-sur-Saône (*Catalogue des tableaux anciens... composant la collection de M. le Marquis de M... et provenant du château de X...* Hôtel Drouot, salle n° 10, le samedi 14 mars 1914. N° 35, reprod.) ; le tableau est présenté comme *Autoportrait* de Bourdon. Acquis par Bukovskis, il est revendu aussitôt au Nationalmuseum (l'entrée au musée est mentionnée dans le *Stockholms Dagsblad* du 11 avril).

Expositions :
jamais exposé.

Bibliographie :
1967, Thuillier, p. 154, reprod. fig. 4.

Nous proposons de rapprocher de l'œuvre des Le Nain ce très beau portrait considéré comme autoportrait de Bourdon et acheté comme tel par le musée de Stockholm en 1914. L'harmonie discrète du coloris, la liberté de la pose, la franchise de l'expression nous semblent le distinguer parmi la production du temps, et le rattacher de très près aux types et à l'art des Le Nain.

Le nom de Sébastien Bourdon paraît de toute manière exclu. Pour le modèle : nous connaissons bien les traits du peintre, méridional maigre au teint mat, au nez busqué, et qui devait mourir phtisique (voir notamment l'admirable *Double portrait* signé et daté de 1651, Angleterre, coll. part.) : il n'avait rien de commun avec ce personnage jovial et même un peu faraud. Pour le peintre pareillement : son art de portraitiste est fondé sur une recherche d'élégance mondaine, sur le contraste raffiné entre les habits noirs et les étoffes blanches aux plis cassés ; on ne retrouve ici rien de cette manière si caractéristique et si constante.

En fait, l'attribution semble due, non pas à une tradition, mais à la fantaisie de l'expert qui rédigea le catalogue de la vente où apparut le tableau. Or il ne s'agit pas moins que de la vente de la collection Marmier, le 14 mars 1914 : soit celle où, parmi les nombreux tableaux réunis au château de Ray-sur-Saône, figura la *Famille de paysans* aujourd'hui au Louvre. Cet expert, qui jugea si bien ce chef-d'œuvre, semble pourtant avoir médiocrement connu les Le Nain : il leur donne en même temps un *Marchand de poulets* (n° 62 de la vente) qui est manifestement un Michelin (sans doute un exemplaire de la composition passée en vente à Sotheby, le 12 juin 1968, n° 67, «*A peasant Family*», anc. coll. Morris I. Kaplan, Chicago). Il semble n'avoir été guère mieux renseigné sur Bourdon : il lui attribue (n° 36 de la vente) un *Intérieur de corps de garde* en le prétendant signé et daté de 1676 (alors que Bourdon mourut en 1671...). En revanche, on peut se demander si la *Famille de paysans* était bien le seul Le Nain authentique de la collection Marmier...

Nous pourrions avoir ici un exemple de ces portraits individuels qui certainement furent très nombreux dans la production des Le Nain : à mi-chemin entre le portrait d'apparat en pied du type du *Marquis de Trévilles* et le portrait en buste du type du *Militaire* (n° 37), le portrait à mi-corps, moins fréquent, mais qui convenait aux Le Nain, lesquels ne craignaient pas de peindre des mains et de chercher des mises en page plus animées. Ici encore se découvre une formule habile, qui rompt avec l'attitude traditionnelle du personnage assis, ou du moins posant pour le peintre : le chapeau et la canne à la main, la bouche entr'ouverte, le regard adressé à un interlocuteur invisible, donnent à l'effigie ce même naturel qui fait le prix des portraits de groupe. L'œuvre devrait se situer à une date voisine : les détails du costume renvoient à la mode qui s'impose à Paris à partir de 1645.

On notera qu'une réplique réduite, sans les mains cette fois, et malheureusement très usée et restaurée, mais qui pourrait être originale, est passée en vente à Versailles le 22 février 1970 (n° 28 : *Portrait de jeune homme ;* huile sur toile, 0,735 × 0,595 m ; attribué à Bourdon par référence au tableau de la vente Marmier ; localisation actuelle inconnue).

39

Les portraits collectifs

40
La messe pontificale

dit aussi *Un évêque montant à l'autel,* et plus improprement, *La procession*

Huile sur cuivre ; 0,54 × 0,65 m.

Paris, musée du Louvre.
Inv. 6481 ; cat. Villot 1855, n° 378 ; cat. Rosenberg, n° 489 reprod.

Gravure :
E. Lingée, gravure au trait pour les *Annales du Musée* de Landon (comme de « F. Pourbus fils », École flamande, t. II, pl. 48).

Historique :
1786 : passe en vente sous le nom de Le Nain (*Catalogue de tableaux des écoles d'Italie, de Flandres et de France (...) formant le cabinet de feu son excellence Mgr le Bailli de Breteuil (...). Vente le 16 janvier 1786 et jours suivants ; par M. Le Brun, garde des tableaux de Mgr le Comte d'Artois,* Paris, 1785 : n° 43 «*Une Procession dans l'intérieur d'une église...*»). Le tableau est adjugé à Le Brun lui-même pour 1 003 livres.

« *Ce tableau, de la plus grande vérité, a été attribué à Porbus injustement. C'est un des plus beaux de Le Nain que l'on puisse voir* ». Ainsi jugeait le fameux expert Le Brun à la vente du Bailli de Breteuil, en 1786. Son avertissement ne semble guère avoir été entendu. On revint mainte fois à Pourbus, notamment sous la Restauration où le tableau fut exposé et gravé sous ce dernier nom. Et, quand cette attribution devint peu vraisemblable, les hésitations n'en cessèrent pas pour autant. Champfleury refusa le tableau aux Le Nain, aussi bien que Valabrègue ou Jamot. De nos jours, les spéculations ont repris de plus belle : Van Regteren Altena (1961) a proposé le nom de Jan Van den Bergh, pourtant fort éloigné de style ; Robert Mesuret (1965), celui de Chalette, dont la facture apparaît toute différente ; Bernard Dorival (1972), celui de Philippe Bergaigne, peintre d'Arras. L'existence d'un tableau de sujet voisin, conservé au musée du Prado, *La bénédiction épiscopale* (n° 2293), signalé dès 1865 par Zacharie Astruc, allègrement (mais à tort) donné aux Le Nain et mis en crédit par sa reproduction dans la grande *Histoire de l'art* d'André Michel (1921), est venu compliquer inutilement le problème. Ni dans le style, ni dans les personnages représentés, les deux tableaux n'ont de lien véritable. En revanche, il suffit de rapprocher cette *Messe pontificale* des deux autres cuivres du Louvre signés et datés, *La réunion musicale* (n° 41) et les *Portraits dans un intérieur* (n° 43) pour reconnaître la même touche. L'œil de Philippe de Chennevières (1894) ne s'y était pas trompé.

Il s'agit clairement d'un portrait collectif : celui d'un ecclésiastique de haut rang et de ses familiers. Le sujet choisi pour les réunir a souvent intrigué et provoqué les assertions les plus contradictoires. Pourtant Naigeon, lors de la saisie révolutionnaire, l'avait très justement reconnu comme «*un Évêque montant à l'autel et son cortège* », et Bernard Dorival (1972) l'a précisé de façon définitive. Il ne s'agit pas d'une « procession », mais du cortège de l'évêque s'apprêtant à célébrer une messe solennelle et s'approchant de l'autel dans l'ordre fixé par l'usage romain : précédé de deux enfants de chœur portant les chandeliers, du diacre de l'Évangile et du sous-diacre, accompagné du prêtre assistant, et suivi des deux diacres d'honneur.

Le modèle a donné lieu à des hypothèses non moins contradictoires. Ici encore Bernard Dorival a pu établir que, dans cet évêque mitré, il fallait

40

40
(macrophotograp

1794 : l'inventaire des œuvres saisies chez le comte d'Angiviller, ancien directeur des Bâtiments du Roi et émigré, rédigé le 16 thermidor an II, mentionne «*Un tableau de Porbus représentant un évêque montant à l'autel (il est attribué à Le Nain). 2 pieds 11 pouces, 2 pieds 6 pouces* ». Le tableau passe au Museum et ne quitte plus les collections nationales.

Expositions :
1935, Bruxelles, n° 226 ; 1952, Paris, Orangerie, n° 59 (exposé comme « attribué » à Philippe de Champaigne, mais refusé dans la notice à Champaigne comme à Le Nain) ; 1960, Paris, Louvre, n° 318 (attribué à Antoine Le Nain) ; 1973-1974 Paris, n° 80 (Antoine Le Nain ?).

Bibliographie :
1825, Landon, t. II, p. 64 et pl. 48, gravure de Lingée (« F. Porbus fils ») ; 1829, Amaury-Duval, notice de la pl. CCLXXI (Louis et Antoine Le Nain) ; 1839, Waagen, p. 673-674 (les frères Le Nain) ; 1840, Nagler, *ad art. ;* 1844, Siret, p. 324 (Louis) ; 1849, Champfleury, p. 103 (refus) ; 1849, Clément de Ris (italien) ; 1850, Champfleury, p. 19 (refus) ; 1851, Saint-Victor, p. 20 (école flamande) ; 1862, Blanc, p. 8 (admirable, mais contesté) ; 1862, Champfleury, p. 87-88 (certainement pas des Le Nain) ; 1863, Sainte-Beuve (« *le savant conservateur, M. Reiset, hésite encore à leur refuser cette belle peinture* ») ; 1865, Mantz, p. 111 (école flamande) ; 1865, *R.U.A.,* p. 215 (Le Nain).

1879, Berger, p. 118 (refus ; Van der Helst ?) ; 1880, Clément de Ris, p. 267, note (Lenain) ; 1893, Lemonnier, p. 348, note 1 (?) ; 1894, Chennevières, p. 75-76 (Antoine Le Nain) ; 1900, Merson, p. 30-32 (refus, probablement flamand) ; 1904, Bouyer, p. 156 (Pourbus) ; 1904, Valabrègue, p. 35-36 (« *maître flamand qui aurait vécu dans l'entourage de Rubens* ») ; 1909, Grautoff, p. 542, reprod. (Le Nain) ; 1910, *in* Cat. exp. 1910, *Londres, Burlington,* p. 21 (« *attribution doubtful* »), p. 9 (liens avec le groupe I, Antoine).

1912, Furcy-Raynaud, p. 248 ; 1922, Jamot, *Essai...,* p. 307 et note 3 (« *la technique et l'esprit sont flamands* ») ; 1924, Thiis, p. 297, reprod. p. 299 (Louis) ; 1925, Nicolle, p. 26 ; 1929, Jamot, p. 124 (« *un flamand établi en France* ») ; 1933, Fierens, p. 10, 19 (doute) ; 1934, Isarlo, *R.A.A.M.,* p. 124-128, reprod. p. 113 (Antoine) ; 1934, Jamot, *in* Cat. exp. 1934, *Paris, Petit Palais,* p. 10 (refus) ; 1936, Lazarev, pl. 1 (Mathieu) ; 1938, Isarlo, p. 4, n° 52 (Antoine).

1952, Dorival, *in* Cat. exp. 1952, Paris, n° 59 (refusé à Le Nain ; peut-être du maître d'Antoine Le Nain) ; 1960, Isarlo, p. 51 (Antoine, période 1620-1630) ; 1961, Van Regteren Altena, p. 69-86, reprod. p. 82, fig. 19 (Jan Van den Bergh) ; 1965, Mesuret, p. 263-270, reprod. p. 265 (Jean Chalette) ; 1972, Dorival, p. 19-24, reprod. p. 21, détail p. 22 (Philippe Bergaigne ?) ; 1976, Dorival, t. II, p. 315 (n'est pas de Champaigne ; ?).

reconnaître la bouche largement fendue, la barbe clairsemée et le long nez rubicond de Jean-Pierre Camus, qui disait lui-même : «*Je n'en connais pas de notre lignage dont le nez ne démente le nom* ».

Né à Paris, en 1584, devenu dès 1608 évêque de Belley, Jean-Pierre Camus passa une bonne partie de sa très active existence dans la capitale. «*Un des plus spirituels parisiens qui aient jamais traversé le Pont-Neuf ; un très grand écrivain manqué, un saint évêque* » : ainsi l'a défini l'abbé Brémond, qui a écrit sur lui deux de ses chapitres les mieux venus. Homme de goût, le bon prélat ne dédaignait nullement les artistes, et sa *Caristée,* par exemple, parut en 1641 précédée d'un beau frontispice d'Abraham Bosse. Rien ne s'oppose à ce qu'il ait commandé ce tableau. D'autre part, on notera qu'il avait une affection particulière pour l'Hôpital des Incurables, établi en 1637 par le Cardinal François de La Rochefoucaud, rue de Sèvres, et où les deux prélats voulurent avoir leur sépulture. Il en avait dédicacé la chapelle le 11 mars 1640, et le tableau pourrait fort bien commémorer cet événement : ce qui expliquerait les têtes de vieillards qu'on entrevoit dans le fond, derrière l'autel. Cet hôpital se trouvait dans le faubourg de Saint-Germain-des-Prés, et l'on peut même songer à des relations personnelles entre les trois peintres et l'ami de saint François de Sales, prélat humaniste fort répandu dans la société parisienne.

41
La réunion musicale

dit aussi *La réunion de famille* ou *Portraits dans un intérieur*

Huile sur cuivre ; 0,32 × 0,40 m. signé en bas à droite, sur le sol : *Le. Nain. fecit 1642* (le dernier chiffre est peu sûr).

Paris, musée du Louvre.
Inv. R.F. 1067 ; cat. Brière
n° 543 A ; cat. Rosenberg n° 480, reprod.

Historique :
1897 : donné au Louvre par Stéphane Bourgeois, sans que la provenance soit précisée.

Expositions :
1934, Paris, Orangerie, n° 62, reprod. pl. XXIV (Antoine) ; 1946, Paris, Petit Palais, n° 57 (Antoine).

Bibliographie :
1904, Valabrègue, p. 32, 57-58, 131, 160, reprod. p. 64 ; 1905, Geoffroy, p. 66, reprod. p. 63 ; 1910, *in* Cat. exp. 1910, *Londres, Burlington*, p. 24, p. 9 (groupe I ; Antoine).

1922, Jamot, *Essai...*, p. 221, 224, 226-227, reprod. p. 227 (Antoine) ; 1922, Klingsor, p. 97-100 (Antoine) ; 1923, Escholier ; 1923, Jamot, *in* Cat. exp. 1923, *Paris, Sambon*, p. 7-8 (Antoine) ; 1923, Jamot, *Essai de chronologie...*, p. 157 (Antoine) ; 1923, Michel, p. 169, reprod. p. 167 (Antoine) ; 1924, Thiis, p. 286-288, reprod. 1926, Dimier, p. 42 ; 1926, Ernst, p. 302

Charmant et quelque peu naïf, ce petit cuivre, entré au Louvre dès la fin du siècle dernier, a beaucoup compté dans les spéculations sur les Le Nain. Sa signature et la fillette glissée sur le côté gauche ne permettaient pas de le mettre en doute, comme la *Messe pontificale* (n° 40). Les onze visages juxtaposés maladroitement, dont quelques trognes d'hommes à fleur de caricature, un réalisme jovial uni à l'élégance affétée des mains fines au petit doigt relevé, des fautes de proportions peu dignes d'un vrai peintre et une finesse de notation incomparable, une vivacité de la touche qui fait penser aux plus habiles des maîtres nordiques : ces défauts et ces qualités venaient résumer de façon frappante quelques-uns des aspects de l'œuvre des Le Nain. Tout invitait à partir de cette petite œuvre pour définir les caractéristiques d'une des manières Le Nain, et regrouper un ensemble cohérent : celui qu'on a pris l'habitude de désigner par le prénom d'Antoine. On peut se demander aujourd'hui si, tout autant qu'à une personnalité peut-être capable d'expressions toutes différentes, ces mêmes qualités et défauts ne renvoient pas d'abord à un type de production : petits tableaux touchés vivement, plaisant au public par leur naïveté même, vendus à prix abordable, et qui durent être nombreux et de bon revenu pour l'atelier.

On ne saurait évidemment identifier ici les personnages. Nous croyons qu'il s'agit moins d'une « réunion de famille » que d'amateurs de musique : des trois modèles placés en évidence et peints en pied, avec les mains, l'un joue du luth et les deux autres s'apprêtent à chanter. On sait combien pareil divertissement était alors cher aux parisiens, des milieux simples à la Cour. C'était parfois l'hôte, sa femme, sa fille ou quelque ami, qui offraient ce « régal » à des intimes. En d'autres cas, on n'hésitait pas à requérir (et payer fort cher) des chanteurs et des musiciens en renom proposés à l'admiration d'invités de choix. Il arrivait que ces séances musicales fussent régulières, et même plus ou moins ouvertes à un public distingué. Loret parle dans sa *Gazette* des concerts que Madame Payen donnait dans sa demeure, près de Notre Dame, et déclare que

> ... ce divin régale
> Dont l'excellence sans égale
> Est à peu près digne d'un Dieu
> En même jour, en même lieu
> Se fait, non toutes les semaines,

41

(Antoine) ; 1926, E.S.S., p. 72 (Antoine) ;
1928, Collins Baker, p. 67 (Antoine) ;
1929, Huyghe, p. 5 (Antoine) ; 1929,
Jamot, p. 11, 19, 23-28, 64, reprod. p. 13
(Antoine) ; 1929, Jamot, *Pantheon,* p. 358,
360 (Antoine) ; 1929, Marcel-Terrasse,
p. 26, pl. 23 (Antoine) ; 1929, Vollmer,
p. 41 (Antoine).

1930, Valentiner, p. 29 (Antoine) ; 1932,
Weisbach, p. 98-99, reprod. fig. 31, p. 97
(Antoine) ; 1933, Fierens, p. 14, 17-18, 59,
reprod. V-VII (Antoine) ; 1933, Mourey,
p. 59-61.

1934, Alfassa, p. 202 ; 1934. Diolé, *Au
Petit Palais...* (Antoine) ; 1934, Isarlo,
R.A.A.M., p. 111-116, reprod. p. 121
(signature apocryphe ; Antoine, avec
collaboration de Louis) ; 1934, Jamot, *in*
Cat. exp. 1934, *Paris, Petit Palais,* p. 12
(Antoine) ; 1934, Pannier, p. 503 et note 2
(Antoine) ; 1934, Sterling, *in* Cat. exp.
Paris, Orangerie, p. 94 (Antoine) ; 1935,
Davies, p. 293 (signature authentique) ;
1935, Goulinat, reprod. p. 112 (Antoine) ;
1936, Lazarev, pl. 3 (Antoine) ; 1936,
Sambon, n.p. (Antoine, n° 6) ; 1938,
Isarlo, p. 4, n° 88 (Antoine, signature
apocryphe) ; 1939, Bloch, p. 53 (Antoine).

1946, Erlanger, p. 98, reprod. p. 106
(Antoine) ; 1950, Leymarie, fig. 1, 13-15
(Antoine) ; 1953, Bloch, p. 367 (Antoine) ;
1957, Bazin, reprod. (Antoine) ; 1960,
Isarlo, p. 51 (Antoine, fin de la période
1620-1630) ; 1962, Huyghe, p. 18, reprod.
couleurs (Antoine) ; 1963, Maillet, p. 5-7 ;
1966, Bloch (Antoine) ; 1967, Hautecœur,
p. 46 (Antoine) ; 1967, Thuillier, p. 152 ;
1969, Cabanne, p. 76 ; 1969, Gébelin,
p. 71 (Antoine) ; 1971, Dorival, p. 22,
reprod. (Antoine) ; 1975, Mirimonde,
p. 167.

Mais du moins toutes les quinzaines.
Ceux du logis sont diligens
D'ouvrir l'huis aux honnestes gens... (7 décembre 1652).

Ici, tout semble désigner un concert plus intime dans la riche bourgeoisie parisienne. Il peut s'agir des habitués d'une de ces petites « académies » musicales : les Le Nain n'y furent certainement pas étrangers. Mais il n'est pas exclu qu'il s'agisse du portrait d'un luthiste et de deux chanteurs à la mode, entourés de quelques admirateurs.

Chaque visage, pris isolément, apparaît d'une vie et d'une vérité surprenante : et la maladresse apparente ne doit pas dissimuler les dons d'un très grand portraitiste. Grâce à cette observation sans nulle méchanceté, mais sans nulle flatterie, l'époque de Louis XIII, rude encore jusque dans ses raffinements, se retrouve ici plus proche et présente que dans tous les Mémoires de l'époque.

41
(macrophotogra

42
L'atelier
du peintre

Huile sur bois ; 0,42 × 0,31 m.

Collection privée.

Historique :
1800 : mentionné dans la collection du
marquis de Bute à Luton (*List of the
Pictures at Luton as they were in January
1800,* n° 24) ; toujours demeuré dans la
famille.

Expositions :
1883, Londres, *Bethnal Green,* n° 193 ;
1884, Glasgow ; 1910, Londres,
Burlington, n° 15, *Ill. Cat* reprod. en
frontispice ; 1932, Londres, n° 110
(Antoine) ; 1934, Paris, Petit Palais, n° 1
(Antoine) ; 1949, Edimbourg, n° 21
(Antoine).

Bibliographie :
1838, Waagen, p. 583 (Le Nain ; «*sehr
anziehend*») ; 1860, Blanc, p. 8, n° 20 ;
1862, Champfleury p. 97 (d'après
Waagen) ; 1876, Dussieux, p. 324 (Le
Nain) ; 1904, Valabrègue, p. 61-64, 66,
116, 131, 134, 169, reprod. frontispice
(Mathieu?) ; 1904, Bouyer, p. 156, reprod.
p. 159 ; 1910, *in* Cat. exp. 1910, *Londres,
Burlington,* p. 27, p. 9 (groupe I, Antoine).

1922, Jamot, *Essai...,* p. 228 et note 6,
p. 299 note 2 (Antoine) ; 1923, Jamot,
Essai de chronologie, p. 158 (Antoine) ;
1924, Thiis, p. 296, reprod. p. 304 (Louis) ;
1926, Ernst, p. 315-317 (jeunesse de
Mathieu) ; 1928, Collins Baker, p. 69
(Mathieu) ; 1929, Jamot, p. 11, 31-32, 61,
69 et note 2, reprod. p. 9 (Antoine) ; 1929,
Vollmer, p. 41 (Antoine).

1932, Dezarrois, p. 84 (Antoine) ; 1932,
Weisbach. p. 258-260, p. 367 note 17,
reprod. fig. 96, p. 259 (jeunesse de
Mathieu) ; 1933, Fierens, p. 7, 19-20, 59,
reprod. pl. I (Antoine) ; 1933, Jamot, «*Un
tableau inédit...,* p. 298 (Antoine).

1934, Alfassa, p. 204-205 ; 1934 Bloch,
p. 343 (?) ; 1934 Descaves ; 1934, Escholier,
p. 138 (Antoine) ; 1934 Fierens (Antoine) ;

Il semble avoir existé de cette composition deux exemplaires au moins.
L'un appartenait dans la seconde moitié du XVIIIe siècle au Cabinet Randon
de Boisset : il en est fait mention dans la catalogue de la vente du Prince de
Conti. L'autre passa le 8 avril 1777 dans cette dernière vente (bois ;
14 × 11 pouces ; acquis 499 l. 19 s. par Lenglier), et — ce qui n'est pas très
bon signe — réapparut dans une vente de 1779 (15 mars ; *idem :* vendu
440 l.) et sans doute aussi dans un supplément à la vente du 14 avril 1784
(idem). C'est apparemment ce second exemplaire que l'on retrouve dans la
collection Bute dès la première moitié du XIXe siècle. Un dessin conservé à
l'Ermitage, où il semble parvenu avec un lot acquis par Catherine II au début
de son règne, a souvent été présenté comme une étude préparatoire, et le seul
dessin authentique des Le Nain (Jamot, 1929, p. 31). Il s'agit en fait, très
probablement, d'une copie faite d'après le tableau par une main d'habileté
moyenne.

A la vente du Prince de Conti, en 1777, il n'était question que d'«*un
artiste dans son atelier peignant un portrait*». A la vente de 1779 le tableau
devient le portrait de Le Nain «*peint par lui-même. Il s'est reproduit peignant
un portrait*», et le catalogue de 1784 ajoute : «*Ce morceau d'une très belle
couleur et rempli de vérité, réunit à ces deux qualités le mérite d'offrir le
portrait de ce célèbre peintre*». On est allé plus loin de nos jours, et l'on a cru
pouvoir identifier les trois frères dans leur atelier, le quatrième frère, Nicolas
et le père, Isaac, représenté sur le tableau déposé à terre, sur le devant. Nous
avouons quelque scepticisme. La pose du peintre assis au chevalet apparaît
assez caractéristique des autoportraits pour que nous soyons prêt à y reconnaître l'effigie d'un des Le Nain, et même peinte de sa main, et non par un de
ses frères. L'identité du peintre debout tenant, une palette, est déjà moins
certaine. Celle des autres personnages est encore plus sujette au doute et
mériterait au moins démonstration. On peut croire qu'il s'agit de personnages
liés aux Le Nain, puisque le peintre s'est représenté au premier plan. Famille
ou amis ? La vie des trois peintres nous échappe encore trop pour qu'il soit
possible de trancher.

Nous connaissons par une gravure fameuse de Bosse l'aspect qu'offraient les ateliers des peintres élégants vers 1630-1650. On regrette dans ce
tableau l'absence de fond qui donnerait une image plus précise de celui des Le
Nain. Mais on devine qu'il n'avait rien du pittoresque des ateliers chers aux
petits maîtres caravagesques ou flamands. Les deux sièges de cuir clouté,
l'élégant déshabillé du peintre et ses soques d'intérieur à la dernière mode, lui
permettent visiblement de recevoir la meilleure compagnie.

On notera que le modèle assis, de la taille de la moustache au détail des
bottes et des hauts-de-chausse, est lui-même très exactement vêtu à la mode
de la Cour aux alentours de 1645 (*cf.* par ex., d'Abraham Bosse, la *Cérémonie
du contrat de mariage de Louise-Marie de Gonzague,* 25 septembre 1645). On
se gardera donc de songer à une date trop haute : le tableau, à coup sûr, date
des années quarante.

42

1934, Isarlo, *B.A.A.M.,* p. 112-114, 118, 126-128 (Antoine) ; 1934, Isarlo, *Concorde,* p. 2 (Le Nain) ; 1934, Sambon, *B. E. A.,* p. 15 (Antoine) ; 1934, Watts, p. 156, reprod. (Antoine) ; 1936, Lazarev, pl. 9 (Louis et Antoine) ; 1938, Isarlo, p. 4, 8, n° 161 (Antoine).

1946, Florisoone, p. 77, reprod. (Antoine, vers 1630) ; 1947, *in* Cat. exp. 1947, *Toledo,* n. p., reprod. (Antoine) ; 1954, Crozet, p. 45 ; 1960, Isarlo, p. 51, p. 59 (Antoine, fin de la période 1620-1630) ; 1962, Wilhelm, n° 130, p. 20, reprod. (Antoine) ; 1969, Cabanne, p. 73 ; 1978, Wilson (à paraître).

43
Portraits dans un intérieur

Huile sur cuivre ; 0,27 × 0,375 m.
Signé en bas, au centre : *Lenain. fecit. 1647.*

Paris, musée du Louvre.
Inv. R.F. 519. Cat. Brière n° 543 ;
cat. Rosenberg n° 487.

Historique :
1888 : acquis par le Louvre de M. de
Leschaux ; la provenance n'est pas
précisée.

Expositions :
1934, Paris, Petit Palais, n° 7, reprod.
(Antoine) ; 1934, Paris, Orangerie, n° 63,
reprod. pl. XXIV (Antoine) ; 1946, Paris,
Petit Palais, n° 58 (Antoine) ; 1953. Reims,
n° 2 (Antoine) et n° 27 (idem) ; 1960,
Paris, Louvre. n° 317 (Antoine).

Bibliographie :
1893, Lemonnier, p. 348, note 1 (*« dénué
de toute valeur »*) ; 1895, Grandin, p. 132
(Antoine) ; 1904, Valabrègue, p. 19, 32,
56-57, 76-78, 160, reprod. p. 60
(Antoine?) ; 1905, Geoffroy, p. 66, reprod.
détail p. 68 ; 1910, *in* Cat. exp. 1910,
Londres, Burlington, p. 21, p. 8-9
(groupe I, Antoine).

1922, Jamot, *Essai...*, p. 221, 224-228,
reprod. p. 227 (Antoine) ; 1922, Klingsor,
p. 97-100 (Antoine) ; 1923, Escholier
(Antoine) ; 1923, Jamot, *in* cat. exp. 1923,
Paris, Sambon, p.7-8 ; 1923, Jamot, *Essai
de chronologie*, p. 158 (Antoine) ; 1923,
Michel, p. 169 (Antoine) ; 1924, Thiis,
p. 288-289, reprod. (Louis) ; 1926, Ernst,
p. 302 (Antoine) ; 1928, Collins Baker,
p. 67 (Antoine) ; 1929, Huyghe, p. 5
(Antoine) ; 1929, Jamot, p. 11, 20, 23-28,

Petit tableau célèbre, d'apparence simple, mais digne d'intriguer, et dont nulle explication satisfaisante n'a encore été proposée.

Il est clairement signé et daté, et les liens avec l'œuvre des Le Nain sont évidents. La plupart des motifs se retrouvent dans d'autres compositions. Le jeune joueur de flageolet, à gauche, et les deux fillettes parées évoquent directement la série des tableaux d'enfants ; la cheminée, avec les mêmes objets placés sur le rebord, figurait déjà dans la *Danse d'enfants dans un intérieur* gravée par Bannerman (plusieurs versions, dont un exemplaire signé et daté de 1643, anc. coll. Cognacq, localisation actuelle inconnue, et une copie à la William Rockfeller Nelson Gallery of Art de Kansas City). La nappe sur la table, à droite, avec son double pli, appartient à tous les « repas paysans » ; le même chien montre sa tête dans les *Trois jeunes musiciens* de Los Angeles (n° 15). Il n'est pas jusqu'à la cruche de droite, qui n'ait servi déjà dans la *Femme avec cinq enfants* de la National Gallery de Londres (n° 18)... — Reste que ces éléments sont curieusement dispersés. En se tournant vers la droite, la vieille femme coupe en deux le tableau, qui s'articule sur un vide. Les personnages du second plan semblent ajoutés comme à la demande, sans que le peintre ait tenu compte de l'espace où ils devaient s'installer ou de leur juste échelle. Reste aussi qu'entre l'élégance des fillettes parées et gantées, la bonne simplicité bourgeoise des femmes, la rusticité du jeune joueur de flageolet aux vêtements percés et du couple paysan, il est bien difficile de trouver aucune cohérence.

La province, certes, pouvait mieux que Paris offrir ces disparates : et l'on se trouve peut-être devant un tableau proprement laonnois. Ne nous hâtons pas de refuser aucune hypothèse, y compris celle qui verrait ici, sans plus, des motifs d'étude juxtaposés. Mais pourquoi, dans ce cas, la signature, et ces détails repris à des compositions antérieures ? Nous croyons plus facilement à des portraits, peut-être de modèles touchant de près aux Le Nain, famille, voisins ou connaissances du pays. On n'a peut-être pas assez tenu compte de l'inventaire de Claude Le Nain, l'héritier de Mathieu, retrouvé par Grandin (1900, p. 508). Il s'y trouvait des objets (notamment les deux croix de l'ordre

43

69 note 2, reprod. p. 17 (Antoine) ; 1929, Jamot, *Pantheon,* p. 358, 360, reprod. p. 361 (Antoine) ; 1929, Vollmer, p. 41 (Antoine).

1932, Weisbach p. 96-98, reprod. fig. 30, p. 96 (Antoine) ; 1933, Fierens, p. 15, 18-19, 59, reprod. pl. XVI-XVIII (Antoine).

1934, Alfassa, p. 202-204 ; 1934, Gallotti, reprod. détail p. 913 ; 1934, Goulinat, p. 212, reprod. p. 209 (Antoine) ; 1934, Isarlo, *R.A.A.M.,* p. 112-128, reprod. détail p. 115 (Antoine, signature apocryphe) ; 1934, Jamot, *in* Cat. exp. *1934, Paris, Petit Palais,* p. 12 (Antoine) ; 1934 Pannier, p. 503, et note 2 (Antoine) ; 1935, Davies, p. 294 (signature authentique) ; 1936, Lazarev, pl. 4 (Antoine) ; 1936, Sambon, n. p. (Antoine, nº 7) ; 1938, Isarlo, p. 4, nº 67 (Antoine, signature apocryphe).

1946, Erlanger, p. 98-99, reprod. p. 107 (Antoine) ; 1949, Champigneulle reprod. dét. p. 57 (Antoine et Louis) ; 1950, Leymarie, fig. 16-17 (Antoine) ; 1953, Bloch, p. 367 (Antoine) ; 1960, Isarlo, p. 51 (Antoine, début de la période 1630-1640) ; 1962, Wilhelm, nº 130, reprod. ; 1963, Maillet, p. 5-6 ; 1966, Bloch (Antoine) ; 1969, Gébelin, p. 70-71 (Antoine) ; 1967, Thuillier, p. 152.

de Saint Michel) qui ne figuraient pas dans l'inventaire parisien de 1677, mais devaient provenir directement de la maison de Bourguignon. Or parmi les tableaux signalés — trop sommairement, hélas —, figurent « *deux petits de famille* ». Les Le Nain n'avaient-il pu brosser, pour leur seul plaisir, ces effigies sans apparat ?

D'autant que la qualité de chaque morceau est très haute. Dans ce petit tableau la largeur de la touche se révèle surprenante. Il est, dans tout l'œuvre, peu de figures plus charmantes que ce couple de fillettes en robe rose, et la femme à la quenouille a toute la puissance réaliste des grands tableaux paysans.

44
L'académie

dit aussi *Réunion de savants,
Réunion d'amateurs, Assemblée
de notables, La chambre de
rhétorique.*

Huile sur toile ; 1,16 × 1,46 m.

Paris, musée du Louvre.
Inv. R.F. 701. Cat. Brière
nᵒ 548 ^A^ ; cat. Rosenberg, nᵒ 486
reprod.

Gravure :
Tiburce de Mare (né à Paris en 1840,
mort en 1900, élève de Gaillard) en 1887,
à l'eau-forte, avec la lettre : *Lenain
pinx. / T. de Mare sc. / Assemblée de
notables. / Collection de Mme Kestner* ; la
gravure a été publiée dans la *Gazette des
Beaux-Arts*, livraison du 1ʳᵉ juin 1887
(p. 465).

Historique :
1875, 1ʳᵉ mars : le tableau apparaît dans
la vente de la collection Auguiot
(*Catalogue de tableaux anciens et
modernes (...) formant la collection de feu
M. Auguiot, et dont la vente aura lieu
Hôtel Drouot, salle nᵒ 8, les lundi 1ᵉʳ et
mardi 2 mars 1875* ; Féral peintre-expert) ;
il est présenté sous le nom de
« Barthélemy Van der Helst, né à Harlem
en 1613, mort à Amsterdam en 1670 »
(p. 12, nᵒ 10 : « *Réunion de savants* ») et
déclaré provenir de la collection Malfait.
Sur enchère de 5 100 f. il est adjugé à
Mme Kestner, de Paris. Aussitôt
Champfleury, dans une note de la
Chronique des Arts, l'attribue « *au Le
Nain, dit le Chevalier* ».
1887 : présenté à l'exposition organisée au
profit des Inondés du Midi sous le nom de
Le Nain, le tableau est très discuté ;
l'attribution est défendue par Maurice
Hamel, dans la *Gazette des Beaux-Arts* et

Ce tableau est de ceux qui ont été les plus discutés. A peine apparut-il à la vente Auguiot (1875), comme toile de Van der Helst, que Champfleury enthousiaste bondit sur sa plume et envoya à la *Chronique des Arts* une note l'attribuant aux Le Nain. Mais les partisans de cette attribution (Hamel, Jamot, Escholier, etc.) n'ont pu longtemps vaincre certaines résistances (Valabrègue, Fierens). Le tableau, heureusement acquis par le Louvre en 1892, mais placé d'abord sans nom d'auteur dans les salles hollandaises, n'a jamais entièrement conquis le public.

Une des raisons est sans doute l'obscurité de la représentation. Nous somme ici très loin de tout sujet de genre proprement dit, alors que dans la plupart des autres cas on peut rattacher le tableau à un thème connu : joueurs, corps de garde, etc. On dut se contenter d'un titre vague, et qui changea d'auteur en auteur : « Assemblée de notables » (1875), « Réunion de savants », « Réunion d'amateurs », etc. Au terme de « Chambre de rhétorique » qui fut donné au tableau lors de son entrée au Louvre, plus juste, mais trop précis, nous préférons celui d'« Académie ». Pour notre part, nous sommes persuadé qu'il s'agit ici d'une de ces petites « académies » si fréquentes à Paris au XVIIᵉ siècle, groupes d'amis, nobles ou bourgeois de condition, laïcs ou ecclésiastiques, se réunissant régulièrement chez quelque riche personnage pour s'entretenir de leur passion commune : littérature, musique, science ou philosophie. Et nous croyons reconnaître ici la très précieuse évocation d'une de ces assemblées savantes que nous connaissons si bien par les textes, mais si mal par la peinture ou même la gravure.

Elles furent trop nombreuses et d'ordinaire trop éphémères pour qu'on puisse espérer identifier celle-ci : à moins que le hasard ne permette un jour de désigner avec certitude quelque membre de cette compagnie, où l'on reconnaît seulement deux ecclésiastiques (à leur col uni) et deux gentilshommes (au baudrier portant l'épée). Ils est à croire que les frères Le Nain, ou du moins l'un d'eux, la fréquentaient eux-mêmes. Rappelons qu'Alexandre de Sève, le colonel de Mathieu, curieux célèbre et grand collectionneur de médailles, réunit un temps chez lui une « académie de médaillistes ». Malheureusement rien ne vient ici évoquer cette passion : la musique (avec le gentilhomme posant une corde à son luth) et la littérature semblent seuls en cause.

Nous trouvons déjà, parfaitement maîtrisée, la formule du portrait de groupe adoptée par les Le Nain. L'œuvre est ambitieuse. Les personnages sont nombreux, représentés en pied, le format est voisin de celui de la *Tabagie* (nᵒ 45) et sensiblement plus grand que celui de la série tardive (nᵒˢ 48-53). Mais ce tableau s'en éloigne par bien d'autres traits. La juxtaposition reste sensible, nulle action ne vient nouer la composition, la table joue plus discrètement qu'à l'ordinaire son rôle unificateur. D'autre part la gamme colorée est plus froide, la facture plus lisse et précise, et l'on sait qu'après avoir longtemps passé comme caractéristique de Mathieu l'œuvre a été rapprochée en 1956 par Charles Sterling du groupe « Louis ». Ajoutons que les costumes, où se remarquent encore les justaucorps à crevés, les grands cols de dentelle, les manchettes étroites et les chapeaux larges et relativement plats, semblent

44

le tableau reproduit peu après par la gravure.

1892, il est acquis par le musée du Louvre dans le commerce parisien comme « De Keyser », et placé dans les salles hollandaises, sans nom d'auteur, sous le titre « *Chambre de rhétorique* ».

Expositions :
1887, Paris, n° 88 (« Assemblée de notables », Le Nain) ; 1934, Paris, Petit Palais, n° 37 (Mathieu) ; 1949, Clamart, mairie, Exp. de *La musique française,* juin-juillet 1949 ; 1950, Paris, Palais de la Découverte, *L'œuvre scientifique de Pascal,* mars-mai 1950 ; 1956, Rome, n° 175 (Louis) ; 1976-1977, Paris, Jacquemart-André, n° 15 (collaboration ?).

Bibliographie :
1875, Champfleury, p. 82 (« Le Nain, dit le Chevalier ») ; 1887, Hamel, p. 252-253 (accepte « l'un des Le Nain ») ; 1892, Bénédite, p. 382-385 (École hollandaise) ;

indiquer que la mode qui triomphe après la mort de Louis XIII n'est pas encore apparue. Tous traits qui invitent à placer le tableau tout au début des années quarante, ou antérieurement.

1904, Bouyer, p. 156 (l'un des Le Nain) ; 1904, Valabrègue, p. 125-127 (doute et semble exclure).
1922, Jamot, *Essai...,* p. 299-301, reprod. p. 300, p. 304 (Mathieu, avec intervention de Louis) ; 1923, Jamot, *in* Cat. exp. 1923, *Paris, Sambon,* p. 13-14 (Mathieu) ; 1923, *Revue des Beaux-Arts,* p. 5 ; 1924, Thiis, p. 294 (Louis) ; 1926, Dimier, p. 42 ; 1926, Ernst, p. 308 (Mathieu) ; 1929, Collins Baker, p. 70 (Mathieu) ; 1929, Jamot, p. 70-72, 84, 107, reprod. p. 89 (Mathieu) ; 1929, Marcel-Terrasse, p. 33, pl. 30 (Mathieu) ; 1929, Vollmer, p. 42 (Mathieu) ; 1932, Weisbach, p. 114, 258, reprod. fig. 95, p. 257 (Mathieu) ; 1933, Fierens, p. 10, 45-48, 62, reprod. pl. LXXV-LXXVI (Mathieu).

1934, Alfassa, p. 203 (problème) ; 1934, Escholier, p. 139 (Mathieu) ; 1934, Goulinat, p. 220 (réserves) ; 1934, Grappe, p. 324 (refus) ; 1934, Sambon, *B.E.A.,* p. 16 (refus) ; 1936, Lazarev, pl. 43 (Mathieu) ; 1939, Bloch, p. 53 (Mathieu ?).
1947, *in* Cat. exp. 1947, *Toledo,* n. p., reprod. (Mathieu) ; 1950, Leymarie, fig. 9, 50 (Mathieu) ; 1953, Blunt, p. 181 (Mathieu) ; 1956, Sterling, *in* Cat. exp. 1956, *Rome,* p. 163-164 (Louis) ; 1962, Wilhelm, n° 130, p. 27, reprod. (Mathieu) ; 1963, Maillet, p. 7 ; 1964, Thuillier, p. 19 ; 1965, Pariset, p. 94 (Mathieu) ; 1966, Bloch (Mathieu) ; 1967, Thuillier, p. 151-153 ; 1969, Gébelin, p. 73 (collaboration) ; 1970, Blunt, p. 163 (Mathieu).

45
La tabagie

dit aussi *Groupe d'hommes autour d'une table, Le corps de garde*

Huile sur toile ; 1,17 × 1,37 m.
Signé en bas vers la droite :
.Le Nain. fecit. 1643.

Paris, musée du Louvre.
Cat. Rosenberg nº 485.

Gravure :
Anonyme, sur bois, pour l'*Histoire des peintres* de Charles Blanc, p. 5, (voir *Bibliographie*, 1862, Blanc)
Anonyme, sur bois, pour la *Gazette des beaux-arts*, livraison d'août 1874, p. 107 (voir *Bibliographie*, 1874, Mantz).

Historique :
1778, 19 janvier : un tableau correspondant par le sujet et les dimensions, et qui a donc grand chance d'être le présent exemplaire, apparaît dans une vente à Paris, hôtel d'Aligre, avec l'expertise de Le Brun (*Catalogue de tableaux des trois écoles...*, 19 janvier 1778 et jours suivants ; «nº 84. Le Nain. *L'intérieur d'une tabagie*» ; 3 p. 8 p. sur 4 p. 2 p.). Il est décrit, et signalé comme «*sans contredit un des plus capitaux de Lenain et de son meilleur faire*».

1779, 1er décembre : le même tableau réapparaît, semble-t-il, à la vente de l'abbé de Gévigny (*Catalogue d'une riche collection de tableaux des peintres les plus célèbres des différentes écoles (...) qui composent le Cabinet de M*ˣˣˣ, par A.J. Paillet, mercredi 1er décembre 1779 ; nº 495. «Antoine Le Nain. *Une Assemblée de gens de distinction de divers États dans une espèce d'hôtellerie (...) on n'en peut désirer un plus beau de ce Maître, soit pour le fini et l'expression des figures, soit*

pour la perfection des draperies. Toile. H. 44 p ; L. 50.»)

1844, 17 mars : tout semble indiquer que le même exemplaire, entré dans la collection du cardinal Fesch à une date imprécise, se retrouve dans sa fameuse vente (*Galerie de feu S.E. le cardinal Fesch (...) ou Catalogue raisonné (...)* par George, peintre (...) *Troisième partie.* Rome, 1844, 17 mars (et jours suivants) ; nº 375-1694. «Le Nain (Louis). *Scène de corps de garde*». Le tableau est acquis par l'expert George lui-même, pour sa collection personnelle, rue du Sentier. A la vente de ce dernier, il passe au marquis de Pastoret, puis au comte de Pourtalès. Il est alors reproduit dans le recueil photographique intitulé *Souvenirs de la Galerie Pourtalès, Tableaux, Antiques et objets d'art, photographiés par Goupil*, Paris, 1863, et figure dans le *Catalogue des tableaux anciens et modernes, dessins, qui composent la collection de feu M. le Comte de Pourtalès-Gorgier* (Paris), vente le lundi 27 mars 1865 et jours suivants (nº 279. «Lenain (Louis). *Six seigneurs costumés dans le style Louis XIII... »*). Adjugé 9 500 F, il est en fait racheté par la famille.

1969, décembre : acquis par le Louvre de la baronne de Berckheim, qui l'avait reçu en héritage de sa mère, la comtesse Edmond de Pourtalès.

Expositions :
1874, Paris, nº 308 («les frères Le Nain») ; 1923, Paris, Sambon, nº 4 reprod. (Mathieu) ; 1934, Paris, Petit Palais, nº 36 (Mathieu) ; 1934, Paris, Orangerie, nº 75, reprod. pl. XXVII (Mathieu) ; 1937, Paris, nº 95 ; *Ill.* nº 43, p. 118-119 (Mathieu) ; 1954, Paris, nº 105, reprod. (Mathieu).

Bibliographie :
1850, Champfleury, p. 22 (texte du catalogue de la vente Fesch) ; 1851, Saint-Victor, p. 18-20 («*chef-d'œuvre* », Louis Le Nain) ; 1860, Champfleury, p. 275-277 ; 1862, Blanc, p. 6, 8, nº 9, gravure sur bois p. 5 («*magnifique tableau, œuvre capitale des Le Nain*ö) ; 1862, Champfleury, p. 20-21, 51-54, 72, 105, 142, 188 («*chef-d'œuvre* ») ; 1863, Chesneau, p. 231: 1863, Sainte-Beuve («*fort vanté*»).

1865, Champfleury, p. 14 ; 1865, Mantz, p. 111, reprod. (œuvre du Le Nain dit «*Le Romain*») ; 1872, Clément de Ris, p. 40 (Lenain) ; 1874, Gonse, p. 140 ; 1874, Mantz, p. 106-108, gravure sur bois (ne sait lequel des frères) ; 1875, Champfleury, p. 82 (l'un des Le Nain) ; 1879, Arago, p. 309 ; 1883, *in* Cat. exp. 1883, *Laon*, p. XIV ; 1887, Hamel, p. 252 ; 1904, Bouyer, p. 156 (Louis) ; 1904, Valabrègue, p. 17-18, 32, 127-135, 165, reprod. p. 136 (pas Mathieu) ; 1910, *in* Cat. exp. 1910, *Londres, Burlington*, p. 24, p. 13 (groupe III, Mathieu).

1922, Jamot, *Essai...*, p. 224, 226, 293-294, 299, 304, reprod. p. 295 (Mathieu, avec intervention de Louis) ; 1923, Druart, p. 28 (Mathieu) ; 1923, Escholier (Mathieu) ; 1923, Jamot, *in* Cat. exp. 1923, *Paris, Sambon*, p. 7-9, 12-13, 17, etc. (Mathieu) ; 1923, Jamot, *Essai de chronologie*, p. 161-164 (Mathieu) ; 1923, Michel, p. 169 (Mathieu) ; 1923, Rey, p. 5 ; 1923, Vaudoyer (Mathieu) ; 1924, Thiis, p. 292-293, reprod. (Louis) ; 1926, Dimier, p. 41 ; 1926, Ernst, p. 308, 317 (Mathieu) ; 1926, E.S.S., p. 72-73 (Mathieu) ; 1928, Collins Baker, p. 69-70 (Mathieu). 1929, Jamot, p. 20, 27-28, 56-60, 64, 68-69, 84-91, 100, 107, reprod. p. 85 (Mathieu) ; 1929, Jamot, *Pantheon*, p. 358,

« Ce tableau manque au Louvre comme une page à un livre, comme un nom à une généalogie (...). Espérons que tôt ou tard, il viendra prendre, entre la Halte de Bohémiens *de Sébastien Bourdon et le* Concert *de Valentin, la place historique qui lui appartient et que lui seul pourra remplir ».* Paul de Saint-Victor écrivait ces lignes en 1851, et à sa suite Champfleury, Charles Blanc, Valabrègue, et tous ceux qui ont étudié les Le Nain ont fait le même vœu. Il a pourtant fallu attendre plus d'un siècle pour qu'il se réalisât et que cette œuvre, un peu oubliée, trouvât un regain d'admiration.

Le titre de *« Corps de garde »*, qui s'est imposé à l'époque romantique, alors que le tableau faisait partie de la collection du Cardinal Fesch, est certainement à corriger : l'expert Le Brun, à la vente de 1778, avait plus justement parlé de *« L'intérieur d'une tabagie »*. Un seul des personnages porte, de façon certaine, le hausse-col qui désigne l'état militaire : les autres sont vêtus avec une visible recherche d'élégance, et il semble que, près du foyer, se distingue, non pas une pique, mais une broche. La présence du serviteur noir, admirable figure, d'une franchise et d'une sobriété tout exceptionnelles, indiquerait davantage l'hôtellerie que la compagnie militaire, fût-elle une «compagnie bourgeoise» comme celle dont fit partie Mathieu. Ce sujet de la tabagie (la pipe, très longue, se fumait alors de préférence en compagnie, et en buvant) apparaît fréquemment dans la peinture de genre de l'époque. L'interprétation en nocturne le renouvelle quelque peu ; mais l'idée se retrouverait à Paris au même moment : ainsi dans la composition tout-à-fait contemporaine de Saint-Igny gravée par Michel Lasne, *« Amy, prend cette pipe... »*. Nous avons dit que vers ce moment on constate à Paris, chez les amateurs, un regain d'intérêt pour les nuits : et il semble que les Le Nain n'aient pas manqué cette occasion de prouver leur science des effets lumineux (voir notice du n° 3).

L'audace est ici d'user du nocturne pour une série de portraits. Rien de plus risqué pour la ressemblance que l'éclairage artificiel. Le peintre s'est tiré de la gageure par un chef-d'œuvre. Les attitudes et les expressions nuancent tous les degrés de la familiarité et du respect autour du personnage, apparemment de haute condition, qui est au centre de l'assemblée. L'ombre qui noie la scène n'empêche pas que chaque visage soit franchement particularisé et animé d'une vie intense, où l'analyse psychologique ne perd rien de son acuité.

On devine que ce tableau dut être une œuvre d'importance, en son genre aussi méditée et soignée que la *Famille de paysans* (n° 29) parmi les scènes campagnardes. La facture le souligne, qui est rarement plus attentive, plus sûre, qui ignore ces parties lâchées fréquentes en d'autres toiles. Il dut être aussi fort admiré : si l'on en croit les catalogues de vente du XVIIIe siècle, il en exista plusieurs répliques ou variantes qui témoignaient de son succès, soit que certains des modèles aient tenu à posséder leur exemplaire, soit que la formule ait paru assez séduisante pour entraîner l'exécution de versions usant de la même mise en scène pour des partenaires différents. En ce qui concerne la présente toile, on remonte clairement de la collection Berckheim à

45

(grandi)

360-362 (Mathieu) ; 1929, Vollmer, p. 42 (Mathieu) ; 1932, Weisbach, p. 112-113, reprod. p. 11 (Mathieu) ; 1933, Fierens, p. 14, 41, 44-46, 48, 62, reprod. pl. LXXIV (Mathieu) ; 1933, Jamot, *Un tableau inédit...*, p. 299 (Mathieu).

1934, Alfassa, p. 203-205 (problème) ; 1934, Bloch, *Les frères Le Nain...* p. 343 (Mathieu) ; 1934, Diolé, *Au Petit Palais...* (Mathieu) ; 1934, Escholier, p. 139 (Mathieu) ; 1934, Grappe, p. 324 (Mathieu) ; 1934, Isarlo, *Concorde*, p. 2 («*peinture de confiserie*» ; Mathieu) ; 1934, Jamot, *in* Cat. exp. 1934, *Paris, Petit Palais*, p. 10-15 (Mathieu) ; 1934, Sambon, *B.E.A.*, p. 15-16 (Mathieu) ; 1934, Sterling *in* Cat. exp. 1934, *Paris, Orangerie*, p. 111 (Mathieu) ; 1934, Waterhouse, p. 132 (Mathieu) ; 1934, Watts, p. 157 (Mathieu).

1935, Bloch, *I pittori...*, p. 12 (Mathieu) ; 1935, Davies, p. 293, 294 (sans doute Louis pour l'essentiel) ; 1935, Jamot, p. 73 (Mathieu) ; 1935, Longhi (Mathieu) ; 1936, Lazarev, pl. 40 (Mathieu) ; 1937, Sterling, p. 7 (Mathieu) ; 1938, Isarlo, p. 14, n° 196 (Mathieu) ; 1939, Bloch, p. 53 (Mathieu) ; 1942, Meltzoff, p. 273.

1946, Dorival, p. 70 (Mathieu) ; 1946, Erlanger, p. 108-110, reprod. p. 117 (Mathieu) ; 1947, *in* Cat. exp. 1947, *Toledo*, n.p., reprod. (Mathieu) ; 1949, Champigneulle, reprod. détail p. 125 (Mathieu) ; 1950, Leymarie, fig. 8, 51 (Mathieu) ; 1953, Blunt, p. 180, reprod. pl. 123 B. (Mathieu) ; 1956, Sterling, *in* Cat. exp. 1956, *Rome*, p. 163-165 (Mathieu, avec collaboration de Louis) ; 1960, Isarlo, p. 60 ; 1964, Thuillier, p. 15-16 ; 1965, Pariset (Mathieu) ; 1966, Bloch (Mathieu) ; 1967, Thuillier, p. 151-154 ; 1969, Gébelin, p. 70-73 (collaboration ?).

1970, Blunt, p. 162-163, reprod. pl. 123 B (Mathieu) ; 1971, Dorival, p. 23, reprod. (cru généralement de Mathieu) ; 1972, Longhi, p. 17-18, reprod. pl. 22 ; 1972, Rosenberg, p. 304 ; 1974, Thuillier, p. 157-162 et notes 1-17, reprod. fig. 1, 2, 4 ; 1976, Laveissière, p. 12 (Louis plutôt que Mathieu ?).

la collection du Cardinal Fesch, et de là au cabinet de l'abbé de Gévigny (ca. 1778), garde des titres et généalogies de la bibliothèque du Roi (voir *supra, Historique*). Mais il semble qu'une variante (avec un ou plusieurs musiciens, et le nègre repoussé à l'arrière-plan) ait existé en plusieurs exemplaires : l'un de mêmes dimensions que le tableau Berckheim (43 × 50 pouces ; *Vente provenant d'un cabinet connu...* (Lenglier), 24 avril 1786, n. 109 ; puis *Catalogue du Cabinet de M.*ˣˣˣ (M. de Vaudreuil), 26 novembre 1787, n° 35) ; l'autre, probablement daté de 1644, beaucoup plus petit (27 × 35 pouces ; *Catalogue d'une belle collection de tableaux (...) venant du Cabinet de M. M.*ˣˣˣ, 19 avril 1786, n° 131). Et une autre variante, avec cette fois «*six militaires (...) un joueur de guitare (qui) charme leurs loisirs, un valet nègre (qui) attend leurs ordres*», et seulement 19 pouces sur 25, est passée le 21-22 mai 1828 dans la vente Bizet.

45
(agrandi)

46
Portrait de trois hommes

dit naguère *A Trio of Geometers*

Huile sur toile ; 0,53 × 0,635 m.

Londres, National Gallery.
Cat. nº 4857 ; reprod. *Plates, French School,* 1950, pl. 79 (avant restauration).

Historique :
1913, 20 juin : vente A.F. Walter of Bearwood, nº 126 (comme A., L., et M. Lenain) ; acquis par Agnew.
1936 : donné à la National Gallery par Mrs N. Clark Neill en souvenir de son mari.
1968 : nettoyé et débarrassé des multiples repeints.
1978 : la radiographie du tableau révèle qu'il est peint par-dessus une autre étude, fragment d'un portrait de femme en buste.

Expositions :
Jamais exposé.

Bibliographie :
1946, Davies, *ad art.* («*Follower of the Brothers Lenain ?*») ; 1938, Isarlo, fig. 152 (sans indication, mais parmi les tableaux rejetés) ; 1974, Thuillier, p. 170, reprod. fig. 14 (original de haute qualité) ; 1978, Wilson (à paraître ; authentique).

Passé discrètement dans une vente de 1913 sous le nom des trois Le Nain, entré non moins discrètement vingt ans plus tard à la National Gallery sous le titre « *A Trio of Geometers* », ce tableau avait été jusqu'ici négligé par tous les spécialistes, ou écarté sans explication. La construction embarrassée, la facture médiocre du tableau, tel qu'on le voyait alors *(cf. reproduction ci-dessous),* justifiaient suffisamment ce dédain.

On pouvait toutefois s'étonner de la franchise des visages, qui tranchait avec la médiocrité des mains et des accessoires. Un nettoyage opportun, entrepris en 1968, a fait disparaître soudain la moitié de la composition, éliminant les maladresses de mise en page et toutes les parties faibles, révélant un quatrième personnage, restituant une ébauche de la plus haute qualité. Il s'agit certainement de l'un des plus étonnants succès obtenus durant les dernières années par un laboratoire de musée.

Du coup, le nom des Le Nain s'impose à nouveau. Non seulement la date des costumes permet de songer aux alentours de 1645-1648, mais la facture ferme, et jusqu'aux accords de tons essayés sur la toile nue, s'apparentent aux portraits de groupe. Il suffirait du serviteur réapparu sur la droite, et qui se retrouve dans les *Tricheurs* Vergnet-Ruiz (nº 56), ou plus directement encore dans les *Musiciens* (Dulwich College Picture Gallery ; non exposé en raison de son état ; voir reproduction p. 286), pour obliger à prononcer leur nom.

Faut-il aller plus loin ? Il ne peut plus être question de « trois géomètres ». Les trois personnages, étroitement rapprochés, ont un air de famille : la forme du nez, du visage, sans être identique, offre des ressemblances évidentes ; tous trois ont au menton la même curieuse fossette. On ne peut s'empêcher de retrouver des traits voisins, cette belle chevelure et cette même fossette, au visage du peintre installé devant son chevalet, dans le tableau de la collection Bute (nº 42). Simple coïncidence ? Ou peut-on songer ici à un portrait des trois frères Le Nain, apparemment partie d'un tableau plus ambitieux, resté inachevé, et dont on aurait pour cette raison sauvé ce précieux fragment ?

Portrait de trois hommes
État du tableau avant la restauration de 1968

46

47
Soldats jouant aux cartes

Huile sur toile ; 0,85 × 0,114 m.

Birmingham, University, The Barber Institute of Fine Arts.

Historique :
1910 : exposé à Londres comme appartenant à la collection Wilfrid William Ashley. Le tableau passait pour être demeuré dans la famille au château de Broadsland, près de Romsey, Hampshire, depuis le XVIIIe siècle ; il aurait été acquis à Paris en 1773 par Henri Temple, 2e vicomte Palmerston, et serait ensuite passé au 3e vicomte Palmerston, puis à sa veuve (1865), à l'Hon. William Francis Cowper, par la suite Cowper Temple et Lord Mount Temple (1869), à l'Hon. Anthony Evelyn, Melbourne Ashley (1888) et à Wilfrid William Ashley, par la suite Lord Mount Temple.
1940 : passé par héritage à sa fille aînée, la comtesse Mountbatten.
1941 : acquis par le Barber Institute of Fine Arts de Martin B. Asscher.

Expositions :
1910, Londres, Burlington, n° 3 ; *Ill. Cat.* pl. III ; 1938, Londres, Royal Academy, n° 328 reprod. *Ill. Souv.,* p. 85 (Mathieu) ; 1947, Londres, Wildenstein, n° 23 (Mathieu).

Bibliographie :
1910, *in* Cat. exp. 1910, *Londres, Burlington,* p. 26, p. 13 (groupe III, Mathieu), reprod. *Ill. Cat.* pl. III.
1922, Jamot, *Essai,* p. 298 (Mathieu) ; 1929, Jamot, p. 67 (Mathieu) ; 1929, Vollmer, p. 42 (Mathieu) ; 1933, Fierens, p. 63, reprod. pl. XCII (Mathieu) ; 1938, Isarlo, p. 52, n° 177 (Mathieu).
1950, Bodkin, p. 25-26, reprod. pl. 19 (Mathieu, sans doute avec la collaboration de Louis).

Dans la série des *Joueurs* cette toile, qui n'a jamais été exposée en France, est longtemps restée une des moins connues. Selon Thomas Bodkin (1950) elle aurait été acquise à Paris en 1773 par Lord Palmerston, qui l'aurait apportée de France en Angleterre, et le tableau serait demeuré à Broadlands jusqu'à son acquisition par le Barber Institute. On notera qu'un autre exemplaire appartient à une collection parisienne (exposé à Paris, 1948-1949, n° 137 ; nous ne le connaissons que par photographie).

S'agit-il simplement d'une scène de genre, ou sommes-nous déjà devant des portraits ? Il est difficile de trancher. Mais cette incertitude même souligne les liens qui existent entre les deux genres : et les rapports plastiques étroits avec les tableaux qui suivent commandaient de présenter le tableau dans cette section. Le peintre mêle de nouveau ici (comme il est fréquent) le thème des joueurs à celui du corps-de-garde. Épée, baudrier, arquebuse et autres accessoires désignent clairement des militaires (et l'on se souviendra que dans l'inventaire après-décès de Mathieu sont mentionnés deux *Corps de garde de soldats,* dont un «grand tableau» prisé 25 livres, l'une des rares estimations importantes de l'acte). Faut-il y ajouter le thème du tricheur, si fréquent à l'époque, dont Valentin et La Tour nous ont laissé des exemples si célèbres, et que les Le Nain ont manifestement traité dans une autre toile (n° 56) ? Bodkin interprétait ainsi la scène — ce qui, davantage encore, tirerait la composition vers le sujet de genre.

47

48
Les joueurs de dés

Huile sur toile ; 0,93 × 1,197 m.

Amsterdam, Rijksmuseum.
Inv. A 3099. Cat. 1976, p. 344
reprod.

Historique :
1922 : apparaît chez Charles Brunner, à
Paris ; passe vers 1926 dans la collection
J.W. Nienhuys, Bloemendaal.
1929 : acquis par le Rijksmuseum.

Expositions :
1923, Paris, Sambon, n° 8 reprod.
(Mathieu) ; 1926, Amsterdam, n° 65 bis
(Mathieu) ; 1934, Paris, Petit Palais, n° 40
(Mathieu) ; 1936, New York, n° 21,
reprod. (Mathieu) ; 1958, Rome, n° 85,
reprod. fig. 88 (Mathieu) ; 1958,
Rotterdam, n° 83 (Mathieu).

Bibliographie :
1922, *New York Herald*, novembre,
p. 10, 15 ; 1923, Jamot, *in* Cat. exp. *Paris,
Sambon*, p. 17-19 (Mathieu) ; 1924, Thiis,
p. 304 (Louis) ; 1926, Constable, p. 228,
reprod. pl. II A (Mathieu) ; 1926, p. 308
(Mathieu) ; 1929, Jamot, p. 100-107
(Mathieu) ; 1929, Vollmer, p. 42
(Mathieu) ; 1933, Fierens, p. 51, 63, pl. XC
(Mathieu).

1934, Alfassa, p. 203 ; 1934, Diolé, *Au
Petit Palais...* (Mathieu).

1947, *in* Cat. exp. 1947, *Toledo,* n.p.
reprod. (Mathieu) ; 1953, Dacier, p. 311 ;
1969, Cabanne, p. 76 ; 1969, Gébelin,
p. 73 (Mathieu) ; 1974, Thuillier, p. 170.

Cette composition apparaît dans la vente Verrier en 1776 (*Catalogue de tableaux (...) dont la Vente se fera le jeudi 14, lundi 18 novembre 1776, et les jours suivants...* (Paillet expert), p. 24-25, n° 84). Elle y est ainsi décrite : «*L'intérieur d'un Vestibule, où sont trois joueurs assis autour d'une table ronde, et tirant aux dez. Derrière eux, sont des valets, dont un tient un sac rempli d'espèces qu'il presse contre son cœur ; sur la gauche, une ouverture laisse entrevoir un peu de paysage. Ce Tableau d'une couleur juste, est d'une vérité d'expression qui le rend extrêmement intéressant. Largeur 44 pouces ; hauteur 34 pouces. T.* » La toile fut dessinée par Saint-Aubin en marge de son catalogue (*cf.* Dacier, 1953) et adjugée à Vautrain 1 060 livres, soit un des plus hauts prix de la vente. Notice et dessin correspondent entièrement. Toutefois l'on prendra garde qu'il existe d'autres exemplaires ; l'un d'eux, conservé dans une collection particulière française, remonte peut-être au XVIIe siècle et ne se distingue que par des détails très secondaires.

Les liens avec le tableau précédent, dans la composition et jusque dans la physionomie des personnages, sont manifestes : mais le caractère de portraits est plus nettement accentué — jusque dans la curieuse figure du valet à demi contrefait. Il semble bien qu'ici la scène de genre ne soit plus qu'une formule séduisante pour représenter trois amis ou parents.

On a souvent souligné, à côté de la qualité de la lumière, la maladresse surprenante du fond — simple pan de mur, dont l'assiette ni la matière ne se comprennent — et le paysage de droite, insignifiant et conventionnel, ne se retrouve dans aucun des paysages sûrs des Le Nain. L'idée d'un fond resté à l'état d'ébauche, et qu'une autre main aurait maladroitement précisé, vient naturellement à l'esprit. D'autant que des parties annexes, comme les deux lévriers, apparaissent aussi traitées de façon curieusement sommaire.

48

49
Les joueurs de trictrac

Huile sur toile ; 0,96 × 1,23 m.

Paris, musée du Louvre.
Inv. R.F. 2397 ; cat. Brière
n° 3114 ; cat. Rosenberg n° 488,
reprod.

Historique :
1904 : publié dans l'ouvrage de
Valabrègue comme appartenant à une
série de sept tableaux conservés dans la
collection du comte de Seyssel, à Turin.
Cette série avait déjà été remarquée
quarante ans plus tôt par Léon Lagrange ;
elle passait, de façon très plausible, pour
avoir été achetée à Paris par le comte
Ottone Ponte di Scarnafigi, ambassadeur
de Sardaigne, mort en 1788.
ca. 1922 : acquis du comte Louis de Seyssel
par la galerie Sambon, de Paris, avec les
n°s 51 et 52.
1923 : acquis pour le Louvre par le Conseil
des Musées dans sa séance du 8 janvier.

Expositions :
1923, Paris, Sambon, n° 5, reprod.
(Mathieu) ; 1934, Paris, Petit Palais n° 39,
reprod. (Mathieu) ; 1946, Paris, Petit
Palais, n° 63 (Mathieu) ; 1959, Berne,
n° 52, reprod. pl. 7 (Mathieu) ; 1960,
Washington, n° 32, reprod. (Mathieu) ;
1964, Musées Nationaux, n° 5, reprod.
p. 20 (Mathieu) ; 1966, Tokio, n° 12,
reprod. (Mathieu) ; 1968, Californie, s.n.,
reprod. couleurs (Mathieu).

Bibliographie :
1904, Valabrègue, p. 116-122, 171,
reprod. p. 120 ; 1910, *in* Cat. exp. 1910,
Londres, Burlington, p. 29, p. 13
(groupe III, Mathieu).

Ce tableau fait partie d'un ensemble célèbre, aujourd'hui dispersé, et qui pour la première fois se trouvera de nouveau réuni et présenté au public : les « tableaux Seyssel ».

Champfleury venait tout juste d'attirer l'attention sur les trois peintres, que Léon Lagrange lui signalait la présence inattendue à Turin d'un groupe de sept toiles, ni signées ni datées, mais attribuées à « Le Nain » par une longue tradition, toutes de dimensions semblables, entourées du même cadre XVIIIᵉ siècle à coins arrondis et motifs de coquilles. Elles appartenaient alors au comte Louis de Seyssel, issu d'une famille originaire de Savoie, général et directeur de l'Armeria reale de Turin. Il en avait hérité du comte Ottone Ponte di Scarnafigi, mort en 1788 à Paris, et ambassadeur du Roi de Sardaigne depuis 1777 : ce qui expliquait leur passage en Italie, où nul autre Le Nain n'a jamais été signalé anciennement.

En 1865 Champfleury les mentionna dans une note fort inexacte, et il semble qu'il n'eut jamais l'occasion de les examiner. C'est Valabrègue qui devait les faire connaître par son livre (1904), où cinq des tableaux sont reproduits. L'ensemble ne devait pas tarder à être dispersé. Salmon P. Halle, en 1916, en acheta quatre, passés aujourd'hui au musée de Cleveland (n°s 53, 68, 69, 70). Les trois meilleurs furent acquis vers 1922 par la Galerie Sambon, de Paris, et donnèrent prétexte à une exposition mémorable, dont le catalogue fut préfacé par Paul Jamot. Le Louvre acquit les *Joueurs de trictrac* (n° 49) ; un amateur parisien la *Danse d'enfants* (n° 52), et le *Jardinier* (n° 51) s'en fut en Hollande, puis de là au musée de Cologne.

Nous avons tenu à présenter dans l'exposition les sept toiles, mais quatre seulement ont pu être regroupées dans la même salle. Dès le départ les disparates furent sentis, et longtemps on s'ingénia à les expliquer par la personnalité différente des trois frères. Paul Jamot fit faire un pas décisif aux études sur Le Nain en rejetant définitivement la *Scène de vendanges* et la *Danse d'enfants de village* (n°s 70 et 69) que nous donnons ici au « Maître aux béguins », et l'on estime aujourd'hui que le *Repas de famille* (n° 68) n'est qu'une copie. De fait, réunie à Paris au XVIIIᵉ siècle, cette collection apparaît très caractéristique des « amalgames » pratiqués par le commerce parisien du temps, et illustre les ensembles « Le Nain » que l'on voit alors passer dans les ventes (*cf.* par ex. les autres sept Le Nain de la vente Conti, en 1777, qui comprenaient au moins deux chefs-d'œuvre : le *Repas de famille* Choiseul (voir notice du n° 50) et la *Forge* du Louvre, et au moins trois fausses attributions...). Le groupement dut avoir ici des fins décoratives : ce que facilitait le format uniforme pratiqué par les Le Nain, comme on pourra le constater à l'exposition, pour ce type de tableaux. Le fonds Seyssel n'indique pas nécessairement une provenance identique pour les sept toiles, encore moins une commande unique : il semble bien d'abord le produit du commerce parisien du XVIIIᵉ siècle et de ses savantes combinaisons.

Choisis par le Louvre à l'exposition Sambon de 1923, les *Joueurs de trictrac* sont assurément le tableau le plus accompli de l'ensemble. On a maintes fois loué la qualité de la lumière, le sens décoratif du tapis opposé à la

49

1922, Jamot, *Essai,* p. 296, 305 (œuvre certaine de Mathieu) ; 1923, Jamot, *in* Cat. exp. 1923, *Paris, Sambon,* p. 12-19 (Mathieu) ; 1923, Jamot, *Essai de chronologie,* p. 163-164 (Mathieu, vers 1650) ; 1923, Michel, p. 169 ; 1923, Rey, p. 5 ; 1923, Vaillat, reprod. p. 58 (Mathieu) ; 1923, Vaudoyer (Mathieu) ; 1925, Schneider, p. 51, reprod. (Mathieu) ; 1926, Dimier, p. 42 ; 1926, Ernst, p. 308 (Mathieu) ; 1926, E.S.S., p. 73 ; 1929, Fierens ; 1929, Jamot, p. 61, 69, note 2, 100-109, reprod. p. 109 (Mathieu) ; 1929, Jamot, *Pantheon,* p. 362, reprod. p. 358 (Mathieu) ; 1929, Marcel-Terrasse, p. 32, pl. 29 (Mathieu) ; 1929, Valentiner, p. 49 (Mathieu) ; 1929, Vollmer, p. 42 (Mathieu) ; 1932, Weisbach, p. 114-115 (Mathieu) ; 1933, Fierens, p. 49, 62, pl. LXXXVIII (Mathieu).

1934, Alfassa, p. 203 ; 1934, Diolé, *Au Petit Palais...* (Mathieu) ; 1934, Goulinat, p. 212, 214, 218, reprod. p. 211 (Mathieu) ; 1934, Grappe, p. 324, reprod. p. 326 (Mathieu, peut-être avec intervention de Louis) ; 1934, Escholier, p. 139 ; 1934, Sambon, *B.E.A.,* p. 16 (Mathieu) ; 1935, Longhi (problème de ce groupe) ; 1936, Lazarev, p. 44 (Mathieu) ; 1938, Isarlo, p. 26, 32, 34, n° 186 (Mathieu).

1946, Dorival, p. 70 (Mathieu) ; 1946, Erlanger, p. 45, 107, reprod. couleurs, p. 115 (Mathieu) ; 1947, Moussalli, p. 8, reprod. (Mathieu) ; 1950, Leymarie, fig. 49 (Mathieu) ; 1953, Blunt, p. 218, note 132 ; 1957, Bazin, reprod. (Mathieu) ; 1960, *Connaissance des arts,* p. 20, reprod. (Mathieu) ; 1962, Huyghe, p. 22, reprod. couleurs (Mathieu) ; 1964, Thuillier, p. 15-16 ; 1967, Hautecœur, p. 46, reprod. (Mathieu) ; 1967, Thuillier, p. 152-154, reprod. détail fig. 6 ; 1969, Cabanne, p. 76, 77, reprod. couleurs ; 1969, Gébelin, p. 70 (Mathieu) ; 1974, Thuillier, p. 175.

simplicité du fond, la franchise du pinceau et la fermeté du modelé. Les mains fortes, aux doigts carrés, contrastent avec les petites mains fines, rondes, aux doigts pointus qui frappent dans l'*Académie* (n° 44). Nulle trace de collaboration dans ce tableau : et la radiographie vient de confirmer l'impression immédiate en révélant une image d'une parfaite unité. Il est évident que nous tenons ici la manière d'un des trois frères, ou plutôt le point d'arrivée d'une des trois personnalités.

Witt, puis Jamot, y ont désigné Mathieu : hypothèse qui depuis les années vingt est passée en fait reconnu. Répétons qu'elle est vraisemblable : mais pour notre part nous ne pouvons avancer l'argument si souvent utilisé, et qui serait décisif, du costume. Il nous a été impossible de prouver que n'étaient pas déjà de mode dans la bonne société parisienne, avant 1648, le justaucorps étroit dans le haut, le petit col sans broderie avec lacet à deux glands, les manchettes bouffantes au poignet, les chausses larges à rubans, le chapeau à bords étroits et coiffe haute, les cheveux longs mais sans boucles ni frisure, le manteau ample à rangée de boutons serrés, en un mot tous les éléments qui caractérisent cette série et devraient permettre de la dater avec suffisamment de précision.

49 (macrophotogr

50
Le repas de famille

Huile sur toile ; 0,825 × 1,092 m.

Toledo (Ohio), The Toledo Museum of Art. Inv. 46.28. Cat. 1976, p. 94-95, reprod. pl. 183.

Historique :
Au début du XXᵉ siècle dans la collection de Sir Audley Neeld, à Londres.
1943, 13 juillet : vendu chez Christie (nº 73) pour 2 900 livres ; passé dans le commerce d'art new-yorkais.
1946 : donné par Mr Edward Drummond Libbey au musée de Toledo.

Expositions :
1946, New York, Wildenstein, nº 26 reprod. (Mathieu) ; 1947, Toledo, nº 11, reprod. et détails (Mathieu) ; 1954, Pittsburgh, reprod. pl. 25 (Mathieu).

Bibliographie (du présent exemplaire)
1910, *in* Cat. exp. 1910, *Londres, Burlington*, p. 28 ; 1938, Isarlo, nº 134 (d'après le cat. de l'exp. de 1910). 1947, *The Art Digest*, p. 12, reprod. couverture ; 1947, Visson (Mathieu) ; 1949, Dacier, p. 73, reprod. fig. 19 (Mathieu) ; 1950, Bodkin, p. 26, reprod. pl. 20 (Mathieu) ; 1950, Leymarie, fig. 58-60 (Mathieu) ; 1964, Thuillier, p. 19.

Peu de compositions des Le Nain proposent une identification aussi difficile. Il en exista certainement plusieurs répliques, avec des variantes notables dans les visages. L'une appartint au Cabinet du duc de Choiseul, et nous est connue par la gravure de Weisbrod (1771) qui illustre le recueil de cette collection ; on ignore sa provenance antérieure. Une autre figura dans le Cabinet de M. Poullain, receveur général des domaines du Roi, et fut vendue à sa mort. Le catalogue, rédigé par J.B.P. Le Brun (vente du 15 mars 1780, n. 103, « Le Nain ») décrit en détail le tableau : « *Un Repas de famille. On voit dans ce Tableau deux hommes et une femme assis à table. Une servante apporte un plat. Trois enfants sont debout devant la table, au pied de laquelle est un petit épagneul. Un des deux hommes est prêt à boire un verre de vin que vient de lui verser un valet qui est derrière lui. La femme semble gronder un petit garçon qui tient son chapeau sur la poitrine, dans l'attitude d'un enfant qui demande grâce. Hauteur 33 pouces. Largeur 42 pouces. T.* » Et Le Brun spécifie : « *On en a connu un semblable dans le Cabinet de M. le Duc de Choiseul, et qui a passé dans celui de Mgr le Prince de Conti ; mais celui-ci est plus vigoureux : toutes les têtes sont des portraits de la famille de M. Poulain, de laquelle il n'a jamais sorti* ». De fait on trouve à Paris, au XVIIᵉ siècle, une famille Poulain ou Poullain de rang fort distingué : un Henri Poullain, conseiller à la cour des Monnaies en 1618, s'était fait remarquer par un traité où il examinait les effets de la proportion établie entre l'or et l'argent ; il eut au moins deux fils, Nicolas, avocat, qui se maria en 1641 et eut plusieurs enfants (dont un fils aîné, Nicolas II, baptisé le 4 juillet 1642), et Louis, qui devint substitut du Procureur général. Les archives notariales montrent Nicolas Poullain en relations d'affaires avec divers peintres et graveurs dans les années 1640 (*cf.* Archives Nationales, Minutier Central, VI, 233-236). L'assertion du catalogue n'a donc rien d'impossible.

De nos jours ont réapparu au moins six exemplaires. Outre celui du musée de Toledo, exposé ici, on trouvera dans l'exposition celui du musée de Cleveland (nº 68), provenant de la collection Seyssel, et que tout semble désigner pour une copie. Un troisième exemplaire fut présenté en 1934 à l'exposition Le Nain (nº 46 ; 0,95 × 1,20 m) ; il appartenait alors au Captain Pitts et se révéla simple copie de celui de Toledo. Un quatrième (0,88 × 1,15 m), de qualité cette fois, se trouvait dans les mêmes années en possession de Paul Rosenberg, à Paris, lequel l'aurait tenu de la collection Viscount Harberton ; les visages y sont différents de la version Choiseul, et George Isarlo (1938, nº 112) y a reconnu, non sans quelque vraisemblance, la version Poullain. Nous n'avons pu savoir sa localisation actuelle. Ces divers exemplaires ne semblent se confondre ni avec celui qui figurait dans la collection Kestner à Paris dès la fin du XIXᵉ siècle (*cf.* Exp. 1887, Paris, nº 89), ni avec celui que Champfleury connut dans la collection Prarond d'Abbeville et tenait pour copie, ni avec celui qui fit partie, toujours vers les mêmes années, de la collection Eischof à Paris. Notons toutefois que certaines traces pourraient avoir été volontairement brouillées.

50

Le repas de famille, exemplaire Choiseul
gravure de Weisbrod, 1771

Des tableaux que nous avons pu étudier directement (nous ne connaissons l'exemplaire Rosenberg que par photographie), seul celui de Toledo, ici exposé, a chance d'être un original. Il correspond en tous points avec l'exemplaire Choiseul, et sa qualité est suffisante pour qu'on puisse penser qu'il s'agit bien du tableau passé dans cette vente en 1772, acquis par Ménageot pour la somme considérable de 2 300 livres, et entré dans la collection du Prince de Conti. On le retrouve à la vente de celle-ci (*Catalogue des tableaux, desseins, terres cuites (..., vendus) après le décès de S.A.S. Monseigneur le Prince de Conty, par P. Rémy*. Paris, 1777. n° 552 : *Un repas de famille*) et un contemporain annote ainsi son catalogue (Bibl. de l'Institut, Ms. 4455) : « *Il y a des parties bien faites dans ce tableau. Il y en a d'autres bien sèches. Cependant, il y a du mérite, encore que ce ne soit pas un des beaux de ce maître* ». Il n'atteignit cette fois que 1 010 livres. Mais quatre ans plus tard (*Catalogue de tableaux... par Pierre Rémy... le mardi 3 avril 1781, rue Plâtrière, à l'ancien Hôtel de Bullion...*, n° 165, Le Nain. *Une famille à table)*, il retrouvait le prix de 2 401 livres.

On ne s'étonnera pas trop de ces multiples répliques. La formule devait très naturellement obtenir un vif succès. Elle adaptait peut-être au public parisien une solution hollandaise au portrait de famille : mais d'un autre côté elle reprenait en la transformant en portrait de groupe une scène de genre courante dans la peinture parisienne, et qui apparaît, par exemple, plusieurs fois traitée par Abraham Bosse dans ses fameuses suites d'estampes. Chez les deux artistes, parfaitement contemporains et qui se sont certainement bien connus, la présentation comme l'esprit sont fort voisins, et il ne serait pas difficile de découvrir la même leçon de dignité bourgeoise, et peut-être de rigueur morale.

Rappelons en effet que Bosse avait gravé, toujours en des compositions très proches, à cadre et costumes contemporains, un *Festin du mauvais riche* (Weigert 40), appel à la charité chrétienne (« *Aux pauvres cesse d'être chiche...* », recommande la lettre de l'estampe), et la *Bénédiction de la table* (Weigert 1398), véritable manifeste de morale protestante. De son côté Le Nain pourrait bien s'accorder ici avec le grand mouvement de réforme catholique dont Saint-Germain-des-Prés, dans ces années, est l'un des foyers les plus actifs. Tout luxe est visiblement écarté, bien plus encore que dans les prêches de Bosse. Honnête, mais stricte simplicité de la mise et de la table, repas pris avec révérence et discrétion, éducation sévère des enfants, apparaissent les principes mêmes de la vie chrétienne telle que la conçoit le cercle de Mme Acarie et que la recommande depuis 1642, dans la chaire de Saint-Sulpice, le nouveau curé, M. Olier. Il est difficile que ce tableau, qui tranche avec les somptueux banquets comme avec les « goinfreries » à la mode dans la peinture du temps, n'ait pas été ressenti dans ce milieu comme une leçon.

50 (macrophotogra

51
Le jardinier

dit aussi *L'hommage du jardinier*

Huile sur toile ; 0,925 × 1,20 m.
D'après le rapport du
restaurateur R. Hieronymi (1944)
se distinguerait peut-être sous la
table, à droite, dans l'ombre, le
reste d'une signature : LEN...

Cologne, Wallraf Richartz
Museum. Inv. 2688 ; cat. Klesse
(1973) n° 70 reprod.

Ce tableau provient, comme le n° 49, de la collection Seyssel. Le thème est ici beaucoup moins courant que celui des joueurs. Dans une pièce que la cheminée et la nature morte désignent comme une salle commune villageoise, un jardinier reconnaissable à sa bêche offre un bouquet — il semble qu'on y distingue des fleurs d'oranger — à une femme assise, sans parure, mais en robe de soie. Il est bien difficile de voir là une scène paysanne, d'autant que les visages n'ont rien qui évoquent la vie des champs. La délicatesse de cet hommage conjugal semble inviter à une tout autre interprétation. Une fois de plus nous sommes persuadé qu'il s'agit de portraits, et que sont mis en scène des personnages de qualité : mais sous un travesti paysan. Ce thème littéraire, si fréquent au XVIIe siècle, est ici illustré à la lettre. Avec une prudence, il est vrai, qui prend grand soin de ne pas toucher à l'élégance de la belle dame, ni à la mise décente du galant seigneur : ses habits n'ont que l'unique accroc nécessaire à la « pastorale ». Il sera facile de les comparer aux habillements pittoresques, et plus vrais, que propose le « Maître des cortèges ». C'est peut-être dans cette scène rustique que le raffinement mondain de la série est le plus sensible, et s'oppose le plus nettement à l'inspiration des toiles paysannes.

On notera qu'il existe au musée d'Amiens une fort curieuse composition, dite *La réprimande conjugale,* où se retrouve toute la partie gauche du *Jardinier,* mais associée cette fois à un buveur assis. L'état déplorable du tableau, entièrement repeint, non seulement interdit de le présenter, mais de porter sur lui aucun jugement avant un examen en laboratoire.

Historique :
1904 : mentionné dans l'ouvrage de Valabrègue (sous le titre *Scène d'intérieur*) comme appartenant à une série de sept tableaux conservés dans la collection du comte de Seyssel, à Turin. Cette série avait déjà été remarquée quarante ans plus tôt par Léon Lagrange ; elle passait, de façon très plausible, pour avoir été achetée à Paris par le comte Ottone Ponte di Scarnafigi, ambassadeur de Sardaigne, mort en 1788.
1922 ca. : acquis du comte de Seyssel par la galerie Sambon, de Paris, avec les n°s 49 et 52.
1923 : exposition à Paris ; le tableau est acquis par F. Lugt, Martendijk, puis appartient au Dr E.M. Van der Ven, Deventer (ca. 1926).
1943 : acquis par le musée de Cologne.

Expositions :
1923, Paris, Sambon, n° 6, reprod. (Mathieu) ; 1926, Amsterdam, n° 65 ter (Mathieu) ; 1934, Paris, Petit Palais, n° 45 (en fait, n'a pas figuré à l'exposition) ; 1934, Paris, Orangerie, n° 77, reprod. pl. XXVI (Mathieu) ; 1955, Paris, n° 52 reprod. (Mathieu) ; 1959, Berne, n° 53, reprod. pl. 6 (Mathieu).

Bibliographie :
1904, Valabrègue, p. 116, 171 ; 1910, *in* Cat. exp. 1910, Londres, Burlington, p. 29.

1922, Jamot, *Essai,* p. 305 (œuvre incontestable de Mathieu) ; 1923, Jamot, *in* Cat. exp. 1923, *Paris, Sambon,* p. 16-17 (Mathieu) ; 1923, Jamot, *Essai de chronologie,* p. 163, 164 (Mathieu, vers 1650) ; 1923, Michel, p. 169, reprod. (Mathieu) ; 1923, Vaillat, p. 61, reprod. p. 59 (Mathieu) ; 1923, *The New York Herald,* Art. Suppl., European Edition,

29 avril 1923, p. 4 ; 1923, Vaudoyer, reprod. (Mathieu) ; 1924, Thiis, p. 304 (Louis) ; 1926, Constable, p. 228 (Mathieu) ; 1929, Jamot, p. 96-100, 107-109, reprod. p. 113 (Mathieu) ; 1929, Jamot, *Pantheon,* p. 362 (Mathieu) ; 1929, Valentiner, p. 49 (Mathieu) ; 1929, Vollmer, p. 42 (Mathieu) ; 1933, Fierens, p. 49, 63, reprod. LXXXVII (Mathieu) ; 1933, Gruber, p. 832.

1934, Sterling, *in* Cat. exp. 1934, *Paris, Orangerie,* p. 110, 113 (Mathieu) ; 1935, Pannier, p. 5 (Mathieu) ; 1936, Lazarev, p. 62 ; 1936, Sambon, n.p. (Mathieu, n° 11) ; 1938, Isarlo, p. 26, 46, n° 114 (Mathieu).

1946, Erlanger, p. 100-103, reprod. p. 108 (Mathieu) ; 1947, Moussalli, p. 8 (Mathieu) ; 1958, Thuillier, *Three Rediscovered Pictures...,* p. 60, note 25 ; 1959, Pinto, reprod. p. 320 (attr. à Mathieu) ; 1967, Thuillier, p. 153, 154, reprod. détail fig. 3.

51

52
La danse d'enfants

Huile sur toile ; 0,95 ×1,20 m.

Paris, collection particulière.

L'un des meilleurs, et sans doute le plus séduisant, des tableaux de la collection Seyssel. L'âge de ces enfants est-il trop voisin pour y voir des sœurs, habillées de la même façon, parées de la même collerette de dentelle ? Les tableaux anciens montrent fréquemment des familles de ce type, et nous croyons qu'ici encore il s'agit, non d'une scène de genre, mais de portraits. Le musicien qui joue de la pochette semble seulement servir de prétexte à cette invention délicate de la ronde d'enfants en plein air. Pour mesurer le naturel et la nouveauté de cette présentation, il suffira de comparer les sept charmants *Enfants Montmor* de Philippe de Champaigne (1649 ; musée Saint-Denis, Reims) : en dépit de toute la séduction de cet autre chef-d'œuvre, on sent trop que les modèles posent et minaudent devant le peintre, qui anime à grand peine un groupe trop frontal.

Pareil tableau s'éloigne du réalisme comme de la psychologie sensible et pittoresque des tableaux d'enfants « paysans » : l'expression réservée des visages, les attitudes mêmes cherchent une distinction un peu froide, mais sans outrance ni fadeur. On se retrouve fort près des portraits d'enfants hollandais, au calme grave et un peu distant : et devant la fillette du centre il est difficile de ne pas songer au front bombé et au regard insistant de la *Petite fille en bleu* de Verspronck au Rijksmuseum (1641).

Historique :
1904 : reproduit dans l'ouvrage de Valabrègue comme appartenant au comte Louis de Seyssel, de Turin et faisant partie d'une série de sept Le Nain conservés dans sa collection. Cette série avait déjà été remarquée quarante ans plus tôt par Léon Lagrange ; elle passait, de façon plausible, pour avoir été achetée à Paris par le comte Ottone Ponte di Scarnafigi, ambassadeur de Sardaigne, mort en 1788.
1922 ca. : acquis du comte de Seyssel par la galerie Sambon, de Paris, avec les nᵒˢ 49 et 51 et présenté à l'exposition de 1923.
1932 ca. : le tableau passe dans la collection Maurice Bérard

Expositions :
1923, Paris, Sambon, nᵒ 7, reprod. (Mathieu) ; 1925, Paris, nᵒ 178 (Mathieu) ; 1926, Amsterdam, nᵒ 65 (Mathieu) ; 1928, Paris, Charpentier, nᵒ 10, reprod. (Mathieu) ; 1931, Versailles, nᵒ 11 (Mathieu) ; 1932, Londres, nᵒ 117 (Mathieu).

1934, Paris, Petit Palais, nᵒ 43, reprod. (Mathieu) ; 1936, New York, Knoedler, nᵒ 20, reprod. et détails (Mathieu) ; 1937,

Paris, nᵒ 97, *Album* pl. 33 ; *Ill.* nᵒ 44, p. 118-119 (Mathieu).

1948-1949, Paris, nᵒ 136 reprod. (Mathieu) ; 1953, Bruxelles, nᵒ 81 reprod. pl. 6 (Mathieu) ; 1960, Paris, Arts décoratifs, nᵒ 526, reprod. pl. LXXVIII (Mathieu) ; 1962, Rome, nᵒ 132, reprod. pl. LXI (Mathieu).

Bibliographie :
1904, Valabrègue, p. 116, 122, 171, reprod. p. 128 ; 1910, *in* Cat. exp. 1910, *Londres, Burlington,* p. 29, p. 13 (groupe III, Mathieu).

1922, Jamot, *Essai,* p. 305 (hésitations) ; 1923, Jamot, *in* Cat. exp. 1923, *Paris, Sambon,* p. 15-18 (Mathieu) ; 1923, Jamot, *Essai de chronologie,* p. 164-166 (Mathieu, vers 1655-1660) ; 1923, Michel, p. 169, reprod. p. 168 (Mathieu) ; 1923, Vaillat, reprod. p. 60 (Mathieu) ; 1924, Thiis, p. 296-297, reprod. (Louis) ; 1929, Jamot, p. 104, 111-115, reprod. p. 116 (Mathieu) ; 1929, Jamot, *Pantheon,* p. 362, reprod. p. 359 (Mathieu) ; 1929, Vollmer, p. 42 (Mathieu).

1930, Valentiner, reprod. pl. 75 (notice de Paul Jamot ; Mathieu) ; 1932, Huyghe,

reprod. p. 14 (Mathieu) ; 1932, Pascal, reprod. p. 14 (Mathieu) ; 1932, Weisbach, p. 116, reprod. fig. 41, p. 117 (Mathieu) ; 1933, Fierens, p. 49, 52, 62, reprod. pl. XCV-XCVI (Mathieu).

1934, Alfassa, p. 203 ; 1934, Diolé, *Au Petit Palais...,* reprod. p. 1 ; 1934, Goulinat, p. 214, 220 (plutôt Louis?) ; 1934, Grappe, p. 324 (plutôt Louis) ; 1934, Jamot, reprod. p. 115 (Mathieu) ; 1934, Jamot, *in* Cat. exp. 1934, *Paris, Petit Palais,* p. 15 (Mathieu) ; 1934, Sambon, *B.E.A.,* p. 16 (Mathieu) ; 1934, Waterhouse, p. 132 (Mathieu) ; 1936, Lazarev, pl. 45 (Mathieu) ; 1936, Sambon, n. p. (Mathieu, nᵒ 9) ; 1937, Huyghe, reprod. détail pl. XXVIII (Mathieu) ; 1937, Sterling, p. 7, reprod. p. 5, fig. B (Mathieu, vers 1650-1655) ; 1938, Isarlo, p. 26, 32, 34, nᵒ 100 (Mathieu).

1946, Dorival, p. 70 (Mathieu) ; 1946, Erlanger, p. 99-100 (Mathieu) ; 1947, Ladoué, reprod. p. 27 (Mathieu) ; 1947, Moussalli, p. 8, reprod. (Mathieu) ; 1950, Leymarie, fig. 12-58 (Mathieu) ; 1961, *Connaissance des arts,* nᵒ 118 (déc. 1961), reprod. couleurs ; 1967, Thuillier, p. 152-153 ; 1969, Cabanne, p. 79, reprod. ; 1969, Gébelin, p. 72 (Mathieu) ; 1974. Thuillier, p. 175.

52

53
La danse d'enfants

dite aussi *La ronde d'enfants,*
La ronde des filles et des garçons,
La leçon de danse.

Huile sur toile ; 0,925 × 1,207 m.

Cleveland (Ohio), The Cleveland
Museum of Art, Donation de
Mrs. Salmon P. Halle en mémoire
de Salmon Portland Halle.
Inv. 57.489 ; Handbook 1966,
reprod. p. 119.

Historique :
1904 : mentionné dans l'ouvrage de
Valabrègue comme appartenant à une
série de sept tableaux conservés dans la
collection du comte Louis de Seyssel, à
Turin. Cette série avait déjà été
remarquée quarante ans plus tôt par Léon
Lagange ; elle passait, de façon très
plausible, pour avoir été achetée à Paris
par le comte Ottone Ponte di Scarnafigi,
ambassadeur de Sardaigne, mort en 1788.

1916 : acquis par Salmon P. Halle du
comte de Seyssel avec les numéros 68, 69
et 70.

1957 : donné par Mrs. Salmon P. Halle en
mémoire de Salmon Portland Halle au
musée de Cleveland.

Expositions :
1934, Cleveland, sans catalogue ; 1947,
Toledo, n° 13, reprod. (Mathieu) ; 1966,
Bordeaux, n° 9, reprod. pl. 11 (Mathieu).

Le seul des quatre tableaux Seyssel passés dans la collection Salmon
P. Halle qui puisse être aujourd'hui laissé à Le Nain. Ici encore, la gradation
des âges, et certaines ressemblances dans les traits, invitent à reconnaître le
portrait d'une famille. L'hypothèse que des enfants disparus aient été intro-
duits (comme il arrivait parfois), mais ingénieusement représentés de dos,
n'est pas à écarter.

L'œuvre est de haute qualité, et les quelques détails inquiétants se révèlent tous dus à des blessures restaurées. Mais il est clair qu'elle est inachevée.
Seuls les principaux éléments sont mis en place, avec quelques parties plus
poussées dans les visages ou les costumes : on admirera, au bord du tablier de
la fillette du centre, le rendu habile de la dentelle, et les fleurs bleues et jaunes
de son corsage. En revanche le sol, le ciel, le jeune garçon de droite sont
manifestement restés à l'état d'esquisse. Le personnage assis sur le devant
(de nouveau un musicien ?) offre un contraste brutal qui surprend : on ne
trouve pas chez les Le Nain d'exemple d'un écran si franchement découpé, et
il est probable que la silhouette, magistralement indiquée avec ses effets
veloutés de brun gris, aurait été par la suite nuancée et plus savamment
rattachée au second plan. Tel que nous le voyons, le tableau n'a-t-il pas déjà
été complété quelque peu, à une date ancienne, par une main étrangère ? Le
feuillage, dans le coin gauche, pourrait bien être un ajout : et l'on se demanderait si le même pinceau n'a pas également « arrangé » le fond du tableau
Bérard (n° 52) en brossant quelques herbes sur le sol et quelques feuilles dans
l'arbre.

Une troisième *Danse d'enfants,* de format proche (0,845 × 1,147 m),
apparue sur le marché d'art parisien, a été exposée à New York en 1936
(n° 19), puis vendue chez Christie le 16 décembre 1938 (n° 7), et de nouveau
exposée à Paris il y a vingt ans (1948-1949, n° 138). Nous n'avons pu connaître sa localisation actuelle. Le groupement avait quelque chose de beaucoup
plus naïf, mais le souci du portrait était plus sensible encore, et les six enfants
montraient des traits dénonçant clairement leur parenté. Sur le devant, de
face, était assis un jeune serviteur noir jouant de la pochette. Le réalisme de
son visage trahissait lui aussi l'étude directe du modèle. Les figures étaient
assez poussées, mais le fond, quasi amorphe, était certainement inachevé et
probablement repris *(voir reproduction p. 215).*

Bibliographie :
1904, Valabrègue, p. 116-122, 171 ; 1910,
in Cat. exp. 1910, *Londres, Burlington,*
p. 29.

1922, Jamot, *Essai...,* p. 305 (hésitations) ;
1923, Jamot, *Essai de chronologie,*
p. 165-166 (Mathieu, vers 1655-1660) ;
1929, Jamot, p. 111-115 (Mathieu) ; 1929,
Valentiner, p. 49, note 2 (Mathieu) ; 1933,

Fierens, p. 49, 52, 63, reprod. pl. XCIII
(Mathieu).

1936, *in* Cat. exp. 1936, *New York,* notice
du n° 20 (Mathieu) ; 1936, Sambon, n. p.
(Mathieu, n° 10) ; 1937, Sterling, p. 7
(Mathieu, vers 1660) ; 1938, Isarlo, p. 26,
n° 101, fig. 44 (Mathieu).

1947, Visson (Mathieu) ; 1958, *The*
Cleveland Museum of Art Bulletin, XLV,
p. 73 reprod. ; 1974, Thuillier, p. 170,
reprod. p. 169.

53

54
Les joueurs de cartes

Huile sur toile ; 0,95 × 1,21 m.

France, collection particulière.

Historique :
1829, 17 mars : passé en vente à l'Hôtel
Bullion ; acquis pour la somme de 109 F.
1978 : nettoyé et restauré à l'occasion de
l'exposition.

Expositions :
Jamais exposé.

Bibliographie :
1974, Thuillier, p. 169-170, reprod. p. 168.

La découverte toute récente de ce tableau est venue souligner, une fois de plus, la complexité de l'art des Le Nain. Autant cette œuvre apparaît étroitement liée au groupe précédent, autant elle conduit à s'interroger sur l'unité de son inspiration.

Le thème des joueurs de cartes, la disposition des trois personnages autour d'une table (si chère aux Le Nain), le serviteur s'approchant au second plan (autre motif favori), l'homme de droite assis la jambe en avant, et jusqu'au manteau pendant à terre de son partenaire : tout rattache cette œuvre aux autres «Joueurs» et la propose comme une simple variante du thème. Et pourtant l'harmonie colorée est différente, la lumière conduite avec plus de sobriété. En même temps le sentiment se fait plus simple, et le personnage vu de face introduit, au centre de la composition, une note plus réaliste. Se rapprochant nettement de la scène de genre, le tableau révèle un autre ton, cherche un autre effet poétique.

Il eût fallu pouvoir le confronter avec une toile voisine, le *Déjeuner* de l'ancien Kaiser Friedrich Museum de Magdebourg. Là encore, le schéma de composition se retrouvait identique : trois personnages assis autour d'une table, un serviteur debout sur le côté. Mais la nuance était une fois de plus différente. Par malheur cette œuvre importante, peu connue et très rarement reproduite, semble avoir disparu lors de la dernière guerre, et le musée de Magdebourg n'a pu fournir sur elle aucune précision.

Le déjeuner
Œuvre disparue

54

55
Le déjeuner
rustique

dit aussi *La famille de paysans,*
Le fromage

Huile sur toile ; 0,875 × 1,09 m.

Detroit (Mich.), The Detroit
Institute of Arts. Inv. n° 28.123.

Il existe de cette composition deux exemplaires, séparés par de légères variantes, mais qui ont souvent été confondus (notamment par Fierens, 1933 : erreur dans la reproduction). L'un (0,80 × 1,01 m) a fait partie de la collection Sambon, et fut exposé comme tel au Petit Palais en 1934 (n° 60, « atelier de Le Nain ») ; il serait actuellement conservé dans une collection française. A en juger par la photographie, il ne saurait s'agir que d'une copie. Le second avait été acquis dès 1928 de la galerie Silberman par le Detroit Institute ; sa qualité est nettement supérieure, malgré la dureté inquiétante du modelé.

S'agit-il encore de portraits ? Les personnages sont nettement particularisés, et le jeune homme, par exemple, évoque d'autres visages rencontrés dans les tableaux du groupe précédent ; il a même quelque air de parenté avec le militaire du Puy (n° 37). On peut toutefois penser que nous retrouvons ici la simple scène de genre. Ce n'est pas le seul trait qui place ce tableau nettement en marge de l'ensemble. Plus qu'une certaine lourdeur, inhabituelle aux Le Nain, on soulignerait la recherche de mise en page — la copie semble bien prouver qu'il ne s'agit pas d'un fragment — avec la vue « en plongée » et la fillette à profil perdu coupée aux épaules. La cruche et le tonneau jouent bien le même rôle de pivot que dans les scènes paysannes (cf. l'*Intérieur paysan* de Washington, n° 24, etc.) : mais la disposition frontale, déjà légèrement dérangée dans le *Jardinier* (n° 51), cède ici la place à une habile exploration de l'espace. Nous ne connaissons rien, à Paris, à cette époque (sinon dans la gravure) qui fasse attendre un semblable parti. Pourtant la coiffure de la fillette, seul élément précis de datation, semble indiquer que ce tableau reste tout proche de la *Danse d'enfants* Bérard (n° 52) : les cheveux tirés, le chignon haut placé et les mèches tombant raides (et non bouclées) par devant les oreilles semblent passer vite de mode après 1650.

Historique :
1928 : acquis de A. and E. Silberman,
Vienne et New York.

Expositions :
1947, Toledo, n° 10, reprod. (Mathieu) ;
1958, Hamilton, n° 21 ; 1959, Berne,
n° 54, reprod. pl. 8 (Mathieu) ; 1960,
Sarasota, n° 22 (Mathieu).

Bibliographie :
1929, Valentiner, p. 47-49, reprod. p. 48
(Mathieu) ; 1931, Wilenski, p. 49, 52,
pl. 30b ; 1933, Fierens, p. 44, 64, pl. LXIX
(erreur d'exemplaire) ; 1934, *in* Cat.
exp. 1934, *Paris, Petit Palais,* notice du
n° 60 ; 1936, Sambon, n. p.(Mathieu, n° 6).
1942, Schoolman - Slatkin, p. 534, reprod.
pl. 481 ; 1962, Faré, t. I, p. 103 (Mathieu).

55

56
Les tricheurs

Huile sur toile ; 0,651 × 0,815 m.

Reims, musée Saint-Denis.
Inv. D 974.3.

Le thème est, sans ambiguïté cette fois, celui des tricheurs : soit l'un des plus souvent traités dans la scène de genre, de la peinture italienne à la peinture nordique. Est-il simple prétexte à des portraits ? De nouveau, on inclinerait à le croire devant le peu d'importance accordée à la mise en scène de la comédie, et, inversement, le souci manifeste de caractériser les visages. Toutefois le doute reste possible.

Dans ce tableau, comme dans le précédent, une certaine lourdeur ne doit pas dissimuler la science. La grande tache rouge unie du tapis est d'une hardiesse surprenante ; elle réchauffe toute la composition par un jeu complexe de reflets qui n'est pas sans rappeler la virtuosité de la *Nativité de la Vierge* (n° 12). L'auteur est manifestement celui du *Trictrac* et du *Jardinier* (n°s 49 et 51) : il suffirait pour en décider de regarder les mains, qui offrent des formes très proches et le même type de modelé. La date devrait être voisine. Et pourtant la mise en page, l'harmonie colorée, le sens de l'atmosphère et de l'espace apparaissent bien différents. Une fois de plus, nous nous trouvons devant une énigme : sans avoir tous les moyens de la résoudre.

Historique :
1934 : révélé par l'exposition des Peintres de la Réalité ; alors dans la collection de Jean Vergnet-Ruiz.
1974 : le tableau, qui n'a pas quitté son possesseur, entre à son décès, par voie de dation, dans les collections nationales, et il est affecté au musée de Reims.

Expositions :
1934, Orangerie, n° 78, reprod. pl. XXVI (Mathieu) ; 1953, Reims, n° 11, reprod. pl. VIII (Mathieu) ; 1978, Paris, Patrimoine, n° 3, reprod. couleurs (Mathieu).

Bibliographie :
1934, Sterling, *in* Cat. exp. 1934, *Paris, Orangerie,* p. 113-114 (Mathieu) ; 1935, Pannier, p. 5 (Mathieu) ; 1936, Sterling, p. 12-13, reprod. (Mathieu) ; 1938, Isarlo, p.52, n° 178.
1946, Erlanger, p. 104-106, reprod. p. 112 (Mathieu) ; 1976, Pomarède, p. 342, (Mathieu) ; Isabelle Compin, *in* Cat. exp. 1978, *Paris, Patrimoine,* p. 20, notice du n° 3.

56

Section d'étude

I
Problèmes Le Nain

1
Le groupe de l'Adoration
2
Les tableaux perdus
3
Les copies anciennes

II
Études de laboratoire

1
Les tableaux conservés en France
2
« Les trois âges » à la National Gallery de Londres

III
Autour des Le Nain

1
Le Maître aux béguins
2
Le Maître des cortèges
3
Jean Michelin
4
Montallier

Problèmes Le Nain

Le groupe de l'Adoration

I

Parmi les problèmes que pose l'œuvre des Le Nain, le plus singulier, le plus irritant, concerne un groupe de tableaux relativement homogène, mais de qualité très inégale, et qu'il est aussi difficile d'intégrer clairement à leur œuvre que d'exclure entièrement. Nous n'avons pas voulu l'esquiver : mais au rebours le présenter à part et aussi complètement qu'il nous était possible.

Au centre de l'énigme se trouve une *Adoration des bergers* apparue sur le marché d'art parisien il y a une vingtaine d'années, et dont nous n'avons pu retrouver la trace (huile sur toile ; 0,62 × 0,52 m ; voir Thuillier, 1961, p. 238, reprod.). Nous en ignorons la provenance, et parmi les multiples « Nativités » et « Adorations des bergers » données aux Le Nain dans les ventes anciennes, nous n'avons relevé aucune description qui correspondît à celle-là.

Le style de l'œuvre paraît d'abord sans liens avec les trois frères. La mise en page évoque l'école de Vouet, avec la grosse colonne du second plan, l'ouverture latérale sur un paysage, les personnages multiples s'agitant en tous sens, les drapés aux grandes courbes mouvementées. La qualité est médiocre : architectures approximatives, terrains aux ondulations vagues, étoffes lourdes, silhouettes molles. On a d'abord l'impression d'une main secondaire, sinon d'une copie. Mais le second examen montre avec l'œuvre des Le Nain de multiples points de contact. Un rapprochement avec l'*Adoration* de Londres (n° 9) ou celle de Dublin suffit à les faire éclater aux yeux. Comment séparer le parti architectural, le traitement des terrains, ou les silhouettes de bergers au premier plan ? A quoi s'ajoutent le petit chien, le

trépied vernissé, le tronc d'arbre sur le devant, tous motifs qui se retrouvent dans les compositions les plus sûres.

Or à cette œuvre se rattachent deux séries de tableaux.

L'adoration des bergers
Localisation actuelle inconnue

Le portement de croix
Localisation actuelle inconnue

La première comprend notamment un *Portement de croix* passé il y a une vingtaine d'années sur le marché d'art parisien, puis londonien, et dont nous ignorons la localisation actuelle, et une *Adoration des Mages* récemment acquise par le musée d'Abbeville (n° 57). On y retrouve sans peine les mêmes caractères, mais avec un mouvement, un souci de la foule et du pittoresque encore plus marqués. Le *Portement de croix* semble même plus ou moins directement inspiré, avec ses personnages coupés au premier plan, d'une gravure de Mignon d'après une des compositions les plus mouvementées de Luca Penni (Herbet 6, Zerner 29).

La seconde série comprend cette fois des œuvres de qualité remarquable : à commencer par la *Vierge au verre de vin* de Rennes (n° 58), l'*Ecce Homo* de Reims (n° 60) et surtout la très belle *Cène* du Louvre (n° 62). Tableaux où se retrouvent les mêmes visages, le même traitement des chevelures, parfois les mêmes « fautes » : mais où s'introduit un certain repos, où la pensée prend une élévation nouvelle. Personne, jusqu'ici, n'a contesté

leur appartenance à l'œuvre des Le Nain. Une petite composition comme les *Pèlerins d'Emmaüs* de l'ancienne collection Trévise (huile sur toile ; 0,45 × 0,55 ; exposée au Petit Palais en 1934 comme « atelier de Le

Les pèlerins d'Emmaüs
Anc. coll. du Duc de Trévise
Localisation actuelle inconnue

Nain », n° 58 ; localisation actuelle inconnue), qu'il s'agisse d'un original usé et trop restauré ou d'une copie, semble faire avec les tableaux paysans le lien attendu ; on y retrouve le double pli de la nappe blanche ou le haut manteau de la cheminée qui figurent dans le *Repas des paysans* du Louvre...

II

La plupart des auteurs ont refusé de se pencher sur le problème. Seul Charles Sterling l'a franchement désigné (1956), en proposant de reconnaître dans ces œuvres la jeunesse de Mathieu. Mais à un moment où l'on pensait que Mathieu avait dix-neuf ans de moins qu'Antoine.

Plusieurs solutions sont possibles. Aucune ne peut être écartée sans discussion.

La première est de voir dans ces tableaux si fortement rattachés aux Le Nain des copies d'œuvres disparues. Plusieurs donnent en effet l'impression de « répliques d'atelier », selon l'expression convenue, ou de toiles trop restaurées, et la maladresse de la main tranche parfois avec la complexité de l'ordonnance. Mais il faut exclure cette hypothèse pour une œuvre comme la *Cène* du Louvre, dont la récente radiographie vient de souligner encore la franchise de facture ; et dans la plupart de ces tableaux, à côté de parties très faibles, se rencontrent des morceaux qui ne sentent pas le copiste. Au demeurant l'appartenance de ces compositions poserait, au niveau des originaux, un problème à peine différent.

La seconde solution serait de voir dans ce groupe, relativement cohérent, l'œuvre d'un artiste proche des Le Nain, peut-être un de ces apprentis dont les archives nous livrent peu à peu les noms. Il aurait pris aux Le Nain de multiples motifs, notamment les belles poteries et les petits chiens éveillés : mais non pas leur science du pinceau, ni ce sentiment calme et silencieux qui transfigure tous les sujets. Ce serait, pour reprendre une expression employée dans un autre contexte, *le quatrième Le Nain*. Reste que la supposition est toute gratuite, et que les liens semblent bien de nature plus profonde.

La troisième hypothèse, et la plus naturelle, est de songer à la jeunesse des Le Nain. On peut voir là, avec Charles Sterling, les premières œuvres de Mathieu : surtout lorsqu'on songe aux textes soulignant son amour des grands tableaux, des sujets religieux. Leleu ne parle-t-il pas, à son propos, de *martyres de saints*, et même de *batailles*, ce qui s'accorderait au goût du mouvement et de la foule sensible dans ces œuvres? Ne trouve-t-on pas dans son inventaire après décès un *Moyse frappant le rocher*, un *Massacre des innocents?* — mais un tableau comme la *Cène*, jusque dans la facture des cheveux, par exemple, semble revenir à la main qui peignit le *Vieux joueur de flageolet* de Detroit (n° 20), à l'auteur des petits tableaux d'enfants...

III

C'est, croyons-nous, la troisième hypothèse qu'il conviendra d'étudier avec le plus de soin. Nous souhaitons proposer, avec les tableaux qui suivent, un cheminement qui pourrait, le cas échéant, permettre de remonter à l'origine même de l'art des Le Nain. Tentative aussi téméraire que périlleuse :mais cette exposition ne pouvait ni ne devait s'y dérober. Nous n'ignorons nullement que — prénoms à part — cette hypothèse ne laisse pas d'offrir elle-même une série de difficultés.

La plus importante est que tout ce groupe est sans rapport direct avec les œuvres que l'on peut à bon droit tenir pour peintes au début de la carrière, vers 1630-1632 : le décor de la chapelle des Petits Augustins (n°s 4 - 7), qui accuse des défauts et des qualités inverses, une manière de composer toute différente...

Faut-il alors remonter plus haut encore, songer pour un tableau comme l'*Adoration des mages* à la période précédant l'installation à Saint-Germain-des-Prés? Le sort, si peu favorable aux Le Nain, nous aurait-il accordé (ce qu'il nous refuse encore pour un Poussin) des œuvres qui remonteraient au temps de l'apprentissage? On s'étonnerait cette fois de leur nombre, et de l'évolution rapide qui suivit. Les Le Nain, un des Le Nain, est-il vraiment parti de ce sentiment du mouvement, de ce besoin de remplir le tableau d'une foule agitée jusque dans les lointains? A-t-il jamais si mal peint le paysage, les bœufs et les enfants?

Quel que puisse être le parti vers lequel nous inclinons, nous nous garderons ici de trancher : l'exposition présente a justement pour but de susciter la discussion et la recherche.

57
L'Adoration des mages

Huile sur toile ; 0,96 × 1,17 m.

Abbeville, musée Boucher
de Perthes. Inventaire n° 1752.

Historique :
Faisait partie d'un ensemble de tableaux
appartenant au couvent des Ursulines
d'Abbeville et récemment acquis par le
musée.

Expositions :
Jamais exposé.

Bibliographie :
1972, Rosenberg, p. 304, note.

Ce tableau inédit se rattache directement au *Portement de Croix* et à l'*Adoration des bergers :* on retrouvera sans peine le même type de vieillard chauve, le même bœuf mal encorné que dans l'*Adoration,* et le Mage noir s'avance avec le même élan que le mauvais larron du *Portement.* Même entassement des figures, même pittoresque des turbans et des casques, mêmes draperies molles, mêmes silhouettes sommaires. La qualité de la facture semble plus faible : mais l'usure du tableau doit en être cause, car il subsiste ici et là quelques morceaux de meilleure venue. D'autre part, on notera que certains détails — têtes de vieillards, mains des Rois mages — se retrouvent littéralement dans les *Pèlerins d'Emmaüs* Trévise, et il suffira de comparer le petit page tenant la couronne pour sentir tout ce qui rattache ce tableau à une œuvre comme la *Vierge au verre de vin* (n° 58).

Ce schéma de composition était si fréquent depuis un siècle pour l'Adoration des Mages (cf. par ex. la gravure de J. Mignon d'après une composition attribuée à Luca Penni, Herbet 3, Zerner 39), qu'on n'en saurait guère tirer de conclusions. On relèvera plutôt le joli sentiment de la Vierge assise près de la botte de paille, ou du petit page à demi nu : au milieu du mouvement pittoresque de l'ensemble, ils désignent une poésie intérieure et fine, qui, jointe à la naïveté de la conception, peut faire songer à un jeune peintre.

57

58
La Vierge au verre de vin

Huile sur toile : 0,38 × 0,58 m

Rennes, musée des Beaux-Arts.
Inv. 794.1.19. Catalogue 1859,
n° 123 ; catalogue 1972, n° 51.

Historique :
1792 : saisi avec la collection de
Paul-Christophe de Robien, Président à
mortier au Parlement de Bretagne, émigré
l'année précédente.
1794 : les œuvres d'art confisquées sont
attribuées à l'Administration du district ;
l'inventaire du dépôt installé au couvent
des Carmélites mentionne le tableau sous
le n° 19 (*La Vierge, sainte Anne et
l'Enfant Jésus à qui des anges présentent
des fruits, sur toile ; 14,6 × 21,6 p.,* sans
attribution ; cf. Arch. Nat., F. 17 A 1286 ;
cité par F. Bergot dans le catalogue de
l'exposition de Rennes, 1972).
1799 : fait partie du Museum ouvert dans
les locaux de l'ancien évêché.

Expositions :
1883, Laon, n° 13 (Louis et Antoine) ;
1934, Paris, Orangerie, n° 74, reprod.
(Louis), 1950, Rennes, n° 25 (Louis) ; 1953,
Bruxelles, n° 79 (Louis) ; 1953, Reims,
reprod. pl. I (Louis) ; 1955, Heim,
Caravage..., n° 10, reprod. pl. 10 (Louis) ;
1956, Le Puy, n° 49 (Louis) ; 1958,
Londres, n° 71 (Mathieu) ; 1958, Paris,
Petit Palais, n° 93 (les frères Le Nain) ;
1972, Rennes, reprod. pl. XXII (Mathieu).

Bibliographie :
1862, Champfleury, p. 90 (« je n'ai pas vu
ce tableau ») ; 1904, Valabrègue, p. 38, 164
(authenticité « irrécusable ») ; 1910, in Cat.
Exp. 1910, *Londres, Burlington,* p. 24
(« must restored and retouched ») ; 1922,

Le tableau provient de la collection du Président Robien, saisie en 1792, et il y figurait comme anonyme. C'est en 1859 seulement que le catalogue du musée le mentionne comme œuvre des frères Le Nain, en même temps qu'une célèbre *Nativité,* depuis rendue à... Georges de La Tour. Il est possible que nous n'ayons ici qu'un fragment découpé dans une composition plus grande : la position de l'enfant s'explique mal si la Vierge n'est pas assise sur un haut siège.

On s'est plusieurs fois interrogé sur le sens de la scène. La légère auréole qui apparaît autour de la tête de l'Enfant, et plus encore les ailes de l'ange qui s'esquissent dans l'ombre, ne laissent guère de doute sur son caractère religieux. Le sujet se rapproche de celui du Christ enfant servi par les anges : mais ce thème est d'ordinaire traité en extérieur, alors que la cheminée vient rapprocher ce tableau des sujets paysans. Le sens symbolique semble certain. L'ange de gauche — ou plutôt saint Jean ? — apporte des pommes, le fruit du péché. Le verre que tient et contemple la Vierge est rempli de vin, symbole de l'Eucharistie rédemptrice. Le geste de l'Enfant ne doit pas être interprété comme de refus, mais plutôt de découverte et d'accueil : presque l'esquisse d'une bénédiction. Le véritable sujet serait donc l'annonce de la Passion à l'Enfant : thème fréquent à l'époque, mais plus souvent traduit par l'apparition d'anges porteurs de la Croix et des Instruments lors du retour d'Égypte. Néanmoins la piété du temps l'illustre parfois de façon plus recherchée, comme ici, et l'on se souviendra par exemple du *Jésus se piquant le doigt devant sa mère* de Zurbaran (musée de Cleveland).

58

Saunier, p. 78 ; 1934, Sterling, in Cat. Exp.
1934 *Paris, Orangerie,* p. 109 (Louis) ;
1935, Alfassa, p. 406 ; 1935, Davies,
p. 294 (Louis, "the worst") ; 1935, Lord
(réserves sur l'attribution) ; 1935, Pannier,
p. 5 ; 1935, Sterling, R. A., p. 56 ; 1936,
Sambon, *Les Le Nain...,* n.p. (Antoine) ;
1938, Isarlo, p. 11, nº 2, fig. 13 (Mathieu).

1955, Wildenstein, p. 204, nº 25 ; 1956,
Pariset, reprod. p. 57 ; 1956, Sterling, in
Cat. Exp. 1956, *Rome,* p. 165 (jeunesse de
Mathieu) ; 1957, Berhaut, reprod. ; 1958,
De Salas, p. 42, reprod. (jeunesse de
Mathieu) ; 1962, Vergnet-Ruiz - Laclotte,
p. 42, p. 243 (Mathieu?) ; 1963, Maillet,
p. 4, 9 ; 1967, Deyon, p. 144, reprod. fig. 3
(Mathieu).

La technique, les drapés, le traitement des chevelures, le type des enfants, rattachent ce tableau au groupe précédent. D'un autre côté le manteau de cheminée, qu'on retrouve identique dans les *Pèlerins d'Emmaüs* Trévise, mais aussi dans le *Repas des paysans* du Louvre (nº 28) ou la *Famille heureuse* (27), est un motif cher aux Le Nain, lien mince, mais indubitable. On relèvera sans peine de nombreuses incertitudes dans le dessin des personnages, et même des fautes évidentes, comme l'oreille de la Vierge, placée nettement trop haut. Elles ne peuvent faire oublier la délicatesse et la sincérité de l'œuvre, qui expliquent sans peine la popularité dont elle jouit.

59
La mise au tombeau

Huile sur toile ; 0,81 × 1,16 m.

Boston, Museum of Fine Arts.
Don de John Goelet en mémoire
de Peabody et Walter Muir
Whitehill.

Historique :
1863 : acquis de la collection John Knapp,
Balcomb Place, près de Bradford, par
William Rhodes, pour £ 6.10. Le tableau
passe ensuite par héritage à son petit-fils
le Captain R.H. Rhodes, puis à sa veuve
Mrs. Dorothy Rhodes, Saint Bride's Farm,
Martin, Fordingbridge, Hampshire.
1960, 15 juillet : le tableau figure dans la
vente de la collection de Mrs. Dorothy
Rhodes (Christie's, nº 37 du catalogue
(Mathieu), reproduction. Il est acquis
pour 5 800 guinées par R. Munns.
1978 : donné au musée de Boston.

Ce tableau est resté jusqu'en 1960 entièrement ignoré de la littérature sur les Le Nain. Il ne fait pourtant guère de doute qu'il ne s'agisse de la *Mise au tombeau* qu'on rencontre sur le marché d'art parisien à la fin du XVIIIᵉ siècle. Le 10 mars 1788, salle Cléry, passent en effet en vente sous le nom de « Le Nain » deux tableaux *(Catalogue de tableaux... (vendus) Après le décès de Mme Lenglier. Par MM. Le Brun, aîné et jeune)* ; ils sont ainsi décrits p. 166 : « *213. - Jésus-Christ dans le Temple au milieu des Docteurs de la Loi. Ce tableau, d'un ton argentin, d'une belle couleur, est composé de neuf figures. H. 30 pouces, L. 24 pouces. T. ; 214. - Notre Seigneur qu'on va mettre au tombeau, composition de neuf figures. Ce tableau, qui réunit par son ensemble plusieurs belles parties de la peinture, peut figurer dans les plus belles collections, et fait honneur à notre École. H. 30 pouces. L. 43 pouces. T. »* Les deux œuvres furent acquises par le peintre et marchand Chantreau, fort attentif en cette double qualité aux œuvres des Le Nain : le premier pour 80 livres, ce qui est peu, le second pour 599, ce qui marque assez la différence d'estime. La *Mise au tombeau* dut demeurer dans le commerce parisien, puisque le 29 avril 1793 on la retrouve, selon toute probabilité, à la vente du marchand Donjeux *(Catalogue des objets précieux... trouvés après le décès du citoyen Donjeux, ancien négociant de tableaux et curiosités... par les citoyens Le Brun et Paillet, peintres. La vente s'en fera le lundi 29 avril et jours suivants...)* ». Elle y figure, dûment décrite, sous le nº 309, et les deux fameux experts la déclarent cette fois « *d'un style noble, d'un dessin correct et d'un genre extraordinaire à la manière de ce maître* ». On perd dès lors sa trace : mais les dimensions, le nombre des personnages, les indications sur le style semblent s'accorder pour désigner le tableau réapparu chez Christie voici moins de vingt ans.

Expositions :
Jamais exposé.

Bibliographie :
1960, *Apollo,* p. 219, reprod. (Mathieu) ;
1960, *Pantheon,* p. LXXXVIII, reprod.
p. LXXXVII (Mathieu) ; 1961, Thuillier,
p. 327-328, reprod. p. 327 (collaboration).

L'avis des plus fameux experts de la fin du XVIIIe siècle viendrait donc confirmer, s'il en était besoin, une attribution aux Le Nain qui semble évidente. L'œuvre est en effet de belle qualité. Le corps du Christ témoigne d'une parfaite maîtrise du nu. Le peintre installe avec aisance les neuf personnages à l'entrée du tombeau, en jouant de grandes obliques contrastées, et en ménageant derrière la pyramide du groupe central le double éclairage du soleil couchant à gauche et à droite d'une percée dans le rocher, qui vient illuminer le tombeau avec le groupe des trois apôtres. Les mains, les têtes, sont traitées avec raffinement par un pinceau qui se veut à la fois discret (la nature morte de droite) et savant (le turban de Joseph d'Arimathie).

De multiples détails rapprochent cette *Mise au tombeau* de la production connue des Le Nain. On retrouve les mêmes symboles — le crâne d'Adam, le panier, les cordes, le bassin — que dans la *Déploration* de Darmstadt (n° 14). La sainte femme voilée, au centre de la composition, insère au second plan une silhouette fréquente dans bien d'autres œuvres religieuses ou profanes, et l'homme à barbiche, sur la droite, tient une rame dans le *Bacchus et Ariane* avant de réapparaître, à peine modifié, au centre du *Repas des paysans.* Le jeune homme qui figure saint Jean reprendra une pose voisine pour le soldat à la dague de la *Rixe* (n° 22). Un sentiment grave et simple corrige une élégance un peu affectée par des trouvailles délicates, comme cette face voilée dans la pénombre, ou l'apôtre tenant le linceul, avec ses cheveux bouclés sous le turban, et son fin profil d'Arabe qui semble annoncer les anges adolescents de la *Nativité de la Vierge.*

59

Et pourtant l'œuvre s'écarte de ces tableaux par certains traits qui la rattachent au groupe précédent. Il règne encore ici une certaine agitation, les personnages conversent, les gestes démontrent : l'action n'est pas encore rompue par des personnages posant et regardant le spectateur, le silence ne s'est pas établi. Le bras qui se détache sur le ciel et l'index pointé désignent l'invraisemblable croix, dressée au-dessus d'un paysage sans caractère, sous un ciel vespéral de pure pratique. De minuscules personnages se dessinent dans les lointains, en un jeu de fins rehauts qu'on retrouverait dans le panorama (bien plus élaboré) du *Saint Michel* (n° 8) ou de la *Victoire* (n° 2) : mais ici avec la volonté d'inscrire à l'arrière-plan toute une petite histoire complexe et précise ; armée romaine, disciple désignant le tombeau, etc.

Comment n'être pas tenté de voir ici un tableau qui mène directement au *Bacchus et Ariane,* à la *Victoire,* puis à la *Rixe* ? Ses défauts semblent justifier le groupe précédent, et le renvoyer à une période de jeunesse ; et par ses qualités l'œuvre paraît appartenir déjà à l'époque où les Le Nain commencent à s'affirmer, et montrer comment leur personnalité se dégage peu à peu, non d'une vision réaliste, mais d'un art plus ou moins élégant et banal.

60
Ecce Homo

Huile sur toile ; 0,614 × 1,004 m.

Reims, musée Saint-Denis.
Inventaire D. 953.3.

Historique :
1937 ca. : le tableau appartient à la galerie Cailleux, à Paris ; il aurait été découvert peu auparavant par George Isarlo en Angleterre.
1953 : retrouvé en Allemagne, où il a été emporté durant la guerre, et entré dans les collections nationales (M N R.39), le tableau est mis par l'État en dépôt au musée de Reims.

Expositions :
1953, Reims, n° 13 ; 1976-1977, Nice-Rennes, n° 18, reprod.

Le thème de l'*Ecce Homo* est très fréquent dans la peinture de la fin du XVIe siècle et du XVIIe. Son schéma iconographique, qui varie peu, est vulgarisé aussi bien par la gravure nordique que par les tableaux italiens, et ce type de composition à mi-corps fait partie de toute une tradition, où l'on distinguerait aussi bien le Corrège (Londres, National Gallery), Cigoli (Florence, Palazzo Pitti ; concours Massimi avec Passignano et le Caravage), Fetti (Florence, Offices) que le Guerchin ou Mignard. C'est aux exemples italiens que l'on songerait devant ce tableau, où le visage du Christ semble renvoyer au type vulgarisé par le Guide.

La recherche expressive, les drapés, la manière de traiter les cheveux et la barbe apparentent ce tableau au groupe de l'*Adoration*. Mais la composition affirme une maturité toute différente, et l'on notera, par exemple, la sensibilité du modelé dans le nu, très voisin de celui qu'on peut admirer dans la *Déploration*.

Bibliographie:
1946, Sambon, *Les Le Nain,* n.p.
(Antoine) ; 1937, Sterling, p. 4, reprod.
p. 5, fig. A (Mathieu) ; 1938, Isarlo, p. 11,
fig. 15 (Mathieu) ; 1953, Druart, p. 8 ;
1954, Tranchant, p. 89 ; 1955,
Wildenstein, p. 204 ; 1956, Voss, p. 279 ;
1958, Thuillier, *Mathieu,* p. 92, note 8 ;
1961, Thuillier, p. 327, note 3, reprod. ;
1962, Vergnet-Ruiz-Laclotte, p. 243 ; 1963,
Thuillier, p. 241.

60

61
Le concert

Huile sur toile ; 0,77 × 0,87 m.

Neuilly-sur-Seine, collection Pierre
Landry.

Historique:
1949 : apparu lors de l'exposition *Danse et
divertissements* à la galerie Charpentier. Le
tableau proviendrait de la collection Casimir
Périer.

Expositions:
1949, Paris, Charpentier, n° 139 (Mathieu
et Louis) ; 1954, Paris, *Curiosité,* n° 22,
reprod. pl. 10 (Louis et Mathieu).

Bibliographie:
Jamais publié ni commenté.

A côté de tableaux religieux comme la *Mise au tombeau* de Boston et l'*Ecce Homo* de Reims a certainement existé toute une production d'inspiration profane. Mais il est à peu près impossible de la distinguer parmi les multiples mentions offertes par les catalogues de ventes anciens. Il convient en revanche d'attirer l'attention sur deux tableaux qui, sans être entièrement inconnus, ont trop peu retenu les historiens.

Le premier, les *Musiciens* appartenant au Dulwich Collège (huile sur toile ; 0,305 × 0,39 m), a été exposé en 1938 à Londres (n° 213) comme probablement une œuvre de jeunesse de Mathieu ; usé et défiguré par de nombreux repeints, il réclamerait une longue et minutieuse restauration, et nous avons dû renoncer à demander son prêt. Il avait été envoyé, de Paris, au collectionneur Desenfans en 1790, par le fameux expert et marchand Le Brun, et n'a plus quitté l'admirable ensemble réuni par lui et passé à Sir Francis Bourgeois en 1807 et au Collège de Dulwich en 1811. Robert Witt le mentionne dans le catalogue de l'exposition organisée du Burlington Fine Arts Club en 1910 (*cf.* p. 26). Mais ni Champfleury, ni Valabrègue, ni Jamot n'y font allusion. Il peut déconcerter d'abord par la juxtaposition d'un vieux joueur de flageolet avec un jeune joueur de guitare théâtralement drapé dans un vaste manteau et coiffé d'un bonnet de fourrure surmonté de plumes d'autruches : on sent le déguisement d'un modèle d'atelier tenant la pose. Mais la nature morte sagement disposée sur la nappe plissée, la tête du chien — exactement celle qui apparaît avec les *Jeunes musiciens* de Los Angeles — et surtout l'admirable tête d'homme insérée dans le coin droit du tableau, le

Les musiciens
Dulwich College

morceau le mieux conservé, semblent autant de signatures. Le modelé, l'éclairage sont fort proches de l'*Ecce Homo* de Reims et font songer à une date voisine.

Le présent *Concert,* moins étudié encore, offre en quelque sorte, par sa technique, son style et son inspiration, un pendant au tableau de Dulwich. Il propose de nouveau le thème des musiciens : mais cette fois le premier plan est occupé par un couple galant, à la manière nordique, affrontant luth et guitare, et la présence du vieillard et de l'enfant semble bien introduire, comme dans tant d'œuvres des Le Nain, le thème des *trois âges* (voir n⁰ˢ 23, 25, 30, etc.). Nous remercions vivement M. Pierre Landry qui, avec la plus grande courtoisie, a bien voulu prêter cette œuvre à l'exposition, et qui l'a accompagnée du commentaire suivant :

« *Très peu connu, ce tableau pose un problème du plus grand intérêt, car il illustre à l'évidence la question traditionnellement admise du travail souvent collectif de leurs auteurs.*

La juxtaposition dans une même composition de deux catégories de personnages, nettement dissemblables, et représentés par deux artistes différents, témoigne de caractéristiques morales opposées. D'une part elle met en relief une société brillante, parvenue à l'aisance, se livrant ostensiblement au

61

plaisir de la musique, tandis qu'un acteur obscur, absorbé dans la gravité de sa tâche, lui apporte son modeste concours. Sa présence, toutefois, atténue le brio de la composition pour la charger de son poids d'humanité. Le choix même des instruments de musique, luth et guitare pour les uns, flageolet pour l'autre, est à cet égard symbolique. La dualité qui ressort de cette scène atteste l'attachement des Le Nain aux valeurs ancestrales et à leur respect.

On reconnaît dans cette œuvre l'intention de ses auteurs de dépasser la simple anecdote pour la doter d'une dimension bien dans la tradition française des « peintres de la réalité » de ce temps.

Pierre Landry. »

62
La Cène

Huile sur toile ; 0,91 × 1,18 m.

Paris, musée du Louvre.
Inventaire R F 2824, Cat.
Rosenberg n° 475 reprod.

Apparu en 1929 et aussitôt acquis par le Louvre, ce tableau offre des caractères qui le mettent nettement à part dans la collection du musée, si riche en Le Nain. La composition surprend par son parti de bas-relief. Nulle profondeur, mais un curieux découpage en bandes parallèles ; vide du haut, ligne ininterrompue des visages serrés l'un contre l'autre, large zone de draperies tourmentées, mince ruban de sol nu. L'essentiel de l'effet repose sur le coloris sourd et le clair-obscur fouillé des étoffes et des visages habilement diversi-

Historique :
1929 : 28 juin : vendu à Londres chez Christie avec la collection d'Abernon (cat. n° 97) ; le tableau est déclaré provenir de la collection de Lord Northwick ; il est acquis par Gooden and Fox. Le musée du Louvre l'achète de Turner, à Londres, à la fin de l'année, pour 55 000 F.

Expositions :
1934, Paris, Petit Palais, n° 8 (Louis) ; 1955, Bordeaux, n° 99 (Louis) ; 1959, Berne, n° 50 (les frères Le Nain) ; 1960, Paris, Louvre, n° 320 (Louis ?) ; 1964, Dijon, n° 23 (Louis ?).

Bibliographie :
1929, Huyghe, p. 5, reprod. (Antoine et Louis ?) ; 1930, Jamot, p. 223-230, reprod. hors-texte (Louis) ; 1930, Rouchès, p. 4-6,

62

reprod. (Antoine et Louis) ; 1932,
Weisbach, p. 110, reprod. p. 109, fig. 37
(Louis) ; 1933, Fierens, p. 23-24, 60,
pl. XIX (Louis) ; 1933, Jamot, *Autour des
Le Nain,* p. 206 (jeunesse de Louis) ; 1934,
Alfassa, p. 203 ; 1934, Bloch, *Les frères
Le Nain,* p. 345-350 (atelier des Le Nain) ;
1934, Fierens (Antoine ?) ; 1934, Goulinat,
p. 213 (la « griffe » d'Antoine) ; 1934,
Grappe, p. 324 (Mathieu) ; 1934, Isarlo,
p. 129-130, reprod. p. 119, 129 dét. (Louis,
peu après 1620) ; 1934, Pannier, p. 501,
n° 2 ; 1934, Sambon, *B.E.A.,* p. 16
(Antoine et Louis) ; 1934, Waterhouse,
p. 132 ; 1935, Davies, p. 294 (Louis, "the
oddest") ; 1935, Longhi (Louis) ; 1936,
Ansaldi, p. 16 (Louis) ; 1936, Lazarev, pl. 7
(Louis) ; 1936, Sambon, *Les Le Nain...,*
n.p. (Antoine) ; 1937, Sterling, p. 4
(probablement œuvre précoce de Louis) ;
1938, Isarlo, p. 6, n° 29 (débuts de Louis).

1946, Dorival, p. 69 (Louis) ; 1953, Bloch,
p. 367 (œuvre de collaboration) ; 1956,
Bloch, p. 268 (qui ? œuvre précoce) ; 1956,
Sterling, in Cat. Exp. 1956, *Rome,* p. 165
(jeunesse de Mathieu) ; 1958, Thuillier,
Mathieu..., p. 96, note 22 ; 1963, Maillet,
p. 3-4 ; 1963, Sterling, p. 114 (un des
Le Nain) ; 1964, Thuillier, p. 15.

fiés. De ce tableau à la fois sévère et savant Rouchès disait qu'il rejoignait l'inspiration de l'art espagnol contemporain.

Or cette œuvre impressionnante se relie directement au groupe précédent. Il suffit de comparer le personnage de Judas, son attitude, le modelé de son bras et de sa jambe avec le saint Joseph de l'*Adoration des bergers,* pour reconnaître une parenté indéniable. Ou de rapprocher le traitement des chevelures avec l'ange de la *Vierge au verre de vin.* Les brodequins de ballet du jeune serviteur de gauche, aux pieds démesurés, apparaissent avec le bourreau du *Portement de croix ;* la belle jarre, le petit chien ont leur équivalent dans l'*Adoration* ou les *Pèlerins d'Emmaüs* Trévise, où se retrouve le même plat sur la nappe au double pli. Simplement, dans le tableau du Louvre, l'agitation s'est calmée, le pittoresque extérieur a disparu. Et malgré certaines faiblesses la facture est d'un niveau très supérieur.

On conçoit dès lors que le tableau ait toujours été donné aux Le Nain. La profondeur des expressions y invitait comme le détail. Les beaux morceaux de nature morte, le chien, les têtes de vieillards faisaient nécessairement penser aux repas paysans. Le désaccord a seulement porté sur les prénoms. Celui de Louis a d'abord été accepté, puis on lui accola celui d'Antoine ; enfin en 1956 Charles Sterling proposa celui de Mathieu. C'est assez dire la complexité du problème. La main du Christ, aux doigts ronds et aigus, est celle du grand prêtre dans la *Présentation* au temple (n° 4), de la Vierge dans l'*Adoration* de Londres (n° 9) ou de la *Madeleine* (n° 13) ; mais le beau visage du jeune serviteur, à gauche, ne peut manquer de faire penser à la *Femme avec cinq enfants* (n° 18)...

D'autre part rien dans l'ordonnance ne vient ici évoquer Gentileschi, ni Vouet, ni Blanchard. Sans le nom des Le Nain, on eût certainement pensé pour ce tableau à une date comprise entre 1615 et 1630. Faut-il, avec ce nom, et malgré la qualité de l'œuvre, la laisser à la fin des années vingt et en tête du groupe qui précède ? Faut-il au contraire y voir des traits qui conduisent directement aux *Jeunes musiciens* de Los Angeles (n° 15) et aux repas paysans ?

Les tableaux perdus

Des centaines de tableaux des Le Nain ont disparu. Certains furent détruits consciemment, comme ceux des églises de Laon, brûlés à la Révolution ; beaucoup d'autres par simple incurie. Il nous est impossible d'en rien savoir, pas même le sujet. On ne peut là-dessus se fier aux catalogues des ventes du XVIIIᵉ siècle, pourtant fort riches en mentions et même en descriptions : nous avons dit que les tableaux des maîtres voisins s'y trouvent inextricablement mêlés aux œuvres authentiques. La seule liste méritant créance est l'inventaire après-décès de Mathieu : et il suffit à prouver l'étendue des ravages, puisque, sur plus de deux cents œuvres, il n'en est pas une seule dont on puisse assurer qu'elle nous est parvenue.

Toutefois la célébrité des Le Nain avait fait copier leurs tableaux, parfois en nombreux exemplaires. Et il arrive que des copies ont subsisté alors que l'original était détruit, ou du moins disparaissait. Nous avons tenu à présenter dans l'exposition quelques cas d'œuvres importantes que de bonnes copies permettent de connaître ou de restituer avec suffisamment de certitude.

63
Intérieur paysan au vieux joueur de flageolet

dit aussi *Scène d'intérieur, Réunion dans un intérieur, Le repas de famille, Une famille campagnarde, La chambre de la grand-mère*

63 A

A

Exemplaire de Laon
Huile sur toile ; 0,64 × 0,82 m.

Laon, Musée municipal.
Inv. P. 123.

Historique :
1855 : acquis par le musée de Laon grâce à l'entremise de Champfleury.

Expositions :
1883, Laon, n° 1 ; 1931, Paris, n° 34 (« attribué à Louis ») ; 1934, Paris, Petit Palais, n° 17 (Louis, « probablement réplique ou œuvre d'atelier ») ; 1953, Reims, n° 16, reprod. pl. X (d'après Louis).

Bibliographie :
1855, *R.U.A.,* p. 317-318 ; 1860, Champfleury, p. 272 ; 1862, Champfleury, p. 46-47 ; 1904, Valabrègue, p. 33, 39, 91, 162, 172, reprod. p. 28 ; 1910, in Cat. Exp. 1910, *Londres, Burlington,* p. 22 ; 1911, Marquiset, p. 25 ; 1922, Jamot, *Essai...,* p. 307 (refus) ; 1926, Ernst, p. 304, note 3 (« copie probablement ») ; 1933, Fierens, p. 31, 60, pl. XXXVIII (copie de Louis ?) ; 1934, Isarlo, p. 169, 170, 172, reprod. p. 173, 171 dét. (d'après Louis) ; 1934, Ladoué, p. 322 ; 1936, Lazarev, pl. 21 (copie d'après Louis) ; 1936, Sambon, *Les Le Nain...,* n.p. (copie d'après Louis) ; 1938, Isarlo, p. 6, n° 69 (d'après Louis) ; 1947, Ladoué, p. 33-34 ; 1957, Fierens, p. 551 (réplique).

B

Exemplaire de Lille

Huile sur toile ; 0,60 × 0,74 m.

Lille, musée des Beaux-Arts.
Inv. 411.

Cet intérieur paysan fut sans doute l'un des Le Nain les plus célèbres. On en rencontre toute une série de copies, parmi lesquelles nous avons choisi celles de Laon et de Lille, qui semblent les meilleures. Champfleury lui-même en posséda un exemplaire qui figura à sa vente (0,50 × 0,69 m. ; exposé en 1883 à Laon comme copie). Des exemplaires assez médiocres sont passés en vente le 5 juillet 1923 (Robinson and Fisher, *Sir Gerald Ellison Coll. and Other Sale*) et le 28 juillet 1924 (Christie's, n° 188). Nous en connaissons au moins deux autres dans des collections particulières françaises.

Les deux exemplaires exposés permettront facilement d'imaginer l'original, demeuré inconnu jusqu'à ces derniers temps, mais qui pourrait être un nouvel exemplaire, tout récemment identifié en Grande-Bretagne (collection particulière ; 0,535 × 0,71 m.). Nous ne le connaissons malheureusement que par photographie*.

Le format, nettement plus petit que celui du *Repas des paysans* et de la *Famille des paysans* du Louvre, se rapproche de la *Famille heureuse* (n° 27), et l'on peut songer à une date très voisine. La ligne d'horizon apparaît plus haute qu'à l'ordinaire, et l'espace est plus développé ; ce qui enlève à la monumentalité des figures et ajoute à la vérité de la scène. Mais la parenté est manifeste. On retrouve la famille installée paisiblement dans la salle commune, non loin de la grande cheminée, près d'une table rustique couverte

63 B

Historique :
1876 : légué au musée par Émile Verstraete, qui l'aurait acquis à la vente Tencé en 1860.

Expositions :
1918, Valenciennes, n° 204 ; 1950, Gand, n° 9.

Bibliographie :
1883, in Cat. Exp. 1883, *Laon,* p. XIV ; 1904, Valabrègue, p. 33, 162-163 (répétition du tableau de Laon) ; 1910, in Cat. Exp. 1910, *Londres, Burlington,* p. 22 ; 1926, Ernst, p. 304, note 3 ; 1933 Fierens, p. 31, 60, pl. XXXVII (copie de Louis) ; 1934, in Cat. Exp. 1934, *Paris, Petit Palais,* p. 36 ; 1936, Sambon, *Les Le Nain...,* n.p. (copie d'après Louis) ; 1957, Fierens, p. 551 (réplique).

d'une nappe blanche, avec le pain, le vin et l'écuelle. Le personnage nouveau est ici la jeune mère assise sur une chaise très basse, l'enfant dans les bras : mais on la rencontrerait avec une attitude voisine, un peu vieillie, dans la *Charrette* (n° 34). En revanche on reconnaît sans peine le garçonnet jouffu, la fillette éclairée par le feu de l'âtre, le vieux joueur de flageolet, et même le chien — manqué par tous les copistes, qui lui donnent un petit air sentimental passablement comique. Au centre du tableau le jeune rieur renvoie à la fillette des *Paysans dans une creutte* (n° 26) et au père de la *Famille heureuse* (n° 27) ; et le personnage principal, la vieille assise, dont aucun copiste n'a davantage su rendre le sourire à la fois ironique, indulgent et rêveur, peut passer pour l'une des figures de paysannes les plus véridiques de tout l'œuvre.

* Au moment de mettre sous presse, nous apprenons que le prêt de ce tableau, que nous a signalé M. David Carritt, a été généreusement accordé par son propriétaire, et qu'il sera présenté à l'exposition (voir *Addendum,* p. 374).

64
Intérieur d'écurie

dit aussi *Intérieur de grange, Intérieur de ferme, Le petit musicien, Le petit joueur de flageolet*

Huile sur toile ; 0,97 × 0,79 m.

Laon, Musée municipal.
Inv. P. 221.

La copie présentée avait appartenu au frère de Champfleury, qui croyait à un tableau original. Sa qualité permettait d'en douter. Jamot le passa sous silence et Fierens pareillement. En 1934 fut exposée au Petit Palais (n° 25) une version plus réduite (0,72 × 0,92 m.) qui passait pour provenir d'une collection particulière des environs de Nantes et se trouvait alors dans le commerce : elle révéla que le tableau de Laon avait été découpé dans la partie centrale d'un tableau en largeur. Le groupe principal avait seul été conservé ; à droite, le cheval blanc avait été supprimé, et sa tête se devine encore sous des repeints sommaires ; à gauche, de l'homme descendant l'escalier, on n'avait conservé qu'une moitié, maladroitement transformée en... rideau. La nouvelle version, de son côté, était loin d'être indemne. Nous ignorons sa localisation actuelle, et ne la connaissons que par une photographie (Bulloz 40312). Elle était exposée sous le nom de Louis Le Nain, mais Ellis K. Waterhouse l'estima « un original, mais odieusement repeint » (1934, p. 132), et Martin Davies une simple copie (1935, p. 294). De fait, on constate que le jeune garçon appuyé à l'échelle, qui figure dans la version de Laon, a été supprimé (sa présence se devine encore sous les repeints évidents), et tout le tableau repris. Même en tenant compte de l'état, il est difficile de songer à un original.
   La comparaison de ces deux témoins permet de restituer la composition primitive. Elle fut sans doute l'une des plus ambitieuses des Le Nain. Le fragment de Laon, qui mesure près d'un mètre de hauteur, semble indiquer

L'intérieur d'écurie
Localisation actuelle inconnue

64

Historique :
1883 : exposé à Laon comme appartenant à Édouard Fleury, président de la Société Académique de Laon (et frère de Champfleury), mort peu auparavant. Donné par la suite au musée de Laon par sa veuve.

Expositions :
1883, Laon, nº 8 ; 1953, Reims, nº 17 (« d'après Louis »).

Bibliographie :
1860, Champfleury, p. 274 ; 1862, Champfleury, p. 47-48, p. 92 ; 1904, Valabrègue, p. 39, 166 ; 1910, in Cat. Exp. 1910, *Londres, Burlington,* p. 24 ; 1935, Davies, p. 294 et note 7 ; 1938, Isarlo, p. 22, nº 77, fig. 32 (copie d'après un Le Nain disparu).

un original ayant les dimensions du *Repas des paysans.* Le thème de l'écurie est fréquent dans le nord (il suffira de songer à Rubens) : mais les Le Nain l'avaient traité avec un sentiment très exceptionnel, le mêlant de façon inattendue au thème de la musique. Au centre se trouvait, en un étagement pyramidal assez rare chez eux, le groupe d'enfants cher aux trois frères, dont le jeune joueur de flageolet, et la petite paysanne rieuse, de face, des *Paysans dans une creutte* (nº 26). Comme dans la *Famille heureuse* (nº 27) un personnage descendant quelques marches (ici un adulte, et non un enfant) assurait une échappée latérale. Mais l'élément poétique était certainement le cheval placé à droite. On songe à la tête du cheval bai dans la *Halte du Cavalier* de Londres. Cette fois il occupait dans le tableau une place essentielle, éclairant toute la composition de sa robe blanche, et glissant presque au centre son œil attentif, fixé, comme celui du jeune musicien, sur le visiteur invisible .

65
Portrait de femme âgée

dit aussi *Portrait de vieille religieuse, Portrait de la marquise de Forbin.*

Huile sur toile ; 0,74 × 0,57 m.
En haut, à droite, l'inscription :
AET(atis) SUAE 84 /
A° 1644 / Lenain.f.

Avignon, musée Calvet.
Inv. 278.

Historique :
1838, donné au musée par M. Peyre, d'Avignon. L'origine du tableau n'a pu être établie.

Expositions :
1949, Genève, n° 34 (Louis) ; 1953, Bruxelles, n° 81 a, reprod. pl. 60 (Louis) ; 1953, Reims, n° 8 (Louis) ; 1958, Londres, n° 113 (Louis ?) ; 1958, Paris, Petit Palais, n° 88 (les frères Le Nain ; sans doute copie).

Bibliographie :
1862, Champfleury, p. 62-64 ; 1863, Chesneau, p. 230 (Louis ?) ; 1872, Clément de Ris, p. 39-40 (Le Nain, œuvre capitale du musée) ; 1874, Gonse, p. 140-141 ; 1883, in Cat. Exp. 1883, Laon, p. XIV ; 1887, Bull. Soc. Ac. Laon, p. CXXVII-CXXVIII ; 1900, Gonse, p. 51 reprod. ; 1900, Merson, p. 30 ; 1904, Rouyer, p. 160, reprod. p. 158 (sans doute Mathieu) ; 1904, Valabrègue, p. 18, 33, 46-47, 161, reprod. p. 48 (plutôt Antoine ou Louis).

1910, in Cat. Exp. 1910, *Londres, Burlington,* p. 22 ; 1921, Lemonnier, p. 252 (attr. sûre) ; 1922, Jamot, *Essai...,*

Longtemps regardé comme l'effigie de la marquise de Forbin, et « *l'œuvre capitale du musée* » (Clément de Ris, 1872), rendu populaire par de multiples reproductions, ce portrait ne passe plus aujourd'hui que pour celui d'une veuve, dont il ne nous a pas été possible de retrouver l'identité ; et son nettoyage a révélé un dessin mou, une facture sèche qui rend désormais difficile d'y voir la main d'un des Le Nain. Tout semble indiquer une copie ancienne, où l'inscription et la signature auraient été soigneusement reportées.

Nous connaissons bien — tant par les œuvres conservées que par la gravure — ces portraits de vieilles dames peints dans la première moitié du siècle, effigies sincères et dignes, refusant toute trace de coquetterie. Le chef-d'œuvre en est sans doute le *Portrait de Catherine de Montholon* par Tassel conservé au musée des Beaux-Arts de Dijon. Le présent tableau s'insère dans cette tradition sans innover en rien. La pose très simple du modèle accoudé dans son fauteuil, le contraste des grandes plages de noir et de blanc proposées par le costume de veuve, relèvent de formules courantes. Mais dans l'austérité discrète et la réserve du visage se retrouvent toute la science de portraitiste des Le Nain, et cette puissante simplicité qu'ils savaient donner aux figures de vieilles femmes. C'est devant la *Famille de paysans* (n° 29) et l'admirable femme au verre de vin du premier plan (ill. p. 309) qu'il faut imaginer l'original, sans doute l'un de leurs chefs-d'œuvre.

65

p. 224, 294-295 (Louis) ; 1923, Jamot, *Essai de chronologie...,* p. 158, Louis ; 1923, Jamot, in Cat. Exp. 1923, *Paris, Sambon,* p. 12 (sans doute de Louis) ; 1926, Dimier, p. 41 ; 1929, Jamot, p. 20, 47, 60, reprod. p. 73 (Louis) ; 1931, Jamot, *Forge...,* p. 69 ; 1932, Weisbach, p. 261, reprod. pl. 24 (Louis) ; 1933, Fierens, p. 15, 41, 60, reprod. pl. LIX (Louis) ; 1933, Mourey, p. 61 ; 1934, Sambon, *B.E.A.,* p. 15 (Louis) ; 1936, Lazarev, pl. 23 (Louis) ; 1936, Sambon, *Les Le Nain,* n.p. (Antoine) ; 1938, Isarlo, n° 275, fig. 8, détail (Louis).

1946, Dorival, p. 68 (Louis) ; 1946, Erlanger, p. 35-37, reprod. p. 27 (Louis) ; 1946, Florisoone, p. 75 (Louis) ; 1950, Leymarie, reprod. fig. 47 ; 1953, Bloch, p. 367 (refus) ; 1953, Blunt, p. 218, note 173 (Le Nain) ; 1954, Crozet, p. 158 (sans doute Louis) ; 1960, Isarlo, p. 129 (Louis, *« chef-d'œuvre mondial de la peinture de la Réalité » (sic)*) ; 1962, Vergnet-Ruiz-Laclotte, p. 42, 243 (peut-être réplique d'après Louis) ; 1962, Wilhelm, n° 131, reprod. couverture ; 1964, Thuillier, p. 19 (copie probable) ; 1965, Isarlo, p. 2 (Louis, *« chef-d'œuvre »*) ; 1966, Bloch, reprod. couleurs pl. XVI (copie contemporaine ?) ; 1967, Thuillier, p. 152-153 ; 1969, Cabanne, p. 72, reprod.

Les copies anciennes

L'un des témoignages les plus sûrs du succès des Le Nain est l'abondance des copies anciennes. Nous avons dit plus haut leur utilité. Il nous a semblé que l'exposition n'eût pas été complète si nous n'avions aussi, par quelques exemples, souligné les problèmes qu'elles posent à la critique.

Dans certains cas, ne s'agit-il pas de répliques de la main des Le Nain? N'ont-ils pas quelquefois répété des œuvres qui plaisaient? On le croirait volontiers, lorsqu'il s'agit, par exemple, de portraits de groupe, où plusieurs des personnages représentés purent désirer posséder la même composition (voir par exemple la notice de la *Tabagie,* n° 45). Dans les autres cas, nous hésitons à le penser. Tout suggère que les Le Nain, répétant un de leurs tableaux, auraient modifié quelques visages, les détails des plis ou des cheveux à tout le moins. L'absence de toute liberté dans les meilleurs exemplaires laisse inquiet. Surtout lorsqu'on a pu constater par la radiographie leur méthode de travail. Reste que dans certains cas, comme les *Paysans devant leur maison* de Boston (voir notice du n° 35) ou la *Rixe* de Springfield (voir notice du n° 22), la facture et la matière sont si voisines

que l'hypothèse ne peut être entièrement exclue. C'est l'un des points où l'examen de laboratoire pourrait être décisif dans le jugement.

Peut-il s'agir de répliques d'atelier, le cas échéant retouchées de la main du peintre? Rien ne nous indique que les Le Nain eurent une organisation comparable, même à un niveau très modeste, à celle d'un Rubens, et qu'ils ont employé des élèves à copier leurs œuvres pour la vente. Les documents font penser à un atelier actif, certes, mais où la présence des trois frères suffit à une abondante production; il s'y trouve toujours un ou deux apprentis pour les besognes matérielles, mais nous n'avons pas mention d'*élèves* ou d'*aides* proprement dits.

La vogue commerciale obtenue par les «bamboches» des Le Nain suffit sans doute à expliquer la multiplicité des copies. Nous avons tenu à exposer quelques-unes des meilleures. Elles prouveront la qualité à laquelle elles peuvent atteindre, et la prudence qui doit guider dans le jugement. En l'absence des originaux, aurions-nous toujours refusé de les admettre pour authentiques?

66
Trois jeunes musiciens

dit aussi *La chanson*

Huile sur toile; 0,295 × 0,395 m.

Rome, Galleria Nazionale d'Arte antica, Donation Cervinara. Inv. n° 2.482.

Sensiblement de même format que le panneau de Los Angeles (voir n° 15), mais peint sur toile, le présent exemplaire se trouvait en Angleterre au XIXe siècle (alors que le premier était exilé en Pologne) et fut grandement admiré. Nul ne le mit en doute lors des nombreuses expositions où, depuis 1898, il fut présenté comme œuvre d'Antoine. Cependant la comparaison avec l'exemplaire signé est accablante. Un examen du tableau, en attendant son étude en laboratoire, donne à penser qu'il s'agit d'une simple copie, sans doute du XVIIIe siècle (et l'on ne s'étonne pas trop que le duc de Cervinara, qui collectionnait exclusivement les œuvres de ce temps, ait fait exception en sa faveur...).

On noterait que précisément, dans les ventes du temps, apparaît un exemplaire sur toile (alors que la mention *sur bois* est clairement indiquée pour la version de Besse en 1775 et 1787): à une vente de l'hôtel Bullion, le

Historique :
1898 : exposé à Londres comme
appartenant à Lord Aldenham ; il passe
pour provenir de la collection Holdernesse
(1891). Nous n'avons pu vérifier s'il
s'agissait bien du tableau signalé par
Waagen en 1854 (t. II, p. 291) dans la
collection Charles Bredel : *"Two lads and
a girl performing music".*
1937 : vendu à Londres, chez Sotheby, le
25 février ; acquis pour 1 100 livres par la
galerie Wildenstein ; passe dans la
collection de Dmitri Sursock,
duc de Cervinara.
1960 : en mourant le duc de Cervinara
lègue à Rome vingt-six tableaux italiens et
français, dont celui-ci, qui entre de la
sorte dans les collections de la Galleria
Nazionale en 1962.

Expositions :
1898, Londres, n° 66 (Antoine et Louis Le
Nain) ; 1907, Londres, n° 130 (Louis) ;
1910, Londres, Burlington, n° 1 ; *Ill. Cat.*
pl. I ; 1932, Londres, n° 107, reprod. *Ill.*
Souv., p. 17 (Antoine) ; 1934, Petit Palais,
n° 52 (Antoine) ; 1937, n° 90, *Vol. Ill.*
n° 39, p. 106-107 (Antoine) ; 1947,
Londres, Wildenstein, n° 22, reprod.
(Antoine).

Bibliographie :
1898, Dilke, p. 324-326, reprod. p. 324 ;
1904, Valabrègue, p. 169, reprod. p. 21 ;
1910, *in* Cat. exp. 1910, *Londres,*
Burlington, p. 26 ; p. 8 (« groupe I »,
Antoine).
1922, Jamot, *Essai...,* p. 228 (Antoine) ;
1923, Jamot, *Essai de chronologie...,*
p. 158 (Antoine) ; 1924, Thiis, p. 298
(Louis) ; 1926, Dimier,, p. 42 ; 1926, Ernst,
p. 316-317 (jeunesse de Mathieu) ; 1928,
Collins Baker, p. 69 (Antoine) ; 1929,
Jamot, p. 31 (Antoine) ; 1932, Dezarrois,
p. 84 (Antoine) ; 1933, Fierens, p. 20, 59,
pl. XI (Antoine).

1934, Fierens (Antoine) ; 1934, Grappe,
p. 324 (œuvre anglaise du XVIIIᵉ siècle) ;
1934, Watts, p. 156 (Antoine) ; 1936,
Lazarev pl. 8 (Louis) ; 1936, Sambon, *Les*
Le Nain..., n.p. (Antoine) ; 1937,
Beaux-Arts, 5 mars, p. 5 reprod.
(Antoine) ; 1937, *Beaux-Arts,* numéro
spécial, août, p. 10 reprod. (Antoine) ;
1937, Huyghe, reprod. dét. pl. XXV
(Antoine) ; 1938, Isarlo, p. 4-5, n° 96
(Antoine, *« magnifique »*) ; 1947, Nicolson,
p. 160, reprod. p. 161, pl. A (Antoine) ;
1953, Blunt, p. 179, p. 217, note 167,

20 mars 1787, l'expert Paillet présente un exemplaire de 11 pouces sur 15 comme un morceau *« très-fini et très-rare »* ; et c'est peut-être cet exemplaire qui réapparaît à la vente de M. de Sylvestre de 1810 *(« beaucoup de grâce, une exécution fine et précieuse, une couleur brillante et harmonieuse »),* et à la vente du 23 mars 1818 *(« touché avec finesse et brillant de ton »).* Tout donne à penser que ce type de copies, exécutées dans un goût savamment adapté à l'époque, dut plus d'une fois alimenter, dès le XVIIIᵉ siècle (et peut-être dès le XVIIᵉ), un marché d'art indulgent à toutes les falsifications.

66

reprod. pl. 122 B (Antoine) ; 1962,
Lavagnino, p. 26, reprod. p. 27 (Antoine) ;
1964, Thuillier, p. 15.

67
Le repas des paysans

Huile sur toile ; 1,065 × 1,208 m.

Reims, musée Saint-Denis.
Inv. D. 930.1.

Historique :
1925 : légué au Louvre avec la collection Cosson.
1930 : mis en dépôt par le Louvre au musée de Reims.

Expositions :
1953, Reims, n° 6, reprod. pl. IV (Louis) ;
1954-1955, Tokyo-Kyoto, n° 4, reprod. ;
1964, Musées nationaux, n° 4 (Louis, réplique) ; 1973, Trésors des Musées de Champagne-Ardennes ; 1975, Sedan, Château-fort, *Turenne et son temps,* n° 148.

Bibliographie :
1934, Sterling, *in* Cat. Exp. 1934, *Paris, Orangerie,* p. 105 (« excellente copie ») ;
1953, Druart, p. 8-9.

Cette composition, dont l'original, signé et daté de 1642 (0,97 × 1,22 m) est entré au Louvre en 1869 avec la donation La Caze (voir n° 28), apparaît, de tout l'œuvre des trois frères, l'une des plus célèbres. On constate qu'elle fut, avec l'*Intérieur paysan au vieux joueur de flageolet* (voir n° 63) la plus souvent copiée.

Les mentions sont nombreuses dans les ventes anciennes : vente Verrier (18 novembre 1776) ; vente Conti (8 avril 1777) ; vente Montriboud (9 février 1787) ; vente Edon (1816) ; vente Pinel Grandchamp (13 mars 1850), etc. La signature n'est jamais mentionnée, ni la date, et les enchères, lorsqu'on les connaît, ne répondent pas à ce qu'on peut attendre d'une œuvre aussi exceptionnelle. De sorte qu'on peut se demander à chaque fois s'il ne s'agit pas de copies.

Précisément nous en retrouvons un bon nombre : exemplaire Chouvaloff (1,09 × 1,28 ; passé au musée Pouchkine) ; exemplaire Sedelmayer (1,03 × 1,19 ; passé en vente le 16-18 mai 1907, n° 21) ; exemplaire Gosford (1,09 × 1,24 ; six figures seulement ; exposé à Londres en 1910) ; exemplaire Stanley (vente des 6-8 et 13-15 juillet 1965 à Paultons, Hampshire), etc.

67

L'exemplaire Cosson, que nous exposons ici, est sans doute le meilleur. On ne se fût peut-être pas accordé à le retirer à la main des Le Nain sans la présence écrasante de l'original. La comparaison permettra de constater que le tableau du Louvre dut être légèrement rogné dans sa hauteur. Elle montrera surtout ce qui fait l'inimitable qualité du pinceau des Le Nain.

68
Le repas de famille

Huile sur toile ; 0,92 × 1,205 m.

Cleveland (Ohio), The Cleveland Museum of Art, Donation de Mrs. Salmon P. Halle en mémoire de Salmon Portland Halle. Inv. 58.174.

Historique :
1863-65 ca. : signalé par Léon Lagrange à Champfleury comme faisant partie de la collection du comte de Seyssel à Turin ; l'ensemble de sept tableaux attribués à Le Nain provenait par héritage de la collection du comte Ottone Ponte di Scarnafigi, ambassadeur de Sardaigne à Paris, mort en 1788.
1916 : acquis du comte de Seyssel par Salmon P. Halle, de Cleveland.
1958 : donné au musée de Cleveland par Mrs Salmon P. Halle en souvenir de son mari.

Expositions :
1934, Cleveland, (sans catalogue) ; 1947, Toledo, n° 12, reprod., (Mathieu).

Nous avons cru nécessaire d'exposer, non loin du *Repas de Famille* du musée de Toledo (n° 50), cet autre exemplaire de la même composition : sa présence permettait de regrouper pour la première fois l'ensemble Seyssel, dispersé au début de ce siècle (voir notice du n° 49), et qui nous restitue une collection de Le Nain du XVIIIᵉ siècle jusque dans ses erreurs.

Le présent tableau ne se confond avec aucun des exemplaires du *Repas de Famille* que nous signalent les textes : il dut entrer dans la possession du comte Ottone Ponte di Scarnafigi dès avant 1788 et demeurer jusqu'à notre temps dans son héritage turinois. Il se distingue à première vue par quelques détails : le verre est tenu différemment, la nourriture proposée est cette fois

68

Bibliographie :
1865, Champfleury, p. 39 ; 1904,
Valabrègue, p. 34, 116-120, reprod.
p. 112 ; 1910, in Cat. exp. 1910, *Londres,*
Burlington, p. 29 ; 1922, Jamot, *Essai...,*
p. 305 ; 1923, Jamot, in cat., exp. 1923,
Paris, Sambon, p. 16, 19 (Mathieu ; « a
malheureusement souffert ») ; 1923,
Jamot, *Essai de chronologie...,* p. 163-164
(Mathieu, sans doute l'original) ; 1929,
Jamot, p. 95-96, 104-109 (Mathieu) ; 1929,
Valentiner, p. 49, note 2 (Mathieu) ; 1933,
Fierens, p. 50, 63, pl. LXXXVI (Mathieu) ;
1936, Sambon, n.p. (Mathieu, nº 8) ; 1938,
Isarlo, p. 26, nº 113 ; 1947, Visson
(Mathieu) ; 1950, Bodkin, p. 26.

un volatile duement entrelardé, et les traits des deux hommes ne se retrouvent ni dans la version Choiseul, ni dans la version Rosenberg (ancien exemplaire Poullain ?).

Mais on prendra garde qu'il s'agit seulement de modifications postérieures. Une radiographie exécutée à l'occasion de l'exposition par le musée de Cleveland prouve que le rôti est ajouté et surtout que les têtes et les mains des deux hommes sont entièrement refaites : à cet endroit la peinture ancienne manque sur un large emplacement, soit qu'une tache d'humidité l'ait fait tomber, soit même qu'on ait voulu, au XVIIIe siècle, faire croire à un original différent des exemplaires Choiseul et Poullain.

Il n'en reste pas moins que l'ensemble du tableau paraît désigner une copie. Qu'elle ait pu figurer aux côtés de trois originaux incontestables dans une collection distinguée du XVIIIe siècle avertit assez du peu de crédit qu'il faut accorder aux attributions « Le Nain » du marché d'art de ce temps.

Études de laboratoire

Les tableaux conservés en France

Depuis quelques années, le Laboratoire de Recherche des Musées de France eut à plusieurs reprises l'occasion d'examiner, d'analyser un certain nombre d'œuvres attribuées aux frères Le Nain. Cependant ce n'est qu'à l'occasion de la préparation de l'exposition actuelle qu'il fut possible d'envisager une étude systématique de l'ensemble des œuvres conservées en France. Ce n'est encore qu'une approche limitée dont nous donnons ici les premiers résultats. Nos travaux ne prendront un plein intérêt que lorsque nous aurons pu étudier ou comparer les documents obtenus d'après l'ensemble des œuvres actuellement recensées.

Les méthodes mises en œuvre pour l'étude des tableaux des frères Le Nain sont de deux types :

1 - Les méthodes globales, utilisant le pouvoir des ondes électromagnétiques (infra-rouge, rayons X...), qui mettent en évidence les diverses étapes de l'élaboration de l'œuvre d'art, jusqu'ici invisibles, permettant de percevoir l'écriture de l'esquisse, les repentirs, les changements de composition.

2 - Les méthodes ponctuelles, qui ont le mérite d'analyser un point précis de l'œuvre étudiée, d'en révéler la stratigraphie, les composants — liants et pigments —, en un mot de nous éclairer sur la technique de l'artiste, de souligner les identités, mais aussi les divergences existant d'un tableau à l'autre.

Les informations recueillies au cours de l'étude des documents exposés devraient contribuer pour une bonne part à éclairer, si ce n'est élucider, le difficile problème que pose l'attribution à l'un ou l'autre des frères Le Nain, Antoine, Louis et Mathieu, de tout ou partie des tableaux étudiés ; cela, en essayant dans la mesure du possible de préciser l'écriture et l'originalité de chacun d'eux.

L'analyse scientifique permet d'ores et déjà de mesurer l'état de conservation des œuvres, l'ampleur des reprises, le style, l'écriture de l'esquisse des tableaux étudiés.

La première partie de l'exposition est consacrée à l'étude et à la présentation des documents radiographiques, photographiques et microphotographiques. Les radiographies exposées sont présentées soit sur film (documents originaux juxtaposés et étudiés par transparence), soit sous forme de contre-type sur papier (exécuté d'après le film original obtenu par contact), restituant à nos yeux une image de l'invisible à la dimension de l'œuvre originale.

Étude radiographique

Dans la **Nativité** (cat. n° 7), le montage des films radiographiques a révélé une surprenante image, jusqu'ici invisible, d'une femme allaitant un enfant (projet abandonné par l'artiste et qui pouvait être soit l'esquisse d'une *Naissance de la Vierge,* soit une première version de la *Nativité*).

La lecture de la radiographie est relativement aisée, bien que les deux sujets, celui qui est actuellement visible et celui qui est esquissé par l'artiste, s'imbriquent sur l'image obtenue. Cette confusion relative a l'intérêt de souligner que les deux sujets sont bien traités de la même main. Le style des figures est le même pour la scène invisible et pour la scène actuellement visible. Le tableau présente une grande unité d'écriture ; cependant les angelots qui sont peints à la partie supérieure sont moins denses, et traités vraisemblablement avec des terres, ce qui explique qu'ils ne sont pratiquement pas visibles aux rayons X. La faible densité de ces figures peut être volontaire, en raison du caractère aérien du sujet.

Le support de ce tableau est une toile assez grosse, irrégulière, serrée (13 fils de trame et 15 fils de chaîne au centimètre carré), comparable à celles sur lesquelles ont été exécutées la *Visitation,* la *Cène,* la *Forge.* La couture verticale, à droite, est contemporaine de la constitution de ce support, tandis que les bandes de grosse toile ajoutées de chaque côté témoignent d'un agrandissement nettement postérieur.

Les examens radiographiques effectués sur quelques autres œuvres des frères Le Nain permettent des rapprochements, des constatations qui méritent d'être signalés. L'alternance de touches fluides et sinueuses observée sur la *Nativité* n'est pas sans rapprochement avec l'écriture de la *Réunion musicale* (cat. n° 41) : même ampleur dans la pose des lumières, les extrémités du tableau restant dans l'ombre, les contours imprécis.

La *Visitation* (cat. n° 6), conservée en l'église Saint-Denis-de-Pile, s'apparente à la *Nativité* de la même série. Les documents radiographiques donnent une image très voisine par le traitement des figures : ampleur monumentale, touches vigoureuses, tracés contrastés dans la pose des blancs pour modeler les visages et les coiffes. Toutefois, les parties supérieure et inférieure du tableau sont si peu contrastées que l'image radiographique,

7
La Nativité
Radiographie
(détail)

Études de laboratoire

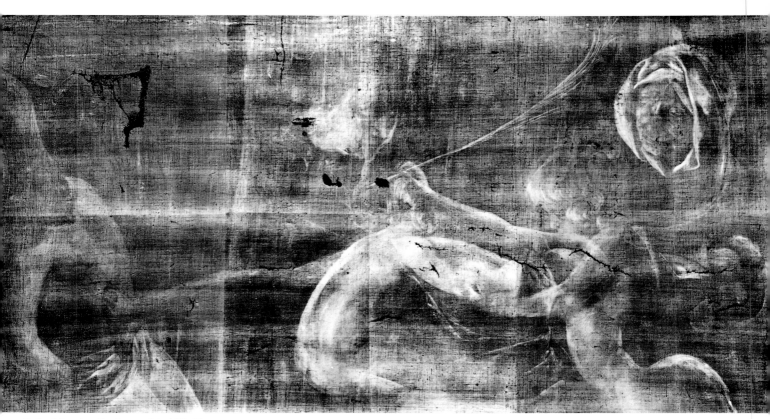

2. *La Victoire.* Radiographie (détail)

d'où n'émergent que de faibles contours de drapés, apparaît grise et peu lisible. Cette différence de manière doit-elle faire songer à l'intervention de deux mains ?

Une œuvre proche de la *Nativité* est l'**Allégorie de la Victoire** (cat. n° 2) : support semblable, densité comparable. L'étude radiogaphique a également permis ici la découverte d'une composition antérieure à celle qui est actuellement visible. La lecture du document est peu aisée, vu la faiblesse de densité et la superposition de deux images. Toutefois l'homogénéité des matériaux, la manière de poser les couleurs, permettent d'affirmer, comme nous l'avons signalé (Hours, 1974), que les deux scènes superposées sont l'œuvre d'une même main. Si l'on fait tourner de 90 degrés le montage des films radiographiques, on découvre deux femmes, l'une portant une coiffe et paraissant plus âgée, attentives au jeu de deux enfants nus et blonds, celui de gauche assis, l'autre debout. L'éclat des blancs, la souplesse des modelés sont proches de la technique et de l'écriture de la *Nativité.*

La *Victoire,* exécutée sans reprises, avec des passages très souples, est travaillée avec une majorité de pigments à base de terre, ceux de masse atomique plus élevés se rapportant à la première composition sous-jacente. Par sa morphologie, la femme de gauche n'est pas d'une écriture différente de la nourrice de la *Nativité de la Vierge,* la femme âgée s'apparente par le traitement de la coiffe à la figure de la vieille dans la *Famille de paysans dans un intérieur* (cat. n° 29).

Dans la *Charrette* (n° 34), la figure de femme au premier plan se différencie techniquement des deux groupes d'enfants. En outre le tracé de la roue de la charrette apparaît sur la radiographique tout à fait terminé. Faut-il voir dans cette figure l'apport d'une autre main ?

Les touches fines et appuyées dans les blancs, qui apparaissent caractéristiques de la construction des figures d'enfants, s'apparentent à la technique des figures de la *Famille heureuse,* de la *Cène.* Les supports sont également semblables : même grosse toile, peu serrée, de 9 à 11 fils de chaîne et de trame au centimètre carré.

Des radiographies d'un autre type ont été obtenues pour le tableau des **Joueurs de trictrac** (cat. n° 49). C'est une composition d'une grande unité, à la différence des précédentes, une composition dessinée sans hésitations ni reprises. La mise en place des personnages est sans repentirs, à l'exception d'une légère transformation de l'attitude du valet à gauche, dont la main droite s'appuyait sur le dossier de la chaise dans une première esquisse. A droite, l'autre valet se détache seul sur un fond préparé en clair : les personnages sont modelés dans l'ombre avec des pigments peu denses, les accents lumineux se trouvent situés au centre du tableau ; ce sont les mains des joueurs dont les poignets de dentelle sont traités par touches blanches, rapides, nerveuses, d'une écriture analogue à celle qui est utilisée pour le visage du joueur de droite, figure élégante et plus enlevée que les autres.

Il paraît souhaitable de rapprocher les documents obtenus d'après les *Joueurs de trictrac* de ceux que vient offrir le tableau intitulé *La tabagie* (cat. n° 45), peint sur un support semblable et mettant en scène également une assemblée d'hommes. Mais curieusement, dans ce tableau, trois figures seulement se distinguent sur l'image radiographique : l'homme à moustache de face, le fumeur de pipe debout et l'autre fumeur assis à droite. Les visages et les costumes sont vivement contrastés, traités avec brio en touches rapides, tandis que le reste du tableau, de faible densité, n'apparaît que peu ou pas sur le film. Ne faut-il pas une fois encore voir l'intervention d'une autre main ?

D'autres œuvres des frères Le Nain ont fait l'objet d'études radiographiques au Laboratoire, mais cette première sélection de documents nous, a paru illustrer assez bien la contribution de cette méthode à l'étude si complexe de la technique et du style des Le Nain.

Les joueurs de trictrac. Radiographie

Macrophotographies

Il nous a semblé intéressant de grouper quelques détails ou macrophotographies effectués d'après les tableaux étudiés précédemment, afin de confirmer ou d'infirmer les observations faites d'après les radiographies. Nous y joignons des documents obtenus d'après des œuvres peintes sur support de cuivre : ce que nous avons cru d'autant plus utile que l'obtention de radiographies était impossible en raison de la nature du support qui oppose une barrière aux radiations X.

Les documents sélectionnés ont été obtenus d'après les tableaux suivants :

— La Cène
— L'allégorie de la Victoire
— La Visitation
— La Nativité
— Les pèlerins d'Emmaüs
— La réunion musicale
— La famille heureuse
— La charrette
— Le repas de paysans
— La famille de paysans
— La forge
— La tabagie
— Les joueurs de trictrac

Madeleine Hours et Lola Faillant-Dumas

29
(agrandi)

41
(macro-
photographie)

49
(macro-
photographie)

Analyse de la matière picturale

L'étude ponctuelle de matière picturale qui a été effectuée sur huit tableaux apporte une intéressante contribution à la connaissance de la technique des frères Le Nain. Il semble possible d'affirmer d'ores et déjà que tant l'aspect du matériau utilisé que la technique ont une originalité propre à l'atelier des Le Nain, et que ces éléments diffèrent de ceux des maîtres français du XVIIᵉ siècle.

Jusqu'ici l'étude en laboratoire a porté sur huit tableaux, six sur toile (l'*Allégorie de la Victoire*, les *Pèlerins d'Emmaüs*, la *Cène*, la *Famille de paysans*, la *Visitation* et la *Nativité*) et deux sur cuivre (les *Portraits dans un intérieur* et la *Messe pontificale*).

Cette première étude a confirmé que le liant des couches picturales est composé dans la plupart des cas d'huile ; mais les Le Nain ont aussi utilisé pour les blancs et quelques couleurs claires l'huile légèrement émulsionnée par une matière protéinique (colle de gélatine probablement).

L'étude de la préparation de ces tableaux se révèle particulièrement intéressante, car les préparations de la *Victoire*, des *Pèlerins d'Emmaüs*, de la *Cène* se distinguent nettement des préparations de la *Visitation* et de la *Nativité*. Les premières sont de couleur orangée, homogènes, légèrement translucides parce que riches en liant et pauvres en pigment, tandis que les secondes sont d'un rouge plus brun, opaques, hétérogènes, renfermant des pigments blancs et bruns. La célèbre *Famille de paysans* présente quant à elle une préparation d'une composition intermédiaire, rouge orangé, homogène, mais plus opaque et plus riche en pigment. Cette couche proprement dite de préparation de la toile est doublée dans tous les cas d'une couche d' « impression » qui s'est révélée être elle aussi de deux types. Le premier est de teinte générale gris clair, composée de blanc de plomb contenant des grains de noir de charbon irrégulièrement divisés. Elle est liée à l'huile émulsionnée de colle. Dans cette catégorie entrent l'*Allégorie de la Victoire*, les *Pèlerins d'Emmaüs* et la *Famille de paysans*. L'autre type d' « impression » est beige clair, d'épaisseur irrégulière, à liant purement huileux. On rencontre cette « impression » dans la *Nativité*, la *Visitation* et la *Cène*. Cette couche d' « impression » est fréquemment recouverte d'une couche d'épaisseur diverse allant du brun au noir.

Les deux tableaux sur cuivre, qui n'ont évidemment pas de préparation proprement dite, présentent cependant ces deux mêmes types d' « impression », beige à l'huile pour les *Portraits dans un intérieur,* et grise à l'huile émulsionnée, recouverte d'une couche sombre dans la *Messe pontificale,* ce qui assimile la technique de cette œuvre, naguère contestée, à celle des tableaux certains de Le Nain.

Bien qu'encore très partielle, l'étude de la matière picturale fournit dès maintenant des éléments intéressants. Les procédés de travail des frères Le Nain deviennent perceptibles : couches multiples pour la recherche et l'obtention des effets colorés, technologie élaborée utilisant des pigments de très belle qualité. Les deux tableaux de la même série, la *Visitation* et la *Nativité,* présentent, comme on pouvait s'y attendre, des procédés de fabrication identiques ; de même, il semble que l'on puisse rapprocher la *Victoire* et les *Pèlerins d'Emmaüs.*

Cette connaissance de la matière picturale devrait, lorsqu'elle sera plus complète, aider à un regroupement technologique des tableaux composant l'œuvre des frères Le Nain.

Suzy Delbourgo

« Les trois âges »
à la National Gallery de Londres

Au début du récent nettoyage, ont été examinés les tampons et les raclures du vieux vernis décoloré. A un grossissement de 125, on constate que le vernis contient de nombreuses particules de pigments. Outre des pigments translucides d'oxyde de fer du type terre de Sienne naturelle ou brûlée, que l'on trouve souvent dans les vernis volontairement teintés, il y a aussi de nombreuses particules d'autres couleurs, y compris un très petit nombre de particules de vert émeraude (oxyde de chrome hydraté vert). Ce dernier ne fut découvert en tant que composé chimique qu'en 1838, et par conséquent l'application de ce vernis teinté ne peut être antérieure à cette date. Le mélange de particules de pigments de nombreuses couleurs dans le vernis semble avoir donné une teinte brun-grisâtre à ce tableau. L'application de ce vernis teinté visait probablement à masquer les *repentirs* gênants du portrait du dessous, dont l'image est vraisemblablement devenue plus visible avec le temps, au fur et à mesure que les couches de peinture des *Trois âges* peints sur le portrait devenaient plus transparentes, à la fois par l'augmentation de l'indice de réfraction du liant à l'huile au cours du vieillissement et par la légère usure de la surface de cette peinture.

Nous repérant sur les montages radiographiques, nous avons effectué un certain nombre de prélèvements (mesurant approximativement 0,1 mm de surface peinte) en différents points du tableau, en nous efforçant d'inclure toutes les couches de peinture et de préparation jusqu'à la toile. Différents échantillons ont été montés et préparés en coupes transversales afin d'étudier la structure des couches au microscope. La succession des couches de la toile, de la préparation, du portrait et du groupe de personnages était nettement visible dans les coupes transversales de peinture qui ont été obtenues.

La toile a été préparée pour le portrait avec deux couches de fond, la couche inférieure, directement sur la toile, composée de minium (tétroxyde de plomb) et d'ocre rouge (oxyde ferrique rouge), le minium étant en concentration supérieure ; la couche supérieure grisâtre composée de céruse dans laquelle sont dispersées des particules grossières de noir de charbon de bois, ces deux couches dans un liant ayant les caractéristiques d'une huile siccative. Ce type de double préparation se rencontre souvent dans les peintures des écoles hollandaise, flamande et française du XVIIe siècle.

Les couches de peinture du portrait visible sur les radiographies sont appliquées sur ces deux couches de fond. A l'exception des cheveux, tout le portrait semble avoir été peint d'une pâte épaisse de couleur pâle contenant une forte proportion de céruse, tandis que le groupe des *Trois âges* est peint d'une matière plutôt mince, en couleurs sombres ne contenant pas ou peu de

23. *Les trois âges.* Radiographie

céruse, à l'exception du blanc des vêtements et de la nappe. C'est ce qui explique pourquoi l'image du portrait se voit si nettement sur les radiographies, alors que le tableau actuel est à peine visible.

Les coupes transversales de peinture ont fourni un certain nombre de renseignements sur le portrait sous-jacent. Deux prélèvements dans la région du visage du portrait (correspondant au fond foncé, à gauche, au centre des *Trois âges*) montrent des couches de rose chair très pâle à la céruse avec quelques rares particules rouges minuscules, éparses, de vermillon (sulfure de mercure rouge). Le mélange produit un rose pâle qui se différencie des nuances plus rousses que l'on obtient en teintant la céruse avec des ocres. Les cheveux semblent avoir été foncés — d'un brun noirâtre — et soigneusement travaillés en trois couches séparées visibles dans les prélèvements étudiés. Comme on pouvait s'y attendre, la fraise est peinte en blanc, elle aussi en trois couches distinctes légèrement teintées, probablement des superpositions de couches de peinture des détails du modelé de la fraise. Le tissu du pourpoint paraît avoir été gris pâle, tandis que les arêtes empâtées de ce qui semble avoir été des bandes de galons sont peintes à la céruse avec une quantité minime de pigments jaunes. La couleur de la couche de peinture ne paraît pas être suffisamment soutenue pour représenter un galon d'or ; peut-être s'agissait-il d'un galon et d'une fraise de couleur crème. Par conséquent le portrait est peint dans une palette assez restreinte, presque monochrome, de même que les figures des *Trois âges* qui lui sont superposés. Quoi qu'il en soit, le portrait semble avoir été égayé par une sorte de décoration, bijou ou nœud de ruban, peint dans un cramoisi vigoureux dont on n'a pas fait de prélèvement, mais que l'on discerne fort bien sur le tableau, en tant que repentirs sous la peinture de la chair du jeune garçon assis à table, dans le groupe des *Trois âges.* On notera le fait que les chairs, les cheveux et les draperies sont peints soigneusement en plusieurs couches, ce qui montre que le portrait n'était pas une esquisse, mais une œuvre achevée, ou sur le point de l'être.
Une particularité intéressante de toutes ces coupes transversales de peinture, c'est qu'entre la couche finale de peinture du portrait et les premières couches de peinture de la composition finale des *Trois âges,* il existe une couche de céruse contenant des particules éparses de noir de charbon de bois qui ressemble étroitement à la première couche de préparation appliquée sur la toile. Ressemblance si proche, qu'il paraît probable que cette couche intermédiaire de préparation, posée pour recouvrir le portrait avant d'entreprendre la composition aux personnages, est due au même artiste ou, en tout cas, au même atelier. Une fine ligne sombre existe entre la couche supérieure du portrait et cette couche intermédiaire de préparation, mais l'examen à la fluorescence u.v. et les tests de solubilité ne fournissent pas la preuve de la présence d'une couche de vernis entre le portrait et le groupe. Il est possible que cette ligne sombre soit due à un léger dépôt superficiel de saleté provenant de l'atmosphère ou de graisse due aux manipulations. Les couches supérieures de peinture, c'est-à-dire celles du groupe de personnages, ne révèlent pas de craquelures indépendantes des couches inférieures, c'est-à-

dire du portrait, et il n'y a pas de preuve technologique que les deux stades de ce tableau aient été faits à des dates éloignées l'une de l'autre. Les personnages des *Trois âges* sont peints dans des tons assez sombres, et ils sont d'une matière relativement plus mince que le portrait du dessous, de sorte qu'il est assez difficile de comparer les matériaux et la technique, mais la peinture des cheveux du portrait paraît de matériaux très semblables — dimensions des particules, forme et répartition des pigments — à ceux de la peinture des surfaces brun noirâtre de la composition à personnages. Les matériaux et la structure des couches du portrait et du groupe peint sur celui-ci ne sont certainement pas incompatibles avec l'hypothèse que les deux compositions aient été peintes par la même main ou dans le même atelier.

Joyce Plesters
Scientific Department,
National Gallery, Londres

8 juin 1978

Autour des Le Nain

Le Maître aux béguins

I

A en croire les catalogues des ventes du XVIIIᵉ siècle, l'une des parties les plus importantes de l'œuvre des Le Nain serait constituée par une série de scènes paysannes de plein air, souvent de dimensions assez importantes, qui diffèrent du groupe de la *Charrette* ou de la *Halte du cavalier* (voir nᵒˢ 31-36) par une composition beaucoup plus abondante en personnages et en objets. L'époque de Greuze semble avoir vivement goûté les figures de villageois chenus, de vieilles débonnaires qu'on y voit jouir de la vie simple et heureuse des champs, et plus encore les anecdotes qui viennent parfois animer le tableau. La toile la plus célèbre de cet ensemble fut sans doute le *Vieillard endormi* de l'ancienne collection Turnor (Angleterre, collection particulière ; le prêt a été refusé). L'expert Rémy le décrit ainsi dans la vente du 6 avril 1778 : *« Un vieillard dormant dans un fauteuil et une femme assise près d'un tonneau sur lequel est un pot et une serviette ; cette femme fait signe du doigt à deux enfants de ne pas troubler le repos de leur père ; un pot renversé, des assiettes et une bouteille sont sur le premier plan ; une femme à un puits se voit dans l'éloignement ; une muraille et un peu de ciel font le fond. Ce tableau est d'une touche merveilleuse et d'une bonne couleur ; son mérite est supérieur à beaucoup d'autres »*. Et Paillet ajoute à la vente du 4 décembre 1786 : *« Rien n'est plus juste ni plus exact que l'intention de ce sujet, dans lequel le peintre a su jeter un intérêt particulier. La vérité de la nature y est parfaitement suivie, la couleur en est transparente et nous le regardons comme un morceau capital »*.

Cette série était en effet donnée aux Le Nain sans restriction, et même à l'ordinaire avec les plus grands éloges, par tous les experts, Rémy comme Paillet, Joullain comme Le Brun. C'est ainsi que deux de ces tableaux devaient se mêler aux originaux les plus sûrs dans la collection Ponte di Scarnafigi, depuis Seyssel, et que deux autres, probablement saisis dans la collection de Catherine de Cossé-Brissac, allaient venir représenter les Le Nain, auprès de la *Forge,* dans les salles mêmes du Louvre. Les historiens ne purent donc les négliger.

Le vieillard endormi
Angleterre, coll. part.

Champfleury y vit la dernière production de Mathieu — idée reprise en 1938 par George Isarlo (le « groupe A »). Valabrègue les jugea même *« les plus âpres, les plus saisissants »* (1904, p. 122) et refusa de les mettre en doute. Robert Witt, malgré quelque inquiétude, ne put se résoudre à les séparer des autres scènes de plein air, et les laissa avec la *Charrette* dans son groupe II, c'est-à-dire celui qu'il donnait à Louis. Ce fut Paul Jamot qui eut le mérite d'écarter franchement ces toiles, dès 1922, en insistant sur la différence fondamentale d'inspiration plus encore que de facture. Étudiant les tableaux Seyssel, il exclut franchement la *Danse d'enfants villageois* (n° 69) et la *Scène de vendanges* (n° 70) ; le rapprochement avec les œuvres authentiques, impossible avec *« l'élégant Mathieu »*, devenait à ses yeux *« une offense pour le génie sévère de Louis »*. Nul, sinon George Isarlo, n'est depuis ouvertement revenu sur ce verdict.

II

Mais, du même coup, on a peut-être négligé le problème posé. Jamot en avait eu parfaitement conscience. *« Avouons cependant qu'il y a un lien très étroit entre ces médiocres peintures et la production authentique des Le Nain »*, ajoutait-il ; *« La question reste assez obscure »* (1929, p. 123). Il nous a semblé nécessaire de rassembler dans l'exposition, pour la première fois, les meilleures de ces toiles, afin que prenne clairement forme la figure de ce peintre.

Ces tableaux constituent un groupe assez cohérent d'une vingtaine d'œuvres. Elles sont aujourd'hui dispersées dans les musées et les collections du monde entier ; mais leur historique remonte très souvent jusqu'au XVIIIᵉ siècle.

De qualité assez inégale, elles témoignent d'une production relativement monotone, et fondée sur des procédés simples. A l'ordinaire, le décor est divisé verticalement par un puits, une maison, ou plus arbitrairement par une clôture de planches placée de biais. Un ou deux arbres sommairement indiqués en quelques traînées de pinceau se détachent sur le ciel. Le paysage est banal, avec ses collines et ses chaumières de convention. La couleur est vive, claire, la touche lourde et pourtant décidée. Sur le devant s'accumulent volontiers des natures mortes conventionnelles et des animaux traités sans grande observation. Les personnages sont réunis par quelque prétexte vague — repas devant la maison, repos auprès du puits — mais qui volontiers rejoint l'anecdote. On rencontre même des thèmes à la flamande, comme la ménagère ivre que son mari surprend le verre à la main sous l'œil goguenard de la servante (inédit ; collection particulière). Les paysans y lutinent volontiers de jeunes mères un peu décolletées. Les types se répètent de toile en toile : vieillards à petite barbiche, vieille aux traits épais et burinés, paysanne bien en chair, enfants patauds, aux visages lourds et inexpressifs, presque toujours coiffés d'un de ces bonnets qu'on appelait des béguins. Ce détail est si fréquent, si caractéristique, que nous proposons de donner au peintre, provisoirement, le nom de « Maître aux béguins ».

III

Car on ne saurait pour l'instant faire sur lui que des hypothèses. *« On ne peut songer à une imitation étrangère : les types des personnages sont bien français, et le peintre aussi »*, déclarait Jamot (1929, p. 123). Toutefois, dès 1910, Robert Witt avait remarqué les liens de ce groupe avec un tableau de Dulwich, *Figures et troupeau près d'un puits,* alors attribué à Van Herp. Une origine flamande de l'artiste n'est pas à exclure. D'autre part des contacts avec les Le Nain sont probables. Dans certains tableaux le peintre impose à ses personnages un isolement, des attitudes calmes, et il est difficile de penser qu'il ne les prend pas alors pour modèles. Sa couleur blanchâtre, ses taches de rouge vif, les ombres médianes de certains visages semblent aussi des emprunts directs, qui, lorsque se furent établies les confusions du XVIIIᵉ siècle, devinrent autant d'indices ou de preuves. Le fait même que tant de ses œuvres se sont mêlées à celles des trois frères suggère que sa production fut répandue à Paris fort tôt, peut-être dès les années cinquante. On songerait volontiers à l'un des nombreux Flamands venus s'installer à Paris : il aurait, vers 1650-1660 profité de la vogue des tableaux des Le Nain pour continuer à sa manière leur œuvre, sans doute en francisant largement un style déjà plus ou moins formé, peut-être en glissant déjà frauduleusement ses tableaux sous leur nom.

69
Danse d'enfants villageois

Huile sur toile : 0,93 × 1,21 m.

Cleveland, The Cleveland
Museum of Art, Donation
Mrs. Salmon P. Halle en mémoire
de Salmon Portland Halle.
Inv. 58.176.

Historique :
1863-1865 ca. : signalé par Léon Lagrange
dans la collection du comte de Seyssel à
Turin ; provenait par héritage de la
collection du comte Ottone
Ponte di Scarnafigi, ambassadeur de
Sardaigne à Paris, mort en 1788.
1916 : acquis en même temps que le
pendant (n° 70), le *Repas de famille*
(n° 68) et la *Danse d'enfants* (n° 53) par
Salmon P. Halle, de Cleveland.
1958 : offert au musée de Cleveland en
même temps que les trois autres toiles par
Mrs. Salmon P. Halle en souvenir de son
mari.

Exposition :
1947, Toledo, n° 15, reprod. (Mathieu).

Bibliographie :
1904, Valabrègue, p. 116-125, 171,
reprod. p. 17 (Le Nain) ; 1910, *in* Cat. exp.
1910, Londres, Burlington, p. 11, 29
(« groupe II », Louis) ; 1922, Jamot,
Essai..., p. 305 (refus) ; 1923, Jamot, *in*
Cat. Exp. 1923, *Paris, Sambon,* p. 14-15
(le refuse aux Le Nain) ; 1924, Thiis,
p. 300 (Mathieu) ; 1929, Jamot, p. 95,
122-123 (refus) ; 1929, Valentiner, p. 49,
note 2 ; 1933, Fierens, p. 49 (refus) ; 1936,
Carré, *in* Cat. exp. *New York,* notice du
n° 20 (Mathieu) ; 1938, Isarlo, p. 34,
n° 102, reprod. fig. 45 (groupe A, Mathieu
âgé) ; 1947, Visson (Mathieu).

Œuvre typique de l'artiste à son meilleur niveau. On y découvre sans
peine ce qui put jadis faire hésiter les spécialistes de Le Nain : la présence du
joueur de flageolet, d'un type assez voisin de leurs paysans ; un visage comme
celui de l'enfant de gauche, modelé avec un reflet très clair et l'ombre médiane
très accentuée, qui semble renvoyer à la fillette de droite dans la *Famille des
paysans* (n° 29) ou aux enfants de gauche dans la *Danse* Bérard (n° 52). Mais
il s'y joint des motifs d'ascendance nettement flamande, comme le gros
buveur qui se penche en riant, sur la gauche, et des lourdeurs de facture
inconnues des Le Nain. Il suffit de comparer la nappe avec celle des repas
paysans... Les gros enfants trop bien nourris, au visage inexpressif, tranchent
cruellement avec l'observation spirituelle et sensible des trois frères : *« Quelle
différence entre cette Danse d'enfants et les deux charmantes peintures (de
même sujet) provenant de la même collection Seyssel ! »,* s'écriait justement
Jamot (1929, p. 23).

69

70
Scène de vendanges

Huile sur toile ; 0,93 × 1,21 m.

Cleveland, The Cleveland Museum of Art, Donation Mrs. Salmon P. Halle en mémoire de Salmon Portland Halle. Inv. 58.175.

Historique :
Voir notice du pendant, nº 69.

Exposition :
1947, Toledo, nº 14, reprod. (Mathieu).

Bibliographie :
1904, Valabrègue, p. 123-125, 171, reprod. p. 144 (Le Nain) ; 1910, *in* Cat. Exp. *Londres, Burlington,* p. 11, 29 (« groupe 2 », Louis) ; 1922, Jamot, *Essai...,* p. 305, 307, refus ; 1923, Jamot, *in* Cat. exp. 1923, *Paris, Sambon,* p. 14-15 (refus) ; 1929, Jamot, p. 95, 122-123 (refus) ; 1933, Fierens, p. 49, reprod. pl. XCIV (refus) ; 1938, Isarlo, p. 34, nº 237, fig. 48 (groupe A, Mathieu âgé) ; 1947, Visson (Mathieu).

Les personnages du Maître aux béguins boivent toujours du vin, et non de la bière ; le motif revient fréquemment sous son pinceau, et le thème des vendanges pourrait faire penser au pays natal des trois frères. Mais cette grosse cuve en plein air ne semble guère procéder d'une observation directe, non plus que le verre traînant sur le sol, simple élément de nature morte. Et tous les détails éloignent des Le Nain : des joyeux buveurs de gauche aux trois garçons ivres sur le chemin, à droite, tout proches de la tradition des beuveries flamandes, jusqu'à l'homme glissant sa main vers le sein dénudé de la femme qui allaite. Ici encore Jamot remarquait avec raison : *« Où, dans quel tableau authentique duquel des frères Le Nain, a-t-on vu un tel geste, une telle intention ? »* (1929, p. 122).

70

71
Le repas villageois

Huile sur toile ; 0,93 × 1,17

Paris, musée du Louvre ;
Inv. 6840. Cat. Villot III n° 377
(les frères Le Nain) ; cat. Brière
n° 541 (imitateur des Le Nain) ;
cat. Rosenberg n° 491 (genre
Le Nain).

Historique :
1794 : saisi dans la collection de Catherine
de Cossé-Brissac, veuve de Noailles, en
même temps que le pendant n° 72 ; cf.
l'*Inventaire de prisée des tableaux,
marbres et autres objets trouvés dans la
maison de Noailles sise rue Saint-Honoré,
26 nivose an II* : «*2ᵉ pièce appelée
Cabinet...n° 38. Au-dessus des deux portes,
deux sujets de paysans par Le Nain - 1500
l.* » (Archives Nationales, F 17 1266).

Exposition :
1934, Paris, Petit Palais, n° 57 (atelier des
Le Nain).

Bibliographie :
1849, Champfleury, p. 101 ; 1850,
Champfleury, p. 16-17 ; 1860,
Champfleury, p. 269 (authentique) ; 1861,
Bürger, p. 263 ; 1862, Blanc, p. 8 ; 1862,
Champfleury, p. 12, 29, 44, 86
(authentique) ; 1863, Chesneau, p. 231
(lourd) ; 1865, Champfleury, p. 14
(«*pauvre exécution*») ; 1879, Berger,
p. 118 (Le Nain) ; 1893, Lemonnier, p. 348
(Le Nain) ; 1904, Valabrègue, p. 31, 40,
87-88, 160 (Le Nain).
1910, in Cat. exp. *Londres, Burlington,*
p. 11, 21 ; 1922, Jamot, *Essai...,* p. 306-307
(refus) ; 1923, Jamot, in Cat. exp. 1923,
Paris, Sambon, p. 14 (refus) ; 1924, Thiis,
p. 299-300 (Mathieu) ; 1929, Jamot,
p. 123-124 (refus) ; 1933, Fierens, p. 49
(refus) ; 1938, Isarlo, p. 34, n° 123, reprod.
fig. 53 (groupe A, vieillesse de Mathieu).

Le thème est plus simple que dans les tableaux Seyssel, et l'on ne découvre ici que les sentiments les plus touchants. Le Maître aux béguins semble avoir volontiers traité ce sujet des paysans mangeant devant leur maison : ainsi dans les *Paysans devant leur porte,* où la mise en scène est toute voisine (plusieurs exemplaires, dont un dans une collection particulière belge, et un autre au musée des beaux-arts de Lille, catalogue 1932, p. 18 ; l'original semble perdu) ; dans la *Famille de paysans* passée en vente le 27 janvier 1777, où l'on voyait une femme allaitant et un enfant apportant une bouillie (un exemplaire dans l'ancienne collection Panhard, Paris) ; dans le *Vieillard entreprenant* où la femme, cette fois repoussait sans conviction le trop galant buveur (autrefois chez Brunner à Paris, localisation actuelle inconnue) ; et surtout dans la *Famille de paysans à la porte d'une maison* (voir n° 73).

71

72
L'Abreuvoir

Huile sur toile ; 0,93 × 1,17 m.

Paris, musée du Louvre.
Inv. 6839. Cat. Villot, III, n° 376
(les frères Le Nain) ; cat.
Rosenberg n° 490 (genre
Le Nain).

Bibliographie :
1849, Champfleury, p. 101 ; 1850,
Champfleury, p. 16-17 ; 1860,
Champfleury, p. 260 (authentique) ; 1862,
Blanc, p. 8 ; 1862, Champfleury, p. 29, 44,
86-87 (authentique) ; 1863, Chesneau,
p. 231 (lourd) ; 1865, Champfleury, p. 14
(« pauvre exécution ») ; 1879, Berger,
p. 118 (Le Nain) ; 1904, Valabrègue, p. 31,
160 (Le Nain).
1910, *in* Cat. Exp. *Londres, Burlington,*
p. 21, note ; 1922, Jamot, *Essai...,*
p. 306-307 (refus) ; 1923, Jamot, *in* Cat.
Exp. 1923, *Paris, Sambon,* p. 14 (refus) ;
1929, Jamot, p. 123-124 (refus) ; 1933,
Fierens, p. 49 (refus) ; 1938, Isarlo, p. 34,
n° 76, fig. 56 (« groupe A », vieillesse de
Mathieu).

On notera que le décor comporte ici un curieux motif d'architecture classique. Ce même motif, l'abreuvoir et le joueur de flageolet se retrouvent associés dans une composition toute différente, et qui peut être considérée comme l'une des meilleures du maître (huile sur toile, 0,84 × 1,09 ; exposé en 1934 au Petit Palais, n° 47, sous le titre « Le joueur de fifre » ; alors dans la collection Bernard Houthakker, Amsterdam ; localisation actuelle inconnue).

La facture des deux toiles du Louvre, large, épaisse, n'a rien à voir avec les *beautés du pinceau* des Le Nain louées par Mariette. Mais certains morceaux sont enlevés rapidement, avec une désinvolture qui étonne. Ici, par exemple, le feuillage de l'arbre est traité en quelques coups de brosse sommaires, les visages du second plan grossièrement suggérés. Fait plus surprenant encore, l'artiste a laissé à droite tout un morceau à l'état d'ébauche, et quelques traînées de pinceau montrent la recherche de la mise en place faite directement sur la toile blanche. Comme les Le Nain, le Maître aux béguins ne semble pas s'être servi d'études dessinées. Il doit chercher le sujet sur la toile même, ce qui explique les nombreux repentirs souvent visibles à l'œil nu (par ex., ici, le dos et la tête de l'homme ont été déplacés, un autre personnage se trouvait près de l'enfant au flageolet).

72

73
La famille de paysans

dit aussi *Le Bénédicité*

Huile sur toile ; 0,53 × 0,63.

France, collection particulière.

Historique :
Depuis le début du siècle dans la collection du Dr E. May, à Paris ; demeuré dans sa famille.

Expositions :
Jamais exposé.

Bibliographie :
1934, Sterling, *in* Cat. Exp. 1934, *Paris, Orangerie*, p. 100 ; 1938, Isarlo, p. 46, n° 121, fig. 51 (« groupe A », vieillesse de Mathieu).

Cette composition est signalée dans la vente Gros, à l'hôtel d'Aligre, le 13 avril 1778, où l'expert Le Brun la présente sous le nom de Le Nain avec la description suivante : « *Une famille de paysans près de la porte de leur maison. L'on y voit une jeune fille qui apporte du lait dans une écuelle. Une femme et un vieillard semblent lui dire de prendre garde de le répandre. Trois enfants et deux animaux enrichissent la composition intéressante de ce tableau. Dans le fond à droite est un homme qui entre dans une maison ; sur le devant est un tonneau, un chaudron, et divers ustensiles d'un style varié. Hauteur 19 pouces ; largeur 23 pouces* ». Elle réapparaît à la vente de M. de Saint-Yves, en 1805, où l'expert Regnault ajoute : « *Ce tableau, touché avec finesse, est d'un bel effet et d'une bonne couleur* ». George Isarlo (1938, p. 46) la reconnaît dans le tableau signalé en 1857 par Waagen chez le Rev. Mr. Heath, vicaire d'Enfield (« *une pauvre famille sur le point de prendre son humble repas* » ; t. IV, p. 318), puis la suit dans la collection A. Venables Esq. et chez Knoedler. Nous n'avons pu vérifier cette provenance. Il existe en effet de bonnes copies (dont une en collection particulière, coupée et réduite au sujet principal, marouflée sur panneau, 0,38 × 0,52 m) qui rendent aléatoire toute assimilation.

L'œuvre présente tous les traits caractéristiques du « Maître aux béguins » : scène de plein air, jeu d'écrans, échappée de paysage, arbres rapidement esquissés sur le ciel, vieille ridée, enfants balourds, nature morte en hors-d'œuvre. Mais la qualité de l'exemplaire que nous exposons en fait peut être la plus attachante que nous conservions du peintre.

73

74
Paysans à l'abreuvoir

dit aussi *Femme vendant des fruits, Praedium Hollandicum*

Huile sur toile ; 0,87 × 1,08 m.

Glasgow, Hunterian Museum and Art Gallery.
Inv. nº 15.

Gravure :
par « J. Mitchel » (Jean-Baptiste Michel, 1748-1804) en 1775, sous le titre de « *Praedium hollandicum* ».

Historique :
1775 : dans la collection de Sir Robert Strange, selon la lettre de la gravure de Mitchel.
1783 : donné par William Hunter avec la collection qui formera le Hunterian Museum.

Expositions :
1910, Londres, Burlington, nº 48, *Ill. Cat.* pl. XV (Le Nain) ; 1952, Kenwood, *The Hunterian Collection,* nº 14.

Bibliographie :
1813, J. Laskey, *A General Account of the Hunterian Museum,* Glasgow, p. 87 ; 1855, J. Dennistoun, *Memoirs of Sir Robert Strange (...) and of his brother-in-law, Andrew Lumsden,* I, p. 239 ; 1862, Champfleury, p. 125-126, 187-188 (gravure seule) ; 1904, Valabrègue, p. 144, 173 (gravure seule) ; 1910, *in* Cat. Exp. *Londres, Burlington,* p. 11, 26 (« groupe II », Louis) ; 1938, Isarlo, p. 56, nº 258, fig. 55 (« groupe A », vieillesse de Mathieu).

L'un des tableaux essentiels du groupe, le seul à notre connaissance qui ait eu l'honneur de la gravure. Le répertoire villageois de l'artiste est ici mis en œuvre avec quelque discrétion, dans une composition calme et construite sur un schéma rigoureux. On notera la curieuse tête de bœuf introduite en « écran » sur la gauche, trait qui réapparaît dans plusieurs autres toiles : ainsi du bouc dans les *Vendanges* (nº 70) ou du tonneau dans la *Danse d'enfants* (nº 69).

Tout le motif central (la vieille au panier de fruits sur les genoux, l'enfant debout près d'elle, l'homme à l'âne au second plan, et jusqu'à la place de l'arbre) se retrouve dans les *Paysans à l'abreuvoir* du musée de Dulwich College (Inv. 332 ; 0,57 × 0,75), tableau de facture très différente, et anciennement attribué à Gerard Van Herp. La coïncidence, déjà signalée par Robert Witt en 1910, ne peut être fortuite : l'étude attentive des deux tableaux et de leurs rapports pourrait offrir des indications précieuses pour l'identification du Maître aux béguins. On prendra garde toutefois que ce type de tableaux fut célèbre. Il existe, par exemple, une bonne copie partielle du tableau de Glasgow, montrant la vieille et les deux enfants (et le gros chou...) isolés et placés dans un vague paysage (coll. particulière avant 1939 ; localisation actuelle inconnue). Les *Paysans à l'abreuvoir* de Dulwich pourraient être simplement un plagiat, de bonne main, à partir de ce même tableau de Glasgow, ou, plus simplement encore, une copie intelligente d'une autre composition du Maître aux béguins, très voisine et aujourd'hui perdue.

74

75
Scène villageoise

dite aussi *Famille de paysans au puits*

Huile sur toile ; 0,94 × 1,19 m.

Moscou, musée Pouchkine.
Inv. n° 1239.

Historique :
1927 : entré au musée comme dépôt de l'État.

Expositions :
jamais exposé.

Bibliographie :
1933, Lazarev, p. 32-36, reprod. (Jean Michelin) ; 1934, Bloch, *Autour des Le Nain* (le refuse à Michelin) ; 1936, Lazarev, p. 71-72, 84 ; 1961, *in.* Cat. Exp. 1961-1962, *Canada,* notice du n° 44, p. 46.

Tenu autrefois pour un Le Nain, le tableau a été attribué par Lazarev à Michelin (1933) : en fait tout le rattache au Maître aux béguins. C'est assurément l'un des plus curieux. Sans véritable prétexte (car rien ne vient même indiquer qu'il s'agit d'une famille) se retrouvent juxtaposés la plupart de ses motifs favoris : la femme au puits, l'enfant au béguin, la vieille et le paysan, le paysage aux toits de chaume, la nature morte au chaudron de cuivre et au trépied vernissé, la nature morte aux choux et légumes, sans parler d'un échantillon hétéroclite de ses animaux accoutumés.

75

76
Paysans au puits

Huile sur toile ; 0,979 × 1,017 m.

Chicago, The Art Institute, The Robert Alexander Waller Memorial Collection. Inv. n° 1923.415. Catalogue 1932, p. 160 ; catalogue 1968, p. 165.

L'une des compositions les plus notables de l'artiste, et l'une des plus connues. Le tableau provient de France. Passé à la première vente Sedelmeyer en 1907, il avait appartenu à la collection Henri Rochefort où il est encore mentionné et reproduit en 1905. Une bonne copie ancienne est conservée au musée de Mirande (legs Sourignère).

Le puits est un des autres motifs commodes que semble affectionner le Maître aux béguins ; on le retrouverait dans plusieurs de ses tableaux les plus caractéristiques, notamment le *Paysan à la hotte* de l'ancienne collection Corbitt, Paris (localisation actuelle inconnue), et la *Famille de paysans* de la vente du 27 janvier 1777 (voir notice du n° 71). Une œuvre importante, aujourd'hui perdue, était la *Famille de paysans près d'un puits* du Cabinet Tronchin, longuement décrite par l'expert Le Brun lors de la vente de 12 janvier 1780 (n° 9) et présentée comme « *peinte avec la plus grande vérité* » et « *du meilleur temps de Le Nain* ».

Historique :
1905 : publié comme appartenant à sa propre collection par le célèbre journaliste Henri Rochefort.
1907 : Vente Sedelmeyer, Paris, 16-18 mai (cat. n° 223, reprod.) ; adjugé 2 800 F ; passe dans la collection O. Siren, à Stockholm puis dans la collection Robert Alexander Waller, à Chicago.
1923 : entre à l'Art Institute de Chicago.

Expositions :
1933, Chicago, n° 221, reprod. (Louis Le Nain) ; 1947, Toledo, n° 16, reprod. (École des Le Nain) ; 1961-1962, Canada, n° 44, reprod. (École des Le Nain).

Bibliographie :
1905, Rochefort, reprod. p. 14 ; 1910, *in* Cat. Exp. 1910, *Londres, Burlington*, p. 11, 23 ; 1923, B.A.I.C., p. 82-84, reprod. (les frères Le Nain ; cf. égal¹ *The Art Institute of Chicago, 45ᵉ Annual Report*, 1923, reprod.) ; 1931, Wilenski, p. 46 (Mathieu) ; 1938, Isarlo, p. 34, fig. 52 (« groupe A », vieillesse de Mathieu) ; 1947, Visson (École des Le Nain).

76

77
La charité

dit aussi *Les mendiants, Beggars at a Doorway*

Huile sur toile ; 0,514 × 0,594 m.

New York, Metropolitan Museum.
Inv. 71.80.

Historique :
1871 : acquis par le musée comme
provenant de la collection du
comte Cornet, de Bruxelles.

Expositions :
N'a jamais été exposé.

Bibliographie :
1933, Fierens, p. 61, reprod. pl. XXXIV
(Louis Le Nain ?) ; 1935, Davies, p. 294 (s'il
est des Le Nain, ne peut revenir qu'à
Mathieu) ; 1936, Sambon, n.p. (refus) ;
1938, Isarlo, n° 169, fig. 61 (« groupe A »,
vieillesse de Mathieu) ; 1947, *in* Cat. Exp.
1947 *Toledo*, n.p., reprod. (Louis
Le Nain) ; 1955, Sterling, p. 89-90, reprod.
(peintre inconnu, France, milieu du
XVIIᵉ siècle) ; 1968, Deyon, p. 142-143,
reprod. fig. 1.

Le sujet précis du tableau n'est pas facile à élucider. Dans cet homme qui fait la charité, ne faut-il pas voir un portrait ? La composition, toute entière organisée pour le mettre en valeur, tendrait à le faire croire, et l'on s'expliquerait mieux ce qui sépare cette toile des scènes de genre proprement dites. Les marches placées devant le porche interdisent de penser à l'entrée d'une ville, comme on l'a dit parfois. Le bâtiment qu'on entrevoit par l'ouverture paraît une chapelle. Le peintre a-t-il voulu évoquer un hospice — peut-être même un bâtiment précis ? Il semble que le costume puisse être français, vers les années cinquante.

Le tableau était donné aux frères Le Nain, sans doute depuis le XVIIIᵉ siècle au moins. On trouve en effet dans la collection du duc de La Vallière, passée en vente en 1781, une toile ainsi décrite : « *Le Nain. n° 16. Le dehors d'une Maison de Charité. A la porte on voit un homme vêtu d'un habit et d'un manteau noir ; il semble se disposer à faire l'aumone à une famille de mendiants qui sont arrêtés devant lui. A gauche est un vieillard à genoux qui tient les mains jointes et son chapelet. Ce tableau, d'une extrême vérité et d'une parfaite conservation, mérite une distinction particulière dans les ouvrages de ce peintre. Hauteur 18 pouces 6 lignes, largeur 22 pouces.*

77

T(oile). » (*Catalogue des tableaux précieux des plus grands Maîtres des Écoles Flamande et Hollandaise, qui composaient le Cabinet de Monsieur le Duc de La Vallière.* Vente Hôtel de Bullion, rue Plâtrière, 21 février 1781, 22 et 23, sous la direction de Paillet, peintre). Il est difficile d'établir s'il s'agit bien de la version du Metropolitan Museum, ou d'un autre exemplaire (le même sujet, avec de légères variantes, 0,515 × 0,630 m. a été signalé sur le marché d'art avant la dernière guerre) ; mais à tout le moins il doit s'agir de la même composition.

Dans son catalogue des peintures françaises du Metropolitan Museum (1955), Charles Sterling l'a très justement rattachée au groupe présenté ici. Le type de la femme, des enfants, la facture sommaire du second plan suffiraient à le prouver. De dimensions plus petites que les œuvres précédentes, celle-ci offre des morceaux plus finis, comme le personnage en noir. Elle vient surtout prouver que le Maître aux béguins ne s'est pas toujours enfermé dans une production monotone de sujets paysans : une fois clairement conçue sa manière, il sera peut-être possible de retrouver de lui des tableaux d'un tout autre type, et de discerner une évolution de son style.

Le Maître des cortèges

A l'exposition Le Nain de la Galerie Sambon, en 1923, puis aux deux expositions de 1934, l'un des tableaux les plus commentés par la critique fut le *Cortège du bœuf* : et Picasso admira suffisamment cette toile pour en faire la seule pièce ancienne importante de sa collection. L'attribution aux Le Nain remontait au moins au XVIIIe siècle ; on ne fit guère de difficulté pour l'accepter. Malgré l'aspect lisse et précis de l'exécution (bien différent de la facture des *Joueurs de trictrac*), malgré l'inspiration fort opposée, le *Cortège du bœuf* et son pendant furent donnés à Mathieu, parfois avec collaboration de Louis. Pourtant dès 1935 Longhi, et dès 1937 Charles Sterling, exprimaient leurs doutes. Aujourd'hui, il apparaît clairement qu'il ne peut s'agir d'aucun des trois frères, et que nous sommes en présence d'un maître voisin des Le Nain, mais différent d'esprit et d'inspiration, et qui même ne semble pas avoir subi leur influence.

On peut attribuer à ce « Maître des cortèges », avec beaucoup de vraisemblance, au moins cinq tableaux : outre les deux *Cortèges* qui demeurent la référence essentielle et qu'on trouvera réunis ici (nos 78-79), un *Combat de crocheteurs*, dont la meilleure version se trouve à Moscou (no 80), la *Chasse au sanglier* de l'ancienne collection Hamelin (localisation actuelle inconnue) et un *Intérieur paysan* à cinq figures récemment entré au musée de Bristol (son état précaire n'a malheureusement pas permis le prêt). On notera que tous ces tableaux ont été anciennement placés sous le nom de Le Nain, et qu'ils furent célèbres, car pour chacun l'on connaît au moins une, et parfois plusieurs répliques anciennes. Nous croirions volontiers qu'il faut y ajouter, malgré des différences sensibles, le célèbre *Contrat de mariage* gravé par Le Bas sous le titre de « La fiancée normande », et dont il existe de multiples copies. Des rapports certains, quoique plus lointains, rattachent à cet ensemble l'énigmatique *Assemblée au joueur de vielle*, dite « Les voyageurs à l'auberge », que nous avons tenu à présenter également (no 81).

La chasse au sanglier
Localisation actuelle inconnue

Tout, dans ces tableaux, suggère un peintre travaillant dans les années 1645-1660, probablement à Paris, et de formation française. Sa science paraît à la qualité du modelé, des mains, au rendu varié des étoffes. Lorsque les glacis n'ont pas été enlevés par un nettoyage trop brutal, le coloris se révèle d'une grande finesse, avec des nuances de gris et de brun relevés d'ordinaire par quelque grande tache de rouge, quelque touche de bleu franc. La mise en page est toujours étudiée, souvent d'une originalité frappante, qu'il s'agisse de la frise des *Cortèges* ou du « gros plan » de la *Chasse au sanglier*. L'observation, toujours neuve, ne cède pas à la reprise du lieu commun ou du motif destiné à plaire. Mais à l'intention réaliste se mêle un sentiment de la mesure, et jusque dans la *Rixe* se devine présent le souci du bon ton.

Est-il possible d'avancer un nom pour cet artiste dont Longhi disait plaisamment que, « dans le cercle des

Intérieur paysan
Bristol

Le contrat de mariage
Exemplaire exposé à Jacksonville en 1969

Le Nain, il fait figure d'une sorte de Vallotton » ? Nous ne le croyons pas. Il n'est pas exclu, au demeurant, qu'il s'agisse d'un « peintre d'histoires » qui se serait exercé un temps dans la peinture de genre. Rappelons qu'un Testelin, par exemple, ami de Le Brun, membre de l'Académie, a dessiné dans cette période des compositions populaires (gravées) qui contrastent singulière-ment avec ses tableaux mythologiques et religieux. Pendant les moments difficiles de la Fronde, les plus grands artistes, faute de commandes, se risquèrent à une production mineure plus facile à écouler. Simple hypothèse, et rien assurément ne vient désigner le Maître des cortèges (du moins jusqu'à présent) dans les rangs des Académiciens. Mais il n'est pas indigne de s'y trouver.

78
Le cortège du bœuf

dit aussi *La procession du bœuf gras, La fête du vin, La bacchanale*

Huile sur toile, 1,08 × 1,66 m.

Paris, musée du Louvre, donation Pablo Picasso.

Historique :
1907 : apparaît dans une vente à Londres, chez Christie ;
1911 ca. : appartient à J. et G. Bernheim jeune, à Paris ;
1933 ca. : passé à la Galerie Simon, à Paris ;
après 1936 (?) : entré dans la collection de Picasso ; 1978 : entre au Louvre avec l'ensemble de la collection de Picasso. L'indication d'André Malraux, qui écrit (1974, p. 21) : *« il était dans la salle à manger de mon père, à Bois-Dormant. Il appartenait à une belle-tante, qui l'a vendu par mon entremise à Kahnveiler, qui l'a vendu à Picasso »* ne saurait guère se rapporter, s'il n'y a pas confusion, qu'aux années 1923-1933.

Expositions :
1923, Paris, Sambon, nº 9, reprod. (Mathieu) ; 1934, Paris, Petit Palais, nº 34, reprod. (Mathieu) ; 1936, New York, Knoedler, nº 23, reprod. (Mathieu) ; 1954, Paris, nº 104, reprod. (Mathieu) ; 1978, Paris, Picasso, nº 16, reprod. (« Maître du Cortège du bélier »).

Bibliographie :
1910, *in* Cat. Exp. 1910. *Londres, Burlington,* p. 23 (éd. 1911, p. 28, *Ill. Cat.* p. XVIII ; 1922, Jamot, *La forge...* p. 133-134, reprod. (les frères Le Nain) ; 1922, Jamot, *Essai...,* p. 299 note, 301-303 (Mathieu) ; 1923, Jamot, *in* Cat. Exp. 1923, *Paris, Sambon,* p. 11-16 (« œuvre

Partie gauche du *Cortège du bœuf*:
composition originelle
d'après la version passée en vente
au Palais Galliera le 2 juin 1972

78

certaine de Mathieu ») ; 1923, Vaudoyer (Mathieu) ; 1923, Vaillat, p. 58 reprod. (Mathieu) ; 1924, Thiis, p. 299, reprod. p. 298 (Louis) ; 1928, Collins Baker, p. 71, reprod. (Mathieu?) ; 1929, Jamot, p. 61, 69, note 2, p. 80-84, 104, reprod. p. 96 (Mathieu) ; 1929, Vollmer, p. 42 (Mathieu ou Louis ; problème) ; 1932, Weisbach, p. 105 (Louis et Mathieu) ; 1933, Fierens, p. 43-44, 52 pl. LXVIII (Mathieu).

1934, Alfassa, p. 203 (Mathieu) ; 1934, Diolé, *Au Petit Palais...* (Mathieu) ; 1934, Escholier, p. 139 (Mathieu) ; 1934, Fierens, *Nouvelles Littéraires,* reprod. (Mathieu) ; 1934, Goulinat, p. 218 ; 1934, Grappe, p. 324 (Mathieu) ; 1935, Lord, p. 141 ; 1936, Lazarev, pl. 39 (Mathieu) ; 1936, Sambon, *Les Le Nain...,* n.p. (Mathieu, vers 1643) ; 1937, Sterling, p. 7 (Mathieu, avec des doutes sur l'attr. aux Le Nain) ; 1938, Isarlo, p. 26, 32, n° 106 (Mathieu).

1946, Erlanger, p. 103-104, reprod. p. 109 (Mathieu) ; 1950, Leymarie, reprod. et détail fig. 11, 57 (Mathieu) ; 1953, Druart, p. 9 ; 1957, Fosca (Mathieu) ; 1963, Maillat, p. 9-10 ; 1964, Thuillier, p. 24 (maître différent) ; 1974, *Le Figaro,* 31 janvier, p. 24 ; 1er février, p. 24,

Dirigés en sens contraire, les deux Cortèges semblent avoir formé pendant. On penserait volontiers qu'ils firent partie du décor de quelque cabinet démembré au XVIIIe siècle ou même auparavant. Ce qui expliquerait l'horizon très bas — correspondant sans doute au niveau même du décor — et les silhouettes coupées à droite et à gauche, qui devaient appuyer la composition au cadre de la boiserie. On notera qu'à l'enfant de droite, dans le *Cortège du bélier,* correspondait à gauche, dans le *Cortège du bœuf,* passant comme lui derrière le cadre, un jeune homme vu à contre-jour. Il apparaît dans une copie récemment passée en vente (huile sur toile, 1,11 × 1,70 m ; Paris, Palais Galliera, 2 juin 1972, n° 97, reproduit au catalogue), et la radiographie a permis de le retrouver sur l'exemplaire Picasso, dissimulé sous des repeints qui s'étendent à tout le fond, et qui furent sans doute destinés à donner davantage à la composition l'aspect d'un tableau de chevalet.

La composition du *Cortège du bélier* est mentionnée clairement dans une vente de 1778 : *Catalogue de tableaux originaux... après le décès de Madame veuve de M. de La Haye, fermier-général, par Pierre Rémy. Cette vente se fera le Mardi 1er Décembre 1778. — École des Pays-Bas. n° 9. Un tableau représentant deux hommes qui tiennent un Bélier par des cordons, l'un tient un verre, l'autre a des feuilles de vigne autour de sa tête, de même que trois autres hommes qui marchent avec eux et qui les suivent, un aveugle jouant de la vielle, et deux enfants les précédent. Ce morceau peint par Lenain est estimable par l'enjouement des personnages qu'il représente et aussi par son coloris*

reprod. ; 1978, Rosenberg, *in* Cat. Exp. *Paris, Picasso,* p. 46, reprod. couleurs p. 47 («Maître du cortège du bélier»).

79

79
Le cortège du bélier

dit aussi *La fête du vin*

Huile sur toile, 1,12 × 1,68 m.

Philadelphie, The Philadelphia Museum of Art, George W. Elkins Collection. Inv. E. 50.2.2. ; Check List 1965, p. 41.

Historique :
1934 ca. : découvert en France et exposé à l'Orangerie ; le tableau passe chez Paul Rosenberg, Paris, puis dans la collection de George W. Elkins ;
1950 : entre au musée de Philadelphie avec le legs de Lisa Norris Elkins.

Expositions :
1934, Paris, Orangerie, n° 81, reprod. pl. XXX (Mathieu et Louis) ; 1936, New York, Knoedler, n° 22, reprod. (Mathieu).

Bibliographie :
1934, Isarlo, p. 179-181, reprod. pl. hors-texte et fig. p. 177, 180, 181 détails (Louis, terminé par Mathieu) ; 1934, Sterling, *in* Cat. Exp. 1934 *Paris, Orangerie,* p. 116-117 (Mathieu et Louis) ; 1935, Alfassa, p. 406 ; 1935, Davies, p. 294 (refuse l'attribution à Louis) ; 1935, Goulinat, p. 371 ; 1935, Hevesy, p. 126-129, reprod. p. 127 (Louis et Mathieu) ; 1935, Lord, p. 141 (Mathieu et

agréable : *il est peint sur toile ; hauteur 3 pieds 9 pouces ; largeur 5 pieds un pouce.* » De fait Jean-Pierre Babelon a retrouvé dans l'inventaire du fermier général Marin de La Haye (Minutier Central, LVII, 408, 13 octobre 1753), sur la liste des tableaux réservés à son épouse, un *grand tableau sur toile* par les frères Le Nain, représentant des paysans conduisant un bélier, estimé 280 livres, et dans l'inventaire de cette dernière (*ibidem,* LXIV, 441, 28 février 1766) le même tableau, placé dans le grand cabinet, estimé seulement 160 livres. Il sera prudent toutefois de tenir compte de l'existence de copies qui semblent remonter au XVIIe siècle (cf. *supra*) : elle ne permet pas d'assimiler avec une entière certitude cet exemplaire La Haye avec le tableau de Philadelphie.

Ces cortèges d'animaux font partie d'un très vieux folklore, et ce n'est pas sans raison qu'un humaniste comme Jamot ne pouvait s'empêcher de songer ici aux *suovetaurilia* des bas-reliefs romains. On les trouve répandus partout, et souvent, au XVIIe siècle, liés aux fêtes corporatives. A Paris, le cortège du bœuf gras, au temps du Carnaval, resta jusqu'à une date récente l'une des réjouissances les plus populaires. Nous connaissons trop mal l'histoire de cette coutume, le détail des rites (malgré quelques témoignages gravés, surtout flamands) et leur spécificité locale, pour tirer des conclusions précises touchant ces œuvres. D'autre part, dans les deux tableaux, les paysages sont trop usés pour apporter une indication de lieu ; à considérer l'importance de la ville figurée à l'arrière-plan du *Cortège du bélier* et la silhouette des

Louis) ; 1935, Longhi (sans rapport) ;
1935, Pannier, p. 5 (?) ; 1935, Sterling,
Skira reprod. couleurs pl. XXVII
(Mathieu) ; 1936, Sambon, *Les Le Nain...*,
n.p. (Mathieu, vers 1643) ; 1937, Sterling,
p. 7 (Mathieu, avec doutes sur l'attribution
aux Le Nain) ; 1938, Isarlo, p. 8, 19,
n° 105, reprod. hors texte couleurs (Louis,
terminé par Mathieu).

1946, Erlanger, p. 103-104, reprod. p. 109
(Mathieu) ; 1950, Leymarie, reprod. et
détail, fig. 7, 54-56 (Mathieu et Louis) ;
1953, Maillet, p. 9-10 ; 1957, Fosca
(Mathieu) ; 1964, Thuillier (maître
différent) ; 1969, Cabanne, p. 76
(Mathieu) ; 1972, Longhi, p. 18 ; 1978,
Rosenberg, *in* Cat. Exp. *Paris, Picasso*,
p. 46 (Maître du Cortège du bélier).

monuments qu'on peut y distinguer, on n'exclurait pas qu'il pût s'agir d'une vue de Paris.

Les costumes semblent indiquer les années cinquante. La fête est décrite avec un véritable souci de réalisme. Les couronnes de lierre elles-mêmes ne sont pas nécessairement une allusion érudite aux cérémonies antiques : ces cortèges avaient lieu à la fin de l'hiver, soit à une époque où il n'y a pas d'autre feuillage. Mais la recherche demeure discrète, et la joie populaire qui traditionnellement les accompagnait se limite ici à la plaisanterie du jeune compère dressant deux plumes de coq sur le chapeau du buveur de gauche. Des visages comme celui du vielleur aveugle et du jeune violoniste sont traités avec une noblesse délicate, nuancée de mélancolie. Devant ce mélange de description précise et de poésie ajoutée, de distance voulue et de sympathie profonde, on songe aux pages — plus tardives de deux siècles — où George Sand, dans la *Mare au diable*, décrit à son tour les traditions populaires de la vieille France.

80
Rixe de portefaix

dit aussi *Combat de crocheteurs,*
Scène de savoyards

Huile sur toile, 0,51 × 0,68 m.

Moscou, musée Pouchkine.
Inv. 2974. Catalogue 1948, p. 46 ;
catalogue 1957, p. 80 ; catalogue
1961, p. 110.

Historique :
Au début du siècle dans la collection des
comtes Cheremetiev au château
d'Ostankino (près de Moscou) ; passe au
musée Pouchkine en 1937.

Exposition :
Jamais exposé.

Bibliographie :
1910, Weiner, p. 59-60, reprod. ; 1910, *in*
Cat. Exp. 1910, *Londres, Burlington,* p. 30
(« attribution doubtful ») ; id. éd. 1911,
p. 34) ; 1926, Ernst, p. 308-310 (Mathieu) ;
1935, Davies, p. 294, note 9 ; 1936,
Lazarev, p. 59, pl. 38 (Mathieu) ; 1938,
Isarlo, p. 22, n° 207, fig. 29 (Mathieu) ;
1956, in Cat. 1956, *Castres,* notice du
n° 34 (Louis ou Mathieu ?) ; 1965,
Antonova-Sedov, reprod. couleurs n° 51
(Mathieu).

Cette composition apparaît en 1815 à la vente du comte Français en même temps qu'un tableau correspondant au *Bastion* actuellement conservé au Victoria and Albert Museum (voir p. 138) sous une attribution commune à Le Nain (Hôtel Bullion, 16 janvier 1815, Constantin expert : n° 71, *Combat de crocheteurs* ; sans dimensions). Elle semble de nouveau passer en vente en 1817 (Catalogue de la vente de feu M. D×××, homme de lettres ; Laneuville et Ch. Paillet experts), et cette fois elle est clairement décrite : « *Le Nain. Scène de savoyards. L'un d'eux menace son adversaire de le frapper d'un coup de pierre et l'autre de ses crochets. Tableau d'une étonnante vérité. Largeur, 24 pouces ; hauteur, 20 pouces.* » Nous n'avons pu cependant établir s'il s'agit du présent exemplaire ou d'une réplique : il en existe plusieurs, de qualité et de conservation plus ou moins bonne. La plus connue, qui provient de la collection Weisman, à Paris, et qui est passée deux fois en vente récemment (Galerie Charpentier, 1er juin 1956, n° 127, reprod. ; Palais Galliera, 24 juin 1968, n° 33, reprod.) est de dimensions nettement supérieures (0,96 × 1,27) et ne saurait donc, pour sa part, correspondre à l'exemplaire de 1817. Mais nous ne possédons pas les éléments permettant de différencier les autres copies.

La rixe entre gens du peuple est un des motifs favoris de la description burlesque : on en rencontrerait maint exemple aussi bien dans l'estampe populaire que dans la littérature du temps. Témoin la fameuse dispute de la harengère de la halle, dans le *Paris Burlesque* de Bertaut (1652), ou la « batterie dans un cabaret » des *Tracas de Paris* de François Colletet (publiés en 1665) :

> *« Adieu les verres et les pots,*
> *Les plats, les serviettes, les brots !*
> *Ils font tout voler à la teste,*
> *Et ne faut pas estre si beste*
> *De s'en aller frotter le nez*
> *Car nous serions echignez... »*

Les portefaix ou « crocheteurs », indispensables à la ville comme à la campagne pour les petits transports (notamment le bois de chauffage) ne sont jamais oubliés parmi les petits métiers de Paris :

> *« Je crie : Coterets, bourées, bûches !*
> *Aucunes fois : fagots, falourdes !*
> *Quand vois que point on ne me huche,*
> *Je dis : achetez femmes lourdes ! »*

Michelin n'a pas manqué d'en représenter, par exemple dans la *Charrette du boulanger* du Metropolitan Museum (n° 82). Ils avaient la réputation d'être des *âmes bourrues* et de chercher querelle au premier incident. On trouverait des rixes de crocheteurs assez proches de celle-ci dans la gravure du temps, et Colletet a consacré à une algarade entre un crocheteur et un bourgeois un autre passage de ses *Tracas* :

> *« Il faut le battre comme un diantre,*
> *Luy fourrer ses crochets au ventre... »*

non sans prendre un peu la défense de ces gagne-petit qui

> *« ...portent quatre cens livres*
> *Pesant, dessus leur pauvre dos,*
> *Sans trouver un lieu de repos... »*

Cette scène violente est ici traitée avec la même retenue un peu froide que la scène joyeuse des *Cortèges.* La construction géométrique réussit à suggérer le combat par le jeu des grandes obliques, sans qu'il soit besoin de mimiques et de cris, ni de ces détails plus ou moins vulgaires qui s'y ajoutent le plus souvent. Et l'on retrouve le traitement du sol, du ciel, des vêtements déchirés qui peuvent passer pour la caractéristique du maître, comme les personnages coupés par le cadre (ici encore, les copies nous assurent qu'il ne s'agit pas d'un tableau rogné). Nous sommes persuadé que le rapprochement des tableaux dans l'exposition confirmera l'attribution à la même main.

80

81
L'assemblée au joueur de vielle

dit aussi *Les voyageurs à l'auberge*

Huile sur toile ; 0,95 × 1,65 m.

Minneapolis, The Minneapolis Institute of Arts, John R. Van Derlip Fund. Inv. 37.6.

Historique :
1910 : exposé à Londres, au Burlington Fine Arts Club, comme appartenant à Robert Witt ;
1926 : vendu à Londres chez Knight ;
1932 : restauré à Paris ; le nettoyage fait apparaître, entre les deux joueurs, une figure de femme jusque-là couverte par des repeints ;
1934 ca : chez Schoeller ;
1937 ca. : à la Brummer Gallery, New York ; acquis par le musée de Minneapolis sur le fonds John R. Van Derlip ;
1961 : à l'occasion d'une restauration, les bandes ajoutées en haut et en bas du tableau sont supprimées, ce qui ramène les dimensions de 1,20 m à 0,95 pour la hauteur.

Expositions :
1910, Londres, Burlington, n° 37, *Ill. Cat.* pl. XI (Le Nain) ; 1932, Londres, n° 15 (Mathieu) ; 1934, Paris, Petit Palais, n° 54 (Mathieu) ; 1940, New York, n° 54, reprod. p. 42 (Mathieu) ; 1947, Toledo, n° 7, reprod. (Mathieu) ; 1966, Bordeaux, n° 10, reprod. p. XIV et XV, détail (Mathieu) ; 1969-1970, Jacksonville-St-Petersburg, n° 32 (Mathieu).

Bibliographie :
1910, *in* Cat. Exp. 1910, *Londres, Burlington,* p. 29 ; 1922, Jamot, *Essai...,* p. 298-307 (Mathieu) ; 1929, Jamot, p. 67 (Mathieu) ; 1929, Vollmer (Mathieu) ;

Tableau énigmatique par son sujet. Le titre de « Voyageurs à l'auberge », utilisé en 1910 par Robert Witt qui possédait le tableau, ne satisfait nullement : aucun trait ne désigne ici plus particulièrement une auberge du XVIIᵉ siècle, ni des aubergistes, encore moins des voyageurs. Nous nous demandons si la réunion des personnages n'est pas arbitraire, et simplement ordonnée sur le thème des cinq sens : l'ouïe (le musicien aveugle), la vue (le vieillard et la femme), le toucher (le joueur de cartes), le goût (pain et vin) et l'odorat (le personnage de gauche semble moins manger qu'apprécier une odeur en clignant des yeux). L'enfant à la bulle interviendrait pour rappeler la vanité des choses humaines. A l'exemple de la nature morte du temps, la scène de genre s'élèverait à la leçon morale.

Tableau énigmatique aussi par son auteur. L'attribution aux Le Nain n'est plus soutenue aujourd'hui par personne. La rigueur géométrique de la mise en scène, les personnages latéraux vus de profil et coupés par le cadre du tableau, le sentiment discret et nuancé de mélancolie, rapprochent une pareille œuvre à la fois du *Contrat de mariage,* des *Cortèges* et de l'*Intérieur paysan* de Bristol. Tous ces tableaux ont été donnés autrefois au même Mathieu. Leur juxtaposition dans une salle du Grand Palais permettra de juger enfin si le style et la facture de l'*Assemblée* s'écartent de ce groupe au-delà de ce qu'on peut admettre comme les variations naturelles à une même main.

1933, Fierens, p. 63, pl. LXXIII (Mathieu) ; 1935, Davies, p. 294 (problème) ; 1936, Lazarev, pl. 41 (Mathieu) ; 1937, B.M.I.A., p. 45-51, reprod. et détails (Mathieu) ; 1938, Isarlo, p. 21-22, n° 176 (Louis, achevé par Mathieu) ; 1947, Visson (Mathieu) ; 1964, Thuillier, p. 24 (maître différent).

81

Jean Michelin

I

«Bourdon et Michelin, le faiseur de bamboches, qu'il vendoit à la foire pour des tableaux de Le Nain, étoient deux dangereux copistes, des fourbes achevés en fait de copies...» Cette mention vient par hasard sous la plume de Loménie de Brienne, vers 1693-1695, alors qu'enfermé à Saint-Lazare, au fond de la disgrâce, il se remémore le temps de sa jeunesse, vers 1655-1663, quand jeune Secrétaire d'État, intime de Louis XIV, il était l'un des « curieux » les plus brillants de Paris et constituait une somptueuse collection de tableaux. Nous voilà avertis que la vogue et la cote des « bamboches » de Le Nain se poursuivit après la mort d'Antoine et de Louis, et que les tricheries ne manquèrent pas. Mais si Michelin fit des « faux » Le Nain, nous avons chance de nous y tromper encore...

En revanche on connaît de Michelin une série de tableaux visiblement influencés par les Le Nain, mais d'une manière très personnelle, et si peu destinés à leurrer les amateurs qu'ils sont bien souvent signés. Parmi les peintres que désormais nous distinguons clairement des trois frères, ils désignent l'une des personnalités les plus attachantes.

C'est aux alentours de 1930 que l'attention se porta sur eux. Le Metropolitan Museum venait d'acheter (1927) le chef-d'œuvre de l'artiste, sous une attribution à Louis Le Nain. Le nettoyage du tableau ayant révélé une signature peu lisible et la date de 1656, Josephine M. Lansing publia l'œuvre en soulignant qu'il fallait désormais compter avec la personnalité de ce « quatrième membre du groupe Le Nain », de cet « assistant des Le Nain » (1929). Paul Jamot eut bientôt reconnu la signature *J. Michelin* et proposa (1933) de rendre à ce peintre un groupe très cohérent de six tableaux. Le catalogue s'est aujourd'hui beaucoup accru, et l'on dénombrerait une vingtaine de compositions de la même main, dont plusieurs signées et datées.

II

Qui est ce Michelin, *« faiseur de bamboches »*, *« ravaudeur de tableaux »*, à la fois peintre et marchand si l'on en croit Brienne ? Il demeure difficile de le savoir. Les archives révèlent en effet l'existence, à Paris, au XVIIe siècle, de plusieurs Michelin, tous peintres, prénommés Jean, de religion protestante et probablement parents proches.

On peut écarter d'emblée le Jean Michelin (A) né, nous dit-on, vers 1570-1575, qui épousa Anne Forest, eut d'elle au moins trois enfants vers 1610-1620 et mourut le 18 août 1641 : les seules dates relevées avec certitude sur des tableaux signés Michelin sont des années cinquante.

En revanche un autre Jean Michelin (B) se fit recevoir le 11 mai 1623 maître peintre à Saint-Germain-des-Prés : on peut penser qu'il arrivait de Langres. Marié à Anne Loro ou Loreau, il perdit une fille en 1624. On ignore tout de sa carrière : mais, voisin des Le Nain, il avait toute chance de les avoir connus, et il devait vivre encore dans les années cinquante.

Pour sa part, Jamot proposait un Jean Michelin (C) né vers 1623. D'après Reynès, il était de Langres (ce qui peut signifier simplement de famille langroise) et Jal voit en lui le fils de Jean Michelin (B). On le trouve reçu à l'Académie royale le 7 août 1660, sur présentation d'une *Allégorie du mariage du Roi* aujourd'hui perdue ; il y devint adjoint à professeur, mais fut par la suite exclu comme appartenant à la Religion prétendue réformée. Il trouva la protection du duc de Brunswick, et travailla à la Cour de Hanovre, où il exécuta des cartons de tapisserie, des portraits, et des miniatures dont plusieurs sont conservées. Il mourut *« le 1er mars 1696, à l'isle de Gersey, dans la Manche ou mer d'Angleterre, vers la Bretagne, et gist dans la Paroisse de S. Hilaire. Il estoit agé de 73 ans »* (Reynès). Il avait épousé Marguerite Belle, fille d'un orfèvre horloger, Guillaume Belle, sœur de Jacques

Alexandre Belle, « peintre en miniature » et de Jean Belle « maistre peintre », qui abjurera en 1664, à l'âge de vingt-trois ans, et il eut d'elle au moins quatre enfants, nés entre 1655 et 1663 (dont le dernier eut pour parrain Ferdinand Elle). Nanteuil a gravé d'après lui un beau portrait de Jean Frédéric, duc de Brunswick, et Gérard Edelinck celui de Ferdinand, Prince-évêque de Paderborn et baron de Furstenberg. Ces œuvres n'ont aucun point commun avec les « bamboches » que nous connaissons, et la qualité d'académicien, en 1660, semble peu compatible avec ce goût pour les scènes de genre comme avec le commerce ostensible des tableaux. Dès 1938 Charles Sterling a mis en doute l'identification proposée par Jamot. Il faut pourtant réfléchir que les tableaux que nous connaissons auraient été peints avant l'entrée à l'Académie, vers l'âge de vingt-sept à trente-sept ans, et que de son côté un Bourdon pouvait parfaitement peindre à la fois les *Mendiants* et la *Descente de croix* du Louvre...

Reste qu'un quatrième Michelin pourrait être notre « *ravaudeur de tableaux* », le fils du premier Jean Michelin (A), qui serait né vers 1616 et meurt le 16 mars 1670 (registres du cimetière protestant des Saints-Pères ; publié par Herluison, 1873, p. 57). « *Maistre peintre à Paris* », frère de Charles Michelin, « *aussi maistre peintre à Paris* », il avait épousé en 1642 Elisabeth de La Ferté, fille de David de La Ferté, demeurant à Pressigny, et d'une certaine Anne Michelin ; il eut d'elle au moins cinq enfants entre 1644 et 1655. En 1649 on le voit faire enterrer au cimetière protestant un petit garçon de quatre mois. Vers 1652-1656 il devait être en pleine activité. Il serait naturel qu'il eût ressenti l'influence des Le Nain, dont les scènes de genre devaient être en vogue au moment où il avait vingt-cinq ans... Si Brienne éprouve le besoin, chaque fois qu'il écrit ce nom de Michelin, de souligner : « le faiseur de bamboches », « le ravaudeur de tableaux », n'est-ce pas justement pour distinguer de l'académicien un homonyme de réputation toute différente ?

Le problème, sans doute trop facilement tranché jusqu'ici, reste donc ouvert. Seul un nouveau témoignage, suffisamment précis, permettra de désigner, parmi ces trois artistes, le peintre de la *Charrette du boulanger.*

III

En revanche, l'œuvre se dessine de plus en plus nettement. On prendra garde de n'en pas juger par de mauvaises copies (comme le *Marchand de volailles* du musée de Strasbourg) ou des tableaux usés et repeints : la technique de Michelin semble avoir été encore plus fragile que celle des Le Nain, et beaucoup de ses œuvres ont cruellement souffert. Les quelques exemples que nous avons choisis parmi les mieux conservés ne montreront nullement un pasticheur des Le Nain. Il a compris le silence de leurs toiles, et ce refus de toute action, ce regard posé sur le spectateur, qui vient affirmer la présence des personnages ; mais il a des types, des attitudes, un univers qui est bien à lui. Certes, on ne rencontrera pas l'intuition profonde et l'invention plastique de la *Forge* ou de la *Famille de paysans* : mais gardons-nous de comparaisons accablantes. Michelin est un maître habile et original. Il y a bien de la science et bien du charme dans son modelé fluide, rehaussé de petits accents brefs, dans la discrétion de son coloris. L'analyse découvre toujours, dans la composition des toiles, une rigueur géométrique d'une audace toute moderne. Ses types sont étudiés avec une sincérité exceptionnelle. A côté des Le Nain, peintres des paysans, il est le peintre de la rue. Non pas des embarras du Pont-Neuf, mais des faubourgs calmes, anonymes, avec leurs maisons locatives et leurs petits métiers. Dans la longue tradition des *Cris de la ville*, illustrée dans la gravure par les Carrache, les Brébiette, les Bosse et leurs successeurs, Michelin a droit à une place de premier rang. Un tableau comme la *Charrette du boulanger* annonce avec discrétion, mais non pas de façon indigne, le *Mandicante e portarolo* du grand Ceruti.

82
La charrette du boulanger

Huile sur toile ; 0,984 × 1,254 m.
Signé à gauche, vers le tiers de la
hauteur : *J. Michelin/f 1656*

New York, The Metropolitan
Museum. Inv. Acc. 27 59.

Historique :
1918 : vendu chez Christie, à Londres, le
7 juin (n° 47, comme « Spanish Beggars at
a Baker's Stall ») ; le tableau était censé
provenir de la collection de Miss Seymour,
et donné à A. L. et M. Le Nain. Il passe
ensuite sur le marché d'art américain
(De Motte Galleries, New York).
1927 : acquis par le musée (Flechter Fund)
avec une attribution à Louis Le Nain ; le
nettoyage fait apparaître une signature et
la date de 1656.
1933 : Paul Jamot montre que la signature
doit être lue *J. Michelin* et que le tableau
doit être rendu à cet artiste.

Expositions :
1920, San Francisco, n° 84 ; 1934, Paris,
Orangerie, n° 85 ; 1947, Toledo, n° 18,
reprod. ; 1963, Arkansas, p. 30 ; 1965,
Rochester (New York), University
Memorial Art Gallery, *In focus : A Look at
Reality in Art,* n° 48 ; 1966, Bordeaux,
n° 12, reprod. pl. XII ; 1972-1973,
Huntington, n° 12 ; 1975,
Leningrad-Moscou, n° 50.

Bibliographie :
1929, Lansing, p. 201-207, reprod. du
tableau et de la signature ; 1929, Lansing,
B.M.M.A., p. 173, reprod. ; 1929, Luther
Cary, reprod. ; 1933, Jamot, *Autour des
Le Nain...,* p. 211-218, reprod. p. 210 et
212 (Michelin) ; 1933, Fierens, p. 31 ;
1933, Lazarev, p. 32-36 ; 1935 Pannier,
p. 5 ; 1935, Sterling, *A.A.,* p. 12 (reprod.

Signé et clairement daté de 1656, ce tableau est certainement le
chef-d'œuvre de Michelin. Il apparaît en Angleterre en 1918, mais il faut sans
doute le reconnaître dans le tableau de la vente Édouard Barré, en 1838
*(Catalogue de tableaux, la plupart des écoles flamande et hollandaise compo-
sant la collection de M. Édouard Barré, Et provenant en grande partie du
cabinet Saint-Victor et du cabinet du duc de Caylus, dont la vente aura lieu les
lundi 21 et mardi 22 mai 1838... Avec l'assistance de M. George, commissaire
expert du Musée royal...)* où sous le n° 46 un « Le Nain » est ainsi décrit :
*« Deux portefaix et deux enfants sont arrêtés au coin d'une rue auprès d'une
vieille femme qui vend du pain et de l'eau-de-vie, un autre enfant arrange
quelque chose dans une charrette »* (sans dimensions). Le tableau pourrait
provenir d'une vente de 1817 *(Catalogue d'une précieuse collection de tableaux italiens, flamands et français, la plupart formant le cabinet de M. le
Lieut.-Gén. Baron TH(iébault) ; 25 et 26 février 1817 ; Henry expert)* ; mais
cette fois la notice du tableau (n° 71), donné à Louis Le Nain et pareillement
sans le relevé des dimensions, n'indique la présence que de deux enfants.

Nous avons gardé à l'œuvre son titre traditionnel. Mais comme le soulignent les catalogues anciens, le sujet véritable est *La marchande d'eau de vie :*
type aussi commun dans le Paris du XVIIe siècle que de nos jours l'écailler ou
le marchand de marrons, et qu'ont fait disparaître l'« assommoir » de Zola et

82

détail); 1935, Sterling, *B.M.F.*, p. 6; 1938, Isarlo, n° 148; 1946, Erlanger, p. 97, reprod. p. 105; 1947, Visson; 1955, Sterling, p. 91-92; 1957, Hyatt Major, reprod. dét. p. 184; 1961, Thomas, reprod. p. 229; 1963, Sterling, p. 116, reprod. pl. LXXVI c; 1964, Thuillier, p. 24.

le « zinc » de nos cafés actuels. Il faisait partie des petits métiers de la rue, au même titre que le marchand d'oublies, le marchand de mort-aux-rats, le porteur d'eau ou le ramoneur, et se trouve souvent mentionné à l'époque, notamment dans la série des *Cris de Paris* de Bosse (Weigert 1343).

Par la pose des personnages et le regard insistant, par la qualité des natures mortes, cette œuvre évoque directement les Le Nain. Mais elle en diffère profondément par le découpage savant du tableau en plans verticaux parallèles, à peine rompus par quelques obliques (bâtons, colombages), selon un procédé cher à Michelin. Elle en diffère par la facture, qui joue à la fois de modelés ronds et fluides et d'une écritutre rapide. Mais surtout au monde paysan se substituent le site urbain et les petits métiers de la ville, observés avec une rudesse sans concessions et une sympathie vraie. Dans le XVIIᵉ siècle français, Michelin est l'un des rares peintres qui s'intéresse, hors de tout monument célèbre et de toute anecdote, au paysage urbain et au menu peuple qui l'anime : et l'on ne trouverait sans doute aucune page qui l'emporte sur celle-ci, même dans la gravure, par la sincérité du document et la justesse de la psychologie.

83
Le marchand de volailles

Huile sur toile ; 0,945 × 1,265 m. signé à droite au tiers de la hauteur, sur le terrain : *J. Michelin/165* (2 ou 6).

Raleigh, North Carolina, The North Carolina Museum of Art (original State Appropriation). Inv. 52.9.126. Cat. Valentiner 1956, n° 154 reprod.

83

Historique :
1910 : exposé à Londres comme
appartenant à la collection Arthur Kay,
Glasgow ;
1911 : passe au commerce d'art
américain ;
1952 : acquis par le musée de Wildenstein
and C⁰, New York.

Expositions :
1910, Londres, n⁰ 47 (Le Nain) ; reprod.
Ill. Cat. pl. XIV ; 1946, New York,
n⁰ 32 reprod. (Michelin) ; 1953-1954,
New Orleans, n⁰ 18 ; 1972-1973,
Huntington.

Bibliographie :
1910, *in* Cat. Exp. 1910, *Londres,* p. 27
(Le Nain) ; 1929, Lansing, p. 204-205,
reprod. p. 204 (« l'assistant des Le Nain ») ;
1933, Fierens, p. 31, reprod. pl. XXXV
(atelier des Le Nain) ; 1933, Jamot, *Autour
des Le Nain,* p. 212, 215-6, reprod. p. 213
(Michelin) ; 1936, Sambon, n.p. ; 1938,
Isarlo, p. 43, n⁰ 145, fig. 109 ; 1947,
Visson ; 1956, *Art News,* p. 38, reprod. ;
1958, Haug, p. 54 ; 1967, *L'Œil,* n⁰ 155
(nov. 1967), reprod. p. 4 ; 1967, *in* Cat.
Exp. 1967, *New York,* notice du n⁰ 39.

L'un des tableaux signés de Michelin qui sont à l'origine de la reconstitution de son œuvre. On y trouve réunis tous les traits principaux de ses scènes de genre : l'intérêt pour les petits métiers, l'ordonnance claire de la scène, que souligne ici le quadrillage insistant des colombages, les personnages isolés à la manière des Le Nain, mais avec une alternance de plans monotone, l'écriture sensible et rapide dans sa discrétion. Le personnage de droite fera sans doute songer à la laitière de la *Halte du cavalier* de Londres : mais la simple comparaison suffit à marquer la distance entre le génie des Le Nain et le talent sincère et délicat de leur émule.

Le premier publié, ce *Marchand de volailles* reste le meilleur parmi toute une série de toiles qui traitent le même sujet. Citons un exemplaire daté de 1652 (5 figures, avec la femme portant un enfant ; 0,87 × 1,21 m ; dans le commerce d'art entre 1923 et 1938 ; localisation actuelle inconnue) ; un autre, de composition plus réduite (3 figures, avec une vieille portant une hotte ; 0,65 × 0,83 m ; a figuré à l'exposition « La conquête de l'espace », 1969-1970, Paris, n⁰ 3) ; une variante (4 figures, un couple et deux garçons ; 0,59 × 0,73 m) accompagnait la *Famille des paysans* des Le Nain à la vente Marmier (Hôtel Drouot, 14 mars 1914 ; n⁰ 62 : Les frères Le Nain, *Le marchand de poulets*) : elle devait être très proche d'un tableau de dimensions plus importantes (34 in. × 45 ¹/₄ in.) passé en vente à Londres, chez Sotheby, le 12 juin 1968, comme propriété de défunt Morris I. Kaplan, de Chicago (récemment sur le marché d'art américain). Mentionnons aussi la composition plus complexe, avec un fond plus animé et une jolie cliente, connu par un exemplaire du musée Jeanne d'Aboville à La Fère (qui malheureusement semble seulement une copie ancienne), et la toile acquise par le musée de Strasbourg en 1958, très médiocre copie du tableau de Raleigh.

La plus belle figure du tableau est certainement le vieux marchand du centre, trapu, ridé, soucieux, d'un pittoresque sans grimace. Il est très proche du personnage debout à la même place dans le tableau du Metropolitan (n⁰ 82) et offre un type qu'on retrouve avec le *Mendiant* de l'ancienne collection Stenman de Stockholm (0,81 × 0,62 m, non signé) exposé en 1934 à Paris (Orangerie, n⁰ 86 ; localisation actuelle inconnue). Ce dernier tableau, unique jusqu'ici dans l'œuvre par sa composition (personnage isolé en buste), par sa mise en page (présentation oblique) et par sa qualité exceptionnelle, nous semble pourtant revenir à Michelin : il devrait indiquer la direction où pourra se reconstruire une production différente.

84
Le marchand de petits pains et les porteuses d'eau

Huile sur toile ; 0,77 × 0,97 m.
traces de signature en bas
à droite, avec la date *165 (0, 3
ou 6 ?).*

Paris, musée du Louvre.
Inv. R. F. 1946.16 ; cat.
Rosenberg n° 564, reprod.

Historique :
Début XIXe : collection du Dr Launay
(d'après une inscription portée au verso),
donné par lui au Dr David en 1843 ;
1919 : acquis à la vente Théodore
de Wyzewa comme Le Nain par
Mme Patisson ;
1925 : passé dans la collection J. Pitts,
puis dans la collection du professeur
Henri Mondor ;
1946 : donné au Louvre par le professeur
Mondor.

Expositions :
1934, Paris, Petit Palais, n° 63 (« attribué
à Michelin ») ; 1953, Reims, n° 30
(Michelin) ; 1964, Musées Nationaux, n° 6 ;
1976, Paris, Musée Postal, *La
communication,* sans cat.

Bibliographie :
1933, Jamot, *Autour des Le Nain...,*
p. 216, reprod. p. 213 (Michelin).

Le jeu géométrique du tableau se complique ici, grâce aux cerceaux des porteuses d'eau, non plus de grandes obliques comme dans la plupart des toiles, mais d'une série de cercles et d'ovales — avec, au centre, le double rond du chapeau de l'enfant.

La scène a valeur de document, et offre de nouveau un témoignage exact sur les petits métiers de la ville au milieu du XVIIe siècle, et sur ses rues, avec leurs maisons à colombages mêlées aux maisons de pierre plus récentes. On notera, au-dessus de la porte, à droite, l'écriteau : *chambre à louer :* il se retrouverait dans une composition à cinq personnages (avec un jeune joueur de flageolet qui se souvient sans doute des Le Nain) récemment apparue sur le marché d'art parisien.

84

85
Soldats dans une auberge

dit aussi *Cavaliers à l'auberge*

Huile sur toile, 0,87 × 1,21 m.

Paris, musée du Louvre.
Inv. R.F. 1938. 62. Catalogue
Rosenberg nº 563, reprod.

Historique :
1920 ca. : signalé dans la collection du
duc de Trévise, à Paris ; sans doute
l'exemplaire passé en vente à Paris le
16 février 1852 (« *œuvre remarquable,
digne de figurer dans un musée* » ; adjugé
600 F) et décrit en 1862 par Champfleury ;
1938 : 19 mai, vendu avec la collection du
duc de Trévise (nº 45) ; acquis par le
musée du Louvre pour 40 000 F.

Expositions :
1936, Paris, nº 1875 ; 1948, Exposition du
tricentenaire des traités de Westphalie,
Archives Nationales ; 1953, Reims, nº 28 ;
1958, Rome, nº 92, reprod. fig. 91 ; 1964.
Musées Nationaux, nº 7.

Bibliographie :
1862, Champfleury, p. 30-31, note ; 1904,
Valabrègue, p. 17 (d'après Champfleury) ;
1933, Jamot, *Autour des Le Nain...*,
p. 216-218, reprod. p. 217 (Michelin) ;
1938, Isarlo, nº 198 ; 1938, Sterling,
p. 151-154, reprod. ; 1954, Thieme-Becker,
ad art. Sweerts (R. Kultzen) ; 1962, Faré,
t. I, p. 103 ; 1964, Thuillier, p. 24.

Selon Champfleury (1862), le tableau était autrefois signé « *distincte-ment sur le ventre du tonneau :* Lenain fecit 1641 » ; il ne demeure aujourd'hui que des traces de cette signature, apparemment adjonction tardive qu'on aura préféré faire disparaître. De toute façon, tous les éléments de l'œuvre renvoient sans ambiguïté à Michelin. La juxtaposition des personnages, empruntée aux Le Nain, aboutit ici à une addition un peu grêle des motifs, et chacun d'eux sent un peu le « morceau » étudié d'après le modèle. Mais la rigueur géométrique de la construction, qui commande la répartition des formes (et ne craint pas, par exemple, de placer tous les personnages debout exactement à la même distance), l'insistance des verticales, le traitement rapide et juste de la nature morte et des accessoires, enlèvent au tableau toute vulgarité. Rarement le thème du « corps de garde » a été traité avec moins de mouvement et de bruit, moins de virtuosité et de recherche de l'effet. De ce parti, si curieusement moderne par certains aspects, naît une poésie qui n'est pas seulement faite d'apparente « naïveté » : le jeune soldat au verre de vin, rigide dans sa cuirasse symétrique, encadré par le rectangle struct de la cheminée, sans ressembler aux figures des Le Nain, n'est peut-être pas entiè-rement indigne de leur être comparé.

85

86
L'adoration des
bergers

Huile sur toile, 1,00 × 1,39 m.
A droite, sur la colonne, signature
et date peu lisibles et sans doute
retouchées : *Michelin* (repris en
Michalon) *1659* (? ; repris en
1636?).

Paris, musée du Louvre.
Inv. R.F. 1943. 1. Cat. Rosenberg
n° 565, reprod.

Historique :
1942, décembre : acquis par le Louvre
d'un collectionneur toulousain, M. Stephen
Schwartz, pour 250 000 F.

Exposition :
1945, Paris, n° 96 ; 1946, Paris, Petit
Palais, n° 65 ; 1953, Reims, n° 29.

Bibliographie :
1946, Huyghe, p. 23, reprod. p. 22 ; 1964,
Thuillier, p. 24.

Michelin semble avoir volontiers traité ce thème, qui lui permettait, tout comme aux Le Nain, d'allier au sujet religieux les types populaires qu'il affectionnait. Outre les deux tableaux exposés, on connaît une autre *Adoration des bergers* (12 figures, dont un ange ; huile sur toile, 0,96 × 1,285) qui avait été donnée au musée de Boston par la Massachussetts Society of Colonial Dames et fut vendue par lui vers 1940 (exposé à la galerie Heim, Paris, 1956, n° 5, reprod. ; localisation actuelle inconnue). Une quatrième est passé en vente au Palais des Congrès à Versailles le 14 mai 1977 (Cat. n° 36, reprod. ; composition à 8 personnages ; huile sur toile, 0,87 × 1,17). L'existence probable de nombreuses autres variantes rend aléatoire toute recherche de provenance.

La version du Louvre est sans doute la plus élaborée. On y saisit le procédé constant de Michelin, qui se sert des architectures pour diviser la surface de la toile selon des tracés simples inspirés du nombre d'or. C'est aussi la version la plus réaliste. Le visage même de la Vierge n'est pas véritablement idéalisé. Michelin use de types franchement contemporains, alors que les Le Nain ont toujours soin de laisser au tableau quelque chose d'intemporel ; on songe ici aux crèches de type napolitain. Et il traite ses personnages avec une vérité sans cruauté, mais sans convention. C'est dans une pareille toile qu'il faut sans doute chercher, plus encore que chez les Le Nain, la figure authentique d'un berger du XVIIᵉ siècle, ou d'une femme de la

86

campagne. Et il suffit de comparer la qualité des visages, des mains, de l'agneau au premier plan, avec les personnages et les animaux du Maître aux béguins, pour sentir combien Michelin dépasse cette vision traditionnelle, et réussit à trouver, hors des leçons flamandes, un « naturalisme à la française ».

87
L'adoration des bergers

Huile sur toile, 0,975 × 1,290 m.

Tarbes, Musée Massey.
Inv. 908.2.1.

Historique :
Le tableau provient de l'ancien Hôtel de ville de Tarbes ; son origine ancienne n'a pu être précisée.

Exposition :
1958, Londres, n° 91.

Bibliographie :
1972, Vergnet-Ruiz-Laclotte, p. 245.

Le tableau est proche de la version du Louvre, mais avec quelques concessions à la représentation traditionnelle. La Vierge est plus idéalisée, la fillette à ses côtés ajoute un élément plus gracieux. Le personnage qui arrive sur la droite introduit un mouvement que d'ordinaire Michelin prend soin de renvoyer tout à fait en marge ou dans le fond de la composition. Le sentiment n'en est que plus proche des Noëls populaires du XVIIe siècle.

87

Montallier

Nous avons tenu à présenter, à côté des tableaux de Michelin, l'unique œuvre sûre de Montallier, autre personnalité qui demeure à reconstituer entièrement. Cette fois encore, nous possédons un nom : mais rien de plus.

A la suite de Serge Ernst, qui publia en 1927 le tableau de l'Ermitage, on a pensé que la signature : *Montalli... IN. F.* renvoyait à un certain Pierre Montallier, à vrai dire fort mal connu. On sait qu'il fut reçu à l'Académie de Saint-Luc le 7 septembre 1676. Les seuls actes d'archives qui le concernent (tous détruits lors de la Commune, mais dont le texte avait été relevé auparavant) ont trait à ses dernières années. Les deux premiers le montrent lié à un marchand joaillier, Antoine Hureau, frère ou parent de son beau-fils : «*Le 12 décembre 1694 ont esté épousés Antoine Hureau, marchand, âgé de 25 ans, et damoiselle Gillette Barbot, agée de 26 ans, fille du def(unt) Pierre Barbot procureur de la Cour... Ledit Antoine Hureau assisté de Pierre Montalier, peintre ordinaire du Roi...*» (Paroisse Saint-Barthélemy ; Fichier Laborde, 49335) ; et un peu plus tard : «*Le 28 mai 1696 a esté baptisé Pierre, fils de Antoine Hureau, m^d joaillier, le parrain Pierre Montallier, m^e peintre ; la marraine, Madeleine Pingar, v^ve de feu Mr Lagneau, m^d orfèvre*» (même paroisse ; Fichier Laborde, 49224). La troisième pièce, qui a été publiée par Piot en 1873, est simplement l'acte de décès : «*Du mardy 15e octobre 1697. Pierre Montallier, peintre ordinaire du Roy, fut inhumé agé de cinquante-quatre ans, décédé ce jourd'huy à une heure après minuit, rue de la Monoye, en p(résence) de Jean Hureau, marchand joiallier beau-fils du deffunct, et de Antoine Poniade, m^e tailleur, cousin germain, d'Antoine Hureau, marchand joaillier, amy, qui ont signé*» (Paroisse Saint-Germain l'Auxerrois ; Piot, 1873, p. 90).

Nous avons peine à croire que cet artiste est l'auteur du tableau de l'Ermitage. Si l'on en juge d'après l'acte de décès, clair sur ce point et rédigé en présence et sur les indications de parents et d'intimes, Montallier était né vers 1643. Or les costumes représentés sur le tableau indiquent une date proche de 1650, et qui ne peut dépasser 1655-1660. On n'imagine pas que cet excellent morceau soit d'un artiste de quinze ou dix-sept ans ; guère

davantage la raison qui lui aurait fait choisir des costumes de quinze ou trente ans antérieurs. Et pareillement la conception comme la facture de l'œuvre semblent renvoyer aux années cinquante, et de toute manière à un peintre d'une génération formée nettement avant 1660. Nous penserions plus volontiers à quelque autre Montallier, peut-être le père de celui que nous révèlent les trois actes conservés.

De fait, de premiers sondages dans les archives parisiennes (et nous devons remercier ici de son aide Mlle Martine Constans, Conservateur aux Archives Nationales) permettent d'établir que dès les années quarante existe à Paris un Alexandre Montallier, qui habite rue des Postes et porte le titre de « Peintre ordinaire des Bâtiments du Roi ». Il était fils de Mathurin Montallier, bourgeois de Paris, époux d'Anne Larchevesque, et frère d'un autre Mathurin Montallier, marchand apothicaire épicier, installé au faubourg Saint-Germain-des-Prés (Paris, Archives Nationales, Minutier central, étude LXXIII, 366, 14 juillet 1642).

Aucun auteur, aucune liste de peintres ne nous a parlé de cet Alexandre Montallier : pourtant son titre et son importance ne peuvent être mis en doute. Bien plus, sa sœur, Madeleine Montallier, avait été épousée en secondes noces par Claude Sallé, qui porte lui-même, à partir de 1637 au moins, le titre de « Peintre ordinaire des Bâtiments du Roi », et les époux sont mentionnés dans une série d'actes vers 1637-1644 (*cf.* notamment Fleury, 1969, p. 632-634). Entre les deux beaux-frères et Peintres ordinaires des Bâtiments semble avoir régné une liaison d'amitié et d'intérêt dont témoignent plusieurs documents (notamment un bail du 8 juillet 1639, où Montallier porte déjà son titre ; étude XLIII, 27). Le milieu apparaît actif et fort à son aise. Des recherches plus longues devraient apporter des précisions sur la carrière et la personnalité d'Alexandre Montallier (et permettre notamment de vérifier s'il est bien le père de Pierre, comme il semble vraisemblable). Mais dès maintenant nous sommes persuadé qu'il offre, comme auteur du tableau de l'Ermitage, une candidature bien plus sérieuse que celle de ce dernier.

88
Les œuvres de miséricorde

Huile sur toile ; 0,45 × 0,54 m.
a droite, sur la marche, la
signature : *Montalli... /IN. F.*

Leningrad, musée de l'Ermitage.
Inv. 1386. Cat. 1958, p. 311 ;
cat. 1976, t. I, p. 213-214, reprod.

Historique :
1783-1797 ca. : acquis pour les collections
impériales ; placé dans le pavillon de
l'Ermitage, au parc de Peterhof vers 1809.
1921 ca. : transféré au musée par
Alexandre Benois, conservateur de la
galerie de l'Ermitage.

Expositions :
1956, Leningrad, p. 42 ; 1965, Bordeaux,
n° 10 ; 1965-1966, Paris, n° 9 reprod.

Bibliographie :
1927, Ernst, p. 12-14, reprod. p. 13 ; 1936,
Lazarev, p. 72-73 ; 1938, Isarlo, fig. 110 ;
1957, Sterling, p. 22-23, 215, reprod.
couleurs pl. 9 ; 1961, Boudaille, reprod.
fol. 25 ; 1962, Prokofiev, reprod. pl. 14 ;
1964, Thuillier, p. 24 ; 1973, Glickman,
reprod. couleurs pl. 17.

Serge Ernst a rapproché ce tableau d'une toile passée en vente en 1779 avec la collection de l'abbé de Gévigny (*Catalogue d'une riche collection de tableaux des peintres les plus célèbres des différentes écoles,... qui composent le Cabinet de M. **** (Gévigny) par A.-J. Paillet, mercredi 1er décembre 1779). Elle y était ainsi décrite : « *Montallier — Les œuvres de miséricorde. Composition de dix figures dans le genre du Le Nain, et d'une couleur aussi belle que celle du Bourdon, et rendue avec autant de vérité que si elle étoit de ces deux maîtres. Toile, H. 26 p. L. 20 p.* ».

Pour que l'identification fût convaincante, il faudrait admettre, ou qu'il y eut lapsus dans l'indication de la hauteur (par ex. 16 pouces au lieu des 26 mentionnés), ou que le tableau a été coupé. Ce qui n'est pas impossible. On connaît d'autres compositions proches d'inspiration et de style et la mise en page est toujours en hauteur. C'est notamment le cas des *Joueurs de cartes* ou *Tricheurs* du musée des Beaux-Arts de Valenciennes, longtemps attribués aux Le Nain, et qui semble bien la copie d'un Montallier perdu. Mais cette mutilation aurait dû avoir lieu avant la rédaction du catalogue de 1797 (où les mesures actuelles sont déjà données), et Mme Hélène Kojina, conservateur de la peinture française du XVIIe siècle à l'Ermitage, a bien voulu nous signaler

88

que l'examen attentif de la toile n'en montre pas trace. L'hypothèse la plus simple resterait, en tout état de cause, celle du lapsus.

La charité — ici personnifiée sur le bas-relief de gauche — est au XVIIᵉ siècle un des thèmes pieux les plus fréquents, surtout à partir des années trente, et la représentation des sept œuvres de miséricorde se rencontre souvent. On n'en trouve illustrées ici que quatre : vêtir ceux qui sont nus ; offrir l'hospitalité ; nourrir ceux qui ont faim ; donner à boire à ceux qui ont soif. Il est probable que la toile eut un pendant où se trouvaient évoquées les trois œuvres les plus « dramatiques » : soigner les malades, ensevelir les morts et visiter les captifs. Ce partage était fréquent. C'est ainsi que dans la vente du 13 janvier 1778 étaient attribués à « Le Nain » deux tableaux « faisant pendants » représentant les œuvres de miséricorde, qui mesuraient précisément 1 pied 5 pouces sur 1 pied 8 pouces...

On notera la justesse du rapport suggéré par l'expert Paillet, en 1779, tant avec Le Nain qu'avec Bourdon. Il s'agit manifestement d'un peintre de qualité, très supérieur au Maître aux béguins, et qui dut aborder la « peinture d'histoire ». Il traite le sujet en scène de genre — et non, comme le fit Bourdon dans sa grande série gravée (Weigert 2-8), par des épisodes tirés de la Bible et permettant une mise en scène antiquisante. Mais la science de la construction, la clarté des plans, l'aisance des groupements, montrent une maîtrise accomplie, et l'introduction d'éléments « classiques » — piédestal, bas-relief — vient marquer la distance entre pareille œuvre et la « bamboche ».

Les costumes (qui ont suggéré un parallèle avec Sweerts), la facture et la lumière (qui évoquent les leçons de La Hyre et de Bourdon), le joli ciel nuageux (visiblement emprunté à ce dernier), la qualité de la touche et la discrétion même du sentiment, tout semblerait anachronique entre 1676 et 1697, tout prend place avec aisance dans les années cinquante. Mais du même coup se désigne, non pas un petit peintre attardé, mais un maître qui, dans la peinture parisienne du temps de Mazarin, si complexe, mérite de retrouver, au second rang, une place enviable.

Bibliographie

I
Expositions

II
Ouvrages et articles

Bibliographie

Il nous a semblé utile de réunir, à l'occasion de l'exposition, une bibliographie des frères Le Nain. Il n'en existait jusqu'ici — y compris dans le Thieme-Becker — que des ébauches fort sommaires.

Nous ne pouvions la vouloir exhaustive. A partir des années 1920, et surtout après l'exposition des *Peintres de la réalité,* en 1934, les articles se multiplient jusque dans la presse locale. Il n'est guère d'histoire générale de l'art, ou du XVIIe siècle, ou de la paysannerie, il n'est guère de manuel scolaire ou d'album de peinture qui ne parle d'eux et souvent ne reproduise leurs œuvres. Nous nous sommes donc efforcé de ne retenir que les textes comportant une interprétation originale, ou concernant les tableaux les moins connus.

Il nous a paru nécessaire d'exclure les catalogues de vente. Les plus anciens présentent souvent des jugements intéressants ; mais leur liste formerait, à elle seule, un ensemble de plusieurs centaines de numéros. Nous n'avons pas davantage introduit les catalogues de musées, à moins qu'ils ne vinssent apporter des éléments d'une importance exceptionnelle.

Telle quelle, avec ses lacunes et ses imperfections, cette bibliographie pourra, croyons-nous, donner à l'étude des Le Nain une base qui lui faisait défaut. Classée chronologiquement, elle permettra de suivre la fortune critique des trois frères, de l'indifférence des historiographes anciens aux premières publications de documents, puis à l'intérêt du grand public et aux débats qui surgissent autour de telle ou telle œuvre. Elle rappellera aussi l'importance de certaines études trop oubliées comme celles de Georges Grandin ou de Robert Witt.

La difficulté de se procurer certains textes risque de décourager. Rappelons que pour les références antérieures à 1850 l'essentiel se trouve reproduit dans les « Documents pour servir à l'étude des frères Le Nain », publiés en 1964 par le *Bulletin de la Société de l'histoire de l'art français ;* nous nous sommes permis d'indiquer cette facilité par la mention DOC suivie de la page.

D'autre part, l'abondance de la littérature suscitée par les Le Nain risquait de rendre cette bibliographie peu profitable au public non spécialisé et aux étudiants. Nous avons cru bon de distinguer par un astérisque une quarantaine de titres. Il ne s'agissait pas, dans notre esprit, d'établir un « palmarès » des apports les plus notables ou des pages les plus belles : mais de désigner les quelques études qui permettent une initiation rapide aux Le Nain, aux vicissitudes subies par leurs œuvres et à l'inspiration de leur art.

Expositions

I
Avant 1934

1848, PARIS :
Association des artistes. Explication des ouvrages de peinture, sculpture et architecture exposés à la galerie Bonne-Nouvelle, 3ᵉ année, janvier 1848.
1857. MANCHESTER :
Art Treasures Exhibition, Manchester.
1860, AMIENS :
Société des Antiquaires de Picardie. Exposition provinciale. Notice des tableaux et objets d'art, d'antiquité et de curiosité, exposés dans les salles de l'hôtel de ville d'Amiens du 20 mai au 7 juin 1860.
1860, PARIS :
Tableaux de l'École française ancienne, tirés de collections d'amateurs. Catalogue provisoire [Paris, boulevard des Italiens] ; complété par : *Tableaux et dessins de l'École française, principalement du XVIIIᵉ siècle, tirés de collections d'amateurs et exposés au profit de la Caisse de secours des Artistes Peintres, Sculpteurs, Architectes et Dessinateurs. Catalogue rédigé par M. Ph. Burty.*
1874, PARIS :
Explication des ouvrages de peinture exposés au profit de la colonisation de l'Algérie par les Alsaciens-Lorrains, au Palais de la Présidence du Corps Législatif, le 23 avril 1874, Paris, Imprimerie de Jules Claye, 1874.
● 1883, LAON :
Société académique de Laon. Exposition de peinture, gravure, médailles et faïences..., Laon, 1883 (Le catalogue, tiré à 300 exemplaires, est reproduit dans le *Bulletin de la Société académique de Laon*, t. XXVI, années 1882-1884 (1887).
1887, PARIS :
Exposition de tableaux de maîtres anciens au profit des inondés du midi, [École des Beaux-Arts, Paris].

1898, LONDRES :
Catalogue of the Loan Collection of Pictures by Painters of the French School, Corporation of London, Art Gallery, London, Catalogue par A.G. Temple.

● 1910, LONDRES :
Catalogue of A Collection of Pictures including examples of the Works of the Brothers Le Nain and others Works of Art, Burlington Fine Arts Club, London, 1910, 56 pages. Préface par Herbert Cook et Robert C. Witt. (En 1911, a paru l'édition illustrée et corrigée, avec d'importantes modifications : *Burlington Fine Arts Club. Illustrated Catalogue of Pictures by the Brothers Le Nain*, London 1910 (1911 sur la couverture), 46 pages, frontispice plus 19 planches).
1918, VALENCIENNES :
Geborgene Kunstwerke aus dem besetzten Nordfrankreich, Austellung im Museum zu Valenciennes, München 1918. Catalogue par Theodor Demmler, avec la collaboration d'Adolf Feulner et d'Hermann Burg.
● 1923, PARIS :
Exposition Le Nain. Louis Le Nain (1593-1648), Mathieu Le Nain (1607-1677), au profit de l'œuvre de la préservation contre la tuberculose à Reims. Ouverte du 15 au 30 janvier 1923, Galerie Louis Sambon, Paris. Avant-propos de Paul Jamot, catalogue par Louis Sambon.
1924, LONDRES :
Catalogue of a Collection of Counterfeits, Imitations and Copies of Works of Art, Burlington Fine Arts Club, London, 1924.
1925, PARIS :
Exposition du paysage français de Poussin à Corot, Palais des Beaux-Arts de la ville de Paris (Petit Palais), mai-juin 1925.

1926, AMSTERDAM :
Exposition rétrospective d'art français, Musée de l'État, Amsterdam, 3 juillet-3 octobre 1926. Discours inaugural de Jean Guiffrey. Introduction de Paul Léon.
1928, PARIS :
Exposition de la jeunesse vue par les Maîtres Français et Étrangers du XVIᵉ au XIXᵉ siècle, organisée en l'hôtel Jean Charpentier, du 1ᵉʳ juin au 20 juin 1928, au profit de l'Entraide à domicile. Préface de Maurice Donnay. Avant-propos de M. André Dezarrois.
1930, MUNICH :
Sammlung Schloss Rohoncz. Gemälde, Neue Pinakothek, Munich, 1930.
1931, PARIS :
Chefs-d'œuvre des musées de province. 1ʳᵉ exposition. École française XVIIᵉ et XVIIIᵉ siècles, musée de l'Orangerie des Tuileries, Paris, avril-mai 1931. Introduction de Jean Robiquet.
1931, VERSAILLES :
Enfants d'autrefois. L'enfant dans l'art, la vie et le livre français, du XVIIᵉ au milieu du XIXᵉ siècle. Préface de M. Edmond Pilon. Les Amis de la Bibliothèque de Versailles, mai-juin 1931.
● 1932, LONDRES :
Exhibition of French Art 1200-1900, London, Royal Academy of Arts. Introductions par Paul Léon et W.G. Constable. (Voir également : *French Art. An Illustrated Souvenir of the Exhibition of French Art*, Londres, 1932.)
1933, CHICAGO :
Catalogue of a Century of Progress. Exhibition of Paintings and Sculpture Lent from American Collections. The Art Institute of Chicago, June 1 to November 1, 1933.

II
1934-1944

1934, BALTIMORE :
A Survey of French Painting, Exhibition,
November 23, 1934, to January 1, 1935,
Baltimore Museum of Art.

1934, CLEVELAND :
Art of the XVIIth and XVIIIth Centuries,
The Cleveland Museum of Art, Cleveland.

● 1934, PARIS, Petit Palais :
Le Nain. Peintures, dessins, Petit Palais,
Paris, 1934. Préface de Paul Jamot,
catalogue par Germaine Barnaud.

● 1934, PARIS, Orangerie :
*Les peintres de la Réalité en France au
XVIIᵉ siècle,* musée de l'Orangerie,
MCM XXXIV. Préface de Paul Jamot, de
l'Institut. Introduction de Charles
Sterling, catalogue par Charles Sterling
(édition citée : Troisième édition corrigée).

1934, SAN FRANCISCO :
*Exhibition of French Painting. From the
fifteenth Century to the present day,* The
California Palace of the Legion of Honor,
San Francisco, June 8-July 8, 1934.
Introduction de Walter Heil.

1935, BRUXELLES :
Cinq Siècles d'art. Tome I : *Peintures. Art
ancien et sections étrangères,* Exposition
Universelle et Internationale de Bruxelles
1935, 24 mai-13 octobre (voir aussi
Memorial. Cinq Siècles d'Art, Bruxelles,
1935).

● 1936, NEW YORK :
*Georges de La Tour - The Brothers
Le Nain,* Edited by Louis Carré,
M. Knoedler and Cᵒ, New York.
Introduction par Paul Jamot.

1936, PARIS :
*Exposition rétrospective de la Vigne et le
Vin dans l'Art,* Musée des Arts
décoratifs, Pavillon de Marsan, Palais du
Louvre, mai-juillet 1936.

1937, PARIS :
Chefs d'œuvre de l'art français, Palais
National des Arts, *Catalogue* (605 p.),
Album, et 2 volumes de notices et
planches (dont le t. I, *Peintures,* 510 p., ici
indiqué comme *Ill.*).

1938, LONDON :
17th Century Art in Europe, Royal
Academy of Arts, London (voir
également *An Illustrated Souvenir of
17th Century Art in Europe,* 1938, Royal
Academy of Arts, London 1938).

1939-1940, SAN FRANCISCO :
*Seven Centuries of Painting. A Loan
Exhibition of Old and Modern Masters,*
The California Palace of the Legion of
Honor and the M.H. de Young Memorial
Museum, San Francisco, December 29,
1939, January 28, 1940.

1940, NEW YORK :
*Masterpieces of Art. New York World's
Fair. Catalogue of European and
American Paintings 1500-1900.*
Introduction and Descriptions by Walter
Pach. Biographies and Notes Compiled
by Christopher Lazare, etc. New York,
May-October, 1940.

1941, DETROIT :
*Masterpieces of Art from European and
American Collections,* The Detroit
Institute of Arts, April 1-May 31, 1941.
Notices par Francis Waring Robinson et
E.P. Richardson.

1941, PARIS :
Donation Paul Jamot, musée de
l'Orangerie, Paris, avril-mai 1941.
Préface de Maurice Denis.

1943, NEW YORK :
*The French Revolution. A Loan
Exhibition...,* Wildenstein, New York,
December 1943.

III
1945-1957

1945, PARIS :
*Musées Nationaux. Nouvelles acquisitions.
2 septembre 1939-2 septembre 1945,*
(musée du Louvre), Paris, 1945.

1946, NEW YORK :
*A Loan Exhibition of French Painting of
the Time of Louis XIIIth and Louis XIVth
for the benefit of the Caen Library Fund.*
Wildenstein, New York, May 9-June 1,
1946. Préface « French Painting of the
time of Louis XIII», par Charles Sterling
(p. 11-24) et «Discourse on the "Grande
manière"», par Walter Friedlaender
(p. 25-30).

1946, PARIS, Galliera :
*Peintures méconnues des églises de Paris.
Retour d'évacuation,* musée Galliera,
Paris. Préface de Yvon Bizardel,
introduction de Jean Verrier, catalogue
par Jacques Dupont et J. Litzelmann.

1946, PARIS, Petit Palais :
*Chefs d'œuvre de la peinture française du
Louvre. Des primitifs à Manet,* Petit
Palais, Éditions des Musées nationaux,
1946. Préface d'André Chamson.

1946-1947, LONDRES :
The King's Pictures, Royal Academy of
Arts, 1946-47, London. Préface par
Alfred J. Munnings, notice des tableaux
français par Anthony Blunt.

1947, LONDRES :
*A Loan Exhibition of French Painting of
the XVIIth Century, in aid of the
Merchant Navy Comforts Service,*
Wildenstein and Co Ltd, London,
June 20th-July 31st, 1947. Introduction
par Denys Sutton.

1947, SAINT-LOUIS :
*40 Masterpieces. A Loan Exhibition of
Paintings from American Museums,* City
Art Museum, St. Louis, October 6-
November 10, 1947.

● 1947, TOLEDO :
*The Brothers Le Nain. An Exhibition
Commemorating the Acquisition of the
Family Dinner by Mathieu Le Nain,* The
Toledo Museum of Art. Introduction by
Sir Robert Witt.

1948-1949, PARIS :
Danse et Divertissements, Galerie
Charpentier, Paris.

1949, ATLANTA :
European and American Masterpieces,
High Museum of Art, Atlanta, Georgia,

January 1949.
1949, GENÈVE :
Trois siècles de peinture française. XVIᵉ-XVIIIᵉ siècles. Choix d'œuvres des musées de France, musée Rath, ville de Genève, 16 juillet-16 octobre 1949. Préface par Jean Vergnet-Ruiz. Notices du XVIIᵉ siècle par Clémence-Paul Duprat.
1949, PARIS, Rochas :
Moustaches, chez Marcel Rochas, avenue Matignon, 16 décembre 1949-7 janvier 1950.
1949, WEST PALM BEACH :
Baroque Painting of the 16th to the 18th Centuries, and Dutch Masters of the 17th Century, Norton Gallery and School of Art, West Palm Beach, Florida, February 1-20, 1949.
1950, GAND :
Quarante chefs-d'œuvre du musée de Lille, musée des Beaux-Arts, Gand.
1950, PARIS :
La Vierge dans l'Art français, Petit Palais, Paris. Préfaces par Pierre de Gaulle, André Chamson, Jean Verrier, Jacques Dupont.
1950, RENNES :
Les chefs-d'œuvre du musée des Beaux-Arts de Rennes. Salle des fêtes de l'hôtel de ville, Rennes, 29 avril-29 mai 1950.
1951, AMSTERDAM :
Het franse Landschap van Poussin tot Cézanne, Rijksmuseum, Amsterdam, 18 mars-4 juin 1951. Introduction de Bernard Dorival.
1951, NEW YORK
Wildenstein Jubilee Loan Exhibition 1901-1951. Masterpieces from Museums and Private Collections, New York, November 8-December 15, 1951.
1951, PITTSBURGH :
French Painting 1100-1900, Carnegie Institute, Department of Fine Arts, Pittsburgh, Pennsylvania, october 18-December 2, 1951. Introduction par Charles Sterling.
1952, PARIS, Charpentier :
Cent portraits d'hommes du XIVᵉ siècle à nos jours, Galerie Charpentier, Paris.
1952, PARIS, Orangerie :
Philippe de Champaigne, Paris, Orangerie des Tuileries. Avant-propos de Mauricheau-Beaupré. Catalogue par Bernard Dorival.
1952, SAO PAULO :
O retrato na França do Renascimento ao Neo-classicismo... São Paulo, Brasil, Janeiro de 1952.

1952-1953, HAMBOURG-MUNICH :
Meisterwerke der Französischen Malerei von Poussin bis Ingres, Hamburg, Kunsthalle, 25 Okt.-14 Dez. 1952 — Pinakothek, München, 29 Dez. 1952-15 Febr. 1953.
1952-1953, PARIS :
Cent tableaux d'art religieux du XIVᵉ siècle à nos jours, Galerie Charpentier, Paris.
1953, BRUXELLES :
La Femme dans l'art français, Palais des Beaux-Arts, Bruxelles, mars-mai 1953.
• 1953, REIMS :
Les Le Nain, musée des Beaux-Arts de Reims, 30 mai-1ᵉʳ août. Ed. des Musées nationaux, 1953. Catalogue par Olga Popovitch avec la collaboration de Martine Weber.
1953-1954, NEW ORLEANS :
A Loan Exhibition of Masterpieces of French Painting through Five Centuries - 1400-1900. In Honour of the 150th Anniversary of the Louisiana Purchase, Isaac Delgado Museum of Art, New Orleans, Louisiana, October 17, 1953-January 10, 1954.
1954, LONDRES :
Loan Exhibition of Pictures and Works of Art from Petworth House, Wildenstein Gallery, London, 3 February to 6 March 1954.
1954, PARIS :
Le Pain et le Vin, Galerie Charpentier, Paris.
1954, PARIS, Curiosité :
Chefs-d'œuvre de la Curiosité du monde, 2ᵉ Exposition Internationale de la C.I.N.O.A., musée des Arts Décoratifs, Paris, 10 juin-30 septembre 1934.
1954, PITTSBURGH :
Pictures of Everyday Life. Genre Painting in Europe. 1500-1900, Carnegie Institute, Department of Fine Arts, October 14 to December 12, 1954. Introduction by Gordon Bailey Washburn.
1954-1955, JAPON :
Exposition d'art français [en japonais].
1955, MOSCOU :
L'art français du XVᵉ au XXᵉ siècle [en russe], musée Pouchkine, Moscou.
1955, PARIS, Heim, Caravage :
Caravage et les peintres français du XVIIᵉ siècle. Exposition organisée au profit de la Société des Amis du Louvre, Galerie Heim, Paris, 1955.
• 1955, PARIS, Heim, Trente tableaux... :
Trente Tableaux de maîtres anciens récemment acquis. Catalogue vendu au profit de « La résidence sociale ». Galerie

Heim, Paris, 1955.
1955, PARIS, Orangerie :
Chefs-d'œuvre du musée de Cologne, musée de l'Orangerie, Paris.
1956, CASTRES :
Les plus belles peintures des collections privées du Tarn du XVᵉ au XVIIIᵉ siècle, et dessins de Raymond Lafage, musée Goya, Castres, 3 juin-2 septembre 1956. Catalogue par Hermann Voss.
1956, LENINGRAD :
L'art français du XIIᵉ au XXᵉ siècle [en russe], musée de l'Ermitage, Leningrad.
1956, LE PUY :
La Vierge dans l'Art, musée Crozatier (Le Puy), juillet-septembre 1956.
1956, PARIS, Heim :
Tableaux de Maîtres anciens, Galerie Heim, Paris, 1956.
1956, PARIS, Orangerie :
Le Cabinet de l'amateur, organisé par la Société des Amis du Louvre en souvenir de Monsieur A.-S. Henraux, Orangerie des Tuileries, Paris, février-avril 1956, Ed. des Musées nationaux, 1956.
1956, PORTLAND :
Paintings from the Collection of Walter P. Chrysler Jr, The Portland Art Museum, Portland (Oregon) 1956 (circule dans l'ouest et l'est des U.S.A. jusqu'en 1957). Catalogue par Bertina S. Manning.
• 1956, ROME :
Il Seicento Europeo. Realismo, Classicismo, Barocco, Mostra organizzata del Ministero italiano della P.I. sotto gli auspici del Consiglio d'Europa, Palazzo delle Esposizioni, Rome, Dicembre 1956-Gennaio 1957 (introduction et notices concernant la peinture française par Charles Sterling).
1956, ZURICH :
Unbekannte Schönheit. Bedeutende Werke aus fünf Jahrhunderten, Kunsthaus, Zurich, 9 juin-fin juillet 1956.
1957, GENÈVE :
Art et Travail. Exposition organisée par le Bureau International du travail et la ville de Genève en commémoration du 25ᵉ anniversaire de la mort de Albert Thomas, musée d'Art et d'Histoire, Genève, 14 juin-22 septembre 1957.
1957, MANCHESTER :
Art Treasures Centenary. European Old Masters, City Art Gallery, Manchester, 30th October to 31st December 1957.
1957, NEW YORK :
Art Unites Nations. E. and A. Silberman Galleries. December 10-28, 1957.

IV
Depuis 1958

1958, HAMILTON :
Old Masters, Art Gallery, Hamilton, Ontario.

● 1958, LONDRES :
The Age of Louis XIV, Winter Exhibition, Royal Academy of Arts, London. Avant-propos par J. Vergnet-Ruiz, introduction par Anthony Blunt, catalogue par Michel Laclotte (album de reproductions séparé).

1958, PARIS, Heim :
Tableaux de Maîtres anciens, Galerie Heim, Paris.

● 1958, PARIS, Petit Palais :
Le XVIIe siècle français. Chefs-d'œuvre des Musées de Province, Petit Palais, mars 1958. Introduction par Jean Vergnet-Ruiz, catalogue par Michel Laclotte.

1958, ROME :
Michael Sweerts e i Bamboccianti, Museo di Palazzo Venezia, Roma. Introd. di Emilio Lavagnino.

1958, ROTTERDAM :
Sweerts en Tijdgenoten, musée Boymans, Rotterdam, 4 octobre-23 novembre 1958.

1958, SARASOTA-HARTFORD :
A Everett Austin Jr. A Director's Taste and Achievement, John and Mable Ringling Museum of Art, Sarasota, Florida, February 23 to March 30, 1958 ; Wadworth Atheneum, Hartford, Connecticut, April 23 to June 1, 1958.

1958, STOCKHOLM :
Fem Sekler Fransk Konst. Miniatyrer-Malningar-Teckningar 1400-1900, Nationalmuseum, Stockholm, 15 août-9 novembre 1958. Préface par Carl Nordenfalk, catalogue par Pontus Grate et Per Bjurström (album de reproductions séparé).

1959, BERNE :
Das 17. Jahrhundert in der französischen Malerei, Kunstmuseum Bern, Februar-März 1959. Introduction et catalogue par Boris Lossky, avec l'aide de J.M. Girard et E. Althaus.

1959, RALEIGH :
Masterpieces of Art. W.R. Valentiner Memorial Exhibition, North Carolina Museum of Art, Raleigh, April 6, May 17, 1959. Préface de James B. Byrnes.

1959-1960, ROTTERDAM-ESSEN :
Collectie Thyssen-Bornemisza, Museum Boymans-Van Beuningen, Rotterdam ; *Sammlung Thyssen-Bornemisza*,

Folkwang Museum, Essen.

1960, PARIS, Arts décoratifs :
Louis XIV. Faste et décors, musée des Arts décoratifs, Palais du Louvre, pavillon de Marsan, Paris, mai-octobre 1960. Préface de Roger-Armand Weigert.

1960, PARIS, Louvre :
Exposition de 700 tableaux de toutes les écoles, antérieurs à 1800, tirés des Réserves du Département des Peintures, Musée national du Louvre, Paris 1960.

1960, SARASOTA :
Figures at a Table, Ringling Museum of Art, Sarasota.

● 1960-1961, WASHINGTON :
The Splendid Century. French Art 1600-1715, The National Gallery of Art Washington, The Toledo Museum of Art, The Metropolitan Museum of Art, 1960-1961. Avec un Essai de Théodore Rousseau Jr.

1961, JACKSONVILLE :
Masterpieces of French Painting, Cummer Art Gallery of Art, Jacksonville, Florida.

1961-1962, CANADA :
Héritage de la France. La peinture française de 1610 à 1760, Montréal-Québec-Ottawa-Toronto, octobre 1961-mars 1962.

1962, LONDRES :
Primitives to Picasso. An Exhibition from Municipal and University Collections in Great Britain, Royal Academy of Arts, London, Winter Exhibition, 1962. (Voir également *Primitives to Picasso. Illustrated Souvenir*, Londres, 1962.)

1962, ROME :
Il ritratto francese da Clouet a Degas, Palazzo Venezia, Roma, 1962. Préface de Germain Bazin, catalogue par Odette Dutilh et Pierre Rosenberg.

1963, ARKANSAS :
Five Centuries of European Painting, Art Center, Arkansas.

1964, DIJON :
Peinture classique du XVIIe siècle français et italien du Musée du Louvre, musée des Beaux-Arts de Dijon, palais des États de Bourgogne, 1964. Préface de Germain Bazin ; catalogue par Sylvie Béguin, M. Dreyfus-Bruhl, J. Foucart, Y. Le Gorgeu, N. Reynaud.

1964, MUSÉES NATIONAUX :
La Société française du XVIIe et du XVIIIe siècle vue par les peintres et les graveurs, Exposition itinérante du Service

éducatif des Musées, Paris 1964, Éditions des Musées nationaux. Catalogue par S. Savanne, M. Th. Zuber et J.C. Lemagny.

1964, NEW YORK :
An Exhibition of Old Masters from the Collections of the Washington County Museum of Fine Arts (...) and the E. and A. Silberman Galleries (...), New York, May 6-May 27 1964.

1965, BORDEAUX :
Chefs-d'œuvre de la peinture française dans les Musées de l'Ermitage et de Moscou, Bordeaux, 14 mai-6 septembre 1965. Catalogue par Gilberte Martin-Méry.

1965-1966, PARIS :
Chefs-d'œuvre de la Peinture française dans les Musées de Leningrad et de Moscou, musée du Louvre, Paris, septembre 1965-janvier 1966. Préfaces de Gaétan Picon et de A. Iserguina et I. Nemilova.

1966, BORDEAUX :
La Peinture française. Collections américaines, musées des Beaux-Arts, Bordeaux, 13 mai-15 septembre 1966. Catalogue par Gilberte Martin-Méry.

1966, LONDRES :
Georges IV and the Arts of France, The Queen's Gallery, Buckingham Palace, 1966.

1966, PARIS :
Dans la Lumière de Vermeer. Cinq siècles de peinture, musée du Louvre, Orangerie des Tuileries, Paris, 24 septembre-28 novembre 1966. Préface de René Huyghe ; introduction de A.B. de Vries (précédemment à La Haye, Mauritshuis, 25 juin-5 septembre).

1966, TOKIO :
Exposition «Le Grand Siècle dans les collections françaises» à Tokio (en japonais).

1967, LENINGRAD :
Peintures d'Europe occidentale dans les Musées de l'U.R.S.S. (en russe).

1967, MONTREAL :
Terre des Hommes. Exposition Internationale des Beaux-Arts, Expo. 67, Montreal, Canada.

1967, NEW YORK :
Vouet to Rigaud, Finch College Museum of Art, New York, 1967, April 20-June 18.

1967-1968, CALIFORNIE :
French Paintings from French Museums

XVII-XVIII centuries, Fine Arts Gallery
of San Diego, September 29-November 5,
1967 ; California Palace of the Legion of
Honor, November 17, 1967-January 1,
1968 ; E.B. Crocker Art Gallery,
January 19-February 25, 1968 ; Santa
Barbara Museum of Art,
March 15-April 28, 1968 ; Introduction
par Michel Laclotte.
1967-1968, PARIS :
Vingt ans d'acquisitions au Musée du
Louvre, 1947-1967, Orangerie des
Tuileries, Paris.
1968, LONDRES, Heim :
French Paintings and Sculptures of the
17th Century. Part I. Summer Exhibition
1968, Heim Gallery, London.
1969, BORDEAUX :
L'Art et la Musique, galerie des
Beaux-Arts, Bordeaux,
30 mai-30 septembre 1969. Préface de
A.P. de Mirimonde.
1969-1970, JACKSONVILLE-SAINT
PETERSBURG :
The Age of Louis XIII, The Cummer
Gallery of Art, Jacksonville, Florida,
Oct. 29-Dec. 7, 1969 ; The Museum of
Fine Arts, St. Petersburg, Florida,
January 5-February 8, 1970. Catalogue
par Mr. Dodge, Mrs Parker, Mrs Young.
1972, RENNES :
Peintures de la Collection Robien, musée
de Rennes. Catalogue par François
Bergot.
1972-1973, NEW-YORK :
Mistaken Identity, Heckscher Museum,
Huntington, New York, 1972,
December 17-1973 January 28.
1973, PARIS, Louvre :
Copies, Répliques, Pastiches. « Le Petit
Journal des grandes expositions », rédigé
par Michel Laclotte et Claudie Ressort.
Musée du Louvre, Paris, 1er décembre
1973-22 avril 1974.
1973, SALZBOURG :
Trésors des Musées de Reims, Salzburg.
1975, PARIS, Heim :
Le Choix de l'amateur. Sélection de
peintures et sculptures du XVe au
XIXe siècle, galerie Heim, Paris,
6 juin-31 juillet 1975.
1975-1976, U.S.A. :
Master Paintings from the Hermitage and
the State Russian Museum Leningrad,
National Gallery, Washington ; Knoedler
and Co, New York ; Institute of Arts,
Détroit ; Country Museum, Los Angeles ;
Museum, Houston.
1976, PARIS :
Chefs-d'œuvre des musées des États-Unis.
De Giorgione à Picasso, musée
Marmottan, Paris, 13 octobre-5 décembre
1976. Catalogue par François Daulte.
1976-1977, NICE - RENNES :
30 peintures du XVIIe siècle français.
Tableaux d'inspiration religieuse des
musées de province. Musée national
Message Biblique Marc Chagall. Nice,
3 juillet-27 septembre 1976 ; musée des
Beaux-Arts, Rennes, 15 octobre
1976-10 janvier 1977. Préface de Jacques
Thuillier. Notices par François Bergot,
Pierre Provoyeur, Jacques Vilain.
1976-1977, PARIS, Louvre :
Nouvelles Acquisitions du musée
d'Orléans, Paris, Musée du Louvre,
3 décembre-28 mars 1977. Introduction
par David Ojalvo ; catalogue par Jacques
Foucart, Jean Lacambre, David Ojalvo,
Pierre Rosenberg, Jacques Vilain (Notice
« Le Nain » par Pierre Rosenberg).
1976-1977, PARIS, Jacquemart-André :
L'art et l'écrivain. Centenaire de Louis
Gillet, Institut de France, musée
Jacquemart-André, décembre
1976-janvier 1977. Catalogue par
Germain Bazin.
1977, FLORENCE :
Pittura francese nelle collezioni pubbliche
fiorentine, Palazzo Pitti, Firenze,
24 aprile-30 giugno 1977. Catalogue par
Pierre Rosenberg.
1977-1978, LE CREUSOT :
La représentation du travail. Mines,
forges, usines. Écomusée de la
Communauté de la Verrerie, Le Creusot,
septembre 1977-février 1978.
1978, PARIS, Dations :
Défense du Patrimoine national. Œuvres
acceptées par l'État en paiement des
droits de succession, musée du Louvre.
Paris, 23 février-24 avril 1978 (notice
Le Nain par Isabelle Compin).
1978, PARIS, Picasso :
Donation Picasso. La collection
personnelle de Picasso, musée du Louvre,
Paris. (Notices « Le Nain » et « Maître du
cortège du bélier » par Pierre Rosenberg).
1978, ROTTERDAM :
Legaat Vitale Bloch, Museum
Boymans-Van Beuningen, Rotterdam.

Ouvrages et articles

I
Jusqu'aux travaux de Champfleury
1644-1849

● 1644, DU BAIL :
Du Bail, *Les Galanteries de la Cour,*
Paris, 1644 (Privilège du 6 juin 1643)
(mention sous les noms de Florange,
Silidas et Polidon ; DOC., p. 185-190).

1646, SCUDERY :
Georges de Scudéry, *Le Cabinet de Mr.
de Scudéry, Gouverneur de Nostre Dame
de La Garde,* A Paris, chez Augustin
Courbé... MDC XXXXVI (DOC.,
p. 192-193).

1677, MAROLLES :
Michel de Marolles, *Le Livre des peintres
et graveurs* (DOC., p. 252).

1679, FELIBIEN :
(André Félibien), *Noms des peintres les
plus célèbres et les plus connus anciens et
modernes,* A Paris, 1679 (sans nom
d'auteur ni d'éditeur ; DOC., p. 252).

● 1688, FELIBIEN :
André Félibien, *Entretiens sur les vies et
sur les ouvrages des plus excellens peintres
anciens et modernes,* Dixième et dernier
Entretien, V,ᵉ S. Mabre Cramoisy, Paris,
1688 (DOC., p. 254-255).

1693, GUILLET DE SAINT-GEORGES :
Guillet de Saint-Georges, *Discours sur le
portrait du Roy* (voir 1854, Guillet ; DOC.,
p. 255).

1699-1700, FLORENT LE COMTE :
Florent Le Comte, *Cabinet des
singularitez d'architecture, peinture,
sculpture et graveure.* A Paris, t. I, 1699 ;
t. II. 1700 (DOC., p. 256).

1704, REYNES :
Reynès, *Noms des protecteurs, des
directeurs, des officiers, et des
académiciens de l'Académie Royale de
Peinture et Sculpture...* (exemplaire de la
Bibliothèque Nationale, daté de 1704 ;
DOC., p. 256-257).

1715, GUERIN :
Nicolas Guérin, *Description de
l'Académie Royale des Arts de peinture et
de sculpture, par feu M. Guérin, Secrétaire*
perpétuel de ladite Académie, Paris, chez
Jacques Collombat, M DCC XV (DOC.,
p. 257-258).

1724, SAUVAL :
Henri Sauval, *Histoire et Recherches des
Antiquités de la Ville de Paris par
Mᵉ Henri Sauval, Avocat au Parlement. A
Paris, 1724* (DOC., p. 258).

1758, MERCURE DE FRANCE :
(Annonce), « Estampes nouvelles »,
Mercure de France, juillet 1758,
p. 174-175.

1759, MERCURE DE FRANCE :
(Annonce), « Gravure », *Mercure de
France,* mars 1759, p. 194.

1763, GUEFFIER :
Claude-Pierre Gueffier, *Description
historique des curiosités de l'église de
Paris...,* par M.C.P.G. A Paris,
MDCC LXIII (DOC., p. 267-269).

1776, PAPILLON DE LA FERTÉ :
Papillon de La Ferté, *Extrait des différens
ouvrages publiés sur la vie des peintres.*
Par M.P.D.L.F., tome second, A Paris,
MDCC LXXVI (DOC., p. 269).

1780, LE BRUN :
J.B.P. Le Brun, *Catalogue raisonné des
tableaux, dessins, estampes (...) qui
composoient le cabinet de feu
M. Poullain, Receveur général des
domaines du Roi, Suivi d'un Abrégé
historique de la Vie des Peintres dont les
Ouvrages formoient cette Collection...* A
Paris, M DCC LXXX (DOC., p. 271-273).

1783, LA BLANCHERIE :
Mammès Pahin de La Blancherie, *Essai
d'un tableau historique des peintres de
l'Ecole françoise depuis Jean Cousin, En
1500, jusqu'en 1783 inclusivement (...)
Sous la direction et par les soins de M. de
La Blancherie, Agent général de
Correspondance pour les Sciences et les
Arts,* A Paris, au Bureau de la
Correspondance (...), M DCC LXXXIII
(DOC., p. 273).

1805, LE MUSEE FRANÇAIS :
*Le Musée français, Recueil complet des
tableaux, statues et bas reliefs qui
composent la collection nationale par S.C.
Croze-Magnan...* tome II, An XIII (1805),
première partie.

1808, GAULT DE SAINT-GERMAIN :
P.M. Gault de Saint-Germain, *Les trois
siècles de la peinture en France, ou
Galerie des peintres français depuis
François 1ᵉʳ, jusqu'au règne de Napoléon,
Empereur et Roi...* A Paris, chez Belin fils,
1808 (DOC., p. 273-275).

1808, LAVALLEE :
Joseph Lavallée, *Galerie du Musée
Napoléon, publié par Filhol, Graveur, et
rédigée par Lavallée (Joseph), Secrétaire
perpétuel de la Société Polytechnique...
Dédiée à S.M. L'Empereur Napoléon 1ᵉʳ,*
Tome Cinquième, Paris, chez Filhol,
artiste graveur et éditeur, 1808. (DOC.,
p. 275-276).

1816, DUCHESNE :
Duchesne, *Musée Français. Recueil des
plus beaux tableaux, statues et bas-reliefs
qui existaient au Louvre avant 1815 avec
l'explication des sujets et des discours
historiques sur la peinture, la sculpture et
la gravure, par Duchesne Ainé,* Paris, A.
et W. Galignani (ca. 1816 ; DOC.,
p. 276-277).

● 1819, PERIES :
Jean Vincent Periès, dans *Biographie
Universelle ancienne et moderne (...)
rédigée par une société de gens de lettres
et de savants,* Paris, chez L.G. Michaud,
libraire-éditeur (« Biographie Michaud »),
t. 24, 1819 (DOC., p. 277-278).

1822, DEVISME :
J.F.L. Devisme, *Histoire de la Ville de
Laon,* Laon, Courtois, 1822 (DOC.,
p. 264).

1822, ROUX :
Pierre Roux, *Catalogue d'une riche
collection de tableaux (...) qui*

composaient le Cabinet de feu M. Robert de Saint-Victor (...) Ce catalogue est composé par M. Pierre Roux, artiste, appréciateur d'objet d'arts. A Paris, 1822 (vente les 26 novembre 1833 et 7 janvier 1823, dans la galerie Le Brun ; DOC., p. 279-280).

1829, DUVAL :
Amaury Duval, *Monumens des Arts du Dessin chez les peuples tant anciens que modernes, recueillis par le baron Vivant Denon (...) décrits et expliqués par Amaury Duval, membre de l'Institut*, T. IV, *Ecole de Peinture depuis la Renaissance des Arts*, Paris, chez M. Brunet Denon, imprimerie Firmin Didot,

1829 (DOC., p. 280-281).

1838, WAAGEN :
G.F. Waagen, *Kunstwerke und Künstler in England*, Berlin, 1838

1839, WAAGEN :
G.F. Waagen, *Kunstwerke und Künstler in Paris*, Berlin, 1839.

1840, NAGLER :
Nagler, *Neues Allgemeines Kunstlerlexicon*, Neuntes Band, München, 1840 (DOC., p. 281-282).

1844, GEORGE :
George, *Galerie de feu S.E. Le Cardinal Fesch (...) ou Catalogue raisonné des tableaux de cette Galerie, accompagné de notices historiques et analytiques des*

maîtres des écoles flamandes, hollandaises et allemandes, par George, peintre, Commissaire-Expert du Musée Royal du Louvre (DOC., p. 283).

1844, SIRET :
Adolphe Siret, *Dictionnaire historique des peintres de toutes les Ecoles...*, Bruxelles, 1844 (DOC., p. 283-284).

1846, MELLEVILLE :
Maximilien Melleville, *Histoire de la Ville de Laon et de ses institutions*, Laon, 1846, 2 tomes.

1848, CLEMENT DE RIS :
L. Clément de Ris, «Troisième exposition de l'Association des Artistes», *L'Artiste*, 30 janvier 1848, p. 193-196.

II
De Champfleury à l'exposition de Londres 1849-1910

1849, CHAMPFLEURY :
Champfleury, «Essai sur la vie et l'œuvre des Lenain, Peintres Laonnois», *Bulletin de la Société archéologique, historique et scientifique de Soissons,* Tome troisième (1849), p. 93-115 (voir 1850, Champfleury).

1849, FLEURY :
Edouard Fleury, *Vandales et iconoclastes*, Laon.

● 1850, CHAMPFLEURY :
Champfleury, *Essai sur la vie et l'œuvre des Lenain, Peintres Laonnois*, Laon, Imprimerie Ed. Fleury, 1850 (tiré à part sous forme d'un petit volume in-8 de l'étude publiée l'année précédente ; cf. 1849, Champfleury).

1850, PITRE-CHEVALIER :
Pitre-Chevalier, «Les aventures d'un tableau des frères Le Nain», *Musée des Familles,* avril 1850, 2e série, 7e volume, n° 7, p. 193-195 (avec la gravure sur bois de la *Forge*).

1850, SOULIÉ :
[Eudore Soulié], «Les frères Le Nain, peintres français du dix-septième siècle», *Le Magasin pittoresque*, t. VIII, mai 1850, p. 147-150.

1851, SAINT-VICTOR :
Paul de Saint-Victor, «La Galerie Lebrun. Collection de M. George», *L'Artiste*, mars et avril 1851 ; republié en une brochure de 45 pages, Paris, 1851.

1853, FLEURY :
Edouard Fleury, «Le Clergé du

département de l'Aisne pendant la Révolution», dans *Études Révolutionnaires*, 2 tomes, 1853.

1853, MONTAIGLON :
Anatole de Montaiglon, *Mémoires pour servir à l'histoire de l'Académie Royale de peinture et de sculpture depuis 1648 jusqu'en 1664...*, Paris, P. Jannet, 2 vol.

1854, CHAMPFLEURY :
Champfleury, «Les frères Le Nain. Acte de vente trouvé dans les archives de la ville de Laon, communiqué et annoté par M. Champfleury», *Archives de l'art français*, 1853-55, p. 68-71.

1854, GUILLET :
Guillet de Saint-Georges, «Discours sur le portrait du roi», *Mémoires inédits sur la vie et les ouvrages des membres de l'Académie Royale de peinture et de sculpture*, publiés par MM. L. Dussieux, E. Soulié, Ph. de Chennevières, Paul Mantz, A. de Montaiglon, Paris, Charavay frères (t. I, p. 229-238 ; cf. p. 237).

1854, WAAGEN :
G.F. Waagen, *Treasures of Art in Great Britain*, John Murray, London.

1855, R.U.A.
(s.n.), Chronique de la *Revue universelle des arts*, t. II, p. 317-318.

1856, DUSSIEUX :
L. Dussieux, *Les artistes français à l'étranger*, Paris, Gide et J. Baudry (voir la troisième édition corrigée, 1876).

1857, BÜRGER :

William Bürger (Théophile Thoré), *Trésors d'art exposés à Manchester...*, Paris, 1857 ; seconde édition révisée en 1862.

1857, CHAMPFLEURY :
Champfleury, (Note sur un contrat de vente où figurent les frères Le Nain peintres nés à Laon), *Bulletin de la Société Académique de Laon*, 1857, t. VI, p. 112-115.

1857, PESQUIDOUX :
Léonce de Pesquidoux, *Voyage artistique en France. Étude sur les musées d'Angers, de Nantes, de Bordeaux, de Rouen, de Dijon, de Lyon, de Montpellier, de Toulouse, de Lille, etc.*, Paris, Michel Lévy, éditeur.

1857, WAAGEN :
G.F. Waagen, *Galleries and Cabinets of Art in Great Britain (Supplemental Volume to the Treasures of Art in Great Britain)*, John Murray, London.

1859, CLÉMENT DE RIS :
L. Clément de Ris, *Les Musées de province. Histoire et description*, Paris (voir 1872, Clément de Ris).

1860, BÜRGER :
William Bürger (Théophile Thoré), «Exposition de tableaux de l'École française ancienne tirés de collections d'amateurs», *Gazette des Beaux-Arts*, 1er sept. 1860, p. 257-258.

1860, CHAMPFLEURY :
Champfleury, «Nouvelles recherches sur la vie et l'œuvre des frères Le Nain»,

Gazette des Beaux-Arts, vol. VIII (1860), p. 173-185, 266-277, 321-332 (voir 1862, Champfleury).

1860, GODARD :
Léon Godard, « L'école française du XVIIIᵉ siècle au Boulevard des Italiens », *Les Beaux-Arts*, t. I (1860), 15 août et 15 septembre, p. 257 sqq. et p. 357 sqq.

1860, MANTZ :
Paul Mantz, « Exposition d'Amiens », *L'Artiste*, Nouvelle Série, t. X (1860), 1ᵉʳ juillet, p. 3-4.

1861, CHAMPFLEURY :
Champfleury, « Catalogue des tableaux des Le Nain qui ont passé dans les ventes publiques de l'année 1755 à 1853 », *La Revue universelle des arts*, t. XIV, Bruxelles, 1861 ; *cf.* septembre 1861, p. 383-394 ; octobre 1861, p. 18-32 ; novembre 1861, p. 99-118.

• 1862, BLANC :
Charles Blanc, *Histoire des peintres. École française*, s.d. *cf.* art. Les frères Le Nain, 8 pages.

1862, CHAMPFLEURY, *L'Artiste* :
Champfleury, « Les Le Nain », *L'Artiste*, Nouvelle Série, t. XII, p. 241-242.

1862, CHAMPFLEURY, *B.S.A.L.* :
Champfleury, « Nouvelles recherches sur la vie et l'œuvre des frères Le Nain, par M. Champfleury », *Bulletin de la Société Académique de Laon*, 1862, p. 165-252 ; tiré à part sous forme d'un petit volume in-8 de 190 pages et 2 planches, Laon, Imp. de Fleury, 1862.

• 1862, CHAMPFLEURY :
Champfleury, *Les peintres de la réalité sous Louis XIII. Les frères Le Nain*, Paris, Librairie Vve Jules Renouard, 1862 (sur la couverture, 1863).

1862, R.U.A. :
F. (?), Bibliographie de la *Revue universelle des arts*, t. XVI, p. 211 (compte rendu du livre de Champfleury).

1863, CHESNEAU :
Ernest Chesneau, « Le réalisme et l'esprit français dans l'art. Les frères Le Nain », *Revue des Deux Mondes*, 1ᵉʳ juillet 1863, p. 218-237.

1863, HARDUIN :
Henri Harduin, « État civil de quelques artistes français, extrait des registres des paroisses conservés aux archives de l'Hôtel-de-Ville de Paris », *Cabinet de l'amateur*, nᵒˢ 31-32.

1863, PARTHEY :
G. Parthey, *Deutscher Bildersaal*, Berlin, 1863 (*cf.* t. II, *ad. art.*).

• 1863, SAINTE-BEUVE :
Sainte-Beuve, « Les frères Le Nain,

peintres sous Louis XIII », *Le Constitutionnel*, 5 janvier 1863 (*cf.* 1865, Sainte-Beuve).

1864, WAAGEN :
G.F. Waagen, *Die Gemäldesammlung in der Kaiserlichen Ermitage zu St. Petersburg nebst Bemerkungen über andere dortige Kunstsammlungen*, München, Friedrich Brukmann's Verlag.

• 1865, CHAMPFLEURY :
Champfleury, *Documents positifs sur la vie des frères Le Nain*, Paris, 1865 (publié d'abord sous forme d'article dans la *Gazette des Beaux-Arts*, t. XIX (1865), p. 43-63).

1865, LENOIR :
Alexandre Lenoir, « Catalogue historique et chronologique des peintures et tableaux réunis au dépôt national des monuments français », 2ᵉ partie, *Revue universelle des arts*, t. XXI (1865), p. 125-160 (*cf.* p. 159).

1865, MANTZ :
Paul Mantz, « La Galerie Pourtalès »' *Gazette des Beaux-Arts*, t. XIX (1865), p. 111.

1865, R.U.A. :
s.n., Chronique de la *Revue universelle des arts*, t. XX, p. 215.

1865, SAINTE-BEUVE :
Sainte-Beuve, « Les frères Le Nain, peintres sous Louis XIII », *Nouveaux Lundis*, t. IV, Paris, Michel Lévy, 1865, p. 116-139 (reprise de l'article publié en 1863 ; voir à cette date).

1866, TROUBAT :
Jules Troubat, (Examen critique des livres intitulés : « Les Frères Lenain » et « Documents positifs sur la vie des frères Lenain », par Champfleury), *Le Bibliophile français*, 15 février 1866, p. 36-38.

1867, BÜRGER :
William Bürger (Théophile Thoré), *Revue Germanique*, 1ᵉʳ septembre 1867.

• 1867, JAL :
Auguste Jal, *Dictionnaire critique de biographie et d'histoire...*, Paris, Henri Plon.

1870, LAVICE :
A. Lavice, *Revue des Musées de France*, Paris, Vve Jules Renouard.

1872, CHAMPFLEURY :
Champfleury, « Le Nain et Chardin », dans *Les Enfants, Éducation, Instruction...*, Paris, J. Rothschild éditeur, p. 55-58.

1872, CLÉMENT DE RIS :
L. Clément de Ris, *Les Musées de Province. Histoire et description*, seconde

édition entièrement refondue, Paris, Vve Jules Renouard.

1872, LE BRUN D'ALBANNE :
Mémoires de la Société Académique d'agriculture, des sciences exactes et belles-lettres de l'Aube, année 1872.

1873, PIOT :
Eugène Piot, *État-civil de quelques artistes français extrait des registres des paroisses des anciennes archives de la ville de Paris*, Paris, Librairie Pagnerre.

1874, GONSE :
Louis Gonse, « Musée de Lille. Le Musée de Peinture. École Française », *Gazette des Beaux-Arts*, t. IX (1ᵉʳ février 1874), p. 140-141.

1874, MANTZ :
Paul Mantz, « L'Exposition du Palais Bourbon en faveur des Alsaciens-Lorrains », *Gazette des Beaux-Arts*, t. X (août 1874), p. 106-109.

1875, CHAMPFLEURY :
C.-Y. [Champfleury], « Un Le Nain inconnu », *La Chronique des Arts*, 6 mars 1875, p. 82.

1876, DUSSIEUX :
L. Dussieux, *Les Artistes français à l'étranger*, Troisième édition (voir 1856, Dussieux ; cette dernière édition contient des additions importantes touchant les Le Nain).

• 1876, GUIFFREY :
J.J. Guiffrey, « Antoine, Louis et Mathieu Le Nain. Nouveaux documents. 1629-1669. Communiqués et annotés par M. J.J. Guiffrey », *Nouvelles Archives de l'Art français*, 1876, p. 255-295.

1876, PLON :
Inventaire Général des Richesses d'Art de la France, Paris, Monuments Religieux, Paris, Plon éditeur, 1876, t. I, Add. p. 411.

1877, DOLENT :
Jean Dolent, *Le livre d'art. Des Femmes. Peinture, Sculpture*, Paris, Alphonse Lemerre éditeur, p. 215-218.

1878, COURAJOD :
Louis Courajod, « Objets d'art concédés en jouissance par la Restauration », *Nouvelles Archives de l'Art français*, vol. VI (1878), p. 371-399.

1879, ARAGO :
Étienne Arago, « Les Frères Le Nain. A propos d'un recueil mortuaire », *L'Art*, 1ʳᵉ série, t. 16, p. 305-309.

1879, BERGER :
Georges Berger, *L'École française de peinture depuis ses origines jusqu'à la fin du règne de Louis XIV. Leçons professées*

à l'École Nationale des Beaux-Arts,
1876-1877, Paris, Librairie Hachette.
1879, VALABRÈGUE :
Antony Valabrègue, « Le Musée du Puy et
le Séminaire de Vals. 'L'ivrogne et sa
famille', par les frères Le Nain », L'Art,
1re série, t. 18, p. 311.
1880, CLÉMENT DE RIS :
L. Clément de Ris, « Le Musée impérial de
l'Ermitage à Saint-Pétersbourg. École
française », Gazette des Beaux-Arts,
t. XXI (1880, vol. I), p. 266-268.
1882-1883, BULL. SOC. AC. LAON :
Bulletin de la Société Académique de
Laon, années 1882-1884, 1re Partie,
Procès-verbaux des séances (t. XXVI,
1887) (préparation de l'exposition).
1883, FIDIÈRE :
Octave Fidière, État-civil des peintres et
sculpteurs de l'Académie Royale. Billets
d'enterrement de 1648 à 1713, publiés
d'après le registre conservé à l'École des
Beaux-Arts, Paris, Charavay frères.
1883, SIRET :
Adolphe Siret, Dictionnaire historique et
raisonné des peintres de toutes les
écoles..., Bruxelles, Paris, Leipzig,
Londres (3e édition augmentée).
1883-1887, PLON :
Inventaire général des richesses d'art de
la France. Archives du Musée des
Monuments français, 3 tomes, Paris,
Librairie Plon ; Première partie, 1883 ;
Deuxième partie, 1886 ; Troisième partie,
1897.
1887, HAMEL :
Maurice Hamel, « Exposition de tableaux
de Maîtres anciens au profit des Inondés
du midi », Gazette des Beaux-Arts,
1er mars 1887 (t. XXXV, vol. I),
p. 252-253.
1890, STEIN :
Henri Stein, État des objets d'art placés
dans les monuments religieux et civils de
Paris au début de la Révolution française
publiés d'après des documents inédits,
Paris, Charavay frères (publié d'abord
dans les Nouvelles Archives de l'Art
français, 1890, p. 1-131).
1892, BÉNÉDITE :
[Léonce Bénédite (?)], « Mouvement des
Musées. Musée du Louvre », Bulletin des
Musées, t. II, 1891-1892, p. 382-385.
1892, BULL. SOC. AC. LAON :
Bulletin de la Société Académique de
Laon, t. XXIX, années 1892-1893-1894
(1895), p. V-VI, Compte rendu des
séances du 28 janvier 1892 (observations
de Grandin sur la date de naissance des
Le Nain inscrite sur le cartouche du

musée) ; idem, 26 février 1892
(observations de M. Lobgeois sur les
biens des Le Nain).
1892, MANTZ
Paul Mantz, « Repas de paysans. Tableau
de l'un des Lenain », Le Magasin
Pittoresque, 30 avril 1892.
1892, SOUCHON :
Joseph Souchon, « De quel peintre furent
élèves les frères Le Nain ? », L'Art, t. 52
(1892), p. 10.
1893, GRANDIN, La famille... :
Georges Grandin, « La famille Le Nain »,
Journal de l'Aisne, samedi 16 septembre
1893 (85e année, no 214), p. 2-3.
1893, GRANDIN, La succession... :
Georges Grandin, « La succession de
Mathieu Lenain, Sr. de La Jumelle et
peintre ordinaire du Roi », Journal de
l'Aisne, 7 octobre 1893, p. 2.
1893, LEMONNIER :
Henry Lemonnier, L'art français au temps
de Richelieu et de Mazarin, Paris,
Librairie Hachette.
1894, CHENNEVIÈRES :
Philippe de Chennevières, Essais sur
l'histoire de la peinture française, Paris,
Aux bureaux de l'Artiste.
1894, GRANDIN, L'Art :
Georges Grandin, « Les Lenain. I. Les
dénicheurs. II. 'La forge' de Louis
Lenain », L'Art, 2e série, t. III (1894),
p. 123-132.
1894, GRANDIN, N.A.A.F. :
Georges Grandin, « Les Colart, les
Le Nain, les de La Tour et autres peintres
de Laon. Notes et documents
communiqués par M. Grandin,
conservateur du musée de Laon »,
Nouvelles Archives de l'Art français,
1894, p. 1-16.
1895, GRANDIN :
Georges Grandin, « Les contemporains
des Le Nain à Laon », Réunion des
Sociétés des Beaux-Arts des
Départements, t. XIX (1895), p. 103-133.
1896, GRANDIN :
Georges Grandin, « Les contemporains
des Le Nain à Laon » (suite), Réunion des
Sociétés des Beaux-Arts des
Départements, t. XX (1896), p. 638-694.
1898, DILKE :
Emilia F.S. Dilke, « L'Art français au
Guildhall de Londres en 1898 », Gazette
des Beaux-Arts, 1er octobre 1898, t. II,
p. 321-336.
1899, HUYSMANS :
Joris Karl Huysmans, « Les frères
Le Nain », Écho de Paris, mercredi

5 juillet 1899, p. 1 (repris dans 1902,
Huysmans).
1900, GONSE :
Louis Gonse, Les chefs-d'œuvre des
Musées de France. La peinture, Paris,
Société française d'édition d'art.
• 1900, GRANDIN :
Georges Grandin, « La famille Le Nain »,
Réunion des Sociétés des Beaux-Arts des
Départements, t. XXIV (1900), p. 475-509.
1900, MERSON :
Olivier Merson, La peinture française.
II. XVIIe et XVIIIe siècles, Paris, Alcide
Picard et Kaan.
1901, SINGER :
Hans Wolfgang Singer, Allgemeines
Kunstler-Lexicon, 3e Auflage, Frankfurt
a/Main (1895-1922, 7 vol.).
1902, HUYSMANS,
Joris Karl Huysmans, « Les frères Le
Nain », dans De tout, Paris, Stock éd.,
p. 148-159 (voir 1899, Huysmans).
1902-1903, TUETEY :
Louis Frédéric Tuetey, Procès-verbaux de
la Commission des Monuments, Paris,
Société de l'Histoire de l'Art français,
2 vol.
1904, BOUYER :
Raymond Bouyer, « Les frères Le Nain »,
La Revue de l'Art ancien et moderne,
août 1904, p. 155-160.
• 1904, VALABRÈGUE :
Antony Valabrègue, Les frères Le Nain,
Paris, Librairie de l'art ancien et
moderne, 178 pages, 24 reproductions.
1905, GEOFFROY :
Gustave Geoffroy, « Les Frères Le Nain »,
L'Art et les Artistes, 1re année, no 9
(décembre 1905), p. 63-68.
1906, FLORISOONE :
Michel Florisoone, Les frères Le Nain,
peintres Laonnais 1588-1677, Conférences
des Rosati Picards, Amiens, XXIV
(27 octobre 1906), Imprimerie P. Ollivier,
Cayeux-sur-Mer.
1908, BENOÎT :
François Benoît, « Un 'Le Nain'
inconnu », Bulletin de la Société de
l'Histoire de l'Art français, 1908,
p. 208-212.
1908, TROUBAT :
Jules Troubat, Un coin de littérature sous
le Second Empire : Sainte-Beuve et
Champfleury, Paris, Mercure de France.
1909, GRAUTOFF :
Otto Grautoff, « Die Gebrüder Lenain »,
Kunst und Künstler, t. VII (1909),
p. 541-546.

III
De l'exposition de Londres à l'exposition du Petit Palais 1910-1934

1910, WEINER :
P.P. Weiner, « La vie et les arts à Ostankino » (en russe), *Starye Gody*, mai-juin 1910, p. 38-72.

● 1910, WITT :
Robert C. Witt, « Suggested Classification of the Works of the Brothers Le Nain », in Catalogue *1910 Londres*, p. 7-20 ; repris dans l'édition illustrée de 1911 avec d'importantes modifications, p. 11-24.

1911, MARQUISET :
Jean Marquiset, « Les maisons natales des Laonnais célèbres », *En marge de l'histoire de Laon*, Laon, Imprimerie des Tablettes de l'Aisne.

1911, MIREUR :
H. Mireur, *Dictionnaire des ventes d'art...*, vol. IV, Ch. de Vincenti, Paris.

1912, FURCY-RAYNAUD :
M. Furcy-Raynaud, « Les tableaux et objets d'art saisis chez les émigrés et condamnés, et envoyés au Museum Central », *Archives de l'Art français*, nouvelle période, t. VI (1912), p. 245-335.

1913, LE CRI DE PARIS :
(Anonyme), « Au Louvre », *Le cri de Paris*, 28 décembre 1913.

1913, GILLET :
Louis Gillet, *La peinture aux XVIIe et XVIIIe siècles*, Paris, H. Laurens.

1913, MOUREY :
Gabriel Mourey, « La collection du duc de Sutherland à Stafford House », *Les Arts*, Janvier 1913, p. 12-27.

1913-1914, GRAVES :
Algernon Graves, *A Century of Loan Exhibitions (1813-1912)*, tomes II et IV.

1915, GUIFFREY :
Jules Guiffrey, *Artistes parisiens du XVIe et du XVIIe siècles*, Paris, Imprimerie Nationale.

1919, BRIERE :
Gaston Brière, « Nouveaux tableaux de l'école française du Musée du Louvre », *Bulletin de la Société de l'Histoire de l'Art français*, 1919, p. 79-80.

1920, B.A.A.M. :
« Musées — Musée de Strasbourg », *Le Bulletin de l'Art ancien et moderne*, t. 22, n° 638 (10 mars 1920), p. 36.

1920, JAMOT :
Paul Jamot, « The Acquisitions of the Louvre during the War. III », *The Burlington Magazine*, 1er septembre 1920, p. 152-161.

1921, ALEXANDRE :
Arsène Alexandre, « A la France maintenant ! Cent expositions idéales », *La Renaissance de l'Art français*, t. IV (1921), p. 401-406.

1921, HOURTICQ :
Louis Hourticq, *De Poussin à Watteau, ou des origines de l'école parisienne de peinture*, Paris, Hachette.

1921, LEMONNIER :
Henry Lemonnier, « La peinture et la gravure en France pendant la première moitié du XVIIe siècle », dans André Michel, *Histoire de l'art*, Paris, Armand Colin, t. VI, 1re partie (1921) p. 250-255.

1922, GILLET :
Louis Gillet, *Histoire des Arts*, t. XI de l'*Histoire de la Nation française* de Gabriel Hanotaux, Paris, 1922.

● 1922, JAMOT, *La Forge* ... :
Paul Jamot, « Sur les frères Le Nain. - I - « Vénus dans la forge de Vulcain » et quelques autres œuvres connues depuis peu », *Gazette des Beaux-Arts*, février 1922, p. 129-136.

● 1922, JAMOT, *Essai* ... :
Paul Jamot, « Sur les frères Le Nain - II - Essai de classement de l'œuvre des Le Nain », *Gazette des Beaux-Arts*, avril 1922, p. 219-233 ; mai 1922, p. 293-308.

1922, JAMOT :
Paul Jamot, *Les frères Le Nain*, Paris, Gazette des Beaux-Arts, 1922 (brochure de 40 pages et 13 reproductions réunissant les études parues précédemment dans la *Gazette des Beaux-Arts*).

1922, KLINGSOR :
Tristan Klingsor, « Les Le Nain », *L'Amour de l'Art*, p. 97-100.

1922, SAUNIER :
Charles Saunier, « Le Musée de Rennes », *La Renaissance de l'Art français*, février 1922, p. 76-83.

1922, TATLOCK :
R.R. Tatlock, « Notes on Various Works of Art. Le Nain », *The Burlington Magazine*, vol. XL (1922) p. 139-141.

1922, VAUDOYER :
Jean-Louis Vaudoyer, « Les frères Le Nain », *Echo de Paris*, 14 septembre 1922.

1923, B.A.I.C. :
W.A.P., « A painting by the Brothers Le Nain », *Bulletin of the Art Institute of Chicago*, november 1923 (vol. XVII, n° 8), p. 82-84.

1923, NEW YORK HERALD :
The New York Herald Art Supplement, European Editions, 29 avril 1923.

1923, DRUART :
René Druart, « Les frères Le Nain », *Le Pampre*, n° 7 et 8 (mars 1923), p. 27-30.

1923, ESCHOLIER :
Raymond Escholier, « Le secret des Le Nain », *Le Figaro. Supplément littéraire*, n° 199, 28 janvier 1923.

● 1923, JAMOT, *Sur quelques œuvres ...* :
Paul Jamot « Sur quelques œuvres de Louis et de Mathieu Le Nain. A propos d'une exposition », *Gazette des Beaux-Arts*, janvier 1923, p. 31-40 (texte de l'« Avant-propos » placé en tête du catalogue de l'exposition organisée à la Galerie Sambon).

● 1923, JAMOT, *Essai de chronologie ...* :
Paul Jamot, « Essai de chronologie des œuvres des frères Le Nain », *Gazette des Beaux-Arts*, mars 1923, p. 157-166.

1923, JAMOT :
Paul Jamot, *Nouvelles études sur les frères Le Nain*, Paris, Gazette des Beaux-Arts 1923 (brochure de 20 pages et 9 reproductions réunissant les études publiées en janvier et mars dans la *Gazette des Beaux-Arts*).

1923, MICHEL :
Edouard Michel, « A propos des frères Le Nain », *Gand artistique*, 14 juillet 1923, p. 167-169.

1923, REY :
Robert Rey, « Une exposition de peintures des frères Le Nain », *Beaux-Arts*, n° 1 (15 janvier 1923), p. 5.

1923, SAMBON :
Louis Sambon, [Sur les influences subies par les Le Nain], *L'Illustration*, n° 4 168, 20 janvier 1923, p. 61.

1923, VAILLAT :
Léandre Vaillat, « Une famille de peintres français du XVIIe siècle. Une exposition d'œuvres des frères Le Nain », *L'Illustration*, n° 4 168, 20 janvier 1923, p. 58-61

1923, VAUDOYER :
Jean-Louis Vaudoyer, « L'Exposition Le Nain », *Echo de Paris,* 18 janvier 1923.

1924, BRIERE :
Gaston Brière, *Musée National du Louvre. Catalogue des peintures - I - Ecole française.*

1924, DRUART :
René Druart, « Trois grands artistes du Nord-Est : les frères Le Nain », *Annuaire-Bulletin de la Société des Amis du Vieux Reims,* 1923-24, p. 105-117.

● 1924, THIIS :
Jens Thiis « De tre brodre Le Nain. Notater og iagttagelser om deres Billeder », *Kunstmuseets Aarskrift* 1921-1923, Kobenhavn, 1924, p. 273-304.

1925, NICOLLE :
Marcel Nicolle, *La peinture française au Musée du Prado,* Paris, Librairie académique Perrin.

1925, SCHNEIDER :
René Schneider, *L'Art français. XVIIe siècle (1610-1690),* Paris, Henri Laurens éd.

1926, CONSTABLE :
W.G. Constable, « French Painting in Amsterdam » *The Burlington Magazine,* 1926, vol. XLIX, p. 222-233.

1926, DIMIER :
Louis Dimier, *Histoire de la peinture française. Du retour de Vouet à la mort de Le Brun,* Paris-Bruxelles, Van Oest, t. I, 1926.

● 1926, ERNST :
Serge Ernst, « Les œuvres des frères Le Nain en Russie », *Gazette des Beaux-Arts,* mai 1926, p. 301-317.

1926, E.S.S. :
E.S.S. (?), « The young card Players attributed to Mathieu Le Nain », *Bulletin of the Worcester Art Museum,* vol. XVII, oct. 1926, n° 3, p. 68-74.

1926, LUC-BENOIST :
Luc-Benoist, « La collection Paul Jamot », *L'Amour de l'Art,* 1926, p. 165-168.

1926, MARQUISET :
Jean Marquiset, « La vie en province sous Louis XIII d'après l'œuvre des frères Le Nain, peintres Laonnois », *En marge de l'histoire de Laon,* 3e série, Laon, Edmond Becard éditeur, 1926, p. 75-99 (Extraits d'une conférence donnée à la Sorbonne par la Société des Picards de l'Aisne à Paris, le 11 janvier 1925).

● 1927, ERNST :
Serge Ernst, « Un peintre inconnu du XVIIe siècle : Pierre Montallier », *Gazette des Beaux-Arts,* 1927, t. II, p. 12-14.

1927, PRESSE
Sur la lacération au Louvre de la *Famille de Paysans,* le 13 novembre, voir notamment :
Le Quotidien, 14-11-1927 (avec reproduction erronée).
L'Echo de Paris, 14-11-1927, « Un vandale lacère un tableau au Louvre ».
L'Humanité, 14-11-1927, « Un fou lacérait une toile de Le Nain au Musée du Louvre ».
Le Temps, 15-11-1927, « Au musée du Louvre. La mutilation d'un Le Nain ».
Paris-Soir, 16-11-1927, « La mutilation du Le Nain. Il faut que le Louvre soit mieux gardé ».
Liberté, 18-11-1927 (sans titre).
Comaedia, 20-12-1927. « Celui qui lacéra le tableau de Louis Le Nain est condamné ».

1927, THIIS :
Jens Thiis, *Fransk aand og Kunst, t. II. Barok og Klassicisme,* Oslo.

1928, COLLINS BAKER :
C.H. Collins Baker, « The Le Nain Brothers », *Apollo,* 1928, August (vol. VIII), p. 66-71.

1928, WESTERCAMP :
Charles Westercamp, « Les anciens peintres Laonnais », *Bulletin de la Société Académique de Laon,* t. XXXVI, 1928, p. 11-25.

1929, BRUNON GUARDIA :
G.B.G. (G. Brunon Guardia), « Revue de la presse. A propos de Louis Le Nain », *Beaux-Arts,* n° 8 (15 août 1929) p. 30.

1929, FIERENS :
Paul Fierens, « Les Le Nain », *Journal des Débats* 8 octobre1929.

1929, GAUTHIER :
Maximilien Gauthier, « Un grand réaliste français : Louis Le Nain, peintre de la vie rustique sous Louis XIII », *Monde,* n° 60 (27 juillet 1929), p. 8-9.

1929, HUYGHE :
René Huyghe, « Dans les musées nationaux », *Beaux-Arts,* décembre 1929, p. 5.

● 1929, JAMOT :
Paul Jamot, *Les Le Nain,* coll. « Les Grands artistes, leur vie, leur œuvre », Paris, Henri Laurens éd., 128 p., 24 reprod.

1929, JAMOT, *Pantheon :*
Paul Jamot, « Antoine, Louis et Mathieu Le Nain », *Pantheon,* août 1929, p. 356-362.

1929, JAMOT, *Figaro :*
Paul Jamot, « Les Le Nain », *Figaro. Supplément artistique,* p. 569-571.

● 1929, LANSING, *M.M.S.* :
Joséphine M. Lansing, « A fourth member of the Le Nain group », *Metropolitan Museum Studies,* vol. 1, mai 1929, p. 201-207.

1929, LANSING, *B.M.M.A.* :
J.M. L (ansing), « The Le Nain assistant » *Bulletin of the Metropolitan Museum of Art,* vol. XXIV, n° 6 (juin 1929) p. 173.

1929, LUTHER CARY :
Elisabeth Luther Cary, « The Le Nain Assistant. Problems of Identification That Are Yet Unsolved Afer Three Centuries », *New York Times,* july 21, 1929.

1929, MARCEL-TERRASSE :
Pierre Marcel et Charles Terrasse, *La peinture au musée du Louvre. Ecole française XVIIe siècle.* Publié sous la direction de Jean Guiffrey par L'Illustration. Paris, s.d.

1929, REAU :
Louis Réau, *Catalogue de l'art français dans les musées russes,* Paris, A. Colin éd., 1929 (publié par la Société de l'Histoire de l'art français).

1929, VALENTINER :
Wilhelm R. Valentiner, « A Painting by Mathieu Le Nain », *Bulletin of the Detroit Institut of Arts,* janvier 1929 (vol. X, n° 4) p. 47-49.

1929, VOLLMER :
Hans Vollmer, art. « Le Nain » dans : Ulrich Thieme et Félix Becker, *Allgemeines Lexikon der bildenden Künstler,* t. XXIII (1929).

1929, WESTERCAMP :
W. [Charles Westercamp], « A propos des Le Nain », *Les Tablettes de l'Aisne,* 15 juin 1929.

1930, BIERMANN :
Georg Biermann, « Die Sammlung Schloss Rohoncz. Zur Ausstellung in der Münchner Neuen Pinakothek », *Cicerone,* XXII, p. 355-368.

1930, BLOCH :
Vitale Bloch, « Georges (Dumesnil) de La Tour, 1600-1652 », *Formes,* décembre 1930, p. 17-18.

1930, GAUTHIER :
Maximilien Gauthier, art. « Le Nain », *Larousse mensuel,* n° 285 (novembre 1930), p. 550-552.

● 1930, JAMOT :
Paul Jamot, « Un tableau religieux inconnu de Louis Le Nain : 'La Cène' », *Gazette des Beaux-Arts,* octobre 1930 (t. II), p. 223-230.

1930, MARQUÈZE :
Marquèze, (Communication sur l'ouvrage « Les Le Nain »), *Bulletin de la Société*

Académique de Laon, t. XXXVII (1935), p. XXXIII-XXXV (séance du 27 juin 1930).

1930, ROUCHES :
Gabriel Rouchès, « La « Cène » de Le Nain », *Bulletin des Musées de France,* 1930, p. 4-6.

1930, VALENTINER :
Wilhelm R. Valentiner, *Das Unbekannte Meisterwerk in offentlichen und privaten Sammlungen,* vol. I, Vienne.

● 1930, VALENTINER, *B.D.I.A.* :
Wilhelm R. Valentiner, « The Village Piper by Antoine Le Nain », *Bulletin of the Detroit Institute of Arts,* (déc. 1930 vol. XII , n° 3) p. 28-29.

1931, DU BOS :
Charles Du Bos, *Journal,* Ed. Correa, Paris.

1931, FORMES :
Numéro spécial de la revue *Formes* consacré à l'art français (n° 20, décembre 1931), avec des contributions de Pierre du Colombier, Paul Fiérens, René Huyghe, Paul Jamot, etc.

1931, JAMOT :
Paul Jamot, « Forge de Vulcain, par Le Nain », *Bulletin des Musées de France,* avril 1931 (3e année, n° 4), p. 63, 67-71.

1931, NICOLLE :
Marcel Nicolle, « Chefs-d'œuvre des Musées de Province. Ecole française, XVIIe et XVIIIe siècles », *Gazette des Beaux-Arts,* 1931, t. II, p. 98-127.

● 1931, NORTH :
S. Kennedy North, « The Petworth Le Nain », *The Burlington Magazine,* vol. LVIII (1931), p. 277.

1931, PASCAL :
Georges Pascal, « A l'Orangerie des Tuileries. Les chefs-d'œuvre des musées de province », *Art vivant,* 1931, p. 269.

1931, PIERQUIN :
Hubert Pierquin, *Reflets d'Art,* Paris, Ch. Bosse (cf. « Les frères Le Nain », p. 20-21).

1931, WILENSKI :
Reginald Howard Wilenski, *French Painting,* London, The Medici Society (voir 1949, édition corrigée).

1931-1932, JAMOT :
Paul Jamot, « French Painting », *The Burlington Magazine,* n° 345, décembre 1931, p. 257-314 ; n° 346, janvier 1932, p. 3-68.

1932, BORENIUS :
Tancred Borenius, « Die Französische Ausstellung in London », *Pantheon,* p. 82-92.

1932, CHAMOT :
M. Chamot, « The Exhibition of French Art », *Apollo,* vol. XV, n° 85, janvier 1932, p. 1-6.

1932, DEZARROIS :
André Dezarrois, « L'Art français à Londres », *La Revue de l'Art,* t. LXI, février 1932, p. 84-5.

1932, DU COLOMBIER :
Pierre du Colombier, [L'Exposition de l'Art français à Londres], « Le XVIIe siècle », *Gazette des Beaux-Arts,* t. I, p. 39-53.

1932, GEORGE :
Waldemar George, *L'Esprit français et la peinture française. En marge de l'exposition d'art français à Londres,* Paris, Editions des Quatre-Chemins, s.d. (achevé d'imprimer en décembre 1931, paru en 1932).

1932, HUYGHE :
René Huyghe, [La Peinture française et l'Exposition de Londres], « Le XVIIe siècle », *L'Amour de l'Art,* janvier 1932, p. 10-14.

1932, ISARLOV :
George Isarlov, *La peinture française à l'exposition de Londres 1932,* coll. Orbes, 4, Paris, José Corti.

1932, KAY :
H. Isherwood Kay, « Another Dated Le Nain », *The Connoisseur,* July 1932, p. 56.

1932, MALE :
Emile Mâle, *L'Art religieux de la fin du XVIe siècle, du XVIIe siècle et du XVIIIe siècle. Étude sur l'iconographie après le Concile de Trente,* Paris, Armand Colin.

1932, PASCAL :
Georges Pascal, « Le XVIIe siècle », *L'Art vivant,* janvier 1932, p. 14-15.

1932, ROCHEBLAVE :
Samuel Rocheblave, *L'âge classique de l'art français,* Paris, Firmin-Didot et Cie.

1932, DE SARS :
Comte Maxime de Sars, *Histoire des rues et des maisons de Laon,* Soissons, Imprimerie de l'Argus soissonnais.

1932, SIPLE :
Ella S. Siple, « Recent Acquisitions in America », *The Burlington Magazine,* t. LX, février 1932, p. 109-116.

1932, WEISBACH :
Werner Weisbach, *Französische Malerei des XVII. Jahrhunderts im Rahmen von Kultur und Gesellschaft,* Berlin, Heinrich Keller.

1933, NOTES D'ART :
J.D., « Les Peintres de la réalité au XVIIe siècle », *Notes d'Art et d'archéologie,* 1933, p. 63-64.

1933, DANIEL-ROPS :
Daniel Rops, « Les Le Nain peintres de "bamboches" », *Journal des Débats,* 20 août 1933 (compte rendu de Fierens).

1933, FIERENS, *Débats* :
Paul Fierens, « Sur « La Charrette » de Louis Le Nain », Feuilleton du Journal des Débats du 30 mai 1933, Causerie artistique, *Journal des Débats,* 30 mai 1933.

● 1933, FIERENS :
Paul Fierens, *Les Le Nain,* coll. Art et Artistes français, Paris, Librairie Floury, 1933. 176 p. et 96 planches.

1933, FLORISOONE :
Michel Florisoone, « Les Le Nain », *La Revue des Jeunes,* 15 novembre 1933, p. 1488-1491.

1933, GRUBER :
Jean-Jacques Gruber, art. « Le Nain », *Enciclopedia Italiana,* Rome, Istituto Poligrafico dello Stato, 1933.

1933, ISARLOV :
George Isarlov, « La peinture ancienne. Chronique internationale », *Formes,* n° XXXIII, p. 386.

1933, JAMOT, *Un tableau inédit* :
Paul Jamot, « Un tableau inédit de Louis Le Nain antérieur à 1640 », *Gazette des Beaux-Arts,* novembre 1933, p. 295-299.

● 1933, JAMOT, *Autour des Le Nain* :
Paul Jamot, « Autour des Le Nain. Un disciple inconnu : Jean Michelin », *La Revue de l'art, t. LXIII, mai 1933, p. 206-218.*

1933, LASAREV :
Victor Lasarev, « An unknown Picture by Michelin », *Art in America,* décembre 1933, p. 32-36.

1933, LHOTE :
André Lhote, « Les frères Le Nain », *Nouvelle Revue Française,* 1er mars 1933, p. 587-590 (repris dans *Le cœur et l'esprit,* Denoël, Paris, 1950, p. 371 sq.).

1933, MOUREY :
Gabriel Mourey, *Tableau de l'art français des origines à nos jours. II. Le XVIe et le XVIIe siècles,* Paris, Libraire Delagrave.

1933, MUSCULUS :
Romane Musculus, « En faveur de l'origine protestante des Le Nain », *Quinzaine protestante de Strasbourg,* 1933.

IV
De l'exposition du Petit Palais à la fin de la guerre
1934-1945

● 1934, ALFASSA :
Paul Alfassa, « Les frères Le Nain », *La Revue de Paris*, 1934, n° 17 (1er septembre), p. 199-208.

1934, BLOCH, *Autour des « Le Nain »* :
Vitale Bloch, « Autour des 'Le Nain' », *Beaux-Arts*, n° 84, 10 août 1934, p. 1.

1934, BLOCH, *Les frères Le Nain...* :
Vitale Bloch, « Les frères Le Nain et leurs tableaux religieux », *Gazette des Beaux-Arts*, juin 1934, p. 342-350.

1934, DESCAVES :
Lucien Descaves, « Les Le Nain, par M. Paul Fierens : une belle famille divisée », *Le Journal*, 5 juillet 1934.

1934, DIOLÉ, *Au Petit-Palais...* :
Philippe Diolé, « Au Petit Palais. L'exposition Le Nain », *Beaux-Arts*, n° 78 (29 juin 1934), p. 1.

1934, DIOLÉ, *Le XVIIe siècle inconnu* :
Philippe Diolé, « Les peintres de la Réalité. Le XVIIe siècle inconnu », *Beaux-Arts*, n° 100 (30 novembre 1934), p. 2.

1934, DU COLOMBIER, *Sur Georges de La Tour...* :
Pierre Du Colombier, « Sur Georges de La Tour », *Beaux-Arts*, n° 101 (7 décembre 1934), p. 1.

● 1934, DU COLOMBIER, *Un nouveau texte...* :
Pierre Du Colombier, « Un nouveau texte sur les Le Nain », *Beaux-Arts*, n° 81 (20 juillet 1934), p. 1

● 1934, DUMOLIN :
Maurice Dumolin, « Les maisons mortuaires des frères Le Nain », *Bulletin de la Société de l'Histoire de l'Art français*, p. 142-149.

1934, ESCHOLIER, *L'Exposition...* :
Raymond Escholier, « L'Exposition Le Nain au Petit Palais », *Bulletin des Musées de France*, 1934, juillet, p. 129-131.

1934, ESCHOLIER, *Le mystère Le Nain...* :
Raymond Escholier, « Le mystère Le Nain », *Beaux-Arts*, n° 82 (27 juillet 1934), p. 2.

1934, FIERENS, *Nouvelles littéraires* :
Paul Fierens, « Le mystère Le Nain », *Nouvelles Littéraires*, 30 juin 1934.

1934, FIERENS, *Journal des Débats* :
Paul Fierens, « Notes sur les Le Nain »,
feuilleton du *Journal des Débats*, 7 août, 21 août, 4 septembre, 18 septembre (p. 3).

1934, FLORISOONE :
Michel Florisoone, « Le visage des pays de France vu par nos artistes », *L'Art et les Artistes*, n° 146, p. 239-248.

1934, GALLOTTI :
Jean Galloti, « Permanence du type populaire. Les modèles des frères Le Nain », *Vu*, 18 juillet 1934 (n° 331), p. 912-914.

1934, GOULINAT :
J. G. Goulinat, « L'Exposition Le Nain au Petit-Palais », *Le Dessin*, octobre 1934, p. 207-220 (avec un correctif dans le n° de novembre 1934).

1934, GRAPPE :
Georges Grappe, « L'Enigme des Le Nain », *L'Art vivant*, août 1934, n° 187, p. 323-326.

1934, HUYGHE :
René Huyghe, « L'Exposition d'art français de San Francisco », *L'Art vivant*, 1934, p. 362.

1934, ISARLO, *Concorde* :
George Isarlov, « L'Exposition Le Nain », *La Concorde*, 24 août 1934.

1934, ISARLO, *R.A.A.M.* :
George Isarlov, « Le problème des frères Le Nain. Les deux Le Nain », *Revue de l'Art ancien et moderne*, t. LXVI, novembre-décembre 1934, p. 111-130 et 169-181.

1934, JAMOT :
Paul Jamot, *La peinture en France*, Paris, Plon éd. (Collection « Ars et Historia »).

1934, JAMOT, *Michelin* :
Paul Jamot, « Autour du problème des Le Nain. De Jean Michelin à Todeschini », *Revue de l'Art ancien et moderne*, janvier 1934, t. LXV, p. 31-34.

1934, JEAN :
René Jean, « Rétrospective des frères Le Nain au Petit-Palais », *Comaedia*, 23 juin 1934.

1934, LADOUÉ :
P. Ladoué, « Les frères Le Nain, peintres des paysans français sous Louis XIII. Leçons d'une exposition », *Les Etudes*, 5 novembre 1934, p. 311-329.

1934, PANNIER :
Jacques Pannier, « Les Frères Le Nain
ont-ils été protestants ? », *Société de l'histoire du protestantisme français*, LXXXIIIe année, juillet-septembre 1934, p. 496-506 (voir aussi une note complémentaire due à Ph. Mieg, p. 732, des mentions d'archives, p. 474-476, et un compte rendu anonyme de l'article de P. Alfassa, p. 728-729).

1934, PORCELLA :
Amadore Porcella, « Le 'peintre des buveurs' G.F. Cipper, "le Todeschini" », *Revue de l'Art ancien et moderne*, janvier 1934, p. 35-44.

1934, SAMBON, B.-A. :
[Arthur Sambon], « Une intéressante communication de M. Arthur Sambon sur les Le Nain », *Beaux-Arts* (10 août 1934) p. 1.

1934, SAMBON, B.E.A. :
Arthur Sambon, « Exposition Le Nain », *Bulletin des experts d'art*, 31 juillet 1934, p. 13-16.

1934, DE SARS :
Comte Maxime de Sars, *Les Vendangeoirs du Laonnois*, Soissons, imprimerie de l'Argus soissonnais, MCM XXXIV — M.CM.XXXV.

1934, VAUDOYER :
Jean-Louis Vaudoyer « L'Exposition Le Nain au Petit-Palais ».

1934, WATERHOUSE :
Ellis K. Waterhouse, « A Le Nain Exhibition in Paris », *The Burlington Magazine*, septembre 1934, p. 132.

1934, WATT :
Alexander Watt, « Notes from Paris », *Apollo*, vol. 20 (1934), II, p. 156-157.

1934, MESS. AISNE :
« Les Le Nain du Musée Jean de La Fontaine », *Le Messager de l'Aisne*, Château-Thierry, n° du 13 juillet 1934.

1935, ALFASSA :
Paul Alfassa, « Peintres de la Réalité au XVIIe siècle », *La Revue de Paris*, 15 janvier 1935, t. I, p. 400-411.

1935, BLOCH, B.-A. :
Vitale Bloch, « Peintres de la Réalité, » *Beaux-Arts*, n° 110 (8 février 1935) p. 2.

1935, BLOCH, *I pittori...* :
Vitale Bloch, « Les peintres de la Réalité au XVIIe siècle » (conférence tenue au Louvre le 14 décembre 1934, publiée en italien sous le titre : « I Pittori della realtà

nel Seicento» dans la revue *Occidente*, vol. X, et en tirage à 100 exemplaires).

• 1935, DAVIES :
Martin Davies, «Signed Lenains», *The Burlington Magazine*, vol. LXVI (juin 1935) p. 292-294.

1935, ETTINGER :
Paul Ettinger, «Le château de Lancut», *Beaux-Arts*, 26 juillet 1935 (n° 134).

1935, GILLET :
Louis Gillet, *La Peinture de Poussin à David*, Paris, H. Laurens éd.

1935, GOULINAT, A.A. :
J.-G. Goulinat, «Les peintres de la réalité en France au XVIIe siècle», *L'Art et les Artistes*, n° 153 (janvier 1935), p. 109-116.

1935, GOULINAT, *Dessin* :
J.-G. Goulinat, dans *Le Dessin*, janvier 1935, p. 371.

1935, HEVESY :
A. de Hevesy, «Die Ausstellung der französischen Realisten des 17. Jahrhunderts in Paris», *Pantheon*, avril 1935 (vol. XV, n° 1) p. 125-131.

1935, JAMOT :
Paul Jamot, «Le réalisme dans la peinture française du XVIIe siècle. De Louis Le Nain à Georges de La Tour. Les enseignements de deux expositions», *La Revue de l'Art ancien et moderne*, 1935, p. 69-76.

1935, LONGHI :
Roberto Longhi, «I Pittori della realtà in Francia, ovvero i Caravaggeschi francesi del Seicento», *L'Italia letteraria*, 1935, n° 3, 19 gennaio (voir aussi 1972).

1935, PANNIER :
Jacques Pannier, «Les peintres de la réalité et le protestantisme», *Le christianisme au XXe siècle*, jeudi 3 janvier 1935, p. 5-6.

1935, LORD :
Douglas Lord, «Les peintres de la réalité en France au XVIIe siècle», *The Burlington Magazine*, March 1935, p. 138-141.

1935, DE SARS-BROCHE :
Comte Maxime de Sars-Lucien Broche, *Mons en Laonnois et les Creuttes*, Imprimerie de l'Aisne.

1935, STERLING, *Skira* :
Charles Sterling, «Les Le Nain. Le genre et la nature morte», *Les trésors de la peinture française XVIIe siècle*, t. II, ch. V, n.p., Paris, Albert Skira.

1935, STERLING, A.A. :
Charles Sterling, «Le problème des influences. Espagne et France au XVIIe siècle», *L'Amour de l'Art*, janvier

1935, p. 7-14.

1935, STERLING, *B.M.F.* :
Charles Sterling, «Musée de l'Orangerie. L'Exposition des peintres de la réalité en France au XVIIe siècle», *Bulletin des Musées de France*, janvier 1935, p. 2-6.

1935, STERLING, R.A. :
Charles Sterling, «Les peintres de la réalité en France au XVIIe siècle. II. Le portrait, la scène de genre, la nature morte», *La Revue de l'art ancien et moderne*, février 1935, p. 49-68.

1935, TERIADE :
Teriade, *Masterpieces of French Painting. Seventeenth Century*, Londres.

1935, TIETZE :
Hans Tietze, *Meisterwerke Europäischer Malerei in Amerika*, Phaidon-Verlag, Vienne.

1936, ANSALDI :
Giulio R. Ansaldi, «L'esempio del Caravaggio e gli insegnamenti dei Bolognesi nelle pittura francese del Seicento», *Rassegna Italiana*, février-mai 1936, n° 213-216 (publié aussi en tiré-à-part).

1936, LAZAREV :
V.N. Lazarev, *Les frères Le Nain* [en russe], Leningrad-Moscou, 86 p., 45 pl.

1936, Mc BRIDE :
Henry Mac Bride, «Masterpieces of French Art. Georges de la Tour and the Brothers Le Nain Impressively Presented», *The New York Sun*, Saturday November 28, 1936.

1936, SAMBON, *Contribution...* :
Arthur Sambon, «Contribution au problème des Le Nain. La procession des Rogations», *Bulletin trimestriel de la Chambre Internationale des Experts d'art*, janvier-mars 1936 (n° 6), n.p.

1936, SAMBON, *Les Le Nain...* :
Arthur Sambon, «Les Le Nain», *Bulletin trimestriel de la Chambre Internationale des Experts d'art*, avril-juin 1936 (n° 7), n.p.

1936, STERLING :
Charles Sterling, «Cézanne et les Maîtres d'autrefois», *La Renaissance*, mai-juin 1936, vol. XIX, p. 7-16.

1937, BAZIN :
Germain Bazin, «La rétrospective d'Art français. Les peintres de la réalité», *L'Amour de l'Art*, mai 1937, p. 15.

1937, B.M.I.A. :
s.n., «A new Painting by Mathieu Le Nain 17th Century», *The Bulletin of the Minneapolis Institute of Arts*, march 6, 1937, vol. XXVI, n° 10 (p. 46-51).

1937, GEORGE :
Waldemar George, «L'art français et l'esprit de suite», *La Renaissance*, juillet-sept. 1937, p. 17-18.

1937, HUYGHE :
René Huyghe [Les chefs-d'œuvre de l'art français à l'Exposition internationale de 1937], *La Peinture française du XIVe au XVIIe siècle*, Paris, Librairie des Arts décoratifs.

1937, ISARLO :
George Isarlo, «Le Nain et Georges de La Tour à New York», *Beaux-Arts*, 12 février 1937 (n° 215), p. 3.

1937, SAMBON :
Arthur Sambon, «Expositions et Musées. Exposition des Le Nain et de Georges La Tour *(sic)* à New York», *Bulletin trimestriel de la Chambre internationale des Experts d'art*, janvier-mars 1937 (n° 9), n.p.

1937, STERLING :
Charles Sterling, *Peinture française XVIe-XVIIe siècle*, Collection «Les Maîtres», Paris, Ed. Braun et Cie.

• 1937, STERLING, *B.M.* :
Charles Sterling, «Two Unknown Pictures by Mathieu Le Nain», *The Burlington Magazine*, janvier 1937 (vol. LXX), p. 4-7.

1937, BEAUX-ARTS, 5 mars :
s.n., «Ce qu'on a vendu», *Beaux-Arts*, 5 mars 1937, p. 5.

1937, BEAUX-ARTS :
«L'Art français», numéro spécial, *Beaux-Arts*, août 1937.

1937, WESCHER :
Paul Wescher, «Ausstellung Meisterwerke der Französischen Kunst im Palais National des Arts, Paris», *Pantheon*, 1937, p. 278 sqq.

1938, BOUCHER :
François Boucher, «Quelques exemples de la valeur documentaire des catalogues de vente anciens», *Bulletin de la Société de l'Histoire de l'Art français*, année 1938, p. 113-123 (cf. p. 120 sq.).

• 1938, ISARLO :
George Isarlo, «Les trois Le Nain et leur suite», *La Renaissance*, mars 1938 (n° 1), p. 1-58.

1938, MATTHEY :
François Matthey, «Aspects divers de Watteau dessinateur dans la collection Groult», *L'Amour de l'Art*, décembre 1938, p. 372.

• 1938, STERLING :
Charles Sterling, «Un tableau de Jean Michelin acquis par le Musée du Louvre», *Bulletin des Musées de France*, novembre 1938, p. 151-154.

1938, VITRY :
Paul Vitry, « Les trésors de Reims. Exposition au Musée de l'Orangerie », *Bulletin des Musées de France,* avril 1938, p. 42-44.

1939, BLOCH :
Vitale Bloch, « Louis Le Nain and his Brothers », *The Burlington Magazine,* août 1939, p. 50-59.

1939, BLOCH-ISARLO :
(Vitale Bloch-George Isarlo), « A propos des frères Le Nain », *La Renaissance,* mai 1939, p. 49.

1939, DU COLOMBIER :
Pierre Du Colombier, « La Forge de Vulcain au château d'Effiat », *Gazette des Beaux-Arts,* janvier 1939, t. I, p. 30-38.

1939, JAMOT :
Paul Jamot, « Les frères Le Nain », *Visages du monde,* nᵒ 62, 15 février 1939, p. 42-45.

1940, BLOCH :
Vitale Bloch, « De schilders van de realiteit », *Elsevier's Maandschrift.*

1941, DU COLOMBIER :
Pierre du Colombier, « Souvenir de Paul Jamot », *Beaux-Arts,* nᵒ 14, 11 avril 1941, p. 1 et 6-7.

1942, BORENIUS :
Tancred Borenius, « A Newly Discovered Antoine Le Nain », *The Burlington Magazine,* janvier 1942, p. 2-4-5.

1942, DORIVAL :
Bernard Dorival, *La peinture française,* Paris, Librairie Larousse (édition consultée : 1946).

1942, DU COLOMBIER :
Pierre Du Colombier, *Histoire de l'Art,* Paris, Arthème Fayard.

1942, JAMOT :
Paul Jamot, *Georges de La Tour. Avec un Avant-Propos et des Notes par Thérèse Bertin-Mourot,* Paris.

• 1942, MELTZOFF :
Stanley Meltzoff, « The Revival of the Le Nain », *The Art Bulletin,* t. 24 (1942) p. 259-286.

1942, SHOOLMAN — SLATKIN :
Regina Shoolman et Charles Slatkin, *The enjoyment of Art in America,* J.B. Lippincott ed., Philadephie-New York.

1943, BERGER :
Klaus Berger, « Courbet in his Century », *Gazette des Beaux-Arts,* juillet 1943, t. II, p. 19-27.

1943, JAMOT :
Paul Jamot, *Introduction à l'histoire de la peinture.* Avant-propos de Thérèse Bertin-Mourot, Paris, Librairie Plon.

1943, VERGNET-RUIZ :
Jean Vergnet-Ruiz, « La donation Paul Jamot ». *Revue des Beaux-Arts de France,* IV, 1943.

1944, BURLINGTON MAGAZINE :
Editorial : « Gainsborough Collection of Pictures » *The Burlington Magazine,* vol. LXXXIV, mai 1944, p. 107-110.

V
Depuis la guerre
1945-1978

1945, L'AMOUR DE L'ART :
s.n. « Louis Le Nain, Le Retour du baptême », *L'Amour de l'Art,* octobre 1945, p. 129 ; cf. égalᵗ. reprod. couleurs, novembre 1945, p. 166.

1945, BALME :
Pierre Balme, « Une demeure historique. Le château d'Effiat », *Auvergne littéraire. Cahiers d'études régionales,* nᵒ 114, p. 36.

1945, WATERHOUSE :
Ellis K. Waterhouse, « The Sale at Schomberg House, 1789 », *The Burlington Magazine,* March 1945, p. 76-78.

1946, ASSELIN :
Maurice Asselin, *Eloge de Louis Le Nain prononcé à l'Académie des gastronomes par le titulaire de son fauteuil Maurice Asselin,* Mâcon, Imprimerie Protat.

1946, B.M.M. :
(s.n.) « A blacksmith at his forge », *Bulletin of the Metropolitan Museum of Art,* Summer 1946.

1946, DOUGLAS :
R. Langton Douglas, « Recent Additions to the Kress Collection », *The Burlington Magazine,* april 1946, p. 85.

1946, CHAMSON-DEVINOY :
André Chamson, *Dans l'univers des chefs-d'œuvre. 32 photographies de Pierre Devinoy,* Paul Hartman éd.

1946, DAVIES :
Martin Davies, *National Gallery Catalogues. French School,* The National Gallery, London (2ᵉ édition révisée : 1957).

1946, DORIVAL :
Bernard Dorival, *La Peinture française,* Coll. Arts, Styles et techniques, Paris, Larousse (édition citée).

1946, ERLANGER :
Philippe Erlanger, *Les peintres de la réalité,* Editions de la Galerie Charpentier, Paris.

1946, FLORISOONE :
Michel Florisoone, *Portraits français,* Editions de la Galerie Charpentier, Paris.

1946, HUYGHE :
René Huyghe, « Département des Peintures ». (Nouvelles Acquisitions), *Bulletin des Musées de France,* nᵒ 1 (mars 1946), p. 17-24.

1946, MAURICHEAU-BEAUPRÉ :
Charles Mauricheau-Beaupré, *L'Art du XVIIᵉ siècle, première période, 1594-1661,* Guy Le Prat, Paris.

1946, PEYRE :
Henri Peyre, « French Baroque », *Art News* XLV, mai 1946, p. 65.

1947, ART DIGEST :
s.n. : « Le Nain in Toledo », *The Art Digest,* t. 22 (1947) nᵒ 1, p. 12.

1947, LADOUÉ :
Pierre Ladoué, « Les frères Le Nain, peintres des paysans français », *Le Courrier graphique,* nᵒ 31, p. 27-36 (reprise de l'article de 1934 ; voir à cette date).

1947, MOUSSALLI :
Ulysse Moussalli « Le Musée du Louvre possèderait-il, sans le savoir, un dessin de Mathieu Le Nain ? », *Beaux-Arts,* 14 février 1947 (nᵒ 106), p. 8.

1947, NICOLSON :
Benedict Nicolson, « French Seventeenth-Century Painting at Messrs. Wildenstein's » *The Burlington Magazine,* vol. 89, juin 1947, p. 160-161.

1947, PRESTON :
Stuart Preston, « The King's Pictures », *Art News,* janvier 1947, p. 26-28, 61-2.

1947, VISSON :
Assia Visson, « Les Le Nain au Toledo

Museum of Art », *Beaux-Arts*, 28 novembre 1947.

1948, BLOCH :
Vitale Bloch, « The Tercentenary of Antoine and Louis Le Nain » *The Burlington Magazine*, décembre 1948.

1948, KUNSTLER :
Charles Kunstler, « Il y a trois siècles mouraient Antoine et Louis Le Nain », *Les Nouvelles Littéraires*, 12 août 1948, p. 5.

1948, MOUSSALI :
Ulysse Moussalli, « Les Le Nain portraitistes de cour », *Beaux-Arts*, 31 décembre 1948, p. 1, 5.

1948, PARISET :
François-Georges Pariset, *Georges de La Tour*, Paris, Henri Laurens (cf. ch. VI et p. 374).

1949, CHAMPIGNEULLE :
Bernard Champigneulle, *Le règne de Louis XIII*, Collection Documents d'art et d'histoire, Arts et Métiers graphiques, Paris.

1949, FURNESS :
S.M.M. Furness, *Georges de La Tour of Lorraine 1593-1652*, London, Routledge and Kegan Paul Ltd.

1949, WILENSKI :
R.H. Wilenski, *French Painting*, London, the Medici Society (seconde édition révisée).

● 1950, BODKIN :
Thomas Bodkin, « Two rediscovered Pictures by Mathieu Le Nain », *Chefs-d'œuvre perdus et retrouvés. Société Poussin. Troisième cahier*, mai 1950, p. 22-26.

1950 ca, JAMOT - BERTIN-MOUROT :
Paul Jamot, *Petit discours sur l'art français*, Postface et Catalogue succinct par Thérèse Bertin-Mourot, Ed. Albert Morancé (texte de 1938 publié sans date, ca. 1950).

1950, LEYMARIE :
Jean Leymarie, *Le Nain*, Collection « Les Maîtres », Paris, Ed. Braun et Cie (60 reprod.).

1951, DUPONT-MATHEY :
Jacques Dupont et François Mathey, *Les Grands Siècles de la Peinture. Le XVIIᵉ siècle. Les tendances nouvelles en Europe. De Caravage à Vermeer*, Skira éd., Genève.

1952, JOUEURS... :
s.n., « Joueurs de cartes », *Connaissance des Arts*, nᵒ 10 (15 décembre 1952) p. 57.

1952, SCHAFFRAN :
E. Schaffran, « Ein Frühwerk des Antoine Le Nain », *Die Weltkunst*, t. 22, nᵒ 24 (15 déc. 1952) p. 6.

1952, STERLING :
Charles Sterling, *La Nature Morte de l'Antiquité à nos jours*, Editions Pierre Tisné, Paris, 1952 (2ᵉ éd. révisée, Paris 1959)

1953, BLOCH :
Vitale Bloch, « The Le Nains, on the Occasion of the Exhibition at Reims », *The Burlington Magazine*, novembre 1953 (vol. XCV) p. 366-367.

1953, BLUNT :
Anthony Blunt, *Art and Architecture in France 1500 to 1700*, coll. The Pelican History of Art, The Penguin Books, Melbourne, London, Baltimore ; voir aussi 1970 Blunt (3ᵉ édition corrigée).

1953, DACIER :
Emile Dacier, « Catalogues de ventes et livrets de Salon illustrés et annotés par Gabriel de Saint-Aubin. 12. Catalogue de la vente Verrier (1776) », *Gazette des Beaux-Arts*, 1953, t. I, p. 297-334.

1953, DORIVAL :
Bernard Dorival, « Expression littéraire et expression picturale du sentiment de la nature au XVIIᵉ siècle français », *La Revue des Arts*, nᵒ 1, Paris, 1953, p. 45-52.

1953, DRUART :
René Druart, « Les Le Nain au Musée de Reims », *Annales des Amis belges du vieux Laon*, Année 1952-53, Laon, Impr. Bruneteaux, s.d. (1953) p. 7-10.

1954, CROZET :
René Crozet, *La vie artistique en France au XVIIᵉ siècle (1598-1661). Les Artistes et la Société*, Presses Universitaires de France, Paris.

1954, *Treasures...* :
s.n., « Treasures from Pethworth », *Illustrated London News*, 13 février 1954, p. 245.

1955, FRANCASTEL :
Pierre Francastel, *Histoire de la peinture française*, Bruxelles.

1955, PILLEMENT :
Georges Pillement, « Caravaggio y los Pintores franceses del Siglo XVII », *Goya*, nᵒ 7, juillet-août 1955, p. 68-69.

1955, RUDRAUF :
Lucien Rudrauf, *Le Repas d'Emmaüs. Essai d'un thème plastique et de ses variations en peinture et en sculpture*, Paris, Nouvelles éditions latines, 2 vol.

● 1955, STERLING :
Charles Sterling, *The Metropolitan Museum of Art. A Catalogue of French Paintings XV-XVIII Centuries*, Harvard University Press, Cambridge (cf. p. 89-92).

● 1955, WILDENSTEIN :
Georges Wildenstein, « L'Inventaire après décès de Mathieu Le Nain, 1677 », *Gazette des Beaux-Arts*, avril 1955, p. 197-210.

● 1956, BLOCH :
Vitale Bloch, « Bacchus and Ariadne by Louis Le Nain », *The Art Quarterly*, Autumm 1956, p. 262-269.

1956, GAUDIBERT :
Pierre Gaudibert, « Louis Le Nain et les paysans de l'Ancien Régime », *Europe*, nᵒ 123, mars 1956, p. 63-79.

1956, ISARLO :
George Isarlo, *Les Indépendants dans la peinture ancienne*, La Bibliothèque des Arts, Paris.

1956, LEBEL :
Robert Lebel, « Un portrait par Mathieu Le Nain », *L'Amateur d'art*, 10 novembre 1956.

1956, POINSENET :
Marie-Dominique Poinsenet, « Le culte de Notre-Dame dans la spiritualité du Grand Siècle », *Ecclesia*, nᵒ 89, août 1956 (cf. p. 57).

● 1956, VOSS :
Hermann Voss, « Louis Le Nain as a Painter of Mythological and Religious Subjects », *The Burlington Magazine*, 1956, August (vol. XCVIII) p. 279 et fig. 28-30.

1957, BARDON :
Henry Bardon, « Souvenirs latins. IV. Sur un tableau attribué à Louis Le Nain », *Hommages à Waldemar Deonna*, Coll. Latomus, vol. XXVIII, Bruxelles 1957, p. 99-101.

1957, BAZIN :
Germain Bazin, *Trésors de la peinture au Louvre*, Ed. Somogy, Paris (s.d.)

1957, BERHAUT :
Marie Berhaut, « Les collections du musée de Rennes », *Revue Française*, Supplément au nᵒ 95, novembre 1957.

1957, DUPONT :
Jacques Dupont, « L'art français du XVIIᵉ siècle à la Royal Academy. II. La contribution des Monuments Historiques », *Revue des Arts*, 1957, nᵒ 6 (novembre - décembre), p. 262-264.

1957, FIERENS :
Paul Fierens, « La vie paysanne au XVIIᵉ siècle. Louis Le Nain », *Le Jardin des Arts*, juillet 1957 (nᵒ 33) p. 547-554.

1957, FOSCA :
François Fosca, « Trois peintres de la réalité au XVIIᵉ siècle : Les frères Le Nain », *Tribune de Genève*, 22 août 1957.

1957, LACLOTTE :
Michel Laclotte, « La peinture du Grand Siècle », *L'Œil*, n° 36 (Noël 1957), p. 40-51.

1957, MANSFELD :
Heinz Mansfeld, « Die Bauernbilder des Louis Le Nain im Louvre », *Bildende Kunst*, décembre 1957, p. 837-840.

1957, HYATT MAYOR :
A. Hyatt Mayor, « Children are what we make them », *Metropolitan Museum of Art Bulletin*, vol. XV, 1957, p. 181-188.

1957, STERLING :
Charles Sterling, *Musée de l'Ermitage, La peinture française de Poussin à nos jours.* Paris, Editions Cercle d'art.

1957, VERGNET-RUIZ :
Jean Vergnet-Ruiz, « L'Art français du XVIIᵉ siècle à la Royal Academy. I. Les œuvres des musées de province », *Revue des Arts*, 1957, n° 6 (novembre-décembre) p. 257-261.

1958, BURLINGTON MAGAZINE :
s.n., « Notable Works of Art now on the Market », *The Burlington Magazine*, juin 1958 (pl. VI : « *The Tired Peasant* » by le Nain »).

1958, CHARENSOL :
Georges Charensol, « Le XVIIᵉ siècle français », *La Revue des Deux-Mondes*, t. II, p. 721-727.

1958, CHARMET :
Raymond Charmet, « Apothéose de la peinture française du XVIIᵉ siècle », *Arts, Lettres, Spectacles*, n° 652, 8-14 janvier 1958, p. 20.

1958, CHARMET-HUISMAN :
Raymond Charmet et Philippe Huisman, « L'Art français au XVIIᵉ siècle » (Introduction de Raymond Charmet, article de Philippe Huisman), *Arts, Lettres, Spectacles*, n° 664 (2-8 avril 1959) p. 1 et 16.

1958, C.M.A.Bull. :
The Cleveland Museum of Art Bulletin, Cleveland, vol. 45 (1958).

1958, HAUG :
Hans Haug, « Un tableau de Jean Michelin », *Revue du Louvre*, 1958, n° 1, p. 54-55.

1958, ISARLO, *Le prétendu...* :
George Isarlo, « Le prétendu Siècle de Louis XIV », *Combat-Art*, 3 mai (n° 46).

1958, ISARLO, *L'exposition...* :
George Isarlo, « L'exposition « Le siècle de Louis XIV » à Londres », *Combat-Art*, 15 février (n° 45).

1958, ISARLO, *La vérité...* :
George Isarlo, « La Vérité sur le XVIIᵉ siècle français », *Combat-Art*, 12 mai (N° 48).

1958, KAUFFMANN :
Georg Kauffmann, « "The Age of Louis XIV" in London », *Kunstchronik*, juin 1958, p. 149-156.

1958, MONTGOLFIER, *Arts* :
Bernard de Montgolfier, « Deux Le Nain retrouvent leur paroisse »..., *Arts*, 19 février 1958, p. 1.

• 1958, MONTGOLFIER :
Bernard de Montgolfier, « Nouveaux documents sur les frères Le Nain. Leurs tableaux dans les églises de Paris. Antoine Le Nain à l'hôtel de Ville », *Gazette des Beaux-Arts*, 1958, p. 267-288.

1958, SALAS :
Xavier de Salas, « Crónica de Londres », *Goya*, n° 25, juillet-août 1958, p. 40-45.

1958, STERLING :
Charles Sterling, « Gentileschi in France », *The Burlington Magazine*, n° 661, vol. C, april 1958, p. 112-120.

1958, THE CONNOISSEUR :
s.n. « Plans for the Wadsworth Atheneum », *The Connoisseur*, n° 141, 1958, p. 199, reprod. p. 198.

• 1958, THUILLIER, *Three Rediscovered Pictures* :
Jacques Thuillier, « Le Nain Studies I. Three Rediscovered Pictures », *The Burlington Magazine*, february 1958, p. 55-61.

• 1958, THUILLIER, *Mathieu Le Nain...* :
Jacques Thuillier, « Le Nain Studies II. Mathieu Le Nain, "Peintre d'Histoires"? », *The Burlington Magazine*, March 1958, p. 91-97.

1959, PARISET :
François-Georges Pariset, « L'Exposition du XVIIᵉ siècle français », *Annales, Economies, Sociétés, Civilisations*, avril-juin 1959, p. 337-342.

1959, PINTO :
Pinto, « Arte frances del Gran Siglo », *Goya*, n° 29, 1959, p. 320-321.

1960, APOLLO :
[An.], « Pictures at Christies, Jun and July », *Apollo*, juin 1960 (vol. 71) p. 219.

1960, BARDON :
Henry Bardon, « Deux tableaux sur des thèmes antiques. I. L'Ariane abandonnée » de la Galerie Heim », *Revue Archéologique*, 1960, Paris, P.U.F., p. 161-181.

1960, BROWN :
Richard F. Brown, « Antoine Le Nain's Three Young Musicians », *Los Angeles County Museum, Bulletin of the Art Division*, vol. XII, n° 3, p. 3-9.

1960, CONNAISSANCE DES ARTS :
s.n., *Le dix-septième siècle*, Collection Connaissance des Arts, Hachette, Paris.

1960, HUYGHE :
René Huyghe, *L'Art et l'Ame*, Flammarion. Paris.

1960, ISARLO :
George Isarlo, *La peinture en France au XVIIᵉ siècle*, La Bibliothèque des Arts, Paris.

1960, PANTHEON :
[An.], « Versteigerungen », *Pantheon*, t. XVIII, p. LXXXVII-LXXXVIII.

1961, DESCARGUES :
Pierre Descargues, *Le Musée de l'Ermitage*, Editions Aimery Somogy, Paris.

1961, THOMAS :
Michael Thomas, « The Problem of the Splendid Century », *Metropolitan Museum of Art Bulletin*, vol. XIX (April 1961), p. 224-235.

1961, THUILLIER :
Jacques Thuillier, « Les frères Le Nain : une nouvelle œuvre religieuse », *Art de France I* (1961) p. 327-328.

1961, VAN REGTEREN ALTENA :
J.Q. van Regteren Altena, « Jan van den Bergh », *Oud Holland*, LXXIV, 1961, p. 69-86.

1962, FARÉ :
Michel Faré, *La Nature morte en France. Son histoire et son évolution du XVIIᵉ au XXᵉ siècle,* 2 tomes, Pierre Cailler éditeur, Genève.

1962, HUYGHE :
René Huyghe, *la peinture française des XVIIᵉ et XVIIIᵉ siècles*, Flammarion, Paris.

1962, LAVAGNINO :
Emilio Lavagnino, *I quadri italiani e francesi delle collezione del Duca di Cervinara*, Lorenzo del Turco, Roma (p. 25-27).

1962, PROKOFIEV :
V. Prokofiev, *La peinture française dans les musées de l'URSS*, Moscou (en russe).

1962, VERGNET-RUIZ - LACLOTTE :
Jean Vergnet-Ruiz et Michel Laclotte, *Petits et grands musées de France*, Editions Cercle d'art, Paris.

1962, WILHELM :
Jacques Wilhelm, « Les Français du XVIIᵉ siècle d'après leurs portraits peints », *Médecine de France*, n° 130, p. 17-32, et n° 131, p. 17-32.

1963, ALPATOV :
Michael Alpatov, *Etudes sur l'histoire de l'art en Europe de l'Ouest*, Moscou (en russe).

1963, MAILLET :
Germaine Maillet, *Rites et traditions dans la peinture de genre. A propos des Le Nain*, Châlons, Imprimerie de l'Union républicaine (n° 160, 3e trimestre, fascicule de 16 pages).

1963, STERLING :
Charles Sterling, « La peinture française et la peinture espagnole au XVIIe siècle : affinites et échanges », *Velazquez, son temps, son influence. Actes du Colloque tenu à la Casa de Velazquez les 7, 9 et 10 décembre 1960*, Arts et Métiers graphiques, Paris, p. 111-120.

1963, VERGNET-RUIZ :
Jean Vergnet-Ruiz, *La peinture française au XVIIe - I. Le début du siècle. Maniéristes, baroques et réaliste*, Publications filmées d'art et d'histoire (avec diapositives).

1963, WALKER :
John Walker, *National Gallery of Art, Washington D.C.* New York (traduction française, A. Somogy, Paris, 1964).

1964, ARGAN :
Giulio Carlo Argan, *L'Europe des capitales, 1600-1700*, Coll. Art, Idées, Histoire, Ed. Albert Skira, Genève.

1964, GABELENTZ :
Hanns-Conon von der Gabelentz, « Das staatliche Lindenau-Museum Altenburg. Neuerworbene Werke der Malerei nach der Wiedereröffnung 1949 », *Pantheon*, t. XXII (1964) p. 155-162.

1964, HOOG :
Michel Hoog, « Les Le Nain, deux peintres de talent aux côtés d'un génie », dans *La Vie des grands peintres français*, publ. sous la direction de Pierre Waleffe, Éditions du Sud - Éditions Albin Michel, p. 27-38.

1964, LEVINSON-LESSING :
Vladimir V. Levinson-Lessing, *Splendeurs de l'Ermitage. Baroque et Rococo.* Paris, Hachette.

1964, QUENOT :
Marie-Joséphe Quenot, *Contribution à l'histoire du chien de compagnie d'après les peintures du Louvre*, Impr. Au manuscrit, Alfort.

1964, TEYSSÈDRE :
Bernard Teyssèdre, *L'histoire de l'art vue du Grand Siècle*, Collection Histoire de l'art, Paris, Julliard.

1964, THUILLIER :
Jacques Thuillier et Albert Châtelet, *La Peinture française II. De Le Nain à Fragonard*, Ed. Albert Skira, Genève, (cf. ch. I : « Les peintres français devant la réalité ».

● 1964 THUILLIER, B.S.H.A.F. :
Jacques Thuillier, « Documents pour servir à l'étude des frères Le Nain », *Bulletin de la Société de l'histoire de l'art français*, année 1963 (1964), p. 155-284.

1965, ANTONOVA -SEDOV :
Musée Pouchkine, Moscou. Peintures et sculptures d'Europe occidentale, Préface de Sedov, Notices d'Antonova, Moscou (en russe).

1965, BIRREN :
Faber Birren, *History of Color in Painting*, New York.

1965, ISARLO :
George Isarlo, « Bienvenue aux musées soviétiques », *Combat-Art*, 21 juin 1965 (n° 118).

1965, JANNEAU :
Guillaume Janneau, *La peinture française au XVIIe siècle*, Pierre Cailler éd., Genève.

1965, MESURET :
Robert Mesuret, « La Messe du Cardinal de Joyeuse ou La sortie dans l'ordre processionnel », *Revue du Louvre*, 1965, n° 6, p. 263-270.

1965, PARISET :
François-Georges Pariset, *L'art classique*, Presses Universitaires de France.

● 1966, BLOCH :
Vitale Bloch, *Louis Le Nain*, I Maestri del Colore, Fratelli Fabbri édi., Milano 1966 (voir aussi 1968 Bloch).

1966, GAILLARD :
Yann Gaillard, *Collection particulière. Essai en forme de tableaux*, Paris 1966, Julliard.

1966, MUSEUM :
s.n., « The Exhibition : Le Grand Siècle dans les collections françaises », *Museum*, Tokio, n° 178, (janvier 1966) p. 25-29 (en japonais).

1967, CONN. DES ARTS :
s.n. « Vouet, Poussin, Le Nain : modèle unique ou idéal ? », *Connaissance des Arts*, n° 188 (octobre 1967), p. 11.

● 1967, DEYON :
Pierre Deyon, « A propos du paupérisme au milieu du XVIIe siècle : Peinture et charité chrétienne », *Annales, Economies, Sociétés, Civilisations*, janvier-février 1967, p. 137-153.

1967, HAUTECŒUR :
Louis Hautecœur, *Au temps de Louis XIV*, coll. Arts et Artisans de France, Paris, Vincent, Fréal et Cie.

1967 KOUZNETSOV :
Youri Kouznetsov, *La peinture de l'Europe occidentale à l'Ermitage.* Leningrad. s.d. (en russe).

1967, LEPROHON-MARINIE :
Pierre Leprohon et Arlette Marinie, *Les grands hommes du Nord*, Paris, Editions du Sud, p. 228-235.

● 1967, THUILLIER :
Jacques Thuillier, « Note sur les frères Le Nain portraitistes », *Studies in Renaissance and Baroque Art presented to Anthony Blunt on his 60th birthday*, Phaidon, London-New York, p. 150-156, pl. XXVII-XXVIII.

1967, WILDENSTEIN :
Daniel Wildenstein, *Inventaires après décès d'artistes et de collectionneurs français du XVIIIe siècle*, Les Beaux-Arts, Paris.

1968, BLOCH :
Vitale Bloch, *Le Nain*, Coll. Chefs-d'œuvre de l'art. Grands peintres, Hachette (édition française de 1966 Bloch, avec quelques légères modifications, et l'addition d'un texte de R.V. Gindertael).

1968, LEVEY :
Michael Levey, *Histoire Générale de la peinture : IV : XVIIe et XVIIIe siècles*, Flammarion, Paris.

1968, ŒRTEL :
Robert Œrtel, « Die « Anbetung der Hirten » von Le Nain », *Jahrbuch preussischen Kulturbesitz*, vol. V (1968), p. 262-264.

1968, STUFFMANN :
Margret Stuffmann, « Les tableaux de la collection de Pierre Crozat », *Gazette des Beaux-Arts*, juillet et septembre 1968 (publié à part sous le même titre, avec une préface de Daniel Wildenstein).

1968, THUILLIER :
Jacques Thuillier, « Le Nain : la Déploration sur le « Christ mort », *Revue de l'Art*, n° 1-2 (1968) p. 96-98.

1969, CABANNE :
Pierre Cabanne, « Cette trinité de peintres : Les Le Nain », *Lectures pour tous*, n° 191, décembre 1969, p. 72-79.

1969, CHARLES :
R.L. Charles, « Two French Pictures », *Amgueddfa, Bulletin of the National Museum of Wales*, Cardiff, t. 3, n° 1 (1969).

1969, COLLOT :
Gérard Collot, « Le tripode en terre vernissée. Permanence d'une forme d'art populaire », *Art populaire de la France de l'Est*, 1969, p. 173-188.

1969, FLEURY :
Marie-Antoinette Fleury, *Documents du Minutier Central concernant les peintres, les sculpteurs et les graveurs au*

XVIIe siècle (1600-1650). Tome premier, Paris, S.E.V.P.E.N.

1969, FRIED :
Michael Fried, « Manet's sources. Aspects of his art 1859-1865 », *Artforum*, t. 7, mars 1969, p. 28-79.

1969, GEBELIN :
François Gebelin, *L'époque Henri IV et Louis XIII*, Presses Universitaires de France.

1969, ŒRTEL :
Robert Œrtel, « An unknown early work by the Le Nain Brothers », *The Burlington Magazine*, n° 793 (april 1969) p. 178-185.

1969, REFF :
Théodore Reff, « "Manet's Sources" : A Critical Evaluation », *Artforum*, t. 8, septembre 1969, p. 42-43.

1970, BLUNT :
Anthony Blunt, *Art and Architecture in France 1500 to 1700*, coll. The Pelikan History of Art, The Penguin Books ; 3e édition revue et corrigée (voir 1953, Blunt).

1970, BONNEFOY :
Yves Bonnefoy, *Rome, 1630. L'horizon du premier Baroque*, Flammarion, Paris.

1970, LACLOTTE :
Michel Laclotte, *Musée du Louvre. Peintures*, Flammarion, Paris.

1970, LAUTS :
Jan Lauts, *Staatliche Kunsthalle Karlsruhe, Stilleben alter Meister. II. Franzosen*, Karlsruhe, p. 52-53.

1971, DORIVAL :
Bernard Dorival, « Le portrait de Philippe de Tremoïlle par Philippe de Champaigne », *Bulletin van het Rijksmuseum* I, mai 1971.

1971, MARTINET :
Suzanne Martinet, *Les frères Lenain*, manuscrit dactylographié, 5 pages (Bibl. Laon, 16 CHL 47 ; discours à propos de l'apposition d'une plaque commémorative).

1971, PRAZ :
Mario Praz, *Scene di conversazioni*, Rome, Ugo Bozzi éd.

1971, ROSENBERG :
Pierre Rosenberg, *Il Seicento francese*, Coll. « I Disegni dei Maestri », Fratelli Fabbri ed., Milan.

1971, THUILLIER :
Jacques Thuillier, art. « Les Le Nain », *Encyclopaedia Universalis*, vol. 9 (1971) p. 889-891.

1972, CHASTEL :
André Chastel, « Le Nain : le Triomphe », *Le Monde*, 9 février 1972.

1972, DORIVAL :
Bernard Dorival, « Essai d'identification d'un tableau anonyme du Musée du Louvre », *La Revue du Louvre et des Musées de France*, 1972, n° 1, p. 19-24.

1972, KAGAN :
M. S. Kagan, *Les frères Le Nain : Antoine, Louis, Mathieu*, Moscou (en russe).

1972, KUZNETSOV :
Youri Kusnetsov, *Western European Painting in the Hermitage Museum*. Aurora Art Publishers, Leningrad.

1972, LONGHI :
Roberto Longhi, « I pittori della realtà in Francia » *Paragone*, n° 269 (juillet 1972), p. 3-18 (rééd. de l'article de 1935).

1972, OJALVO :
David Ojalvo, « Musée des Beaux-Arts d'Orléans. Peintures des XVIIe et XVIIIe siècles », *La Revue du Louvre et des Musées de France*, 1972, n° 4-5, p. 329-336.

1972, ROSENBERG :
Pierre Rosenberg, « Acquisitions de tableaux français du XVIIe siècle », *La Revue du Louvre et des Musées de France*, 1972, n° 4-5, p. 303-306.

1972, SUJSKIJ :
V. Sujskij, « Dessins de maîtres français du XVIIe au XIXe siècle », *Khudoznik*, t. 14 (1972), n° 5, p. 45-51 (en russe).

1973, LACAMBRE :
Geneviève et Jean Lacambre, *Champfleury. Le réalisme. Textes choisis et présentés par Geneviève et Jean Lacambre*, Collection Savoir, Hermann éd., Paris.

1973, GLICKMAN :
A.S. Glickman, *Musée de l'Ermitage. Peinture française des XVe-XVIIe siècles*, Leningrad (en russe).

1974, LE FIGARO :
« Acquisitions d'œuvres d'art par les Musées Nationaux en 1973 », *Le Figaro*, 31 janvier 1974, p. 24 (voir aussi 1er février 1974, p. 24).

• 1974, HOURS :
Madeleine Hours, « A propos de l'étude radiographique de la Victoire de Le Nain », *La Revue du Louvre et des Musées de France*, 1974, n° 3, p. 175-178.

1974, MALRAUX :
André Malraux, *La tête d'obsidienne*.

• 1974, THUILLIER :
Jacques Thuillier, « Trois tableaux des frères Le Nain acquis par les Musées de France », *La Revue du Louvre et des Musées de France*, 1974, n° 3, p. 157-174.

1975, MIRIMONDE :

A.P. de Mirimonde : *L'iconographie musicale sous les rois Bourbons. La musique dans les arts plastiques (XVIIe-XVIIIe siècles)*. Editions A. et J. Picard, Paris.

1975, THUILLIER :
Jacques Thuillier, « Fontainebleau et la peinture française du XVIIe siècle », *L'Art de Fontainebleau, Actes du Colloque International sur l'Art de Fontainebleau, 18-20 octobre 1972, Etudes réunies et présentées par André Chastel*, Ed. du C.N.R.S., Paris, p. 249-266.

1976, COGNIAT :
Raymond Cogniat, « Pour le plaisir », *L'Œil*, novembre 1976 (n° 256) p. 2-7.

1976, DORIVAL :
Bernard Dorival, *Philippe de Champaigne, 1602-1674*, 2 tomes, Léonce Laget éd., Paris.

1976, HASKELL :
Francis Haskell, *Rediscoveries in Art. Some Aspects of Taste, Fashion and Collecting in England and France*, Phaidon.

1976, LAVEISSIERE :
Sylvain Laveissière, *Musée du Louvre. La peinture française du XVIIe siècle*, Coll. Petits Guides des grands musées.

1976, POMARÈDE :
F-P[omarède], « Nouvelles acquisitions des musées de province. XVIIe siècle », n° 14, *La Revue du Louvre et des Musées de France*, 1976, n° 5-6, p. 342.

1977, EISLER :
Colin Eisler, *Paintings from the Samuel H. Kress Collection European Schools Excluding Italian*, Phaidon.

1977, LE ROY-LADURIE :
Emmanuel Le Roy Ladurie-Michel Morineau, *Histoire économique et sociale de la France*, t. I, de 1450 à 1660, Paris, P.U.F., 1977 ; cf. 2e vol., troisième partie : E. Le Roy Ladurie : « Les masses profondes : la paysannerie ».

1977, SAINT JOHN GORE :
Saint John Gore, « Three Centuries of Discrimination », *Apollo*, may 1977 (n° 183), p. 346-357.

1977, WYNNE :
Michael Wynne, « Seven Paintings from the Fesh Collection », *The Paul Getty Museum Journal*, vol. 5 (1977), p. 101-104.

1978, WILSON :
Michaël Wilson, « Two Le Nain Paintings in the National Gallery Re-appraised », *The Burlington Magazine*, August 1978 (à paraître).

Addendum

27 *bis*
Intérieur paysan au vieux joueur de flageolet

Huile sur toile ; 0,535 × 0,71 m.
Grande-Bretagne, coll. part.

Historique :
Dans la famille du présent possesseur
depuis le milieu du XIXe siècle.

Exposition :
Jamais exposé.

Bibliographie :
Inédit.

     Ce tableau, jusqu'ici entièrement ignoré de tous les spécialistes des Le Nain, nous a été signalé par M. David Carritt, et l'extrême courtoisie de son possesseur permettra de le présenter à l'exposition.
     Sur les nombreuses copies qui faisaient pressentir l'existence d'un original, et sur l'importance de cette composition, voir la notice des n°s 63 A et B, p. 291-293.

Maquette
Bruno Pfäffli

Photos
Agraci
Brunel, Lugano
Bulloz
A.C. Cooper Ltd., Londres
Giraudon
Jacques, Orléans
Laboratoire de recherches des Musées de France
Lauros-Giraudon
Photo Studios Ltd., Londres
Réunion des musées nationaux,
Routhier, Paris
Studio-Photo, Reims
et les prêteurs

Photogravure
Haudressy, Paris

Photocomposition et impression
Blanchard, Le Plessis-Robinson..

ISBN Z.7118.0094.6

Catalogues d'expositions disponibles

Art moderne

L'Art moderne dans les musées de Province–Grand Palais 1978–75 F broché–120 F relié
Braque (Donation)–Louvre 1965–12 F
Braque–Orangerie 1973–38 F
Bryen–M.N.A.M. 1973–22 F
Burri–M.N.A.M. 1972–20 F
Delaunay–M.N.A.M. 1957–5 F
Delaunay–Orangerie 1976–35 F
Derain–Grand Palais 1977–30 F
Donation Picasso–Pavillon de Flore 1978–35 F
Dunoyer de Segonzac–Orangerie 1976–35 F
Gris–Orangerie 1974–25 F
Guggenheim (Coll. Peggy)–Orangerie 1974-75–27 F
Hajdu–M.N.A.M. 1973–22 F
Laurens–M.N.A.M. 1967–50 F relié
Léger–Grand Palais 1971–27 F
Lévy Pierre (Collection)–Orangerie 1978–60 F broché, 100 F relié
Marquet–Bordeaux et Orangerie 1975–25 F broché
Miró–Grand Palais 1974–30 F broché, 55 F relié
Moore–Orangerie 1977–60 F
De Renoir à Matisse–Grand Palais 1978–20 F
Serizawa–Grand Palais 1976–30 F
Villon–Grand Palais 1975–35 F broché, 55 F relié
Walter Guillaume (Coll.)–Orangerie 1966–Cat. 10 F, album 10 F

Peinture ancienne

La peinture allemande à l'époque du romantisme –Orangerie 1976–65 F
Caravage–La Diseuse de bonne aventure–Louvre 1977–20 F
Cézanne–Les dernières années–Grand Palais 1978–55 F
Corot–Orangerie 1975–35 F broché, 55 F relié
Courbet–Grand Palais 1977–60 F broché, 100 F relié
Courbet–Dossier de « l'atelier du peintre »–Grand Palais 1977–15 F
Degas–Orangerie 1969–16 F
Fontainebleau (L'école de)–Grand Palais 1972–87 F
Goya–Orangerie 1970–22 F

L'impressionisme–Grand Palais 1974–35 F broché, 70 F relié
La Tour (G. de)–Orangerie 1972–35 F relié
Louvre (Vingt ans d'acquisitions au) Louvre 1968–15 F
Luxembourg (Musée du)–Grand Palais 1974–25 F
Millet–Grand Palais 1975–40 F
Natoire–Compiègne–20 F
Ossian–Grand Palais 1974–25 F
La Peinture flamande au XVIIe siècle–Musée du Louvre 1978–20 F
Rubens (Le siècle de)–Grand Palais 1977–68 F broché–100 F relié
Le symbolisme en Europe–Grand Palais 1976–45 F
Techniques de la peinture : l'Atelier–Louvre 1976–20 F

Dessins anciens

Dessins d'architecture du XVe au XIXe siècle au Louvre–Louvre 1972–15 F
Boucher–Louvre 1971–18 F
Bouchardon, la statue équestre de Louis XV–Louvre 1972–18 F
De Burne-Jones à Bonnard–Louvre 1977–15 F
Dessins de Darmstadt–Louvre 1971–18 F
Delacroix–Louvre 1963–10 F
Dijon (Dessins du musée de)–Louvre 1976–20 F broché, 32 F relié
Fontainebleau (L'école de)–Grand Palais 1972–87 F
Haarlem (Cent dessins du musée Teyler à)–Louvre 1972–20 F
Dessins italiens de la Renaissance–Louvre 1975–35 F
Louis XIV (Les collections de)–Orangerie 1977–100 F relié
Louvre (Vingt ans d'acquisitions au)–Louvre 1968–15 F
Mariette (Amis et contemporains de)–Louvre 1967–15 F
Montpellier (Dessins du musée Atger à)–Louvre 1972–15 F
Rembrandt et son temps–Louvre 1970–18 F
Steinlen–Louvre 1968–15 F
Dessins de Stockholm–Louvre 1970–18 F
Vienne (Dessins de l'Albertina de)–Louvre 1975–30 F
Rubens, ses maîtres, ses élèves–Louvre 1978–35 F

Sculptures anciennes

Carpeaux–Grand Palais 1975–20 F
Fontainebleau (L'école de)–Grand Palais 1972–87 F
Louvre (Vingt ans d'acquisitions au)–Louvre 1968–15 F

Objets d'art anciens

Louvre (Vingt ans d'acquisitions au)–Louvre 1968–15 F
Faïences de Rouen–Lille 1953–5 F
Porcelaines de Sèvres du XIXe siècle–Sèvres 1975–25 F
Porcelaines de Vincennes–Grand Palais 1977–55 F
Romain (Jules)–Histoire de Scipion–Grand Palais 1978–55 F

Histoire de France

Campan (Mme)–Malmaison 1972–20 F
Défense du Patrimoine National–Louvre 1978–50 F
La Comédie française–Versailles 1962–10 F
Diplomatie française (Les grandes heures de la)–Versailles 1963–12 F
Napoléon–Grand Palais 1969–20 F

Arts et traditions populaires

Alsace, fouilles et acquisitions récentes–A.T.P. 1976–20 F
L'Homme et son corps dans la société traditionnelle–ATP 1978–35 F
Mari et femme dans la France traditionnelle–A.T.P. 1977–16 F
Paris, boutiques d'hier et d'aujourd'hui–A.T.P. 1977–20 F
Potiers de Saintonge–A.T.P. 1975–30 F
Travaux et acquisitions (Trois ans de)–A.T.P. 1973–23 F

Civilisations

Africaines (Sculptures)–Orangerie 1972–30 F relié
L'Amérique vue par l'Europe–Grand Palais 1976–35 F
Calmann (La collection)–Guimet 1969–15 F
Himalaya (Dieux et démons de)–Grand Palais 1977–70 F broché, 95 F relié
L'Islam dans les collections nationales–Grand Palais 1977–35 F
Mayas (L'art des)–Exposition itinérante 1967–12 F
Occident romain (L'art dans l')–Louvre 1963–15 F
Soie (La route de la)–Grand Palais 1976–30 F

En vente

- chez votre libraire
- au musée du Louvre
- par correspondance : Service commercial de la R.M.N. 10, rue de l'Abbaye 75006 Paris